7/8

Forum Geschichte

Berlin, Brandenburg
Handreichungen

Handreichungen für den Unterricht
mit audiovisuellen Materialien und
Kopiervorlagen

Cornelsen

Forum Geschichte 7/8 – Berlin, Brandenburg
Vom Mittelalter zum 19. Jahrhundert
Epochenüberblick – Längsschnitte – Fächerverbindende Module
Handreichungen für den Unterricht
mit Kopiervorlagen Kompetenztraining, Selbsteinschätzungsbögen,
Lehrplansynopse und DVD mit Film- und Hördokumenten und Kartenanimationen

Erarbeitet von:
Bettina Asch, Marlen Gröschke, Jan Johannes, Angela Lucke, Dr. Silke Möller, John Palatini,
Dagmar Scheich, Andrea Welk, Caterina Zwilling

Redaktion: Andrea Welk
Umschlaggestaltung: Ungermeyer – grafische Angelegenheiten, Berlin
Umschlagbild: Völklingen, Glasgebläsehalle der stillgelegten Hütte (UNESCO-Welterbe),
© ullstein bild – Knigge
Layout und technische Umsetzung: zweiband.media, Berlin

www.cornelsen.de

1. Auflage, 2. Druck 2017

© 2017 Cornelsen Verlag GmbH, Berlin

Druck: Esser printSolutions GmbH, Bretten

ISBN: 978-3-06-064727-9

PEFC zertifiziert
Dieses Produkt stammt aus nachhaltig
bewirtschafteten Wäldern und kontrollierten
Quellen.

PEFC
PEFC/04-31-2851

www.pefc.de

Inhaltsverzeichnis

Übersicht: Kopiervorlagen Kompetenztraining und Selbsteinschätzungsbögen in der Handreichung

Wie ist die Handreichung *Forum Geschichte* aufgebaut?

Passgenau abgestimmt auf die Kapitelinhalte des Schülerbuchs *Forum Geschichte Berlin, Brandenburg*, bietet jedes **Kapitel der Handreichung** folgende Elemente:

- Sachinformationen
- Hinweise zum Unterrichtsverlauf
- zu erwerbende Kompetenzen
- Verweis „Selbsteinschätzungsbogen Schüler"
- themengenaue weiterführende Materialhinweise aus dem *Forum*-Begleitprogramm
- Medienhinweise: Literatur, Jugendbücher, Filme, Internethinweise für Lehrkräfte
- **Kopiervorlagen Kompetenztraining**
- **Kopiervorlage „Selbsteinschätzungsbogen Schüler"**

Es folgen die Erläuterungen zu allen Materialien und die Lösungen zu allen Arbeitsaufträgen. In der **Randspalte** werden sie ergänzt durch Verweise auf das multimediale *Forum*-Begleitprogramm:

Was sind Webcodes?

Mit einem Webcode gelangen Schüler und Lehrkräfte zu weiteren Informationen, Bildern und Filmen im Internet. Gehen Sie auf: ***www.cornelsen.de*** Geben Sie in das dortige Feld den Code ein, z. B. ***FG647255-023*** Die Internetadressen „hinter" den Webcodes werden aktuell gehalten.

Visualisierung/Tafelbild

Webcode (auch im SB)

Verweis auf multimediales *Forum*-Begleitprogramm

Hintergrundinfo Material

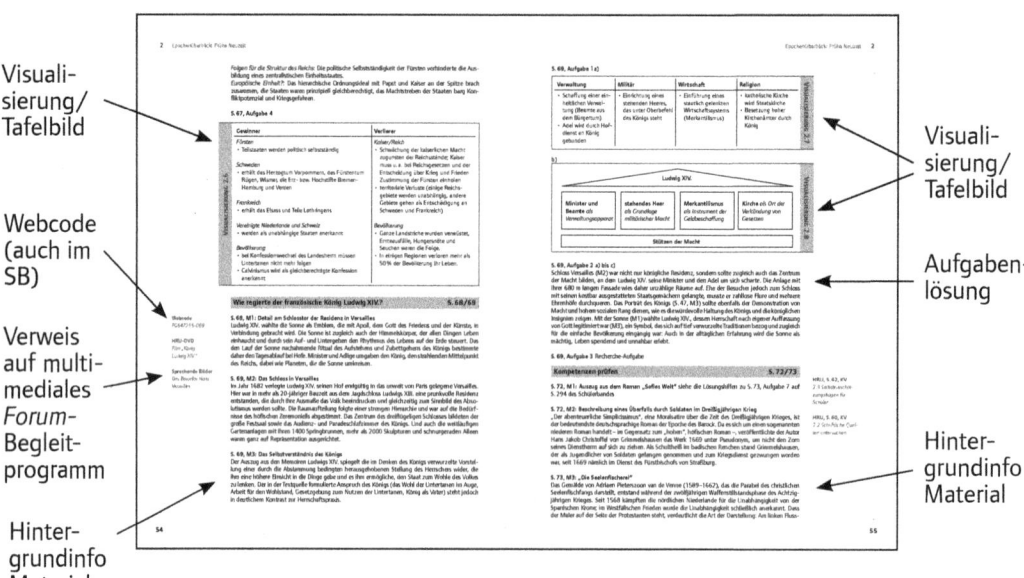

Visualisierung/Tafelbild

Aufgabenlösung

Hintergrundinfo Material

Was finden Sie auf der DVD dieser Handreichung?

- Film- und Hördokumente
- Kartenanimationen für Beamer und Whiteboard
- Lehrplansynopse
- alle Kopiervorlagen (editierbar in Word)
- alle Texte der Handreichung (als PDF)

Wie ist das Schülerbuch *Forum Geschichte* aufgebaut?

- Die **Auftaktseiten** am Kapitelanfang mit attraktiven Großbildern und motivierenden Kurztexten aktivieren das Vorwissen und die Fragekompetenz.
- Die **Orientierungsseiten** (blau) geben eine räumliche und eine zeitliche Einordnung. Materialien und Aufgaben führen zu Kerninhalten, Kompetenzzielen und Leitfragen.
- Die **Zusammenfassung** (blau) am Kapitelende resümiert die großen Zusammenhänge.
- Die Abschlussseite **Kompetenzen prüfen** (blau) bietet die Möglichkeit, die in einer Übersicht dargestellten Lehrplankompetenzen anhand von Übungen zu testen (Lösungen im Anhang).
- Die **Themenseiten** bilden den Kern des Schülerbandes. Der **Moderationstext** ordnet das Thema für die Lernenden ein und bietet einen Arbeitsleitfaden. Es folgen **Darstellungstexte, Materialien, Begriffs-/Personeninfos, Webcodes** und **Arbeitsaufträge.**
- Die **Methodenseiten** (grün) führen mit Übungen in Fachmethoden und Arbeitstechniken ein.
- Die **Landesgeschichte-Seiten** (blau) laden zur Untersuchung der Geschichte Berlins und Brandenburgs ein.

Wie können Sie mit dem Schülerbuch differenzieren?

- Die an Operatoren orientierten **Arbeitsaufträge** in *Forum* folgen unterschiedlichen Schwierigkeitsgraden. Sie beinhalten eine **Progression** gemäß den Anforderungsbereichen I bis III.
- Darüber hinaus finden sich auf der Ebene aller drei Anforderungsbereiche **Wahlaufgaben** (orange), die verschiedene Lernertypen und Lernniveaus ansprechen.
- Vertiefende **Methodenaufgaben** sind grün markiert.
- Rot gekennzeichnete **Lerntipps** fördern die schwächeren Schüler.
- Orange markierte **Zusatzaufgaben** fordern die stärkeren Schüler.
- Auf den **Wähle-aus-Seiten** (orange) arbeiten alle Lernenden zu einem gemeinsamen Thema bzw. zu einer gemeinsamen Fragestellung – aber jeweils mit unterschiedlichen, niveauspezifischen und lernertypischen Materialien und Aufgaben.

Kompetenzen trainieren mit dem *Forum*-Begleitprogramm

Arbeitshefte 1 bis 4.
Lesetraining, Fachmethoden,
Fragekompetenz,
Urteilskompetenz
AH 1: ISBN 978-3-06-065211-2
AH 2: ISBN 978-3-06-064633-3
AH 3: ISBN 978-3-06-064634-0
AH 4: ISBN 978-3-06-064635-7

Kompetenztraining
Geschichte
ISBN 978-3-06-064939-6

**Differenzierende
Kopiervorlagen Geschichte**
ISBN 978-3-06-064604-3

**Sprechende Bilder
Geschichte.
DVD mit Animationen**
ISBN 978-3-06-065211-2

Foliensammlung Geschichte
Teil 1: ISBN 978-3-464-64315-0
Teil 2: ISBN 978-3-464-64316-6

**Geschichte interaktiv.
Digitale Bilder und
Arbeitsblätter**
CD I: ISBN 978-3-464-64317-4
CD II: ISBN 978-3-464-64318-1

Invitation to history
Zur bilingualen Reihe für Geschichte siehe: *www.cornelsen.de*

Lehrplansynopse *Forum Geschichte. Berlin, Brandenburg 7/8*

Rahmenlehrplan Themenfelder und Inhalte der Module Standards für *fachbezogene Kompetenzen:* *Deuten; Analysieren; Methoden anwenden; Urteilen und sich orientieren; Darstellen – historisch erzählen* Die Kompetenzen decken die Niveaustufen E–F für die Jahrgänge 7 und 8 ab.	Forum Geschichte 7/8	GEWI-Module im gesellschaftswissen-schaft-lichen Fächerverbund	Verweis auf Beiprogramm Forum Geschichte
		Unsere Erde Berlin-Brandenburg 7/8 (Unsere Erde, 978-3-06-064830-6) **Politik entdecken** Berlin-Brandenburg 7/8 (Politik entdecken, 978-3-464-65618-1)	**Arbeitsheft** Forum Geschichte 2 (AH 2, 978-3-06-064633-3) **Arbeitsheft** Forum Geschichte 3 (AH 3, 978-3-06-064634-0)
Jahrgangsstufe 7			
	1 Epochenüberblick: Mittelalter (S. 10–43)		
(1) Basismodul Epochenüberblick: Orientierung in der Zeit **Mittelalter (ca. 1000 – ca. 1500)** · Christentum als bestimmende Religion · Ständeordnung: Lehenswesen und Grundherrschaft · Lebenswelten	Ein „Nachfolger" Roms: das Frankenreich (S. 14–15) Wie verbreitete sich das Christentum in Mitteleuropa? (S. 16–17) Karl der Große: der „Vater Europas"? (S. 18–19) **Wähle aus:** Karl der Große wird zum Kaiser gekrönt (S. 20–21) Das Lehnswesen – Wie regierten Könige ihr Land? (S. 22–23) **Methode:** Eine Bildquelle auswerten (S. 24–25) Grundherrschaft: Herrschaft über Bauern (S. 26–27) Die Ständegesellschaft – eine gottgewollte Ungleichheit? (S. 28–29) Mittelalterliche Lebenswelten: das Dorf (S. 30–31) Mittelalterliche Lebenswelten: die Burg (S. 32–33) Mittelalterliche Lebenswelten: das Kloster (S. 34–35) Mittelalterliche Lebenswelten: die Stadt (S. 36–37) **Landesgeschichte:** Berlin im Mittelalter – eine Stadt im Sumpf (S. 38–39)		Entstehung des Frankenreichs (AH 2, S. 11) **Lesetraining:** Die Kaiserkrönung Karls des Großen (AH 2, S. 12–13) Leben im Kloster (AH 2, S. 19) **Methodentraining:** Frage-kompetenz – Die Bauer (AH 2, S. 20–21) **Methodentraining:** Urkunden analysieren – Eine Stadtgründung (AH 2, S. 22–23) **Lesetraining:** Die Ritter (AH 2, S. 24–25) **Methodentraining:** Urteilsbildung – Die Grundherrschaft und das Lehnswesen (AH 2, S. 26–27) Machtsicherung im Mittelalter (AH 2, S. 32–33)
	Zusammenfassung (S. 40–41) **Kompetenzen prüfen (S. 42–43)**		**Weißt du Bescheid?** (AH 2, S. 16–17) **Weißt du Bescheid?** (AH 2, S. 28–29)
	2 Epochenüberblick: Frühe Neuzeit (S. 44–73)		
(1) Basismodul Epochenüberblick: Orientierung in der Zeit **Frühe Neuzeit (ca. 1500 – ca. 1750)** · geistige Umbrüche: Renaissance und Humanismus · Reformation und Glaubenskriege · frühneuzeitlicher Staat/Absolutismus	Weshalb lesen Gelehrte um 1500 antike Quellen? (S. 48–49) Leonardo – ein typischer Vertreter der Renaissance? (S. 50–51) Wie nutzte die Kirche die christliche Frömmigkeit? (S. 52–53) **Wähle aus:** Ein Mönch stellt sich gegen den Papst (S. 54–55) Die Reformation: Aus Luthers Protest wird eine neue Glaubenslehre (S. 56–57) **Methode:** Schriftliche Quellen untersuchen (S. 58–59) Warum scheiterte der Aufstand der Bauern? (S. 60–61) Glaubensspaltung und Augsburger Religionsfrieden (S. 62–63)		Renaissance und Humanismus (AH 2, S. 45) Personen in der Geschichte (AH 2, S. 58) Die Kirche um 1500 (AH 2, S. 59) **Methodentraining:** Urteilsbildung – Der Bauernkrieg (AH 2, S. 64–65) Konfessionen in Europa (AH 2, S. 66–67) **Methodentraining:** Frage-kompetenz – Der Ablasshandel (AH 2, S. 60–61) **Methodentraining:** Spottbilder interpretieren –

Rahmenlehrplan – Themenfelder und Inhalte der Module	Forum Geschichte 7/8	GEWI-Module im gesellschaftswissenschaftlichen Fächerverbund	Verweis auf Beiprogramm Forum Geschichte
Standards für *fachbezogene Kompetenzen*: *Deuten: Analysieren; Methoden anwenden; Urteilen und sich orientieren; Darstellen – historisch erzählen* **Die Kompetenzen decken die Niveaustufen E-F für die Jahrgänge 7 und 8 ab.**		**Unsere Erde** **Berlin-Brandenburg 7/8** (Unsere Erde, 978-3-06-064830-6) **Politik entdecken** **Berlin-Brandenburg 7/8** (Politik entdecken, 978-3-464-65618-1)	**Arbeitsheft** **Forum Geschichte 2** (AH 2, 978-3-06-064633-3) **Arbeitsheft** **Forum Geschichte 3** (AH 3, 978-3-06-064634-0)
	Dreißig Jahre Krieg um Glauben und Macht (S. 64–65) Welche Bedeutung hatte der Westfälischer Frieden? (S. 66–67) Wie regierte der französische König Ludwig XIV.? (S. 68–69)		Luther und seine Lehre (AH 2, S. 62–63) Das Leben im und mit dem Krieg (AH 2, S. 68–69) **Lesetraining:** Die Zerstörung einer Stadt: Das Beispiel Magdeburg (AH 2, S. 70–71) Die Folgen des Dreißig-jährigen Krieges (AH 2, S. 72–73) „Der Staat bin ich!" – Grundlagen der absolutistischen Herrschaft (AH 3, S. 4–5)
	Zusammenfassung (S. 70–71) **Kompetenzen prüfen (S. 72–73)**		**Weißt du Bescheid? (AH 2, S. 78–79)** **Weißt du Bescheid? (AH 3, S. 16–17)**
(1) **GEWI-Modul Migrationen** • Ostsiedlung und Binnenkolonisation • frühneuzeitliche (Zwangs-)Migration (z. B. Hugenotten, Böhmen, Türken, Afrikaner) nach Berlin und Brandenburg • Migration im 19. Jahrhundert nach Amerika, Verschleppung der afrikanischen und Vertreibung der indigenen Bevölkerung	3 Fächerverbindendes Modul: Migrationen (Längsschnitt) (S. 74–99) Ostsiedlung und Binnenkolonisation (S. 78–79) Frühe Neuzeit: Beispiel Hugenotten (1) (S. 80–81) **Landesgeschichte:** Frühe Neuzeit: Beispiel Hugenotten (2) (S. 82–83) Frühe Neuzeit: Beispiel Böhmen (S. 84–85) Auswanderung nach Amerika (1) (S. 86–87) **Wähle aus:** Auswanderung nach Amerika (2) (S. 88–89) 19. Jahrhundert: Vertreibung der Indianer (S. 90–91) 20. Jahrhundert: „Gastarbeiter" in der BRD (S. 92–93) 20. Jahrhundert: „Vertragsarbeiter" in der DDR (S. 94–95)	3 Auswirkungen der Bevölkerungsentwicklung erörtern (Unsere Erde, S. 60–95) 2 Migration und Bevölkerung (Politik entdecken, S. 38–67)	
	Zusammenfassung (S. 96–97) **Kompetenzen prüfen (S. 98–99)**		
(1) **Epochenvertiefung: Zeitalter der Revolutionen (ca. 1750 bis ca. 1900) (politische Revolution – Basismodul)** politische Revolution: exemplarische Behandlung einer bürgerlichen Revolution – ihre politischen, geistigen sowie wirtschaftlichen Ursachen und Folgen (USA oder Frankreich oder 1848/49 in Deutschland/Europa	4 **Epochenvertiefung: Politische Revolutionen (ca. 1750–1900) (S. 100–149)** Was wollten die Aufklärer? (S. 104–105) Aufklärung und Emanzipation (1): Beispiel Juden (S. 106–107) **Wähle aus:** Aufklärung und Emanzipation (2): Beispiel Frauen (S. 108–109) Friedrich II. von Preußen – ein aufgeklärter König? (S. 110–111) **Landesgeschichte:** Schlösser in Berlin und Brandenburg (S. 112–113) Warum geriet Frankreich in eine Krise? (S. 114–115) **Methode:** Eine Karikatur untersuchen (S. 116–117)		**Lesetraining:** Die Aufklärung (AH 3, S. 14) Aufgeklärter Absolutismus – der König als „erster Diener seines Staates"? (AH 3, S. 15) Die Krise des Ancien Régime – Ursachen der Revolution in Bildern (AH 3, S. 23) **Lesetraining:** Die Nationalversammlung leistet den Ballhausschwur (AH 3, S. 26–27) Der Sturm auf die Bastille – Beginn der „größten Revolution"? (AH 3, S. 28–29)

Rahmenlehrplan Themenfelder und Inhalte der Module	Forum Geschichte 7/8	GEWI-Module im gesellschaftswissenschaftlichen Fächerverbund	Verweis auf Beiprogramm Forum Geschichte
Standards für fachbezogene Kompetenzen: *Deuten; Analysieren; Methoden anwenden; Urteilen und sich orientieren; Darstellen – historisch erzählen* Die Kompetenzen decken die Niveaustufen E-F für die Jahrgänge 7 und 8 ab.		**Unsere Erde Berlin-Brandenburg 7/8** (Unsere Erde. 978-3-06-064830-6) **Politik entdecken Berlin-Brandenburg 7/8** (Politik entdecken, 978-3-464-65618-1)	**Arbeitsheft Forum Geschichte 2** (AH 2, 978-3-06-064633-3) **Arbeitsheft Forum Geschichte 3** (AH 3, 978-3-06-064634-0)
	Sommer 1789 – die Revolution der Bürger und Bauern (S. 118–119) Die Erklärung der Menschen- und Bürgerrechte (S. 120–121) Die Verfassung von 1791 – eine Verletzung der Menschenrechte? (S. 122–123) **Methode:** Ein historisches Urteil bilden: Die Hinrichtung Ludwigs XVI. (S. 124–125) Die Schreckensherrschaft – Kann Terror die Ideen der Revolution retten? (S. 126–127) Die Herrschaft Napoleons – Verteidiger oder Vernichter der Revolution? (S. 128–129) Preußische Reformen – eine Revolution von oben? (S. 130–131) **Geschichte kontrovers:** Friedensschluss von 1815 – eine stabile Ordnung für Europa? (S. 132–133) **Methode:** Darstellungen untersuchen (S. 134–135) Der Vormärz – revolutionäre Vorboten in Deutschland und Europa (S. 136–137) Unruhen in Berlin – Warum kam es zur Revolution von 1848? (S. 138–139) **Wähle aus:** Auf dem Weg zu Verfassung und Nationalstaat – die deutsche Nationalversammlung (S. 140–141) **Methode:** Ein Verfassungsschaubild untersuchen (S. 142–143) War die Revolution 1848/49 erfolgreich? (S. 144–145)		**Methodentraining:** Die Verfassung von 1791 interpretieren (AH 3, S. 30–31) Die Terrorherrschaft der Jakobiner (AH 3, S. 32) Napoleon – Ein General wird Kaiser (AH 3, S. 33) Deutschland nach der Herrschaft Napoleons (AH 3, S. 36–37) Feste für die Einheit Deutschlands – Wartburgfest und Hambacher Fest (AH 3, S. 38–39) **Lesetraining:** Textvergleich: Reden der Frankfurter Nationalversammlung (AH 3, S. 40–41) **Methodentraining:** Die Revolution 1848/49 in Bildern (AH 3, S. 42–43)
	Zusammenfassung (S. 146–147) Kompetenzen prüfen (S. 148–149)		**Weißt du Bescheid? (AH 3, S. 34–35) Weißt du Bescheid? (AH 3, S. 48–49)**

Rahmenlehrplan Themenfelder und Inhalte der Module Standards für *fachbezogene Kompetenzen:* *Deuten; Analysieren; Methoden anwenden;* *Urteilen und sich orientieren; Darstellen –* *historisch erzählen* Die Kompetenzen decken die Niveaustufen E–F für die Jahrgänge 7 und 8 ab.	Forum Geschichte 7/8	GEWI-Module im gesellschaftswissen-schaft-lichen Fächerverbund **Unsere Erde** Berlin-Brandenburg 7/8 (Unsere Erde, 978-3-06-064830-6) **Politik entdecken** Berlin-Brandenburg 7/8 (Politik entdecken, 978-3-464-65618-1)	Verweis auf Beiprogramm Forum Geschichte **Arbeitsheft** **Forum Geschichte 2** (AH 2, 978-3-06-064633-3) **Arbeitsheft** **Forum Geschichte 3** (AH 3, 978-3-06-064634-0)
	Jahrgangsstufe 8		
	5 Epochenvertiefung: Technisch-industrielle Revolution **(ca. 1750–1900) (S. 150–179)**		
(1) Epochenvertiefung: Zeitalter der Revolutionen (ca. 1750 bis ca. 1900) (industrielle Revolution – Basismodul) industrielle Revolution: Voraussetzungen, Verlauf und Folgen	Von der Werkstatt zur Fabrik (S. 154–155) England – „Mutterland der Industrialisierung" (S. 156–157) „Nachzügler" Deutschland (S. 158–159) **Methode:** Eine Statistik auswerten (S. 160–161) **Wähle aus:** Die Eisenbahn – Ungeheuer oder Wunderding? (S. 162–163) **Landesgeschichte:** Borsig – vom Handwerker zum Lokomotivkönig (S. 164–165) Unternehmer – die neuen Fürsten? (S. 166–167) Im Takt der Maschine – Arbeit in der Fabrik (S. 168–169) Kinder: Arbeit statt Schule und Freizeit S. 170–171) Wohnungsnot in den Städten (S. 172–173) Umweltverschmutzung (S. 174–175)		In einer Manufaktur (AH 3, S. 8–9) Die Industrialisierung und die Folgen in England (AH 3, S. 50–51) Von der handwerklichen zur industriellen Produktion – Beispiel England (AH 3, S. 52) Die Industrialisierung in Deutschland (AH 3, S. 53) **Methodentraining:** Geschichtskarten zur Industrialisierung in Europa (AH 3, S. 54–55) Die Industrialisierung in der Diskussion der Zeitgenossen (AH 3, S. 56–57) Kinder in der Zeit der Industrialisierung (AH 3, S. 60)
	Zusammenfassung (S. 176–177) Kompetenzen prüfen (S. 178–179)		**Weißt du Bescheid? (AH 3, S. 62–63)**
	6 Fächerverbindendes Modul: Armut und Reichtum (Längsschnitt) (S. 180–207)		
(1) GEWI-Modul Armut und Reichtum - Mittelalter: Armut, Reichtum und Christentum - Frühe Neuzeit: Armenpolitik städtischer Eliten zwischen Fürsorge und Repression - Industriezeitalter: Soziale Frage – Antworten von Wirtschaft, Religion und Politik	Armut im Mittelalter (S. 184–185) Armut als christliches Ideal (S. 186–187) Reichtum im Mittelalter (S. 188–189) Neuer Blick auf die Armut beim Übergang zur Neuzeit (S. 190–191) Armenpolitik städtischer Eliten (S. 192–193) **Methode:** Eine historische Fotografie untersuchen (S. 194–195) Soziale Frage (1): Antworten der Unternehmer (S. 196–197) Soziale Frage (2): Antworten der Kirchen (S. 198–199) Soziale Frage (3): Antworten der Arbeiterbewegung (S. 200–201) Soziale Frage (4): Bismarcks Sozialgesetzgebung (S. 202–203)	5 Entwicklungsstand und Ernährungssicherung analysieren (Unsere Erde, S. 124–157) 4 Armut und Reichtum (Politik entdecken, S. 110–147)	
	Zusammenfassung (S. 204–205) Kompetenzen prüfen (S. 206–207)		

Rahmenlehrplan Themenfelder und Inhalte der Module Standards für *fachbezogene Kompetenzen:* *Deuten: Analysieren; Methoden anwenden;* *Urteilen und sich orientieren; Darstellen –* *historisch erzählen* Die Kompetenzen decken die Niveaustufen E-F für die Jahrgänge 7 und 8 ab.	Forum Geschichte 7/8	GEWI-Module im gesellschaftswissenschaft-lichen Fächerverbund **Unsere Erde** **Berlin-Brandenburg 7/8** (Unsere Erde 978-3-06-064830-6) **Politik entdecken** **Berlin-Brandenburg 7/8** (Politik entdecken, 978-3-464-65618-1)	Verweis auf Beiprogramm Forum Geschichte **Arbeitsheft** **Forum Geschichte 2** (AH 2, 978-3-06-064633-3) **Arbeitsheft** **Forum Geschichte 3** (AH 3, 978-3-06-064634-0)
	Wahlmodule		
	7 Wahlmodul: Juden, Christen und Muslime (Längsschnitt) (S. 208–233)		
(1) Wahlmodul: Juden, Christen und Muslime • Kreuzzüge: Kontakte und Konflikte • Judenhass und Furcht vor den Osmanen: Ängste und Realpolitik in der Frühen Neuzeit • Juden im 19. Jahrhundert: rechtliche Gleichstellung und gesellschaftliche Diskriminierung	Drei Weltreligionen: das Christentum (S. 212–213) Drei Weltreligionen: das Judentum (S. 214–215) Drei Weltreligionen: der Islam (S. 216–217) Die Kreuzzüge (S. 218–219) Die Araber in Spanien – eine Zeit des Miteinanders? (S. 220–221) Al-Andalus wird wieder christlich – eine Zeit des Gegeneinanders? (S. 222–223) Die Furcht vor den Osmanen – War sie berechtigt? (S. 224–225) Welche Folgen hatte die Reformation für die Juden? (S. 226–227) Juden im 19. Jahrhundert – Gleichstellung oder Diskriminierung? (S. 228–229)		Erfindungen der Araber (AH 2, S. 10) Methodentraining: Urteilsbildung – Die Kreuzzüge (AH 2, S. 36–37)
	Zusammenfassung (S. 230–231) Kompetenzen prüfen (S. 232–233)		
	8 Wahlmodul: Expansion und Kolonialismus (Längsschnitt) (S. 234–261)		
(1) Wahlmodul: Europäische Expansion und Kolonialismus • Kolumbus und der frühneuzeitliche Kolonialismus • Kolonialismus und Sklavenhandel (z. B. Brandenburg-Preußen) im 17. und 18. Jahrhundert • Imperialismus und Rassismus (ab ca. 1860)	Ursachen der Expansion (S. 238–239) Kolumbus – Entdecker oder Eroberer? (S. 240–241) Eroberung der „Neuen Welt" (S. 242–243) **Wähle aus:** Wem gehört die „Neue Welt"? (S. 244–245) Kolonialismus: Beispiel Spanien (S. 246–247) Kolonialismus und Sklavenhandel (S. 248–249) Vom Kolonialismus zum Imperialismus (S. 250–251) Imperialismus und Rassismus (S. 252–253) Imperialismus: Beispiel Deutschland (S. 254–255) Imperialismus: Beispiel China (S. 256–257)		**Methodentraining:** Fragekompetenz – Entdeckungen und Erfindungen in der Zeit der Renaissance (AH 2, S. 48–49) **Methodentraining:** Textquellen analysieren – Vorstellungen von der Neuen Welt (AH 2, S. 50–51) Die Neue Welt (AH 2, S. 52) Die Reise zu den Seidenmenschen (AH 2, S. 53) **Methodentraining:** Urteilsbildung – Das Handeln der Europäer (AH 2, S. 54–55) **Lesetraining:** Motive des Imperialismus (AH 3, S. 64–65) Der europäische Imperialismus – das Beispiel Afrika (AH 3, S. 68)
	Zusammenfassung (S. 258–259) Kompetenzen prüfen (S. 260–261)		**Weißt du Bescheid?** (AH 2, S. 56–57) **Weißt du Bescheid?** (AH 2, S. 78–79)

Rahmenlehrplan	Forum Geschichte 7/8	GEWI-Module im gesellschaftswissen-schaft-lichen Fächerverbund	Verweis auf Beiprogramm Forum Geschichte
Themenfelder und Inhalte der Module Standards für *fachbezogene Kompetenzen:* *Deuten; Analysieren; Methoden anwenden; Urteilen und sich orientieren; Darstellen – historisch erzählen* **Die Kompetenzen decken die Niveaustufen E–F für die Jahrgänge 7 und 8 ab.**		**Unsere Erde Berlin-Brandenburg 7/8** (Unsere Erde, 978-3-06-064830-6) **Politik entdecken Berlin-Brandenburg 7/8** (Politik entdecken, 978-3-464-65618-1)	**Arbeitsheft Forum Geschichte 2** (AH 2, 978-3-06-064633-3) **Arbeitsheft Forum Geschichte 3** (AH 3, 978-3-06-064634-0)
	9 Wahlmodul: Weltbilder (Längsschnitt) (S. 262–279)		
(1) Wahlmodul: Weltbilder • das Weltbild des europäischen Mittelalters: Glauben bestimmt das Leben • Europas neue Perspektiven um 1500: Humanismus, Renaissance, Reformation • Sozialismus und Liberalismus im 19. Jahrhundert	Christlicher Glaube im Mittelalter (S. 266–267) Europas Perspektiven um 1500 (S. 268–269) Wandel durch Reisen, Handel und Seefahrt (S. 270–271) Liberalismus: Freiheit als Modell für staatliche Ordnung – Wandel des Weltbildes? (S. 272–273) Sozialismus: die Idee von der Gleichheit aller (S. 274–275)		
	Zusammenfassung (S. 276–277) **Kompetenzen prüfen (S. 278–279)**		

1 Epochenüberblick: Mittelalter   SB S. 10–43

Sachinformationen zum Kapitelaufbau

Obwohl das Mittelalter Jahrhunderte zurückliegt, scheint es heute sehr nahe zu sein: Mittelaltermärkte, Spielfilme oder Romane vermitteln einen Eindruck davon, wie das Leben der Menschen im Mittelalter ausgesehen haben könnte. Gegenwärtig und unübersehbar sind auch die Spuren, die das Mittelalter in Städten und Dörfern hinterlassen hat. Zahlreiche Gebäude – Kirchen, Klöster, Rat- und Bürgerhäuser – gehen vielerorts auf das Mittelalter zurück, auch wenn dies aufgrund späterer An- und Umbauten oftmals nicht auf den ersten Blick zu erkennen ist.

Anhand der Materialien der ersten Themeneinheiten können die Schülerinnen und Schüler die Gründung und den Aufstieg des Frankenreichs vor dem Hintergrund der europäischen Christianisierung nachvollziehen, welche den Übergang von der Spätantike zum Mittelalter einläutete. Mit Karl dem Großen wird eine Herrscherpersönlichkeit vorgestellt, die zur Leitfigur der deutschen Könige des Mittelalters wurde. Besondere Aufmerksamkeit wird dem mittelalterlichen Lehnswesen und der Grundherrschaft gewidmet.

Die Themeneinheiten der zweiten Kapitelhälfte beschäftigen sich mit dem Alltag der mittelalterlichen Bevölkerung. Bei der Bearbeitung der Materialien wird den Schülerinnen und Schülern auffallen, dass mangels schriftlicher Quellen in erster Linie auf Bild- und Sachquellen zurückgegriffen werden muss, um einen Einblick in bäuerliche Lebensverhältnisse im Mittelalter zu erhalten. Als Kontrast werden in weiteren Themeneinheiten die Lebenswelten des Adels und der Mönche und Nonnen vorgestellt. Die mittelalterliche Stadt und ihre Bewohner stehen wie die Entwicklung Berlins im Laufe des Mittelalters im Mittelpunkt der letzten Themeneinheiten dieses Kapitels.

Hinweis zum Unterrichtsverlauf

siehe Lehrplansynopse, S. 8

Kompetenzerwerb in Kapitel 1 (s. Schülerband S. 42)

Eine detaillierte Liste der zu erwerbenden Kompetenzen finden Sie hier in der Handreichung auf dem Selbsteinschätzungsbogen, S. 39.

Selbsteinschätzungsbogen für Schüler zum Kapitel 1

siehe Kopiervorlage 1.4, S. 39

Weiterführende Hinweise auf Forum-Begleitmaterialien (s. Einleitung, S. 7)

- Arbeitsheft 2, Kap. 1: Von der Antike zum Mittelalter
- Arbeitsheft 2, Kap. 2: Mittelalterliche Lebenswelten
- Arbeitsheft 2, Kap. 3: Herrschaft im Mittelalter
- Kompetenztraining, Kap. 7: Von der Antike zum Mittelalter
- Kompetenztraining, Kap. 8: Mittelalterliche Lebenswelten
- Kompetenztraining, Kap. 9: Herrschaft im mittelalterlichen Europa
- Geschichte interaktiv I, Kap. 5: Das Mittelalter
- Foliensammlung Geschichte 1, Folien 19 und 20: Die bäuerliche Gesellschaft/die Ständeordnung
- Foliensammlung Geschichte 1, Folie 21: Ritter im Turnier
- Foliensammlung Geschichte 1, Folie 22: Die Entwicklung einer Burg
- Foliensammlung Geschichte 1, Folie 23: Die Stadt im Altarbild
- Foliensammlung Geschichte 1, Folie 24: Handwerk und Handel
- Invitation to History: Starter, Unit 1: Life in the Middle Ages

Literatur, Jugendbücher, Filme, Internethinweise für Lehrkräfte

Literatur

Sabine Buttinger, Das Mittelalter, 3. korr. und erw. Aufl., Stuttgart (Theiss) 2012.
Bernd Fuhrmann, Hinter festen Mauern. Europas Städte im Mittelalter, Darmstadt (Theiss) 2014.
Annette Großhongardt/Johannes Saltzwedel (Hg.), Leben im Mittelalter. Der Alltag von Rittern,

Mönchen, Bauern und Kaufleuten, Hamburg (Spiegel-Buchverlag) 2015.
Claudia Märtl, Die 101 wichtigsten Fragen – Mittelalter, 4. Aufl., München (C. H. Beck) 2013.
Pierre Riché, Die Welt der Karolinger, Ditzingen (Reclam) 2016.
Jugendbücher
Günther Bentele, Leben im Mittelalter, 4 Bde., Würzburg (Arena) 2010–2011.
Andrew Langley, Mittelalter, München (Dorling Kindersley) 2013.
Jacques Le Goff, Das Mittelalter für Kinder erklärt von Jacques Le Goff, 2. Aufl., München (C. H. Beck) 2012.
Maria Regina Kaiser, Karl der Große und der Feldzug der Weisheit, Würzburg (Arena) 2009.
Filme

WBF D-1122:	Karl der Große und seine Außenpolitik. Ein Franke wird Nachfolger der römischen Caesaren.
WBF D-1123:	Karl der Große und seine Innenpolitik. Wie regierte er sein Reich?
FWU 5500107:	Alltag im Mittelalter: Auf einer Burg
WBF B-1201:	Mönche und Klöster II. Leben in einem mittelalterlichen Kloster
FWU 5511201:	Stadt im Mittelalter

Internethinweise für Lehrkräfte
https://www.slub-dresden.de/sammlungen/handschriften/sachsenspiegel (kurze Information zum Sachsenspiegel mit Links zu den digitalisierten Bilderhandschriften aus Dresden, Wolfenbüttel, Heidelburg und Oldenburg)
https://www.planet-schule.de/wissenspool/das-mittelalter-experiment/inhalt.html („Das Mittelalter-Experiment", mehrteilige Sendereihe u. a. zu den Themen „Ritter" und „Burgenbau")
https://www.planet-schule.de/wissenspool/die-stadt-im-spaeten-mittelalter/inhalt.html (Videos, Lernsoftware, Informationen und Links zum Thema „Die Stadt im späten Mittelalter")
https://www.berlin.de/775/stadt-im-mittelalter (Internetseite zur Ausstellung „Spuren des Mittelalters" von 2012)

Auftaktseiten S.10/11

S.10 f.: Feldarbeit im April
Um 1400 ließ Fürstbischof Georg I. von Liechtenstein (1390–1419) die Wände des zur Residenz der Fürstbischöfe in Trient gehörenden Adlerturms mit einem Freskenzyklus von Monatsbildern schmücken. Auf den etwa 3 m hohen und 2 m breiten Gemälden sind jeweils Szenen aus dem Leben der Landbevölkerung und des Adels einander gegenübergestellt.
Das April-Bild zeigt eine harmonisch anmutende ländliche Frühjahrsszene. Im Vordergrund pflügen zwei Bauern einen Acker, um diesen auf die bevorstehende Aussaat vorzubereiten. Einer führt das gemischte Gespann (zwei Ochsen, ein Pferd), während der andere den Pflug in der Spur hält. Ein dritter Bauer führt am oberen Bildrand ein Ochsengespann an einem mit Flechtwerk umzäunten Garten vorbei, in dem zwei Frauen leichte Tätigkeiten verrichten. Zwei weitere Frauen spazieren am rechten Bildrand durch die wald- und gartenreiche Landschaft. Die Standeszugehörigkeit der Personen ist an ihren Betätigungen und ihrer Kleidung abzulesen. Die Frauen tragen lange, aufwendig verarbeitete Gewänder und Haarkränze. Sie sind zudem in einer erhabenen Körperhaltung dargestellt. Bei ihnen kann es sich nur um herrschaftliche, also adlige Damen handeln. Die hart arbeitenden Bauern, bei denen es sich entweder um Leibeigene oder Hörige handelt, die ihre Frondienste verrichten, tragen eine Art Kittel über Beinlingen, Bundschuhe oder sind barfüßig. Als Kopfbedeckung dient ein schlichter Hut bzw. eine Mütze.

Orientierung im Kapitel S.12/13

S.12, M1: Europa um 1000
Die Karte zeigt die politischen Folgen des europäischen Konsolidierungsprozesses nach der Auflösung des Frankenreichs. Im frühen Hochmittelalter wurden Mittel- und Westeuropa von Frankreich und dem Deutschen Reich unter den Ottonen dominiert. Das Byzantinische Reich, das um 1000 eine Blütezeit erlebte, umfasste den Balkan, Griechenland und Kleinasien. Der Einflussbereich des Islam erstreckte sich von der Arabischen Halbinsel über Nordafrika bis nach Spanien. In Osteuropa bildeten sich Polen und Ungarn als eigenständige Reiche heraus. In Skandinavien herrschten dänische, schwedische und norwegische Wikingerkönige. Konfliktherde waren die Iberische Halbinsel (Aufeinanderprallen von Christen und Muslimen) sowie Süditalien, wo Byzantiner, Araber und Langobarden um die Vorherrschaft stritten.

Als Vorläufer moderner Staaten können gelten: England, Norwegen, Schweden, Dänemark, Polen, Ungarn, Bulgarien, Frankreich, Italien. Dem Ostfrankenreich und späterem Deutschen Reich konnten Böhmen und Mähren eingegliedert werden; Burgund nahm innerhalb Frankreichs eine weitgehend autonome Stellung ein.

S. 13, M2: Ein Lehnsmann schwört seinem Lehnsherrn die Treue
Anfang des 13. Jahrhunderts beauftragte Hoyer von Falkenstein, Stiftsvogt von Quedlinburg (1211 bis 1250), Eike von Repgow (ca. 1180–1235) mit der volkssprachlichen Niederschrift des bis dahin mündlich tradierten Gewohnheitsrechts der Sachsen. Der „Sachsenspiegel" besteht aus drei Teilen – der Vorrede in Versform, dem Landrecht und dem Lehenrecht – und deckt zahlreiche Rechtsgebiete ab. Das Werk fand weite Verbreitung und wurde zum Vorbild weiterer Rechtsbücher. Unter den etwa 460 erhaltenen Sachsenspiegelhandschriften befinden sich auch vier Bilderhandschriften; M2 stammt aus der Wolfenbütteler Bilderhandhandschrift. Die Abbildungen sind dabei kein schmückendes Beiwerk, sondern bilden mit dem Text eine Einheit, indem sie ihn ergänzen und erklären – und umgekehrt.

S. 13, M3: Bundeskanzlerin Angela Merkel wird nach ihrer Wahl vereidigt
Die Krönung eines mittelalterlichen Königs oder Kaisers verlief nach einem festgelegten Zeremoniell und bestand aus unterschiedlichen Ritualen. Salbung und Einkleidung gehören heute zwar nicht mehr zur Einführung eines politischen Amtes, symbolische Gesten spielen aber immer noch eine Rolle, wie das Foto zeigt.

S. 13, M4: Ein Blick in eine mittelalterliche Stadt, Schulwandbild siehe die Erläuterungen zu Aufgabe 4

S. 13, Aufgabe 1 a)
Kalifat von Córdoba, Königreiche von Leon, Navarra und Aragon, Grafschaft Barcelona, Königreiche von Frankreich, Burgund und Italien, Kirchenstaat, Herzogtum Normandie, Irisches, Schottisches und Englisches Königreich, Königreiche von Norwegen, Schweden und Dänemark, Heiliges Römisches Reich, Herzogtümer Polen und Böhmen, Kiewer Reich, Königreiche der Ungarn und Kroaten, Reiche der Bulgaren (Zarenherrschaft) und Serben (Herrschaft von Županen), Byzantinisches Reich; siehe auch die Erläuterungen zu M1
b) Frankreich, Luxemburg, Belgien, Niederlande, Deutschland, Österreich, Slowenien, Kroatien, Schweiz, Liechtenstein

S. 13, Aufgabe 2
Auf dem Foto M3 ist Bundeskanzlerin Angela Merkel bei ihrer zweiten Amtseinführung im Jahr 2013 zu sehen. Die rechte Hand zum Schwur erhoben, spricht sie die Eidesformel aus dem Grundgesetz, der vor ihr stehende Bundestagspräsident Norbert Lammert hält die aufgeschlagene Verfassung. Anders als der Lehnsmann auf der Darstellung aus dem Sachsenspiegel, der die linke Hand zum Schwur erhoben hat und mit der rechten ein Reliquiar berührt, verpflichtet sie sich nicht zur Treue und Ergebenheit gegenüber einer Person (Lehnsherr), sondern dazu, ihre Kraft dem Wohle des deutschen Volkes zu widmen, das Grundgesetz zu wahren und ihre Amtspflichten gewissenhaft zu erfüllen.

S. 13, Aufgabe 3
Amts- oder Diensteide werden heute noch von Trägern eines öffentlichen Amtes geleistet. Neben dem Staatsoberhaupt und den Bundesministern legen auch die Mitglieder der Landesregierungen, Richter, Beamte sowie Berufs- und Zeitsoldaten einen Eid ab.

S. 13, Aufgabe 4
In den engen Gassen der mittelalterlichen Stadt herrscht ein reges Treiben: Ein Händler transportiert auf einem Pferd Waren in die Stadt, deren Häuser vorwiegend in Fachwerkbauweise errichtet wurden. In einigen Häusern scheinen Händler ansässig zu sein, die ihre Waren über eine Ladentheke hinweg auf die Straße zum Verkauf anbieten. Auf den ungepflasterten Straßen, auf denen sich Regenwasser und vermutlich allerlei Unrat angesammelt hat, laufen Schweine umher. Einige Menschen haben sich um eine Art Pavillon versammelt, der auf dem Marktplatz steht und bei dem es sich um eine Gerichtslaube handeln könnte. Zwei Personen, die jeweils ein Schild vor sich halten, auf denen vermutlich ihre Missetaten verzeichnet sind, stehen in der Laube, die von einem mit einer Lanze ausgerüsteten Mann bewacht wird. Am linken oberen Bildrand sind die steinernen Türme und Zinnen einer Burganlage zu sehen.

Offene Verkaufsstände gibt es auch heute noch, allerdings werden die dort verkauften Waren nicht mit dem Pferd oder einem Karren antransportiert, sondern mit einem Lkw. Durch die gepflasterten und mit Ab- sowie Regenwasserkanälen ausgestatteten Straßen moderner Innenstädte werden keine Schweine mehr auf die vor den Toren der Stadt liegenden Weiden getrieben. Gerichtsverhandlungen finden heute nicht mehr auf öffentlichen Plätzen, sondern in Gerichtsgebäuden statt.

Ein „Nachfolger" Roms: das Frankenreich   S. 14/15

S. 14, M1: Fränkischer Panzerreiter
Die Panzerreiter bildeten die schlagkräftigste und Schlacht entscheidende Einheit des fränkischen Heers, die durch Fußkämpfer sowie leicht bewaffnete Reiter unterstützt wurde. Da Rüstung und Waffen sehr kostspielig waren, erhielten die Adligen vom Kaiser ein Lehen zur Finanzierung von Ausrüstung und Hilfstruppen.
Die Abbildung stammt aus einer nach ihrem heutigen Aufbewahrungsort „Stuttgarter Psalter" genannten Bilderhandschrift, die in der ersten Hälfte des 9. Jahrhunderts im Kloster von Saint-Germain-des-Prés bei Paris angefertigt wurde.

S. 14, M2: Schatzfund aus dem Grab des Frankenkönigs Childerich
Das reich ausgestattete Grab des Frankenkönigs Childerich wurde 1653 zufällig bei Bauarbeiten im belgischen Tournai entdeckt. Von den Beigaben – Kleidungszubehör, Schmuck, Waffen, ein Münzschatz sowie Teile des Pferdegeschirrs – ist heute nur noch ein Teil erhalten, eine 1655 veröffentlichte Publikation des Fundes zeigt jedoch die vollständige Beigabenausstattung. Die Identifizierung des Grabes als das des Königs Childerich ist anhand eines Siegelrings mit dem eingravierten Namen des Herrschers möglich. Der Münzschatz weist darauf hin, dass der Frankenkönig Beziehungen zum Kaiserhof in Byzanz unterhielt, denn bei den Goldmünzen handelt es sich um Solidi byzantinischer Kaiser von Theodosius II. bis zu Zeno.

S. 15, M3: Grabstein eines fränkischen Kriegers, der sich kämmt
Der Grabstein wurde 1901 bei Bauarbeiten in Niederdollendorf, einem Stadtteil von Königswinter, entdeckt. Auf der abgebildeten Vorderseite ist ein bärtiger Krieger mit einem Kurzschwert (Sax) dargestellt. In ihrer rechten Hand (Abbildung im Schülerbuch seitenverkehrt) hält die Figur einen einreihigen Kamm und fährt sich damit durch das Haar. Zu Füßen des Mannes steht eine zweihenkelige Feldflasche. Im Hintergrund ist ein mehrköpfiges Schlangenwesen zu sehen, das mit seinen schnabelartigen Mäulern die rechte Hand und die linke Schulter des Kriegers sowie den Sax berührt. Die Figur auf der Rückseite des insgesamt 53 cm hohen Grabsteins wurde als Christus mit dem Strahlenkranz gedeutet. Diese Kombination von christlichen (Rückseite) und heidnischen Glaubensvorstellungen (Schlangenwesen auf Vorderseite) auf einem Grabstein stellt eine Besonderheit dar.

S. 15, M4: Ein Historiker über die Bedeutung des Haares bei den Germanen siehe die Erläuterungen zu Aufgabe 2

S. 15, Aufgabe 1
Die fränkischen Könige stützten ihre Macht in erster Linie auf militärische Erfolge. Wichtig waren aber auch die Unterstützung und der Rückhalt durch Adlige, die die Herrscher durch Geschenke an sich banden.

S. 15, Aufgabe 2
Der Frisur und der Haarlänge kam bei den Germanen eine wichtige Bedeutung zu, sie waren Ausdruck der Macht und des rechtlichen Status der jeweiligen Person. Lange Haare standen für Freiheit und Stärke und waren Zeichen einer besonderen Macht. Die fränkischen Könige hatten daher lange Haare und trugen einen Bart. Eine Tonsur hingegen zeigte an, dass die betreffende Person unfrei war. Heute spielen Frisuren vor allem in den Jugendkulturen eine wichtige Rolle.

S. 15, Aufgabe 3 a) und b)

		Vorteile	Nachteile
VISUALISIERUNG 1.1	aus der Sicht des Papsttums	• militärischer Schutz im Falle eines Angriffs • durch Eroberungen Ausdehnung des Herrschaftsbereichs und Aufbau eines Kirchenstaats möglich	• musste sich auf die Seite eines weltlichen Herrschers stellen • griff durch Salbung Pippins in weltliche Angelegenheiten (Thronfolge) ein
	aus der Sicht des Frankenkönigs	• wurde durch Segen der Kirche in seiner Position als Herrscher legitimiert, galt als König von „Gottes Gnaden"	• musste sich als „Schutzherr der Römer" im Falle eines gewaltsamen Konflikts auf die Seite der Kirche stellen und diese militärisch unterstützen

Wie verbreitete sich das Christentum in Mitteleuropa? S. 16/17

Webcode
FG647255-016

HRU-DVD
Film „Christianisierung im Mittelalter"

S. 16, M1: Bonifatius tauft einen Germanen und wird von Friesen getötet
Bonifatius (ca. 672/3 bis 754) gehörte zu den angelsächsischen Missionaren. Er entstammte einer angesehenen Familie und wurde in einem Benediktinerkloster in Exeter ausgebildet. Sein eigentlicher Name lautete Wynfreth. Nach seinem Priestergelübde war er zunächst als Lehrer tätig. Bischof Willibrord entsendete ihn nach Rom, wo ihn der Papst zum „Prediger unter den Heiden" ernannte. Die Weihe erfolgte am 15. Mai des Jahres 718, Wynfreth erhielt daraufhin den Namen des Heiligen des Vortags, nämlich Bonifatius. 753 brach Bonifatius zur Friesenmission auf. Während eines Tauffestes zu Pfingsten 754 in Doccum wurden er und seine Gefährten von Friesen überfallen und getötet.

S. 17, M2: Gregor von Tours über die Taufe Chlodwigs I.
Gregor von Tours entstammte romanischem Senatorenadel und wurde 573 zum Bischof von Tours geweiht. Im selben Jahr begann er mit der Niederschrift der fränkischen Geschichte, der „Decem libri historiarum", die mit der Erschaffung der Welt einsetzen. Ab Band 5 verfasste Gregor als Zeitzeuge fortlaufende Jahreschroniken, in denen er aktuelles Geschehen wiedergab. Sein Bericht über den Ablauf von Chlodwigs Taufe gilt als authentisch, da er auf Aussagen Königin Chrodechilds beruhen soll.

S. 17, M3: Papst Gregor II. schrieb 722 an Bonifatius
Während seiner zweiten Romreise wurde Bonifatius am 30. November 722 von Papst Gregor zum Missionsbischof geweiht. Auf Bitten des Papstes erkannte Karl Martell Bonifatius als Bischof an und stellte ihm 723 einen königlichen Schutzbrief aus. Mit den Neugründungen und Reformierungen von Klöstern und Bistümern legte Bonifatius die Grundlage für die heute noch gültige Organisation der katholischen Kirche in Deutschland, vor allem in Süddeutschland, seinem eigenen Missionsgebiet.

S. 17, M4: Bischof Remigius von Reims tauft den Frankenkönig Chlodwig I.
Chlodwig war der erste germanische König, der den christlichen Glauben annahm, und mit ihm zusammen am selben Tag angeblich 3000 seiner Gefolgsleute. Laut der Schilderung Gregor von Tours trat Chlodwig zum Christentum über, nachdem es ihm im Jahr 496 mit Gottes Hilfe gelungen war, die feindlichen Alamannen zu besiegen. Den Entschluss, den christlichen Glauben anzunehmen, hatte Chlodwig jedoch vermutlich bereits früher gefasst. Das feierliche Gelöbnis in der Schlacht diente wahrscheinlich der Rechtfertigung, die Taufe selbst war zugleich von großer politischer Bedeutung, da durch sie eine Verbindung zwischen der gallorömischen christlichen Bevölkerung und den heidnischen Truppen geschaffen wurde.

S. 17, Aufgabe 1 a)
Die Buchillustration stellt die Taufe Chlodwigs I. dar. Bis auf seine Krone und einen durchsichtigen Umhang, der seine Schultern zu bedecken scheint, ist der König nackt, er erscheint wie ein Gläubiger unter vielen. Der Bischof von Reims gießt Taufwasser aus einer kleinen Schale über das Haupt des in einem Fass stehenden Herrschers. Mehrere Personen, darunter Geistliche, sind beim Taufakt anwesend. Die Darstellung betont die Bedeutung von Religion und Kirche für die Herrschaft Chlodwigs.
b) Gregors ausschmückendem Bericht nach erfüllte Chlodwig mit der Annahme des katholischen Glaubens ein Gelöbnis, das er in der Schlacht gegen die Alamannen bei Zülpich, aus der die Mero-

winger siegreich hervorgegangen waren, dem Christengott gegeben hatte. Ferner erwähnt er den Einfluss Chrodechilds, der Gemahlin Chlodwigs, die sich selbst bereits zum christlichen Glauben bekannt und auch die beiden Söhne Ingomer und Chlodomer hatte taufen lassen.

S. 17, Aufgabe 2
Grund für den Missionsauftrag war ein offenkundiger Mangel an Frömmigkeit. Papst Gregor beklagt, dass die Germanen östlich des Rheins weder einen Gott kannten noch getauft seien und sich der „Götzenverehrung hingaben".

S. 17, Aufgabe 3 a)
Die Abbildung stammt aus einer liturgischen Handschrift, dem Fuldaer Sakramentar, das mehr als 200 Jahre nach dem Tod von Bonifatius entstand. Dieser tauft in der linken Bildhälfte einen Germanen, der bis zu den Schultern in einem Fass zu sitzen scheint. Rechts stehen weitere Germanen, Männer sowie Frauen, die die Szene aufmerksam verfolgen. Hinter Bonifatius, der die rechte Hand segnend gehoben hat, haben sich die Gefährten des Heiligen versammelt. Das lange, weiße Gewand, das einer von ihnen hält, ist vermutlich für den Getauften gedacht. Die rechte Bildhälfte zeigt, wie Bonifatius sich mit einem Buch, dem „Codex Ragyndrudis", vor dem Angriff der mit Schwertern, Lanzen sowie Kettenhemden und Helmen ausgerüsteten Germanen zu schützen versucht.
b) individuelle Lösung

S. 17, Aufgabe 4 a) und b) individuelle Lösungen

Karl der Große: der „Vater Europas"?   S. 18/19

S. 18, M1: Reiterstatuette eines fränkischen Herrschers
Die Reiterfigur gehörte ursprünglich zum Domschatz von Metz und wird heute im Musée du Louvre, Paris, gezeigt. Die Identität der dargestellten Person ist nicht zweifelsfrei geklärt (Karl der Große oder Karl der Kahle). Reiter und Pferd sind einzeln gegossen und anschließend zusammengefügt worden. Der Globus in der linken Hand des Königs (in rechter Hand ursprünglich Schwert) steht sinnbildlich für die Weltherrschaft.
Die Statuette verdeutlicht, dass die mittelalterlichen Könige „vom Sattel" aus regierten.

S. 19, M2: Rekonstruktion eines karolingischen Panzerreiters
Die Ausrüstung eines karolingischen Panzerreiters, die mehr kostete als ein Bauernhof, bestand aus einem eisernem Helm, einem aus Metallringen gefertigten Kettenpanzer, einem zweischneidigen Langschwert, einer Lanze sowie einem Schild. Bekleidet waren die Panzerreiter, die aus dem gehobenen Adel stammten, mit einer Tunika, einem umhangartigen Mantel, knöchelhohen Schuhen sowie Hosen; kreuzförmig um die Unterschenkel geschnürte Bänder sorgten für den nötigen Halt.

S. 19, M3: Ein Mitglied des Königshofs über Karl den Großen
Bei dem Verslied „Karolus Magnus et Leo Papa", dem „Karlsepos" (früher auch als „Paderborner Epos" bezeichnet), handelt es sich um eine zu Beginn des 9. Jahrhunderts entstandene „staatliche" Auftragsarbeit. Das nur in Teilen erhaltene Werk ist für die Geschichtsforschung insofern von besonderem Interesse, als es archäologische Befunde zu Architektur und Einrichtung der Paderborner Königspfalz und des Doms bestätigt.

S. 19, M4: Das Frankenreich unter Karl dem Großen
Die Karte zeigt anhand der unterschiedlichen Farbschattierungen, in welchem Ausmaß Karl der Große während seiner Regentschaft sein Herrschaftsgebiet vergrößern konnte, vor allem gen Osten und Südosten.
Bei einer genauen Betrachtung der Karte wird deutlich, auf welche Weise das karolingische Großreich verwaltet wurde: durch Reisekönigtum und das Pfalzensystem. Wichtigstes Herrschaftsmittel waren die geistlichen und weltlichen Königsboten. Das Botenwesen diente nicht nur der reinen Übermittlung von Nachrichten, sondern darüber hinaus der königlichen Herrschaftsausübung und Kontrolle.

S. 19, Aufgabe 1
Unter Karl dem Großen erstreckte sich das Frankenreich von der Nordsee bis zum Mittelmeer und reichte vom Atlantik bis an die Elbe. Neben Friesland, Sachsen, Thüringen und Hessen gehörten auch Franzien, Alamannien, Bayern, Aquitanien, Burgund, die Gascogne sowie Septimanien, das Königreich Italien und Korsika zum Reich der Franken, das weite Teile des heutigen Mittel-, West- und Südeuro-

pas umfasste (Deutschland, Niederlande, Belgien, Luxemburg, Frankreich, Liechtenstein, Schweiz, Italien, Österreich).

S. 19, Aufgabe 2
Die Verbreitung des christlichen Glaubens erfolgte nicht auf friedliche, sondern auf gewaltsame Weise. Während des Krieges gegen die Sachsen, der von 772 bis 804 andauerte, begleiteten zahlreiche Geistliche den Heerzug, um unmittelbar mit der christlichen Mission der Sachsen zu beginnen.

S. 19, Aufgabe 3 a)
Der fränkische Herrscher (M1) hat eine Kurzhaarfrisur und einen langen Schnurbart, auf dem Kopf trägt er eine Krone. Er ist mit einem weiten Umhang bekleidet, der auf der rechten Schulter von einer Brosche zusammengehalten wird. Die Hose scheint nicht nur in der Taille, sondern auch mithilfe eines unterhalb des Knies um das Bein gewickelten Bandes befestigt zu sein. Im Bereich des Unterschenkels lassen sich kreuzförmig geschnürte Bänder erahnen, die für zusätzlichen Halt sorgen sollten (siehe M2). Unter dem Umhang ragt eine Schwertscheide hervor, in seiner linken Hand hält der Mann eine Kugel, in seiner rechten Hand befand sich ursprünglich ein Schwert. Der Panzerreiter auf dem Foto M2 ist ähnlich gekleidet wie die Reiterfigur. Auch er trägt eine Tunika und eine mithilfe von Bändern befestigte Hose sowie einen Umhang. Im Gegensatz zum fränkischen Herrscher ist er jedoch mit einer Lanze ausgerüstet, Kettenhemd, Helm und Schild dienen der Verteidigung bzw. dem Schutz.
b) Kleidung und Waffenausrüstung der Figur auf dem Foto M2 wurden mithilfe archäologischer Funde rekonstruiert. Auch die Größe der karolingischen Pferde lässt sich anhand von Knochenfunden berechnen. Bei der kleinen Reiterstatue handelt es sich um ein Kunstwerk und kein naturgetreues Abbild. Sie soll ein ideales Bild vermitteln, das zur Erinnerung an Karl den Großen (oder Karl den Kahlen) beitragen soll.

S. 19, Aufgabe 4 a)
Der unbekannte Autor stellt Karl den Großen als mächtigsten und edelsten aller Herrscher und das Haupt der Welt dar.
b) Bei der Textquelle handelt es sich um einen Auszug aus einem Verslied, das im Auftrag des Königshofs entstand. Der Verfasser war als Mitglied des Hofs Karl dem Großen unterstellt und war daher mehr oder weniger verpflichtet, diesen in den höchsten Tönen zu loben. Eine negative Darstellung des Herrschers hätte sicherlich folgenreiche Konsequenzen für den Verfasser gehabt.

S. 19, Aufgabe 5
Nicht nur von der Geschichtsforschung wird Karl der Große als „Vater Europas" angesehen. Die immense Ausdehnung des karolingischen Reichs in südlicher, südwestlicher, östlicher und nordwestlicher Richtung hatte bereits im Mittelalter dazu geführt, dass Karls Imperium mit Europa und dem christlichen Abendland gleichgesetzt wurde. Verwiesen wird in der Neuzeit ferner häufig auf die fränkischen Wurzeln europäischer Bildungstraditionen und Kultur.

Wähle aus: Karl der Große wird zum Kaiser gekrönt	S. 20/21

S. 20, M1 und M2: Karolingische Münze
Karl der Große führte Ende des 8. Jahrhunderts im gesamten Fränkischen Reich den silbernen Denarius (Pfennig) als einheitliche Währung ein. Seit der karolingischen Münzreform setzte sich auf der Vorderseite das Herrscherbild durch, während die Rückseite häufig ein Kreuz, eine Kirche oder einen Stadtnamen zeigte. Die abgebildete Münze wurde nach 804 geprägt und stammt aus der Frankfurter Münze.

S. 20, M3: Aus einem Zeitungsartikel über Karls Krönung siehe die Erläuterungen zu Aufgabe 2 (Material B)

Diff. Kopiervorlagen
7.1 Methode: Quellenvergleich: Die Kaiserkrönung Karls des Großen (800 n. Chr.) aus drei Perspektiven

S. 21, M4: Bericht des fränkischen Gelehrten Einhard
Der aus ostfränkischem Adel stammende Einhard kam 794 an den fränkischen Königshof und gehörte bereits zwei Jahre später zum Hofkreis. Er stand der Hofschule in Aachen vor und war nicht nur ein Freund, sondern auch ein enger Berater Karls des Großen, der ihn mit politischen Missionen betraute. Einhard übte daneben verschiedene weltliche Ämter aus, u. a. war er als eine Art „Chefarchitekt" für den Bau von Straßen und Gebäuden im Frankenreich zuständig. Nach dem Tod Karls des Großen weilte er unter dessen Nachfolger Ludwig dem Frommen weiterhin am Hof und kümmerte sich um

die Erziehung des Königssohns Lothar, ehe er ab 817 begann, sich aus dem politischen Leben zurückzuziehen.

S. 21, M5: Bericht von Papst Leo III.

Der „Liber pontificalis" bezeichnet eine von der Kurie in Rom verfasste Sammlung von Papstbiografien, die teils auf vorhandenen Papstlisten aufbaute, teils von Zeitgenossen niedergeschrieben wurde. Die Aufzeichnungen brachen nach 870 ab und wurden erst während des Pontifikats Gregors VII. fortgeführt (bis ins 15. Jahrhundert). Das Werk ist in verschiedenen Handschriften und Rezensionen überliefert, auch Karl der Große besaß ein Exemplar. Neben den Lebensdaten enthält die Sammlung auch Vermerke über die Ausbildung des Papstes, die Dauer seines Pontifikats sowie eine Auflistung der von ihm vorgenommenen Diakonats- und Bischofsweihen und seiner Geschenke an die römischen Kirchen.

Diff. Kopiervorlagen
7.1 Methode: Quellenvergleich: Die Kaiserkrönung Karls des Großen (800 n. Chr.) aus drei Perspektiven

S. 20, Aufgabe 1 und 2 (Material A)

Mit dem Porträt knüpfte Karls Kaisertum an antike Traditionen an. Zusammen mit der Umschrift „Imperator Augustus" imitiert es die Darstellungen römischer Kaiser, denn es zeigt Karl in römischem Gewand und mit Lorbeerkranz auf dem Haupt. Die Rückseite der Münze weist ihn jedoch unmissverständlich als christlichen Herrscher aus.

S. 20, Aufgabe 1 (Material B) mögliche Überschriften:

Die Kaiserkrönung Karls des Großen – Der Überfall auf Papst Leo X. – Der Prozess gegen die Täter – Ein Kaisertitel als Dank

S. 20, Aufgabe 2 (Material B)

Laut der Journalistin Britta Quebbemann war Einhard kein objektiver Beobachter und sein Bericht stellenweise übertrieben (Überfall auf Papst Leo). Sie zweifelt daran, dass Karl, wie von Einhard beschrieben, ahnungslos war und von der Krönung überrascht wurde.

S. 20, Aufgabe 3 (Material B) individuelle Lösung

S. 21, Aufgabe 1 (Material C)

Bericht Einhards	Bericht Papst Leos III.
• Karl wusste vorab nichts von geplanter Kaiserkrönung • lehnte Kaiser- und Augustustitel anfänglich ab; ist Kaiser wider Willen • reagierte auf Kritik seitens der oströmischen Kaiser mit Gelassenheit und Großmut	• Karl wird am Weihnachtstag in der Petruskirche von Papst Leo III. zum Kaiser gekrönt • versammelte Gemeinde würdigt Karls Taten und Einstellung gegenüber der Kirche und dem Papst, durch Zuruf der Gemeinde wird der Krönungsakt bestätigt

VISUALISIERUNG 1.2

S. 21, Aufgabe 2 (Material C)

Einhard war nicht nur Leiter der Hofschule, sondern auch ein enger Vertrauter und Freund Karls des Großen. Sein Bericht hebt die stärkere Position Karls hervor, der vom Papst um Hilfe gebeten worden sei. Karl selbst habe, so Einhard, nichts von der bevorstehenden Krönung geahnt und sich am Weihnachtstag des Jahres 800 allein aus dem Grund in die Basilika des heiligen Petrus begeben, um dort zu beten. Hervorgehoben wird Karls Großmut gegenüber den Anfeindungen der oströmischen Kaiser. Die Quelle M5 gibt das Ereignis aus der Sicht der päpstlichen Kurie wieder. Anders als bei Einhard wird hier nicht die Hilflosigkeit des Papstes betont, dieser wird hingegen als „ehrwürdiger und Segen spendender" Kirchenvorsteher bezeichnet, der Karl die Ehre der Krönung erweist. Karl wird als „großer und friedfertiger Kaiser" charakterisiert, der der Kirche Schutz gewähre.

S. 21, Aufgabe für alle Standbilder, individuelle Lösungen

Das Lehnswesen – Wie regierten Könige ihr Land?   S. 22/23

S. 22, M1: Die Reisen Karls des Großen
Die Karte zeigt, dass sich Karl der Große besonders häufig im Gebiet zwischen Maas und Rhein aufhielt. Zu den bevorzugten Aufenthaltsorten gehörte Aachen, oft überwinterte der Hof dort. Zum
einen war die Pfalz günstig zwischen den fränkischen Kernlanden und dem Expansionsgebiet Sachsen
gelegen, zum anderen schätzte der Kaiser, vor allem gegen Ende seines Lebens, die heißen Aachener
Heilquellen, das milde Klima und die günstigen Jagdgelegenheiten. Aachen wurde durch die langen
Aufenthalte des Kaisers zum politischen und kulturellen Zentrum, de facto beinahe zu einer Residenz,
in der Reichsversammlungen und Synoden abgehalten wurden.

S. 23, M2: Vereinfachte Darstellung des Lehnswesens
Die Abbildung systematisiert und veranschaulicht in Grundzügen das komplexe Rechtssystem des
mittelalterlichen Lehnswesens. An der Spitze des Modells ist der König als oberster Lehnsherr zu
sehen. Geistliche und weltliche Reichsfürsten befinden sich, ihrer realen Ebenbürtigkeit gemäß, auf
einer Standesebene. Die Figuren und Pfeile machen deutlich, dass es sich um personale Beziehungen
und gegenseitige Abhängigkeitsverhältnisse handelt.

S. 22, Aufgabe 1
Im Mittelalter gab es noch keine schriftliche Verfassung, die festlegte, wie die politische Macht verteilt
war. Die Könige waren zudem viel auf Reisen und hatten noch keinen festen Regierungssitz. Um si-
cherzustellen, dass ihre Macht überall im Reich anerkannt wurde, banden die mittelalterlichen Herrscher Fürsten und Grafen jeweils persönlich an sich. Diese mussten dem König Treue schwören, als
Gegenleistung erhielten sie ein Lehen.

S. 22, Aufgabe 2 a)
Der lateinische Begriff für Lehen, „feudum", leitet sich vom althochdeutschen „fihu" ab, das „beweg-
liche Habe" meint. Ein ähnliches Wort im Deutschen ist das Verb „leihen".
b) „Beneficium" bedeutet übersetzt so viel wie „Verdienst", „Vergünstigung", „Gefälligkeit" oder
„Freundschaftsdienst". Als Gegenleistung für den Erhalt des Lehens musste der Vasall dem Lehnsherrn
Treue schwören und diesen z. B. im Kriegsfall unterstützen. Das Lehen stellt also gewissermaßen den
„Verdienst" für die Treue und geleistete Dienste dar.

S. 22, Aufgabe 3
Die mittelalterlichen Herrscher, deren wichtigste Aufgabe in der Wahrung des Friedens lag, verfügten
über keine feste Residenz, sondern reisten durch das Reich, um sich vor Ort von der Arbeit der Grafen
zu überzeugen. Quartier bezogen der König und sein Gefolge in Pfalzen, Königshöfen und Bischofs-
sitzen. Der Vorteil des Reisekönigtums war, dass der König im ganzen Land präsent war. Er festigte
damit seine Macht. Der große Aufwand, den das Reisen mit dem ganzen Hofstaat bedeutete, war ein
großer Nachteil. Zudem litten diejenigen Untertanen, die den Hof des Königs beherbergen mussten,
unter dieser zusätzlichen Belastung.

S. 23, Aufgabe 4 a)
Der König als oberster Lehnsherr vergab Lehen an den hohen Reichsadel, weltliche (Herzöge, Grafen)
und geistliche (Bischöfe, Reichsäbte und -äbtissinnen) Herrscher, die durch die Belehnung zu Kronvasallen wurden. Die Kronvasallen übernahmen ihrerseits Ämter in der Reichsverwaltung und leisteten
Kriegsdienste. Sie konnten weitere Unterbelehnungen vornehmen und Ämter und Land an Untervas-
sallen übergeben, die ihnen als Gegenleistung zur Treue verpflichtet waren und in Kriegszeiten Heer-
dienst leisten mussten. Lehnsfähig waren nur frei geborene, adlige Männer und Geistliche. Frauen
(als Äbtissinnen) oder minderjährige Kinder, die unter Vormundschaft standen, konnten nur eingeschränkt bzw. unter besonderen Bedingungen belehnt werden.
b) Anders als Vasallen waren Hörige und Leibeigene unfrei und daher nicht lehnsfähig. Sie erhielten
vom Grundherrn Land zur Bewirtschaftung und mussten dafür Abgaben und Dienste (aber keinen
Kriegsdienst) leisten. Hörige standen unter dem Schutz des Grundherrn und waren an das von ihnen
bewirtschaftete Land gebunden, beim Verkauf des Landes gingen sie in den Besitz des neuen Eigentümers über.
c) Zu Problemen konnte es in Konfliktfällen kommen, da die Untervasallen ihrem Lehnsherrn und
nicht dem König zu Treue verpflichtet waren; seit dem Hochmittelalter empfingen Lehnsmänner
zudem teilweise Lehen von mehreren Lehnsherren.

Methode: Eine Bildquelle auswerten   S. 24/25

S. 24, M1: Die Belehnung geistlicher und weltlicher Fürsten

Als Lehnsherr, der einen höheren sozialen Rang einnimmt als die zu belehnenden Kronvasallen, darf der Kaiser/König während des Rechtsaktes der Belehnung sitzen. Der reich verzierte Kastensitz wird durch ein Podest erhöht. Symbole der Lehnsvergabe und -entgegennahme sind die Fahnen für die drei weltlichen Fürsten (erkennbar am Schapel) sowie das Zepter für die zwei Geistlichen, einen Bischof und eine Äbtissin. Hervorzuheben ist, dass der Bischof kein vollständiges pontifikales Ornat trägt, was darauf hindeutet, dass er als ein Reichsfürst wie jeder andere anzusehen ist. Bei der Frau kann es sich nur um eine hohe Geistliche, eine Reichsäbtissin, handeln, da sie ein Zepterlehen empfängt. Im Prinzip waren Frauen nicht lehnsfähig.

HRU, S. 35, KV
1.1 Eine Bildquelle auswerten

S. 24, M2: Szenen aus dem Lehnsrecht siehe die Erläuterungen zu Aufgabe 1

S. 25, M3: Kleines Zeichensprachelexikon des Mittelalters

Die mittelalterliche „Zeichensprache" beruhte auf spätantiken Traditionen, viele der damaligen Gesten und Gebärden haben bis heute ihre Gültigkeit behalten, wie das Neigen des Kopfes als Zeichen der Trauer. Gesten können jedoch nicht nur Gefühle zum Ausdruck bringen, sondern auch Bestandteil eines Rechtsaktes sein, wie z. B. der Schwurgestus. In Zusammenhang mit der Erarbeitung des abgedruckten kleinen „Zeichensprache-Lexikons" könnten die Schülerinnen und Schüler überlegen, welche Rolle Symbole und Gesten heute spielen, z. B. im Sport oder im Straßenverkehr.

S. 24, Aufgabe 1

	Szene links	Szene rechts
einzelne Elemente beschreiben	• Eine Person mit Krone auf einem Thron übergibt einem Geistlichen (Tonsur) und einer Frau (Schleier) ein Zepter (rechts). • Links umschließt jeweils eine Person die gefalteten Hände des vor ihr stehenden Mannes.	• Eine Person mit kranzähnlichem Haarschmuck sitzt auf einem thronähnlichen Sessel, vor ihr kniet ein Mann mit gefalteten Händen. • Links stehen drei Personen, die auf den Knienden deuten.
Bedeutung der Bildelemente entschlüsseln	• Der Geistliche und die Äbtissin erhalten ein Zepterlehen (rechts). • Ein Wappenschild symbolisiert ihre Heerschildzugehörigkeit (Lehnsfähigkeit). • Links nehmen der Geistliche und die Äbtissin (da Bild beschnitten, nur Hände und Teil des Kleides sichtbar) jeweils eine Unterbelehnung vor.	• Die Szene zeigt die „Mannschaft": Seit dem 9. Jh. wurde es üblich, dass beim Heimfall des Lehens nach dem Tod des Lehnsinhabers dessen Söhne dem Verstorbenen nachfolgen. • Der Kniende bietet (nach dem Tod seines Vaters) dem Fürsten seine „Mannschaft" an.
Gesamtaussage formulieren	• Kronvasallen dürfen ohne Zustimmung des königlichen Lehnsherrn Unterbelehnungen vornehmen.	• Der öffentliche Rechtsakt der Belehnung wurde in Anwesenheit von Zeugen vollzogen.

VISUALISIERUNG 1.3

S. 24, Aufgabe 2 a) und b individuelle Lösungen

Grundherrschaft: Herrschaft über Bauern   S. 26/27

S. 26, M1: Bauern bei der Fronarbeit

Am häufigsten waren von den hörigen Bauern die sogenannten Hand- und Spanndienste zu leisten. Diejenigen unter ihnen, die ein Zugtiergespann besaßen, übernahmen die Feldbestellung und Transportdienste. Kleinbauern verrichteten dagegen Handarbeiten wie Säen und Getreideschnitt, wofür sie eigene Werkzeuge mitbringen mussten. Zu unterscheiden ist zwischen wöchentlichen Fronarbeiten (im 12. Jh. ca. ein oder zwei Tage pro Woche) und der jahreszeitlich bedingten Fron, die pro Halbjahr ca. zwei Wochen in Anspruch nahm und vorwiegend in Monaten mit hoher Arbeitsbelastung (Pflügen und Aussaat im Frühjahr, Ernte im Herbst) eingefordert wurde.

S. 26, M2: Abgaben an den Grundherrn

Die linke Bildhälfte zeigt einen Bauern mit einer Sichel beim Getreideschnitt. Bekleidet ist er mit einem gegürteten Rock und Beinlingen. Die rechte Bildhälfte zeigt denselben Bauern, der einem Herrn, der in einem Arkadengang sitzt, eine Handvoll Münzen überreicht. Es handelt sich hierbei um eine Entschädigungszahlung für einen Schaden, der auf einem fremden Grundstück (symbolisiert durch die Ähren) angerichtet wurde, das zum Eigentum dieses Herrn gehört, aber von mehreren anderen Bauern bewirtschaftet wird.

S. 27, M3 Vereinfachtes Schaubild der mittelalterlichen Grundherrschaft siehe die Erläuterungen zu Aufgabe 2

S. 27, M4: Schenkungsurkunde Kaiser Konrads II. an das Kloster Limburg

Das Benediktinerkloster Limburg liegt am Ostrand des Pfälzerwaldes in der Nähe von Bad Dürkheim. Mit dem Bau der romanischen Klosteranlage wurde 1025 begonnen. Im Jahr 1035 übereignete der salische Kaiser Konrad II. dem Kloster u. a. die Dörfer Dürkheim, Grethen, Schifferstadt und Wachenheim mitsamt der hörigen Bevölkerung.

S. 27, M5: Der Verkauf von Leibeigenen

Schulden oder die gewaltsame Unterdrückung durch einen Grundherrn führten dazu, dass Menschen in die Leibeigenschaft gerieten. Die persönliche Abhängigkeit vom Leib- oder Grundherrn war erblich, sodass viele Menschen im Mittelalter bereits von Geburt an unfrei waren. Sie waren Eigentum des Herrn, der sie verkaufen oder verschenken konnte und unter dessen Vormundschaft sie standen. Leibeigene waren nur beschränkt rechtsfähig und mussten Abgaben und Dienste leisten. Wollten sie heiraten, bedurften sie der Genehmigung ihres Herrn, an den beim Tod eines Leibeigenen eine Entschädigung gezahlt werden musste.

S. 27, Aufgabe 1

Die Buchmalerei M1 zeigt drei Bauern beim Schneiden von Getreide mithilfe von Sicheln. Der Mann am linken Bildrand beaufsichtigt die Arbeiten und scheint den Arbeitenden Anweisungen zu geben. Vermutlich handelt es sich um den Grundherrn. Der Grundherr auf der zweiten Abbildung (M2) wird durch seinen kronenähnlichen Haarschmuck (Schapel) als standeshöherer Adliger gekennzeichnet. Auch die Farbe seiner Kleidung weist darauf hin; im Sachsenspiegel wurden adlige Personen oft in grüner Kleidung dargestellt. Der Bauer übergibt dem Grundherrn einige Münzen (siehe auch die Erläuterungen zu M2).

S. 27, Aufgabe 2

Das Schema gibt einen vereinfachten Überblick über die sogenannte Villikationsverfassung: Im Zentrum der Grundherrschaft steht der Herrenhof, der Eigenhof des Grundherrn, den dieser selbst führte oder stellvertretend von einem Meier mithilfe der unfreien Leibeigenen verwalten und bewirtschaften ließ (große Grundherrschaften verfügten über ein mehrstufiges Villikationssystem mit weiteren Nebenhöfen). Hörige Bauern bewohnten und bestellten mit ihren Familien die zur Grundherrschaft gehörenden Hufen. Sie waren deshalb abgaben- und dienstpflichtig. Im Gegenzug gewährte der Grundherr, der zugleich Gerichtsherr war, ihnen seinen Schutz. Daneben gab es auch eine geringe Zahl freier Bauern, die nicht in eine Grundherrschaft eingebunden waren, sondern direkt dem König oder einem Fürsten unterstellt waren. Sie leisteten Kriegsdienste und mussten Steuern zahlen. Die freien Bauerngruppen unterteilten sich in die sogenannten Altfreien und diejenigen, die ihre Freiheit erwarben, z. B. im Zuge des Landesausbaus im 11. Jahrhundert.

S. 27, Aufgabe 3

	Vorteile für den Grundherrn	Vorteile für die hörigen Bauern
VISUALISIERUNG 1.4	• erhielt Abgaben von den Bauern (den zehnten Teil der landwirtschaftlichen Erträge) • Die Bauern mussten Frondienste leisten, die im Laufe des Mittelalters meist durch Geldzahlungen ersetzt wurden.	• bekamen Land zur Bewirtschaftung • standen unter dem Schutz des Grundherrn • mussten keinen Kriegsdienst leisten

S. 27, Aufgabe 4 a)
• Abgabe in Höhe von jährlich einem Schilling (Männer) bzw. sechs Pfennigen (Frauen; muss auch nach Heirat und Umzug in anderes Dorf gezahlt werden)
• statt Geldzahlung auch Frondienst möglich (Männer und Frauen jeweils ein Tag pro Woche)
• Abt hat auch Verfügungsgewalt über unverheiratete Söhne
• bei Tod des Hörigen: Abgabe des „Besthaupts", des besten Stücks Vieh; bei Tod der Frau: Abgabe des besten Gewandes
b) Die Unfreiheit der Hörigen, die beim Verkauf des Landes in den Besitz des neuen Eigentümers übergingen, ist aus heutiger Sicht inakzeptabel. Der Lehnsherr konnte über seine Abhängigen frei verfügen (siehe Z. 4 ff.). Nach dem Tod eines Hörigen musste seine Familie als „Ersatz" für die fehlende Arbeitskraft ein Stück Vieh bzw. ein wertvolles Kleid an den Lehnsherrn abgeben.

S. 27, Aufgabe 5 a) und b) individuelle Lösungen

Die Ständegesellschaft – eine gottgewollte Ungleichheit?   S. 28/29

S. 28, M1: Die drei Stände
Das Ständebild stammt aus der „Prognosticatio" des Astrologen Johannes Lichtenberger (ca. 1445 bis 1503) und stellt die angeblich gottgewollte Dreiteilung der mittelalterlichen Gesellschaft dar.

Webcode
FG647255-029

HRU-DVD
Film „Die mittelalter-lichen Stände"

S. 28, M2: Brief Bischof Adalbero von Laons
Adalbero von Laon (um 947 bis ca. 1030, Bischof seit 977) war Kanzler des westfränkischen Königs Lothar. Bekannt ist er als Verfasser zeitkritischer und satirischer Schriften, mit denen er sich u. a. gegen die Bewegung von Cluny wendet.

S. 29, M3: Brief Hildegard von Bingens
Der Brief M3 ist Teil des wahrscheinlich zwischen 1148 und 1150 datierenden Briefwechsels zwischen Hildegard von Bingen und Tenxwind (gest. um 1152/53), der Vorsteherin der Frauenkonvente Springiersbach und Andernach. Der Brief ist die Antwort auf Tenxwinds Kritik an den Aufnahmemöglichkeiten ins Kloster, denn in den von Hildegard von Bingen (hochadliger Herkunft) geführten Konvent fanden nur adlige oder reiche Frauen Aufnahme.

S. 29, M4: Aufruf eines Priesters
Der Text ist die Wiedergabe einer Predigt des englischen Priesters John Ball (gest. 1381), die dieser vor den Aufständischen des englischen Bauernaufstandes am 12. Juni 1381 hielt und die nur in mittelbaren Quellen überliefert ist, meist in Chroniken seiner Gegner. Ball begann 1366 in Essex, einen christlichen Egalitarismus zu predigen. Er forderte die Aufhebung von Leibeigenschaft und Unfreiheit und rief sogar dazu auf, die Fronherren zu töten.

S. 29, M5: Schema der ländlichen mittelalterlichen Gesellschaft
Das mittelalterliche Ständewesen stellt eine hierarisch gegliederte soziale Ordnung dar, bei der die Abstammung über die Stellung innerhalb der Gesellschaft und den Anteil an der politischen Herrschaft entschied. Das vereinfachende Schema, das die soziale Ordnung nicht detailgetreu widerspiegelt, unterschied zwischen drei Ständen: Klerus, Adel und Bauern. Innerhalb der Stände ist eine weitere Differenzierung zu beobachten. So gehörten seit dem Entstehen der Städte Patrizier, Kaufleute, Handwerker und Bauern zum dritten Stand. Kleiderordnungen machten die Zugehörigkeit zu einem gesellschaftlichen Rang auf den ersten Blick ersichtlich.

S. 29, Aufgabe 1
Der Holzschnitt zeigt Christus, der den Menschen ihre Aufgaben zuteilt: Der Klerus zu seiner Rechten soll sich dem Gebet zuwenden, der Adel zu seiner Linken soll Schutz gewähren. Die Bauern unter ihm sollen arbeiten. Die Stände sind an Ornat/Kleidung sowie Insignien/Werkzeugen zu erkennen. Auffällig ist, dass sich Adel und Klerus auf gleicher Ebene in unmittelbarer Nähe zu Christus aufhalten, sie bilden die beiden Enden des Regenbogens, auf dem der Erlöser thront. Geistliche und weltliche Herrschaft sind folglich göttlich legitimiert, Zepter und Bischofsstab bzw. Krone und Mitra sind als gleichwertig anzusehen. Die Bauern, die in einer Arbeitssituation zu sehen und wesentlich kleiner dargestellt sind, befinden sich in einiger Entfernung. Sie sind also von minderem Rang.

S. 29, Aufgabe 2
Klerus: hohe und niedere Geistlichkeit
Adel: Hochadel, Ministerale, Ritter
Bauern: freie und abhängige Bauern

S. 29, Aufgabe 3 a)
Adalbero von Laon hebt das gegenseitige Abhängigkeitsverhältnis der mittelalterlichen Stände hervor, unter Einbezug des christlichen Einheitsgedankens.
Nach Ansicht von Hildegard von Bingen entsprach die hierarchische Ständeordnung dem Willen Gottes. Die Ungleichheit der Menschen war nach Hildegards Auffassung von Gott angeordnet.
b) Im Gegensatz zu Adalbero und Hildegard kritisierte der Priester John Ball die soziale Ungleichheit. Sie stand seiner Ansicht nach im Widerspruch zur biblischen Ordnung.
c) individuelle Lösung

Mittelalterliche Lebenswelten: das Dorf S. 30/31

HRU, S. 38, KV
1.3 Mittelalterliche Lebenswelten: Stadt und Land

S. 30, M1: Arbeiten auf einem Bauernhof
Die Buchmalerei zeigt zwei bäuerliche Höfe zu Beginn des Arbeitstages. Aus dem vorderen Stallgebäude treibt ein Bauer oder Knecht Schafe und Lämmer sowie eine Ziege aus dem Stall, der Hirte steht bereit, um mit der Herde loszuziehen. Eine Bäuerin oder Magd melkt auf dem Hof eine Kuh. Im hinteren Gebäude treibt eine Frau eine Kuh aus dem Stall, entweder um sie zu melken oder um sie weiden zu lassen. Im Wohnhaus verarbeitet eine Bauersfrau Rahm zu Butter. Gut erkennbar ist das Butterfass mit Stößel.
Dem Umfang der mittelalterlichen Viehzucht wurden durch die zur Verfügung stehenden Hut- und Weideflächen enge Grenzen gesetzt. Oft musste das Großvieh am Ende des Jahres geschlachtet werden, weil nicht genügend Futter zur Verfügung stand, um es durch den Winter bringen zu können. In der Ernährung der ländlichen Bevölkerung spielte Fleisch aber eine eher untergeordnete Rolle, wichtiger waren die Milch und ihre Nebenprodukte.

S. 30, M2: Ein „Bauernlied" aus dem 15. Jahrhundert
Das Lied stammt von Oswald von Wolkenstein (1376/78–1445), einem adligen Minnesänger aus Südtirol, der als bedeutendster mittelalterlicher Lieddichter im deutschsprachigen Raum gilt. Die gute Überlieferung seiner Dichtung (insgesamt 124 Lieder und zwei Reden in Reimpaaren mit Melodien) belegt die Themenvielfalt seiner Texte.

S. 31, M3: Tätigkeiten von Bäuerinnen und Bauern in den zwölf Monaten des Jahres
Die Monatsbilder entstammen einer illustrierten Ausgabe des Werkes „Opus rualium commodorum", einer in zwölf Bücher gegliederten Abbildung über den Ackerbau, deren Verfasser der aus Bologna stammende Petrus de Cresentiis (um 1233–1320) ist.

S. 31, M4: Bäuerliche Arbeitsteilung
Der Historiker Otto Borst zeichnet ein differenziertes Bild vom Verhältnis der Geschlechter innerhalb der mittelalterlich-bäuerlichen Arbeitswelt. Er betont den Charakter der familiären Gemeinschaftsarbeit. Zwar liegen die alltäglichen Pflichten der Frauen vornehmlich rund um Haus und Hof, während die Aufgaben der Männer eher außerhalb zu erfüllen sind (Pflügen mit dem Ochsengespann, Feldbestellung). Doch überschneiden sich beider Arbeitsbereiche, wenn innerhalb kurzer Zeit viele Tätigkeiten verrichtet werden müssen, wie dies z. B. zur Erntezeit oder beim Schlachten der Fall ist.

S. 31, Aufgabe 1 a)
Entstehung von Dörfern: Bedingt durch das Anwachsen der Bevölkerung, setzte im Hochmittelalter der innere Landesausbau ein: Wälder wurden gerodet und sumpfiges Ödland in Ackerboden umgewandelt, die höheren Lagen der Mittelgebirge wurden landwirtschaftlich erschlossen und es entstanden planmäßig angelegte Siedlungsformen. Die Namen vieler Dörfer weisen auf diesen Vorgang hin. So deuten z. B. Namen mit den Endungen -heim, -dorf, -hausen oder -rode auf die zivilisatorische Tätigkeit des Menschen hin.
Organisation einer Hausgemeinschaft: Zur mittelalterlichen Hausgemeinschaft gehörten neben der Familie – Eltern, Großeltern, Kinder – auch die auf dem Hof arbeitenden Knechte und Mägde. Der Bauer besaß die Rechtsgewalt über alle Mitglieder der Hausgemeinschaft.
Arbeiten und Arbeitsteilung: Da Bauernarbeit immer auch Gemeinschaftsarbeit war, erledigten Frauen im Mittelalter nahezu alle im Zusammenhang mit der Bewirtschaftung eines bäuerlichen Hofes an-

fallenden Arbeiten. Eine Ausnahme bildete die Schäferei, sie war „Männersache", während das Spinnen und Weben in den Aufgabenbereich der Frauen fiel.

Verhältnis zwischen Bauer und Bäuerin: Die Bauersleute standen der Hausgemeinschaft vor und leiteten und organisierten gemeinsam die auf dem Bauernhof anfallenden Arbeiten. Die Rechte der Frauen waren jedoch begrenzt, die Rechtsgewalt lag beim Mann.

Situation der Kinder: In einer mittelalterlichen Bauernfamilie mussten auch die Kinder verschiedene Aufgaben übernehmen und bei der Bestellung der Felder und der Versorgung des Viehs helfen. Starben die Bauersleute, fielen deren Rechte und Pflichten auf die Kinder über – sofern diese mindestens 14 Jahre alt waren. Anstelle der Eltern mussten nun die Kinder Abgaben und Dienste an den Grundherrn leisten.

b) individuelle Lösung

Mittelalterliche Lebenswelten: die Burg   S. 32/33

S. 32, M1: Die Marksburg

Die Marksburg, die als einzige Höhenburg am Mittelrhein unzerstört blieb, wurde im 12. Jahrhundert auf einem Schieferfelskegel oberhalb der Stadt Braubach angelegt. In den schriftlichen Quellen wird die Burg, die ihre heutige, im Wesentlichen gotisch geprägte Gestalt unter den Grafen von Katzenelnbogen erhielt, erstmals 1231 als „Burg Brubach" erwähnt. Der Name Marksburg taucht während des 16. Jahrhunderts auf, 1574 wird die Burg als „S(ankt) Marxpurgk" bezeichnet.

S. 32, M2: Ritterschlag

Vor allem literarische Quellen aus dem Hochmittelalter berichten von feierlichen Anlässen, bei denen junge Adlige zu Rittern erklärt wurden und ihre Volljährigkeit erlangten. Nach der festlichen Einkleidung, der oftmals eine Nachtwache in einer Kirche und ein morgendliches Bad vorausgingen (= seelische und körperliche Reinigung), wurde der angehende Ritter symbolisch wehrhaft gemacht, indem man ihm Pferd, Rüstung und Waffen übergab. Zentraler Akt der Zeremonie war die „Schwertleite", die Umgürtung mit dem Schwert. Seit dem 13. Jahrhundert folgte der Schwertleite der Ritterschlag, der mit der Hand oder der flachen Seite eines Schwerts an den Hals ausgeführt wurde.

S. 33, M3: Die Marksburg, Plan der Burganlage siehe die Erläuterungen zu Aufgabe 1 b)

S. 33, M4: Brief Ulrich von Huttens

Ulrich von Hutten (1488–1523) wurde als Sohn eines fränkischen Ritters geboren. Der humanistisch gebildete Dichter und Anhänger der Reformation vertrat die Auffassung, dass die nationale Einheit vom Kaisertum mithilfe einer starken Ritterschaft durchgesetzt werden könne – eine für das 16. Jahrhundert utopische Idee, deren Umsetzung am Widerstand der mächtigen Territorialfürsten gescheitert wäre. In seinem an den Humanistenfreund Willibald Pirckheimer adressierten Brief aus dem Jahr 1518 gibt Hutten eine Art Rechenschaftsbericht über sein bisheriges Leben.

Die als realistisch anzusehende Darstellung Ulrich von Huttens gehört in die Verfallszeit des Ritterlebens. Hutten beklagt sich darin über das beschwerliche Dasein eines Ritters im Vergleich zu dem eines Stadtbürgers. Der Textauszug erwähnt die angespannte ökonomische Lage des Ritterstandes, die sich kaum noch von der der Bauern unterschied, und beschreibt anschaulich das unbequeme Leben auf einer Burg.

S. 33, Aufgabe 1 a)

„Die" Burg gab es nicht: Es gab kleine Turmhügelburgen, die im Falle eines Angriffs Schutz bieten sollten, aber auch große Anlagen wie die Marksburg, die gleichfalls als Verwaltungs- und Regierungssitz dienten und weithin sichtbar Stärke und Macht des Burgherrn demonstrierten. Je nach Lage der Burg wird unterschieden zwischen Höhen-, Sporn- oder Wasserburgen.

b) Das Zentrum einer großen Burg, wie es die Marksburg ist, bildete der Palas, ein mehrgeschossiges Gebäude, in dem die Wohnräume des Burgherrn und seiner Familie, der Festsaal sowie häufig auch die Verwaltung untergebracht waren. Der Palas wurde von einem Burghof und einer mächtigen Wehrmauer umgeben. Um den Burghof gruppierten sich meist die Nebengebäude, wie Ställe, Vorratsräume, Werkstätten und Unterkünfte für die Burgmannschaft und das Gesinde. Häufig verfügten die Burgen noch über einen weiteren Befestigungsring.

c) Das Leben auf einer Burg war alles andere als komfortabel und bequem. Es herrschten Enge und Lärm von Haustieren und Fuhrwerken. Die Räume in einer mittelalterlichen Burg waren spärlich möbliert. Nur der Burgherr und seine Familie schliefen in Betten, die Knechte und Mägde mussten sich mit Strohlagern begnügen. Da nur wenige Räume beheizt werden konnten, war es auf den Burgen

Webcode
FG647255-033

HRU-DVD
Film „Leben auf der Burg"

HRU, S. 37, KV
1.2 Mittelalterliche Lebenswelten: Burg und Kloster

– vor allem in den Wintermonaten – kalt und zugig. Wärme spendeten neben offenen Feuerstellen teilweise auch Warmluftheizungsanlagen. Für Helligkeit in den düsteren Räumen sorgten neben Kienspänen und Öllämpchen auch Kerzen sowie die Feuerstellen.

d) Ritter fühlten sich nicht nur als durch Herkunft und Schwertleite herausgehobener Stand, sondern entwickelten auch ein eigenes Ideal einer ritterlichen Lebensweise. Sie verstanden sich als christliche Kämpfer, die zur Wahrung von Frieden und Recht sowie zur Verteidigung des Glaubens zu den Waffen griffen. Die Realität sah zuweilen jedoch anders aus und statt zu kämpfen und Schutz zu gewähren, zogen Ritter mordend und plündernd durch die Lande. Die Wohnverhältnisse auf einer Burg waren zudem wenig herrschaftlich, die wirtschaftliche Lage häufig angespannt.

Mittelalterliche Lebenswelten: das Kloster	**S. 34/35**

HRU, S. 37, KV
*1.2 Mittelalterliche
Lebenswelten: Burg
und Kloster*

S. 34, M1: Das Kloster Lehnin südlich von Potsdam

Das Zisterzienserkloster Lehnin war das erste Kloster in der Mark Brandenburg. Es wurde 1180 von Markgraf Otto I. gegründet und diente als Hauskloster und Grablege der Askanier, später der Hohenzollern. Kloster Lehnin war nicht nur religiöses Zentrum, sondern besaß als Grundherrschaft auch eine große wirtschaftliche und politische Bedeutung und verfügte über einen umfangreichen Besitz an Wäldern, Ackerfläche, Seen, Mühlen und Dörfern. Im Zuge der Reformation wurde das Kloster 1542 säkularisiert.

S. 35, M2: Klosterplan von St. Gallen

Der St. Galler Klosterplan wurde um 830 auf der Insel Reichenau für Abt Gozbert von St. Gallen entworfen, aber nie als Ganzes umgesetzt. Er zeigt eine idealtypische karolingische Klosteranlage und gleichsam die architektonische Umsetzung der benediktinischen Lebensweise „ora et labora". Das sakrale Zentrum ist von unterschiedlichen Wirtschafts- und Verwaltungsgebäuden umgeben. Zu den Wirtschaftsgebäuden gehören Küche, Darre (zum Trocknen von Malz, Obst und Kräutern), Bäckerei und Brauerei, ein Handwerkshaus sowie landwirtschaftlich genutzte Gebäude wie Scheune und Ställe, Stampfe (zum Pressen von Öl und Wein) und Mühle. Der Kreuzgang verbindet die Gemeinschaftsräume der Mönche. Novizen, Gäste und Gesinde wurden in einem eigenen Gebäude untergebracht. Einzeln stehen auch das Wohn- und Repräsentationshaus des Abtes, die Schule, die Apotheke und das Hospital im nördlichen Bezirk. An sanitären Einrichtungen sind ein Bad und mehrere Latrinen vorhanden. Die gesamte Klosteranlage ist von einer Mauer umgeben. Wer sie betreten will, muss ein Pförtnerhaus passieren.

S. 35, M3: Aus der Satzung der Zisterzienser von 1143

Der Ende des 11. Jahrhunderts aus einer Reformbewegung unter Führung Robert von Molesmes hervorgegangene Orden der Zisterzienser bemühte sich, die Benediktusregel möglichst ohne Einschränkungen zu verwirklichen. Nicht nur persönlicher Besitz, auch Einkünfte aus Abgaben, Zehnten und Renten waren daher verboten. Der Lebensunterhalt sollte allein durch der eigenen Hände Arbeit bestritten werden.

S. 35, M4: Über das Leben der Mönche, Homepage des Klosters Himmerod

Zwischen 530 und 550 erstellte Benedikt von Nursia Grundsätze für das klösterliche Zusammenleben. Die „Regula Benedicti" sah eine Ausgewogenheit von Gebet, geistlicher Lesung und körperlicher Arbeit vor. Die Abgeschiedenheit von der Außenwelt und damit das Erreichen einer weitgehenden wirtschaftlichen Autarkie gehörten zu den wesentlichen Punkten des Regelwerks.
Die Abtei Himmerod im Salmtal wurde 1135 von Bernhard von Clairvaux gegründet. Nach der Säkularisation erfolgte 1920 die Neugründung durch Mönche aus der Abtei Marienstatt.

S. 35, Aufgabe 1 a)

Die tragenden Säulen des Zusammenlebens in einer Ordensgemeinschaft waren laut Benedikt das Gebet, die körperliche Arbeit sowie der Gehorsam. Zu den Gebetszeiten versammelten sich die Mönche oder Nonnen im Chor vor dem Hauptaltar. Kirchen und Kapellen gehörten daher zur Grundausstattung eines Klosters, ebenso wie Gärten und Werkstätten, in denen Heil- und Nutzpflanzen angebaut wurden oder Bier gebraut und Brot gebacken wurde, um den Lebensunterhalt der Ordensgemeinschaft zu sichern.

b) Mönche und Nonnen hatten eine Vielzahl von Aufgaben und Pflichten. Zum Klosteralltag gehörte neben der kontemplativen geistlichen Tätigkeit auch die aktive körperliche Arbeit. Um den Lebensunterhalt der Klostergemeinschaft zu sichern, musste jeder die ihm auferlegten Pflichten und Aufgaben erfüllen. Einige Ordensmitglieder unterrichteten in der Klosterschule, versorgten Kranke oder arbeiteten in der Bibliothek, andere bauten Heil- und Nutzpflanzen an, brauten Bier oder backten Brot. In großen Klöstern übernahmen teilweise Laien die Arbeit auf den Feldern oder in den Werkstätten.

c) Das Leben im Kloster wurde durch einen strengen Zeitplan bestimmt, der einen steten Wechsel von Gebet, Studium, Arbeit und Ruhephasen vorsah. Der Tagesablauf begann und endete mit einem Gebet und dauerte von drei Uhr morgens bis neun Uhr abends. Zeit zur freien Verfügung gab es wenig, auch die Schlafenszeiten wurden vorgegeben und waren mit sechs Stunden relativ knapp bemessen.

d) Klöster waren Zentren der Bildung und Forschung. Da es im Mittelalter noch keine öffentlichen Schulen und noch keine Schulpflicht gab, stellten Klöster für Mädchen und Frauen die einzige Möglichkeit dar, lesen und schreiben zu lernen und sich mit wissenschaftlichen und philosophischen Themen auseinanderzusetzen. Durch das Sammeln und Kopieren von Schriften trugen die Mönche zur Erhaltung, Vermehrung und Verbreitung von Wissen bei. Viele Werke antiker Geschichtsschreiber und Philosophen sind heute allein aus dem Grund bekannt, weil sie in den klösterlichen Skriptorien abgeschrieben wurden.

Mittelalterliche Lebenswelten: die Stadt S. 36/37

S. 36, M1: Ein Patrizier mit seiner Familie
Das Gemälde zeigt eine patrizische Familie in ihrem privaten Wohnraum. Die Eltern wenden sich liebevoll ihren Kindern zu. Im Hintergrund ist eine weitere Person zu erkennen, vermutlich handelt es sich um einen Bediensteten. Die Kleidung, das Mobiliar, das Glasfenster sowie das Tafelgeschirr zeugen von Wohlstand und ahmen eine adlige Lebensweise nach. Allerdings ist nicht erkennbar, worin dieser begründet liegt, denn es gibt keinerlei Hinweise auf eine berufliche Tätigkeit.
Jean Bourdichon war seit 1481 unter Karl VIII. als Hofmaler am französischen Hof tätig. Auch unter dessen Nachfolger Ludwig XII. hatte der Tafel- und Buchmaler diese Position inne, die ihm Ansehen und ein gesichertes Einkommen bescherte.

S. 37, M2: Öffentliche Ordnung in Köln (um 1400)
Anders als in den Dörfern lebten in den mittelalterlichen Städten viele Menschen auf z. T. engem Raum. Die Stadtherren versuchten daher, Regelungen zu schaffen, die ein friedliches Miteinander garantieren sollten. Marktordnungen sollten beispielsweise für einen geregelten und friedlichen Ablauf des Geschäftsbetriebes sorgen, ihre Einhaltung wurde von städtischen Beamten überwacht. Für die Zeit des Marktes wurde ein Marktfrieden ausgerufen, das Tragen von Waffen war verboten. Die Obrigkeit griff aber auch in andere Bereiche des öffentlichen und privaten Lebens ein: Glücksspiele wurden vielfach verboten und sogenannte „Luxusordnungen" legten u. a. fest, ob bei Festlichkeiten zum Tanz aufgespielt werden durfte, welche Speisen und Getränke der Gastgeber auftischen und wie viele Gäste er maximal einladen durfte.

S. 37, M3: Tagelöhner mit seiner Frau
Der Tagelöhner und seine Frau leben in einer baufälligen Behausung, offenbar in einiger Entfernung zur Stadt, wie der Blick durch die Fensteröffnung zeigt. Die Bettwäsche ist abgenutzt und zerfetzt, am Kopfende des Bettes lehnt eine Krücke. Der Mann im Bett ist krank oder invalid. Seine Frau sitzt betend vor ihm.
Die Verdienstmöglichkeiten waren bei Tagelohnarbeiten äußerst gering, eine Vorsorge für den Fall der Arbeitsunfähigkeit aufgrund von Alter oder Krankheit war daher kaum möglich.

S. 37, Aufgabe 1 a)
Viele Städte entwickelten sich aus Handelssiedlungen, die sich meist am Schnittpunkt mehrerer Handelswege, an Flussübergängen oder Hafenbuchten befanden. Da die Städte in der Regel von weltlichen oder geistlichen Herrschern gegründet wurden, lässt sich häufig auch die Nähe zu einer Burg, einer Pfalz oder einem Kloster beobachten. Einige Städte haben aber auch antike Wurzeln und gehen auf ehemalige Römerstädte zurück.

b) Innerhalb einer mittelalterlichen Stadt lassen sich unterschiedliche Stadtviertel ausmachen. Während sich Tagelöhner und Bauern, aber auch Handwerker, die mit offenem Feuer arbeiteten (z. B. Schmiede) meist am Rand der Stadt, nahe der Stadtmauer ansiedelten, befanden sich die prächtigen Wohnhäuser der Patrizier im Stadtzentrum. Geistliche ließen sich meist in der Nähe der Kirchen nieder oder wohnten in städtischen Klöstern. Die jüdischen Einwohner lebten zusammen in einer Straße oder einem eigenen Wohnviertel.

HRU, S. 38, KV
1.3 Mittelalterliche Lebenswelten: Stadt und Land

Diff. Kopiervorlagen
6.7 Methode: Ein Diagramm auswerten: Bevölkerungsentwicklung im Mittelalter

c) In den Städten herrschten große soziale und wirtschaftliche Unterschiede. Adlige und reiche Kaufleute lebten hier ebenso wie Handwerker, Geistliche, Knechte, Mägde und arme Tagelöhner. Handwerker, ihre Familien und Gesellen bildeten die größte Gruppe der Einwohner (ca. 50 Prozent). Der Anteil der Stadtbewohner, die zur Oberschicht gehörten, war gering (ca. zehn Prozent), dagegen war schätzungsweise ein Fünftel der städtischen Bevölkerung auf die Armenfürsorge angewiesen.

d) Die Aufgaben des Stadtrates waren vielfältig: Er kontrollierte die Zölle und das Münzwesen und sorgte für die Einhaltung der Marktordnung. Der Stadtrat entschied außerdem über die Aufnahme neuer Bürger in die Stadt und kümmerte sich um die Instandhaltung der Stadtmauer.

Die Ratsherren stammten in der ersten Phase der städtischen Selbstregierung aus den Reihen der vermögenden städtischen Führungsschichten. Im Laufe des 14. Jahrhunderts erkämpften sich schließlich die Zünfte die Beteiligung an der Stadtregierung.

e) Um die Stellung eines Bürgers zu erlangen, die mit verschiedenen Privilegien, aber auch Pflichten verbunden war, mussten verschiedene Voraussetzungen erfüllt sein. Wichtig war vor allem der Besitz eines Hauses oder Grundstückes innerhalb der Stadt. Auch die Zahlung einer festgelegten Summe an die Stadt sowie die Stellung eines Bürgen oder die Leistung eines Eides waren erforderlich. Die Stellung als Bürger konnte jedoch von städtischer Seite auch wieder aberkannt werden. Geistliche und Juden waren oftmals von den Bürgerrechten ausgeschlossen, ebenso wie Angehörige der Unterschichten.

Landesgeschichte: Berlin im Mittelalter – eine Stadt im Sumpf   S. 38/39

S. 38, M1: Karte der Doppelstadt Berlin-Cölln, 1250

Wie archäologische Funde andeuten, wurden die beiden Kaufmannssiedlungen Berlin und Cölln wahrscheinlich Ende des 12. Jahrhunderts gegründet. Vermutlich um 1230 verliehen der askanische Markgraf Johann I. und sein Bruder Otto III. dem auf der Spreeinsel gelegenen Cölln und dem auf der nördlichen Uferseite angesiedelten Berlin die Stadtrechte. Weitere Privilegien, wie das Stapelrecht oder die Zollfreiheit, sorgten neben der verkehrstechnisch günstigen Lage am Kreuzzugpunkt von Handelswegen für wirtschaftlichen Aufschwung der beiden Städte, deren Ratsherren sich 1307 zu einem gemeinsamen Stadtrat zusammenschlossen, um ihre Rechte gegenüber den Landesherren besser durchsetzen zu können.

S. 38, M2: Siegel der Stadt Berlin von 1253 siehe die Erläuterungen zu Aufgabe 3

S. 39, M3: Die spätgotische Nikolaikirche

Die Nikolaikirche ist dem Schutzpatron der Kaufleute, dem heiligen Nikolaus von Myra, geweiht. Der erste Kirchenbau, eine um 1230 aus Feldsteinen erbaute Basilika, wurde zu Beginn des 14. Jahrhunderts durch eine dreischiffige Hallenkirche aus Backstein ersetzt. Ein Teil des ursprünglichen Bauwerks blieb jedoch erhalten und bildet den Unterbau des heutigen Westbaus. Der auf der Abbildung zu sehende asymmetrische Turmaufbau wurde Ende des 19. Jahrhunderts abgetragen, an seiner Stelle wurde ein Backsteinaufsatz mit zwei Turmspitzen errichtet.

S. 39, M4: Der Petriplatz, das alte Zentrum Cöllns

Nur noch Bodenfunde weisen auf die einstige Bebauung des Petriplatzes hin, mittelalterliche Gebäude bzw. Reste von diesen haben sich obertägig nicht erhalten. Fundamente von insgesamt vier Kirchenbauten konnten bei archäologischen Ausgrabungen freigelegt werden. Die erste steinerne Kirche wurde Anfang des 13. Jahrhunderts errichtet, das letzte Kirchengebäude auf diesem Platz wurde in den 1960er-Jahren abgerissen. Neben der Petrikirche und dem dazugehörenden Friedhof befanden sich auch das alte Cöllner Rathaus sowie eine Lateinschule auf dem Petriplatz.

S. 39, M5: Der Mühlendamm um 1457

Der zwischen 1220 und 1230 aus Hunderten Eichenpfählen, Reisigbündeln und Steinen errichtete Mühlendamm verband die beiden Städte Berlin und Cölln. Die Kraft der aufgestauten Wassermassen wurde zum Antrieb von Wassermühlen genutzt; zur Zeit Friedrichs des Großen sollen hier fast 30 Mühlen in Betrieb gewesen sein. Der Damm bildete zugleich ein Hindernis für den Schiffsverkehr. Durchreisende Händler waren gezwungen, ihre Fracht umzuladen und – aufgrund des Stapelrechts, das die Markgrafen der Stadt verliehen hatten – auf dem hiesigen Markt anzubieten, wodurch der Handel gefördert wurde.

S. 39, M6: Reste der mittelalterlichen Stadtmauer an der Littenstraße

Mitte des 13. Jahrhunderts wurde damit begonnen, die aus Wällen und Palisadenzäunen bestehende erste Befestigung durch eine steinerne Mauer zu ersetzen. Die aus Feldsteinen errichtete Stadtmauer, die bis zu 2 m hoch und etwa 2,5 km lang war, umschloss die beiden Städte Berlin und Cölln. Sie war mit Türmen und Wieckhäusern bewehrt und besaß fünf Tore – zwei auf der Cöllner und drei auf der Berliner Seite. Im 14. Jahrhundert wurde die Stadtmauer mit Backsteinen ausgebessert und auf bis zu 4 m erhöht. Zwei vor dem Mauerring angelegte etwa 15 m breite Gräben sowie ein dazwischen liegender Erdwall sorgten seit dem 15. Jahrhundert für zusätzlichen Schutz, ehe die Stadtmauer 200 Jahrhunderte später geschliffen und durch eine neue Befestigung ersetzt wurde.

S. 39, M7: Die Heilig-Geist-Kapelle

Das Hospital zum Heiligen Geist, das erstmals 1272 urkundlich erwähnt wurde, war eines von zwei Hospitälern im mittelalterlichen Berlin. Anders als das Georgenhospital wurde es jedoch innerhalb der Stadtmauern – in unmittelbarer Nähe des Spandauer Tores – angelegt. Die abgebildete Heilig-Geist-Kapelle, ein einschiffiger Backsteinbau mit Satteldach, wurde um 1300 an der südöstlichen Ecke des Hospitals auf einem Sockel aus Feldsteinen errichtet. Ihre jetzige Gestalt erhielt die heute als Festsaal der benachbarten Humboldt-Universität genutzte Kapelle im Wesentlichen Ende des 14. Jahrhunderts. Seit etwa 1520 überwölbt ein filigranes Sternrippengewölbe den bis zu 8 m hohen Innenraum.

S. 39, M8: Die um 1270 erbaute Marienkirche

Die Marienkirche wurde im Zuge der ersten Erweiterung Berlins in der zweiten Hälfte des 13. Jahrhunderts erbaut. Der dreischiffige Backsteinbau mit einem Sockel aus Feldsteinen wurde um 1300 fertiggestellt und in den folgenden Jahrhunderten mehrfach erweitert und umgebaut. Der mächtige Westturm wurde im 15. Jahrhundert hinzugefügt, dessen kupferbeschlagener Aufsatz stammt von 1789/90. Zur besonderen Ausstattung der Marienkirche zählt neben einem spätgotischen Sterngewölbe vor allem ein aus derselben Epoche stammendes Fresko, das einen „Totentanz" zeigt (siehe S. 266, M1).

S. 39, Aufgabe 1 individuelle Lösung

S. 39, Aufgabe 2

Für die Wahl als Ort für eine Ansiedlung sprach, dass es sich um einen Kreuzungspunkt von Fernstraßen über die Spree handelte. Ungünstig waren dagegen die naturräumlichen Gegebenheiten: Zwar lagen sowohl die Kaufmannssiedlung Cölln als auch Berlin auf Talsandinseln beiderseits der Furt über die Spree, im Umland befanden sich statt fruchtbarer Ackerflächen jedoch nur Wälder und Sümpfe.

S. 39, Aufgabe 3

Während heute ein Bär das Wappen Berlins ziert, breitet auf dem vermutlich 1253 entstandenen ältesten Siegel der Stadt ein in einem kleeblattförmigen Torbogen platzierter Adler seine Schwingen aus. Im Hintergrund des 6,5 cm großen kreisrunden Siegels ist mittig ein von zwei Häusern flankierter Turm mit Zinnen und einem Spitzdach mit kugelförmigem Aufsatz zu sehen. Auch die Dächer der beiden kleineren seitlichen Türme sind mit einer Kugel verziert. Die Umschrift auf dem äußeren Rand weist darauf hin, dass es sich um das Siegel der Bürger Berlins handelt (SIGILLVM DE BERLIN BURGEN-SIS). Die Stadt selbst wird durch die Türme und Häuser im Hintergrund symbolisiert, während der askanische Adler auf die Stadt- und Landesherren, die Markgrafen von Brandenburg, hinweist.

S. 39, Aufgabe 4 individuelle Lösung

S. 39, Aufgabe 5 a) bis c) individuelle Lösungen

HRU, S. 39, KV
*1.4 Selbsteinschät-
zungsbogen für
Schüler*

HRU, S. 35, KV
*1.1 Eine Bildquelle
auswerten*

Kompetenzen prüfen	S. 42/43

S. 42, M1: Illustrationen zum Lehnsrecht siehe die Erläuterungen zu KV 1.1, Aufgabe 1

S. 42, M2: Richtig oder falsch? siehe die Lösungshilfen zu S. 43, Aufgabe 2 auf S. 292 des Schüler-bandes

S. 43, M3: Wirtschaftlicher Erfolg des Zisterzienserordens

Um Nahrungsmittel selbst zu erzeugen, rodeten die Zisterzienser herrenloses Land und trugen so zum Landesausbau bei; handwerkliche Produkte wurden in den klösterlichen Werkstätten hergestellt. Damit die Mönche ausreichend Zeit für Gebete und das Studium der Schriften hatten, kümmerten sich Laienmönche, die in separaten Gebäuden untergebracht waren oder in auswärtigen Klosterhöfen lebten, um die Bestellung der Felder und die gewerbliche Produktion. Als eine Art Vermittler zwischen Kloster und Außenwelt organisierten sie den Verkauf der Waren. Die Gewinne aus der Handwerks- und Gewerbetätigkeit ermöglichten es den Zisterziensern, sich auch als Kunstmäzene zu betätigen. Die Zisterzienser waren also äußerst tüchtige Unternehmer.

S. 43, M4: Die Karlspreis-Medaille

Der Internationale Karlspreis der Stadt Aachen wird seit 1950 alljährlich an Persönlichkeiten und Gremien verliehen, die sich um die Einigung Europas in politischer, wirtschaftlicher und geistiger Beziehung verdient gemacht haben. Erster Karlspreisträger im Jahr 1950 war der Begründer der Paneuropa-Bewegung, Richard Graf Coudenhove-Kalergi, im Jahr 2016 wurde Papst Franziskus ge-ehrt.
Die verliehene Medaille ist auf der Vorderseite mit dem ältesten erhaltenen Stadtwappen geschmückt, auf der Rückseite befindet sich eine kurze Würdigung der Verdienste des oder der Preisträger für Europa.

S. 43, M5: Neujahrsempfang beim Herzog von Berry

Die Kalenderminiatur stammt aus dem Stundenbuch des Herzogs von Berry, das von diesem im Jahr 1410 in Auftrag gegeben, aber erst 1485 vollendet wurde. Der abgebildete Neujahrsempfang illus-triert den Monat Januar.
Der Herzog ist in der rechten Bildhälfte an einer Festtafel sitzend zu sehen. Er trägt eine Pelzmütze und ein kostbares blaues Gewand. Ein Ornament des Ofens hinter ihm erinnert an einen Heiligen-schein. Ein Zeremonienmeister fordert mit den Worten „approche, approche" („herbei, herbei") die Gäste dazu auf, näher zu treten und sich vorzustellen. Sogar drei Hunde (zwei davon auf dem Tisch) halten sich im Festsaal auf. Siehe auch die Erläuterungen zu S. 188, M1 und S. 189, Aufgabe 3.

S. 43, Aufgabe 1 bis 8 siehe die Lösungshilfen auf S. 292/293 des Schülerbandes

Lösungen zu den Kopiervorlagen der Handreichung

KV 1.1, Aufgabe 1

	Szene links	Szene rechts
einzelne Elemente beschreiben	• Eine Person mit Krone auf einem Thron (König) gibt einem Geistlichen (erkennbar an der Tonsur) und einer Frau (erkennbar am Schleier) ein Zepter (siehe auch S. 24, M2, Szene links). • Es scheint sich um eine Übergabe zu handeln.	• Ein Geistlicher (Tonsur) und eine Frau (Schleier) sitzen – an eine Kirche gelehnt – auf einem thronähnlichen Sessel. • Sie geben einem vor ihnen knienden Geistlichen (Tonsur) einen Schlüssel. • Es scheint sich um eine Übergabe zu handeln.
Bedeutung der Bildelemente entschlüsseln	• Der Geistliche und die Frau (vermutl. Äbtissin) erhalten vom König ein Zepterlehen, also ein geistliches Lehen. • Ein Wappenschild symbolisiert ihre Heerschildzugehörigkeit, d. h. Lehnsfähigkeit.	• Die Szene zeigt einen Geistlichen und eine Frau, die – obwohl ohne Heerschild – ein Kirchenlehen (Kirchenschlüssel) an den vor ihnen knienden Mann verleihen.
Gesamtaussage formulieren	• Dargestellt ist das Erlangen der Heerschildfähigkeit mit Zepterlehen.	• Auch ohne Heerschild dürfen Geistliche und Frauen bestimmte Lehen (hier: Kirche) verleihen.

VISUALISIERUNG 1.5

KV 1.1, Aufgabe 2 Rollenspiel, individuelle Lösungen

KV 1.2, Aufgabe 1 a)
Reinald schreibt, dass Burg Falkenberg eine gut gesicherte Burganlage mit zwei starken Mauern, aber wenig Komfort sei; der einzige beheizbare Raum ist der Palas. Auf der Burg leben neben dem Ritter Andreas von Gülten und seiner Familie auch die drei „Ritter-Auszubildenden", der Burgverwalter mit Familie sowie Bedienstete; die Unterkünfte der Knechte und Mägde befinden sich jedoch nicht in der Hauptburg, sondern in der Vorburg. Zu Reinalds Pflichten gehört die Aufsicht über die Fronbauern, die einen Wehrgraben anlegen müssen, ansonsten übt er sich im Kämpfen und Reiten. Auf dem Stundenplan des angehenden Ritters steht aber auch höfisches Benehmen, welches die Burgherrin den Knappen beizubringen versucht.
Katharina berichtet, dass der Alltag im Kloster streng geregelt ist und die Tage gleichmäßig, ohne große Abwechselung verlaufen. Achtmal am Tag beten die Nonnen, die Zeit dazwischen ist mit Unterricht und Arbeit gefüllt, wobei die groben Arbeiten von Laienschwestern verrichtet werden. Anders als die Nonnen sind diese nicht von adliger Herkunft und unvermögend. Kloster Gotteszell, in dem Katharina lebt und für das Seelenheil ihrer Familie betet, ist in zwei Bereiche unterteilt: ein „inneres Kloster", das für die Nonnen gedacht ist, und ein „äußeres Kloster", in dem sich die Laienschwestern aufhalten. Wie jedes Kloster sorgen auch die Nonnen von Gotteszell selbst für ihren Lebensunterhalt. Überschüsse, aber auch von den Nonnen angefertigte Webarbeiten werden verkauft.
b) individuelle Lösung

KV 1.2, Aufgabe 2

Burg	Kloster
• Wohnsitz von Adelsfamilien, deren Verwandten, Bediensteten sowie von Knappen und Rittern • Anlagen mit Festungscharakter (Mauer, Gräben, Wehrtürme) • Burgen waren auch Rechts- und Verwaltungssitze sowie Zentren der höfischen Kultur. • Gebäude meist aus Stein erbaut • beengte Wohnverhältnisse, wenig Komfort	• getrennte Klöster für Männer und Frauen • Neben Mönchen oder Nonnen lebten z. T. auch Laien im Kloster, die die Äcker oder Weinberge bewirtschafteten. • Klöster waren Bildungs- und Forschungszentren (Bibliotheken, Schulen). • Klöster waren auch Wirtschaftsbetriebe (Kloster als Grundherrschaft). • Erwirtschaftete Überschüsse wurden auf städtischen Märkten verkauft.

VISUALISIERUNG 1.6

KV 1.3, Aufgabe 1

Das Gemälde (227,5 × 358 cm) schildert das gesellschaftliche und politische Leben in der Stadt Augsburg. Es gehört zur Serie der sogenannten Augsburger Monatsbilder, die nach Vorlagen von Jörg Breu d. Ä. (um 1480–1537) entstanden. Jeweils drei Monate sind auf einem Gemälde zusammengefasst. Im Oktober (links) verkauft ein Bauer einem Patrizier und dessen Frau in deren Haus Federvieh und Fische; am Fenster sitzt eine Frau und spinnt Garn. Vor dem Perlachturm im Hintergrund bieten Krämer ihre Waren zum Verkauf an, auch ein Umtrunk findet hier statt (November). Stellvertretend für den Monat Dezember steht der Auszug der Ratsherren, die von zwei Herolden aus dem Rathaus geleitet werden (im Vordergrund rechts). Zahlreiche weitere Personen sind dargestellt: Vorne verkauft eine Frau Geflügel, hinter ihr trägt ein Junge einen Schweinekopf auf einem Tablett. Bauern haben Holz und Schweine in die Stadt gebracht. Hinten links zerlegt ein Metzger ein Schwein, dahinter hat eine Fischverkäuferin ihren Verkaufsstand aufgebaut. Eine vornehme Dame lässt sich auf einem Pferdeschlitten durch die Stadt ziehen.
Erzählung/Dialog: individuelle Lösung.

KV 1.3, Aufgabe 2

Richtig sind die Aussagen 1 und 5, die übrigen Aussagen sind falsch.
Auf den Höfen herrschte eine gewisse Arbeitsteilung: Frauen waren vorwiegend im Bereich des Bauernhofes tätig (Haushaltsführung, Kühe melken, Käsen), sie halfen aber auch beim Schlachten und bei der Ernte. Die Schäferei fiel in den Aufgabenbereich der Bauern (2). Bauer und Bäuerin bewirtschafteten und leiteten den Hof zwar gemeinsam, der Bauer stand rechtlich gesehen jedoch über der Bauersfrau und den übrigen Hofbewohnern (3). Beim Tod eines hörigen Bauern gingen dessen Pflichten (Abgaben, Frondienste) an seine Frau und größeren Kinder über, die dem Grundherrn zudem als Entschädigung für die fehlende Arbeitskraft das beste Stück Vieh überlassen musste (4). In einer mittelalterlichen Stadt lebten Arm und Reich nebeneinander. Die Oberschicht machte jedoch weniger als zehn Prozent der Stadtbevölkerung aus (6). Jeder, der ein Jahr und einen Tag in der Stadt gewohnt hatte, war „frei". Es wurde aber zwischen Einwohnern und Bürgern unterschieden, nur Letztere verfügten über die vollen Bürgerrechte (7).

KV 1.3, Aufgabe 3

	Stadt	Dorf
VISUALISIERUNG 1.7	• lagen häufig an Flüssen und Handelswegen oder in der Nähe von Pfalzen, Burgen und Klöstern • dichte Bebauung, meist Fachwerk-, seltener Steinbauten • von Mauer umgeben • Arbeitsteilung und soziale Schichtung • unterschiedliche rechtliche Stellung der Stadtbewohner	• kleine, aus mehreren Gehöften bestehende Siedlung • Häuser aus Lehm und Holz erbaut • genossenschaftliche Einrichtungen („Allmende") • Abhängigkeit vom Grundherrn • Innerdörfliche Angelegenheiten werden von der Dorfgemeinschaft geregelt.

Name:	Klasse:	Datum:

KV 1.1 Eine Bildquelle auswerten

M1 Illustrationen zum Lehnsrecht aus dem Sachsenspiegel, einem Rechtsbuch des 13./14. Jahrhunderts

1 Deute die Symbole und Gesten in der Bildquelle M1 mithilfe der Arbeitsschritte. **Tipp:** Die Abbildungen gehören zusammen. Die Szene links entspricht der Darstellung auf S. 24 deines Schulbuches (M2, linkes Bild).

2 **Partnerarbeit:** Schreibt Dialoge zu den in M1 dargestellten Handlungen und führt diese in einem szenischen Spiel mit M1 als Kulisse (Beamer/OHP) auf.

Arbeitsschritte „Eine Bildquelle auswerten"

Einzelne Elemente beschreiben	
1. Was ist zu sehen (Personen, Gegenstände)?	
2. In welchen Positionen (Haltungen), in welchen Bewegungen sind sie zu sehen?	

 Autorin: Andrea Welk
Bildrechteinhaber: bpk

Name:	Klasse:	Datum:

3. Welche Situation ist dargestellt?	
4. Was erscheint merkwürdig?	

Zusätzliche Informationen hinzuziehen und Bedeutung der Bildelemente entschlüsseln

5. Welche Hinweise gibt die Bildunterschrift?	
6. Welche Bedeutung würdest du der dargestellten Geste, Gebärde, Handlung oder auch dem Gegenstand heute noch zuordnen?	
7. Recherchiere Hintergrundinformationen zu den Symbolen (Bibliothek, Internet; hier M3 auf S. 25 des Schulbuchs).	
8. Welche Einzelaussagen ergeben sich aus den Symbolen und Gesten?	

Gesamtaussage formulieren

9. Welche Gegenstände oder Handlungen sind für die Aussage des Bildes besonders wichtig?	
10. Welche Gesamtaussage lässt sich formulieren?	

Autorin: Andrea Welk
Bildrechteinhaber: bpk

Name: Klasse: Datum:

KV 1.2 Mittelalterliche Lebenswelten: Burg und Kloster

M1 Aus dem Jugendbuch „Augenblicke der Geschichte – Das Mittelalter" (2006)
Der Knappe Reinald und die junge Novizin Katharina berichten einander in Briefen von ihrem Alltag auf Burg Falkenberg bzw. ihrem Leben als angehende Nonne im Kloster Gotteszell.

1A Reinald an Katharina:

Ich laufe den ganzen Tag herum. Heute muss ich auf die Fronbauern aufpassen, die den neuen Graben aufwerfen. Sie schimpfen, dass du es kaum glaubst, und fluchen auf den Ritter – aber das ist Unsinn. Die
5 Burg muss sicher sein, das ist ja auch für die Bauern wichtig. Nebenher üben wir viel für das nächste Turnier. Wir drei Knappen werden dabei dem Ritter die Waffen nachtragen und ihm auf das Pferd helfen, wenn er heruntergestochen wird …
10 Wir Knappen üben uns jedoch nicht nur im Reiten und Kämpfen. Die Frau des Ritters bringt uns allerlei höfisches Benehmen bei – Benehmen wie am Hof des Kaisers! …
Der Ritter hat es erklärt und es ist wirklich wichtig: Du
15 unterscheidest dich durch diese Regeln von den dreckigen Bauern – in der Kleidung, in der Wohnung, im Benehmen. Du musst einen Ritter erkennen, ehe er den Mund auftut! …
Du warst noch nie auf Falkenberg. Klar, als Tochter
20 eines Augsburger Stadtritters warst Du sicher überhaupt noch nie auf einer Burg …
Durch das Burgtor kommst du erst einmal in die Vorburg, da wohnen die Knechte und Mägde und dort haben Pferde, Kühe, Hühner und Gänse ihre Ställe.
25 Bei uns gibt es zwischen der Vorburg und der Hauptburg noch eine zweite Mauer, die Schildmauer, und auch eine zweite Zugbrücke, darauf sind wir stolz! Dahinter sind dann die Hauptgebäude von Burg Falkenberg. Da ist der Palas – mit dem großen Saal
30 und seinem Kamin … Aber sonst ist es kalt in den Räumen der Burg, und erst recht in meiner Kammer! Der Burghof ist sehr schmal. Auf der Rückseite vom Palas wohnen wir drei Knappen, dazu die Zofe unserer Herrin und der Burgvogt mit seiner Familie …
35 Im Bergfried gibt es Flucht räume, ebenfalls mit Kamin, oben ist eine Zisterne, Vorräte sind eingelagert. Den Eingang erreichst du nur mit einer Leiter – der Bergfried ist die letzte Festung, wenn die anderen Teile der Burg schon erobert sind. Aber unsere Burg nicht, das kann
40 ich dir sagen!

In ewiger Liebe,
Reinald

1B Katharina an Reinald:

Es ist bei uns ähnlich mit dem Benehmen, aber doch anders: Wir leben hier ganz im Angesicht Gottes und beten also achtmal am Tage. Sonst ist die Zeit fast ganz ausgefüllt mit Arbeit. Gott ist immer gegenwärtig, beim Beten wie beim Arbeiten. 5
Ich weiß, dass jede Familie, die es sich leisten kann, jemanden im Kloster hat, damit er für die Familie betet. Aber ich kann gar nicht mehr aufhören mit Weinen – das Kloster ist nur ein finsterer Ort …
Ich muss noch nicht viel arbeiten. Die groben Dinge 10 verrichten die Laienschwestern, die nicht Nonnen sein können, weil ihre Eltern zu arm sind und sie sich nicht in das Kloster einkaufen können. Alle Nonnen hier sind adeliger Herkunft …
Das Leben im Kloster ist recht gleichmäßig, es gibt fast 15 keine Abwechslung, alles hat seinen Platz im Tag, wie es von den ehrwürdigen Vätern und Müttern seit Jahrhunderten festgelegt worden ist. Es gibt Feiertage und Fasttage und die gewöhnlichen Tage.
Das Kloster versorgt sich wie jedes Kloster nach der 20 Regel des heiligen Benedikt selbst: Die Laienbrüder und Laienschwestern sorgen für die tägliche Nahrung, die Nonnen sorgen für die geistlichen Bedürfnisse. Doch auch sie leisten – wie die Laien – ihren Beitrag für das wirtschaftliche Wohlergehen des Klosters: Alles, 25 was bei uns hergestellt wird, kann ja verkauft werden.
Im Kloster gibt es zwei Bereiche: Das innere Kloster und das äußere Kloster. Das innere Kloster ist für die Nonnen – Kirche, Kreuzgang, Kapitelsaal, das Refektorium, wo wir unsere tägliche Speise einnehmen, 30 und das Dormitorium, wo wir schlafen. Und alle unsere Arbeiten sind in den dafür vorgesehenen Räumen …
Die Gebetszeiten kennst Du. Dazwischen ist die Zeit für den Unterricht oder die Arbeit. Wenn einmal nicht unterrichtet werden kann, … dann wird die Zeit zur 35 stillen Einkehr genutzt. Es gibt Gottesdienste, das weißt Du ja alles selbst. Sonst hat eine Novizin wie ich noch wenig Einblick – etwa, was im Kapitel, in der Führung des Klosters, geschieht …
Der Segen Gottes und aller seiner Heiligen ruhe auf 40
Dir!
Deine Katharina

Beide Quellen zit. nach Günther Bentele, Augenblicke der Geschichte – Das Mittelalter, München (cbj) 2006, S. 197 ff.

1 **Partnerarbeit:**
   a) Teilt euch M1A und M1B auf: Arbeitet heraus, wie der Alltag auf einer Burg und das Leben in einem Kloster im Mittelalter aussahen.
   b) Tauscht euch über eure Ergebnisse aus und beurteilt mithilfe der Materialien aus eurem Schulbuch, ob die Darstellungen aus dem Jugendbuch realistisch sind.

2 Stellt die Aussagen zum Kloster- und Burgleben in einer Tabelle zusammen. Nutzt dafür auch die Informationen auf S. 32–35 und 41 eures Schulbuches.

 Autorin: Andrea Welk

Name:	Klasse:	Datum:

KV 1.3 Mittelalterliche Lebenswelten: Stadt und Land

M1 Der Marktplatz von Augsburg, Ausschnitt aus einem Gemälde von Jörg Breu d. Ä., um 1530

M2 Richtig oder falsch? Entscheide dich:

	richtig	falsch
1. Ein mittelalterliches Dorf umfasste selten mehr als zehn oder zwölf Höfe.	☐	☐
2. Auf den mittelalterlichen Bauernhöfen herrschte eine strikte Arbeitsteilung: Die Bäuerin kümmerte sich um die Schafe, der Bauer um die Milchkühe und Ochsen.	☐	☐
3. Bauer und Bäuerin waren im Mittelalter rechtlich nicht gleichgestellt.	☐	☐
4. Nach dem Tod des Bauern wurde dessen Familie von Frondiensten und Abgaben an den Grundherrn befreit.	☐	☐
5. Mittelalterliche Städte entstanden häufig an Kreuzungen von Handelswegen oder in der Nähe von Burgen, Pfalzen und Klöstern.	☐	☐
6. Im Mittelalter lebten arme Menschen auf dem Land und reiche Menschen in der Stadt.	☐	☐
7. Alle Bewohner einer mittelalterlichen Stadt waren frei und besaßen das Bürgerrecht.	☐	☐

1   Auf dem Augsburger Marktplatz (M1) herrscht reges Treiben. Welche Personengruppen kannst du erkennen? Beschreibe möglichst viele Einzelheiten. Überlege dir, wie der Alltag der Menschen aussah. Schreibe eine kurze Erzählung oder einen Dialog.

2   Entscheide, ob die Aussagen in M2 richtig oder falsch sind. Berichtige die falschen Aussagen in ganzen Sätzen.

3   Stelle die Aussagen zum Stadt- und Landleben in einer Tabelle zusammen. Nutze dafür auch die Informationen auf S. 26/27, 30/31, 36/37 sowie 41 deines Schulbuches.

Autorin: Andrea Welk
Bildrechteinhaber: akg-images

Name:	Klasse:	Datum:

KV 1.4 Epochenüberblick: Mittelalter

	Ich kann, weiß, verstehe …	sehr sicher	sicher	unsicher	sehr unsicher	Hilfen finde ich hier: (SB = Schülerbuch)
1	Ich kann beschreiben, wie die fränkischen Könige ihre Macht sicherten.					SB, S. 14/15
2	Ich kann beurteilen, welche Rolle die christliche Kirche für die fränkischen Herrscher spielte.					SB, S. 14/15
3	Ich kann erklären, wie sich das Christentum in Mitteleuropa ausbreitete.					SB, S. 16/17
4	Ich kann die Entwicklung des Frankenreichs unter Karl dem Großen beschreiben.					SB, S. 18/19
5	Ich kann bewerten, ob Karl der Große als „Vater Europas" bezeichnet werden kann.					SB, S. 18/19
6	Ich kann die Kaiserkrönung Karls des Großen beschreiben und szenisch darstellen.					SB, S. 20/21
7	Ich kann erläutern, wie Zeitgenossen die Kaiserkrönung Karls des Großen beurteilten.					SB, S. 21
8	Ich kann das Reisekönigtum mittelalterlicher Herrscher erläutern.					SB, S. 22
9	Ich kann den Fachbegriff „Lehen" erklären.					SB, S. 22
10	Ich kann Merkmale der Grundherrschaft und des Lehnswesens nennen und bewerten.					SB, S. 22/23, 26/27
11	Ich kann eine Bildquelle untersuchen.					SB, S. 24/25
12	Ich kann erklären, wie sich die Grundherrschaft im Laufe des Mittelalters veränderte.					SB, S. 26
13	Ich kann die Ständeordnung und ihre religiöse Begründung erklären.					SB, S. 28/29
14	Ich kann die Lebenswelten des Mittelalters erkunden und die Lebensbedingungen der Bauern und der Stadtbewohner sowie der Mönche, Nonnen und Ritter beschreiben.					SB, S. 30–37
15	Ich kann Präsentationen zu den mittelalterlichen Lebenswelten Dorf, Burg, Kloster und Stadt erstellen.					SB, S. 30–37
16	Ich kann eine Stadtführung durch das mittelalterliche Berlin vorbereiten.					SB, S. 38/39

 Autorin: Andrea Welk

2 Epochenüberblick: Frühe Neuzeit   SB S. 44–73

Sachinformationen zum Kapitelaufbau

Im 15. Jahrhundert begann für die Menschen in Europa eine neue Zeit: Tief greifende geistige Wandlungsprozesse, die bereits im ausgehenden 13. Jahrhundert begonnen hatten, setzten die Herausbildung des Individualismus in Gang. Erfindungen wie das Fernrohr oder der Buchdruck führten zur Abkehr vom mittelalterlichen Weltbild und zur raschen Verbreitung neuer Erkenntnisse und Ideen. Aber nicht nur im Bereich der Technik, des Handels und der Wissenschaften kam es im Verlauf der Frühen Neuzeit zu Neuerungen, auch in Fragen des Glaubens und des Verhältnisses der Kirche zum Staat bahnte sich eine Zeit der Umbrüche an. In den ersten Jahrzehnten des 16. Jahrhunderts verlor die katholische Kirche immer mehr an Einfluss, da in vielen Dörfern und Städten die Reformation eingeführt wurde. Nach innerer Reform der katholischen Kirche und deutlicher Abgrenzung zur Lehre Luthers auf dem Konzil von Trient griffen katholische Herrscher z. T. zu gewaltsamen Maßnahmen, um zum protestantischen Glauben übergewechselte Untertanen wieder an sich zu binden. Mit Gewalt ging auch die Obrigkeit gegen die Bauern vor, die sich ab 1524 in weiten Teilen des Reichs gegen ihre Grundherren erhoben hatten. Die Aufständischen hatten Luthers Reform als soziale Bewegung verstanden, sie sahen ihre Forderungen als mit dem Evangelium begründet an. Die Religion bzw. konfessionelle Spannungen spielten auch beim 1618 ausbrechenden Dreißigjährigen Krieg eine Rolle – aber nicht nur. Der Dreißigjährige Krieg war zugleich ein Staatenkonflikt, bei dem Herrschaftsansprüche und machtpolitische Interessen im Vordergrund standen und der zu einer Neugestaltung Europas führte.

Hinweis zum Unterrichtsverlauf

siehe Lehrplansynopse, S. 8/9

Kompetenzerwerb in Kapitel 2 (s. Schülerband S. 72)

Eine detaillierte Liste der zu erwerbenden Kompetenzen finden Sie hier in der Handreichung auf dem Selbsteinschätzungsbogen, S. 62.

Selbsteinschätzungsbogen für Schüler zum Kapitel 2

siehe Kopiervorlage 2.3, S. 62

Weiterführende Hinweise auf Forum-Begleitmaterialien (s. Einleitung, S. 7)

- Arbeitsheft 2, Kap. 4: Neues Denken – Neue Welt
- Arbeitsheft 2, Kap. 5: Reformationszeitalter
- Kompetenztraining, Kap. 12: Renaissance und Humanismus
- Kompetenztraining, Kap. 14: Das Zeitalter der Reformation
- Geschichte interaktiv I, Kap. 6: Die Frühe Neuzeit
- Foliensammlung Geschichte 1, Folie 30: Malerei in Mittelalter und Renaissance
- Foliensammlung Geschichte 1, Folie 32: Luther im Weinberg
- Invitation to History: Starter, Unit 3: A New Age of Art and Learning
- Invitation to History: Starter, Unit 5: Reformation and Conflict

Literatur, Jugendbücher, Filme, Internethinweise für Lehrkräfte

Literatur
Johannes Arndt, Der Dreißigjährige Krieg 1618–1648, 2. Aufl., Stuttgart (Reclam) 2014.
Peter Blickle, Der Bauernkrieg. Die Revolution des Gemeinen Mannes, 4. akt. und überarb. Aufl., München (C. H. Beck) 2012.
Peter Burke, Die europäische Renaissance. Zentren und Peripherien, 2. Aufl., München (C. H. Beck) 2012.
Johann Hinrich Claussen, Die 95 wichtigsten Fragen: Reformation, München (C. H. Beck) 2016.
Thomas Maissen, Geschichte der Frühen Neuzeit, München (C. H. Beck) 2013.
Herfried Münkler/Marina Münkler, Lexikon der Renaissance, München (C. H. Beck) 2005.

Jugendbücher

Manfred Mai, Nichts als die Freiheit! Der deutsche Bauernkrieg erzählt von Manfred Mai, München (dtv) 2004.

Luca Novelli, Leonardo da Vinci, der Zeichner der Zukunft, Würzburg (Arena) 2015.

Tilman Röhrig, In 300 Jahren vielleicht, Würzburg (Arena) 2013.

Andreas Venzke, Luther und die Macht des Wortes, Würzburg (Arena) 2007.

Filme

WBF B-1900:	Was ist Renaissance? Der Mensch entdeckt sich neu
WBF K-1570/1571:	Zur Geschichte der Reformation I und II
WBF B-1554:	Der Bauer stund auf im Lande
FWU 4602404:	Der Dreißigjährige Krieg

Internethinweise für Lehrkräfte

http://www.uni-muenster.de/FNZ-Online/Welcome.html („Einführung in die Frühe Neuzeit", zusammengestellt vom Historischen Seminar der Westfälischen Wilhelms-Universität Münster)

https://www.luther2017.de (Internetseite zum Reformationsjubiläum 2017 mit Biografie und Schriften Luthers, Informationen zu Luthers Weggefährten, Hinweisen zu Büchern, Filmen, Wanderausstellungen)

https://www.historicum.net/themen/bauernkrieg/zeitleiste (Zeitleiste zum Bauernkrieg)

http://www.lwl.org/westfaelische-geschichte/portal/Internet/haupt.php?urlNeu= → Projekte → 1648 – Der Westfälische Friede (Schwerpunkt des Internetportals „Westfälische Geschichte" zum Dreißigjährigen Krieg mit Zeitleiste, Quellen, dem Katalog und den Begleitbänden zur 1998 gezeigten Sonderausstellung „1648 – Krieg und Frieden in Europa")

Auftaktseiten   S. 44/45

S. 44 f.: „Die Gesandten", Gemälde von Hans Holbein d. J.

Das Doppelporträt (207 × 209,5 cm) des Malers Hans Holbein d. J. (1497/98–1543) zeigt links den französischen Botschafter in England, Jean de Dinteville (1503–1555), und auf der anderen Seite Georges de Selve (1508/09–1541), Bischof von Lavaur und Freund Dintevilles. Die beiden lehnen an einem mit einem gemusterten Teppich bedeckten Tisch, auf dem verschiedene Gegenstände zur Schau gestellt sind. Während der Himmelsglobus, die Sonnenuhr, der Quadrant und der Kalender auf der Tischplatte astronomischen Studien und der Zeitmessung dienen und für die göttliche Ordnung stehen, weisen die Gegenstände auf der unteren Ablage auf die diese Ordnung zerstörenden Kräfte (u. a. reformatorische Bewegung, siehe das aufgeschlagene evangelische Gesangbuch von Johann Walter rechts) und Disharmonie hin. So ist eine Saite der Laute gerissen, aus dem Flötenbündel ragt ein Instrument ein wenig hervor und das Mathematik-Buch links („Die Kaufmannsrechnung" von Peter Apian) ist an der Stelle geöffnet, auf der die Division erläutert wird. Der stark verzerrt dargestellte Totenschädel im Vordergrund, der nur aus einer bestimmten Entfernung und aus einem bestimmten Blickwinkel richtig erkennbar ist, weist als „Memento mori" auf Vergänglichkeit und Tod hin. Das Kruzifix in der linken oberen Ecke (hier nicht zu sehen, da Bild beschnitten) steht für den Erlösungsgedanken.

S. 44: Moderner Arbeitsplatz

Computer haben seit den 1970er-Jahren in vielen Büros und Betrieben Einzug gehalten, sie veränderten, sie „revolutionierten" die Arbeit. Nicht nur Schreibmaschinen, auch menschliche Arbeitskraft wurde vielfach überflüssig. Herkömmliche Arbeitsplätze wurden – wie auch schon während der Industrialisierung des 19. Jahrhunderts – vernichtet, während zugleich neue Berufe in der digitalen Wirtschaft entstanden. Die (Weiter-)Entwicklung der Computer- und Kommunikationstechnologien veränderte die Wirtschaft nachhaltig und beschleunigte den Prozess der Globalisierung, indem sie eine noch rasantere und vor allem globale Verbreitung von Informationen ermöglichte.

Orientierung im Kapitel   S. 46/47

S. 46, M1: Staaten und Konfessionen in Europa um 1570 siehe die Erläuterungen zu Aufgabe 2

S. 47, M2: „Luther verbrennt die Bannandrohungsbulle"

Das Gemälde gehört zu einem 18 Bilder umfassenden Zyklus über Leben und Wirken Martin Luthers. Der Maler Paul Thumann sowie drei weitere Professoren der Großherzoglich-Sächsischen Kunstschule in Weimar fertigten die „Bilderbiografie" für die neu eingerichteten „Reformationszimmer" auf der Wartburg an.

Am 15. Juni 1520 hatte Papst Leo X. als Antwort auf Luthers Thesen eine Bannandrohungsbulle verabschiedet. Nach dem Ablauf der Widerrufsfrist verbrannte Luther das Schriftstück zusammen mit einem Exemplar des Kirchengesetzbuches sowie Werken seiner Gegner im Beisein von Anhängern und Studenten der Wittenberger Universität. Am 3. Januar 1521 verhängte der Papst den Kirchenbann über Luther.

HRU-DVD

Film „König Ludwig XIV."

S. 47, M3: „Ludwig XIV."
Das Porträt Ludwigs XIV. des französischen Malers Hyacinthe Rigaud (1659–1743) wurde zum Symbol der absoluten Monarchie und prägte den Typus des Herrscherporträts. Es ist zugleich ein Beispiel für die von Ludwig XIV. betriebene Bildpropaganda, denn es zeigt den alternden Monarchen so, wie er nach außen hin gesehen werden wollte: als strahlenden Herrscher, der seine Untertanen beschützt. Der König steht, ein Bein elegant vorgestreckt, in vollem Staatsornat vor dem von einem Baldachin bekrönten Thron. Die linke Hand in die Hüfte gestemmt, stützt er sich mit der Rechten auf das Kriegszepter und blickt auf den Betrachter herab. Sein mit Hermelin gefütterter blausamtener Mantel zeigt auf der Außenseite die bourbonische Lilie, ein Motiv, das sich auf dem Polster des Throns und dem Kissen links wiederholt. Durch die Darstellung der Justitia unterhalb der Säule im Hintergrund soll zum Ausdruck kommen, dass die Herrschaft des Königs gerecht ist. Die Rechtshoheit des Königs wird durch die Justizhand symbolisiert, während die Krone für die Einheit des Reichs steht.

S. 47, M4: „Söldner plündern einen Bauernhof"
Marodierende Söldner waren in der Zeit des Dreißigjährigen Krieges kein seltener Anblick, da die Versorgungslage aufgrund ausbleibender Soldzahlungen vielfach schlecht war. Das Ölgemälde von Sebastian Vrancx (1573–1647) zeigt Soldaten beim Überfall auf einen Bauernhof. Während ein Mann bereits verwundet oder getötet am Boden liegt, bedrohen die Söldner die übrigen Bewohner mit Musketen und Schwertern. Am linken Bildrand greift eine Frau, vermutlich die Ehefrau oder Gefährtin eines der Soldaten, nach einer Schüssel. Wie das Bild zeigt, beteiligten sich auch Frauen an den Plünderungen und Verwüstungen, in der Hauptsache kümmerten sie sich aber um den Handel mit dem Beutegut.

S. 47, Aufgabe 1
Das Gemälde M2 ist dem Themenbereich „Reformation" zuzuordnen und stellt die am 10. Dezember 1520 in Wittenberg durchgeführte öffentliche Verbrennung der Bannandrohungsbulle gegen Luther dar. Das Porträt M3 gehört zum Themenbereich „Absolutismus" in Frankreich. Die Abbildung M4 illustriert die Begleiterscheinungen und Schrecken des Dreißigjährigen Krieges.

S. 47, Aufgabe 2
Die Karte zeigt die Verteilung der christlichen Konfessionen und des Islam im 16. Jahrhundert in Europa und in Vorderasien. Während in Südwesteuropa die katholische Kirche vorherrschend ist, die anglikanische Kirche sich auf England beschränkt und der Norden Europas überwiegend lutherisch geprägt ist, bekennt sich der Osten vor allem zum orthodoxen Glaubensbekenntnis und zum Islam. Besonders in Mitteleuropa liegen konfessionsmäßig gemischte Gegenden. Über die ganze Karte verteilt, treten reformierte Gegenden auf, die sich immer mit anderen Konfessionen mischen, was auf mögliches Konfliktpotenzial verweist.

S. 47, Aufgabe 3 Die Machtposition des Königs wird unterstrichen durch:
- selbstbewusste, auf die Antike zurückgehende Herrscherpose
- erhöhte Position (steht auf Podest/Stufe)
- kostbares Mobiliar/Ausstattung (Säule; blaue Kissen und Polster mit Lilienmotiv; purpurfarbener Baldachin: Symbol für Reichtum und Macht)
- prachtvolle Kleidung (Krönungsmantel: Blau = Farbe der Könige, Hermelin = Symbol für Reichtum und Reinheit; Schuhe mit roten Absätzen; Kette des Ordens des Heiligen Geistes)
- Herrschaftsinsignien (Krönungsmantel, Krone, Zepter, Justizhand, Schwert Karls des Großen)

Weshalb lesen Gelehrte um 1500 antike Quellen?   S. 48/49

S. 48, M1: „Die Schule von Athen"
Für die Stanza della Segnatura im päpstlichen Palast in Rom, einen von Papst Julius II. als Studierzimmer und Bibliothek genutzten Raum, entwarf der Maler Raffaello Santi, genannt Raffael, vier Wand- sowie ein Deckengemälde. Hauptthema des nach der Zentralperspektive konstruierten Freskos „Die Schule von Athen" (5,0 × 7,7 m) ist die Philosophie und deren Bild von der Welt. In einer prachtvollen Halle versammelte der Maler um die Hauptfiguren Platon und Aristoteles antike Philosophen, Dichter und Gelehrte, die teilweise die Gesichtszüge von Zeitgenossen Raffaels tragen. Die Figuren sind zu Gruppen angeordnet, die die geistes- und naturwissenschaftlichen „Artes liberales" (Grammatik, Rhetorik, Dialektik, Arithmetik, Geometrie, Astronomie und Musik) verkörpern. Der Philosophie kommt dabei die führende Rolle zu, die Aufmerksamkeit des Betrachters wird auf die zentralen Figuren Platon und Aristoteles gelenkt.

S. 49, M2: Bildungsziele der Renaissance
Erasmus von Rotterdam zählt zu den bedeutendsten Humanisten der Frühen Neuzeit. Er empfing 1492 die Priesterweihe, studierte Theologie in Paris, lehrte an den Universitäten von Oxford und Cambridge und war als Übersetzer und Schriftsteller tätig. Herrscher wie Karl von Burgund legten Wert auf den Rat des niederländischen Gelehrten, in dessen Werk das Thema „Frieden" einen wichtigen Platz einnimmt.

S. 49, Aufgabe 1 a) siehe die Erläuterungen zu M1
b) Das Fresko „Die Schule von Athen" stellt unter Berücksichtigung des Prinzips der Zentralperspektive antike Philosophen und Dichter dar, die symbolisch für die sieben freien Künste stehen. Die Rückbesinnung auf die Antike, die Auseinandersetzung mit den Werken antiker Schriftsteller und Gelehrter war ebenso ein Kennzeichen des Humanismus und der Renaissance wie die Erweckung des Eindrucks von Raum und Tiefe in der Malerei durch das neu eingeführte Prinzip der Zentralperspektive.
c) z. B. Philosophie, Geometrie, Architektur

S. 49, Aufgabe 2 a)
Erasmus von Rotterdam, der Luther und der Reformation kritisch gegenüberstand und für eine innere Reform der Kirche eintrat, betont in seinem Brief die Bedeutung der Frömmigkeit. Auf den Stundenplänen stand Unterricht in den sieben freien Künsten. Oberste „Bildungsziele" waren Anstand und Tugend.
b) Der Fächerkanon an heutigen Schulen umfasst ein sehr viel größeres Angebot als zu Zeiten von Erasmus von Rotterdam. Physik, Chemie, Englisch, Sport, Kunst, Religion, Wirtschaft und Politik gehören heute neben vielen weiteren Fächern zum Unterrichtsangebot.
c) Diskussion

Leonardo – ein typischer Vertreter der Renaissance?   S. 50/51

S. 50, M1: Mona Lisa oder „La Gioconda"
Die auf Pappelholz gemalte „Mona Lisa" zählt zu den bekanntesten Werken Leonardo da Vincis. Dargestellt ist vermutlich Lisa del Giocondo, Ehefrau des Florentiner Kaufmanns Francesco del Giocondo, der das Porträt (77 × 53 cm) in Auftrag gab. Die junge Frau sitzt in einer offenen Halle (Balustrade) auf einem Stuhl und blickt den Betrachter scheinbar direkt an, egal, in welchem Winkel zum Bild dieser sich befindet (Effekt wird durch ungleich gemalte Augen erzielt). Den Bildhintergrund, für den Leonardo da Vinci einen anderen Fluchtpunkt wählte als für den Vordergrund, bildet eine karge Felsenlandschaft.

S. 51, M2: Leonardo da Vinci schrieb 1508 siehe die Erläuterungen zu Aufgabe 4 a)

S. 51, M3: Ansichten eines Fötus
Leonardos Embryostudien entstanden um 1510. Die mit Anmerkungen versehenen Blätter enthalten Zeichnungen des zusammengekauerten Fötus und seiner inneren Organe. Für die Darstellung des Fötus in der Gebärmutter benutzte Leonardo als Vorlage die Gebärmutter einer Kuh, in die er dann einen menschlichen Fötus zeichnete.

Webcode
FG647255-048

HRU-DVD
Film „Die Schule von Athen"

HRU, S. 58, KV
2.1 Die „Mona Lisa" – ein unvollendetes Meisterwerk

S. 51, M4: Skizze eines Panzerfahrzeugs
Zum Nachlass Leonardo da Vincis gehören auch technische Entwürfe. Der Künstler beschäftigte sich u. a. mit dem Festungsbau, der Konstruktion von Brücken, Kanälen und Geschützen. Das mit acht Kanonen ausgerüstete abgebildete Panzerfahrzeug wurde allerdings nie gebaut.

S. 51, M5: Die Luftschraube
Der Menschheitstraum vom Fliegen beschäftigte auch den Maler und Naturforscher Leonardo da Vinci, der u. a. einen Fallschirm sowie eine heutigen Drachenfliegern ähnelnde Flugmaschine entwarf. Leonardos „Luftschraube" funktioniert nach dem Prinzip des Hubschraubers und wird durch Muskelkraft angetrieben. Auf einer kreisrunden Plattform stehen die „Piloten", die das aus Leinwand angefertigte „Segel", das an einem in der Plattformmitte aufragenden Mast befestigt ist, durch Laufen in Bewegung setzen und aufsteigen lassen. Das Fluggerät schraubt sich auf diese Weise ähnlich wie ein Hubschrauber senkrecht in die Luft.

HRU, S. 58, KV
2.1 Die „Mona Lisa" –
ein unvollendetes
Meisterwerk

S. 51, Aufgabe 1 siehe die Erläuterungen zu KV 2.1, Aufgabe 1

S. 51, Aufgabe 2 individuelle Lösung

S. 51, Aufgabe 3 a)
Ab 1489 begann Leonardo da Vinci sich mit der Anatomie des menschlichen Körpers zu beschäftigen. Als einer der ersten Künstler führte er – trotz päpstlichen Verbots – aus wissenschaftlichem Interesse eigenhändig Sektionen an Tieren und menschlichen Leichen durch. Die Ergebnisse seiner Forschungen hielt er auf mehr als 200 Skizzen fest, das geplante Werk „Über den Bau des menschlichen Körpers" kam jedoch nie zustande. Leonardo, der davon ausging, dass der Mensch wie eine Maschine erforscht werden könne, fertigte auch mechanische und physische Modelle einzelner Organe an, um die Funktionsweise des Körpers zu simulieren.
b) individuelle Lösung

S. 51, Aufgabe 4 a)
Leonardo hält die Erfahrung durch die Sinne und das Experiment für die Grundlage der Wissenschaft. Damit plädiert er für die Naturwissenschaften und lehnt die Geisteswissenschaften, soweit sie nicht empirisch begründet sind, ab.
b) individuelle Lösung

S. 51, Aufgabe 5
Das Ideal der Renaissance war der allseitig gebildete Mensch. Leonardo da Vinci war so ein „uomo universale". Er war nicht nur Maler und Architekt, sondern forschte auch auf dem Gebiet der Biologie, Physik, Astronomie und Geologie. Neben theoretischen Abhandlungen stammen auch zahlreiche Entwurfsskizzen und Maschinen aus seiner Feder bzw. Werkstatt.

Wie nutzte die Kirche die christliche Frömmigkeit?   S. 52/53

S. 52, M1: Das „Weltgericht" von Stefan Lochner
Das „Weltgericht" (124 × 172 cm) gilt als eines der Hauptwerke des Malers Stefan Lochner (um 1400/10–1451). Ob es sich bei dem Gemälde um die Mitteltafel eines Altares oder um ein sogenanntes Gerechtigkeitsbild handelte, ist unklar. Im Gerichtssaal des Kölner Rathauses aufgehängt, könnte das „Gerichtsbild" die am Prozess Beteiligten dazu ermahnt haben, Gerechtigkeit walten zu lassen, die Wahrheit zu sagen und Reue zu zeigen.

S. 53, M2: Zeitgenössische Darstellung des Ablasshandels
Die Abbildung stammt aus dem Passional „Christi und Antichristi", einer politischen Kampfschrift, in der dem ganz im Dienste am Menschen stehenden Leben Christi das unchristliche Leben des Papstes gegenübergestellt wird. Geldgier und Gewinnsucht, wie auf dem Holzschnitt M2, aber auch Völlerei, Grausamkeit und Hochmut kennzeichnen den als Antichrist dargestellten Papst, wobei die satirische Wirkung vor allem durch die Gegenüberstellung mit Szenen aus dem Leben Christi erzielt wird. Aufgrund der in ihm zum Ausdruck gebrachten Kritik am verweltlichten Leben des Papstes und dem Machtanspruch der römischen Kirche wurde der Holzschnittzyklus aus Vorsicht ohne Impressum gedruckt.

S. 53, M3: Drei berühmte Päpste um 1500 siehe die Erläuterungen zu Aufgabe 3 a)

S. 53, Aufgabe 1 a)
Im Zentrum des Gemäldes befindet sich Christus, der auf einem doppelten Regenbogen sitzt. Er hat die rechte Hand segnend erhoben, mit der linken weist er den Verdammten den Weg. Die aus ihren Gräbern auferstehenden Toten flehen um Erbarmen. Maria und Johannes der Täufer, die rechts und links neben Christus knien, leiten als Fürsprecher der Menschen deren Bitten betend an Christus weiter. In der linken Bildhälfte führen Engel diejenigen, die ein gottgefälliges Leben geführt haben, in ein hell strahlendes Himmelsgebäude im Stil der Gotik. In der unteren und der rechten Hälfte des Bildes zerren Teufel die Menschen, auf die aufgrund ihres lasterhaften Lebens die ewige Verdammnis wartet, in einen Höllenschlund bzw. eine brennende Höllenburg. Der Boden ist hier verdorrt, während links eine grüne Wiese erkennbar ist. Die Kopfbedeckungen, die einige der aus den Gräbern Auferstandenen tragen, weisen auf ihren Stand hin (z. B. vorne rechts und im Himmelsgebäude: König, Papst, Kardinal, Bischof; unterhalb von Christus: Juden, Moslems). Die Körper der Erlösten leuchten hell, die Gesichter der Verdammten sind angstverzerrt.
b) Individuelle Lösung. Die Bildkomposition ist so angelegt, dass der Betrachter aufgefordert wird, sich dem Zug der Gerechten anzuschließen. Während diese sich vom Bildvordergrund in die Tiefe des Bildes bewegen und somit eine Art Sogwirkung entsteht, kommt die Gruppe der Verdammten dem Betrachter entgegen, ehe sie in Richtung des Höllenschlundes abbiegt.

S. 53, Aufgabe 2 a)
Die Szene scheint in einem Kirchenraum stattzufinden (Säulen, Kerze, rechts Altar-/Heiligenbild?). Der Papst sitzt auf einem von einem Baldachin bekrönten, gepolsterten Thron. Vor dem Thron steht ein mit einem weißen Tuch bedeckter Tisch, auf dem Münzen und ein Stapel Ablassbriefe liegen. Zur Linken des Papstes sind ein Kardinal, zwei Bischöfe sowie ein Mönch zu sehen, dem der Papst eine unterschriebene Ablassurkunde reicht, während er bereits einen neuen Ablassbrief unterzeichnet. Der Geistliche gibt das Dokument an eine Frau weiter, die ihm dafür einige Münzen in die Hand zählt. Außer der Frau haben sich weitere Gläubige versammelt, die ebenfalls einen Ablass erwerben wollen. Der Mann vorne rechts scheint als Nächster an der Reihe zu sein, er legt gerade die erforderliche Geldsumme auf den Tisch.
b) Dargestellt ist der Ablasshandel durch den Papst. Durch den Kauf eines Ablassbriefes hofften die Menschen, eine Verkürzung der zeitlichen Strafen für die eigene Sündenlast erreichen zu können.
c) Die Parteinahme des Künstlers und dessen Kritik am verweltlichten Leben des Papstes und dem Ablasshandel tritt besonders durch die Gegenüberstellung einer Szene aus dem von Demut und Armut geprägten Leben Christi hervor. Der Abbildung M2 ist ein Holzschnitt gegenübergestellt, der die Vertreibung der Händler und Geldwechsler aus dem Tempel zeigt. Die Darstellungen des Papstes werden jeweils mit „Antichristi" betitelt. Zitate aus der Bibel bzw. den Dekretalen des kanonischen Kirchenrechts erläutern die Szenen.

S. 53, Aufgabe 3 a)
Alexander VI.: Ämterkauf, Vetternwirtschaft, Missachtung des Zölibats (hat mehrere uneheliche Kinder, die er in seine Machtpolitik einbindet und denen er Ämter zuschanzt)
Julius II.: verstand sich mehr als Territorialfürst denn als Seelsorger (trat 1508 der Liga von Cambrai und 1511 der Heiligen Liga bei, um die unter dem Pontifikat seines Vorgängers verlorenen Gebiete zurückzugewinnen)
Leo X.: Prunksucht (feiert prunkvolle Feste, will Rom wieder zu einem Zentrum der europäischen Kultur machen und gibt viel Geld für Gemälde, Bauprojekte etc. aus)
b) individuelle Lösung

Wähle aus: Ein Mönch stellt sich gegen den Papst   S. 54/55

S. 54, M1: Wesentliche Stationen aus dem Leben Luthers
In Zusammenhang mit der Erarbeitung dieser Seiten bietet sich der Spielfilm „Luther" an. Der Film erzählt aus einem rein protestantischen Blickwinkel die Geschichte Martin Luthers von dessen Eintritt ins Augustinerkloster in Erfurt bis zur Verabschiedung des „Augsburger Bekenntnisses" im Jahr 1530. Die Bundeszentrale für politische Bildung hat ein Filmheft mit Hintergrundinformationen, Unterrichtsvorschlägen und Literaturtipps zum Film herausgegeben, das unter folgender Adresse als Online-Version zur Verfügung steht bzw. bestellt werden kann: *http://www.bpb.de* → *Shop* → *Filmhefte*.

S. 55, M2: Auszüge aus den 95 Thesen Martin Luthers

Der Verkauf von Ablassbriefen zur Finanzierung des Baus des Petersdomes in Rom veranlasste Martin Luther, Professor an der Wittenberger Universität, seine 95 Thesen gegen den Ablass aufzustellen, in denen er den Ablass nicht grundsätzlich ablehnte, sondern nur einschränkte. Ob Luther, der mit seinen Thesen Reformen in der römischen Kirche anmahnte und eine Diskussion in Gang setzen wollte, diese wirklich an die Tür der Wittenberger Schlosskirche nagelte, ist umstritten. Sein Brief an Albrecht von Brandenburg, den Erzbischof von Magdeburg und Mainz, dem Luther das Thesenpapier beilegte, blieb unbeantwortet.

S. 55, M3 und M4: Lutherdenkmal in Worms

Das obere Bild (M3) stellt den Thesenanschlag dar. In der Mönchskutte, einen Hammer in der linken Hand haltend, deutet Luther auf das an der Kirchentür angeschlagene Thesenpapier. Während die Gruppe der drei jüngeren Männer links das Ereignis zu begrüßen scheint, stehen die drei älteren Männer rechts dem Geschehen scheinbar skeptisch und ablehnend gegenüber und wenden sich teilweise ab. Die Predigt – Luther war seit 1514 Prediger an der Wittenberger Stadtkirche – spielte eine wichtige Rolle bei der Verbreitung der Lehre Luthers, wie das zweite Relief (M4) zeigt. Die linke Hälfte der Relieftafel stellt den an seinem Schreibpult sitzenden Luther bei der Übersetzung der Bibel dar.

S. 55, M5: Der Historiker Volker Leppin über Martin Luther

Mit dem am 8. Mai 1521 – vier Tage nach der inszenierten Entführung Luthers – von Karl V. erlassenen Wormser Edikt wurde die Reichsacht über Luther verhängt. Der als „vogelfrei" geltende Reformator sollte gefangen genommen werden; wer ihn unterstützte, machte sich strafbar. Das Lesen und die Verbreitung von Luthers Schriften wurden verboten.

S. 54, Aufgabe für alle individuelle Lösung

S. 54, Aufgabe 1 (Material A)

Individuelle Lösung. Möglich wären beispielsweise folgende Überschriften: Von Eisleben nach Wittenberg – Kritik am Ablasshandel und die Folgen – Junker Jörg – Katharina von Bora – Luther und der Bauernkrieg – Die Luther-Bibel – Luther und Melanchthon.

S. 54, Aufgabe 2 (Material A)

Aufgrund seiner Kritik am Ablasshandel und den Missständen in der römischen Kirche wurde Luther exkommuniziert (Juni 1520: Bannandrohungsbulle; Januar 1521: Verhängung des Kirchenbanns) und später auch aus der weltlichen Gemeinschaft ausgeschlossen und für rechtlos erklärt (Mai 1521: Verhängung der Reichsacht). Aus Sicherheitsgründen lebte er zehn Monate unter falschem Namen auf der Wartburg (Mai 1521 bis März 1522).

S. 55, Aufgabe 1 (Material B)

Durch den Kauf eines Ablassbriefes sollten Sünden, die bereits begangenen, aber auch die zukünftigen, getilgt werden. An die Stelle des langen, harten Büßens trat als Ersatz die finanzielle Leistung, mit deren Hilfe die auferlegten Strafen rasch und bequem abgelöst werden konnten. Luther lehnte diese Möglichkeit zur Rettung des Seelenheils, deren einzige Voraussetzung ein gut gefüllter Geldbeutel und nicht Reue war, vehement ab. Er vertrat die Ansicht, dass nur derjenige, der seine Sünden wahrhaft bereue, einen Anspruch auf Erlass der Schuld habe.

S. 55, Aufgabe 2 (Material B)

Die öffentliche Verkündung der Kritik an der Kirche wird weite Teile der Bevölkerung sicherlich verunsichert haben. Während Prediger wie Johannes Tetzel für den Kauf von Ablassbriefen warben, kritisierte Martin Luther den Ablasshandel und forderte Reformen.

S. 55, Aufgabe 1 (Material C)

Luthers Kritik an der römischen Kirche veranlasste Kaiser Karl V., die Reichsacht über den Reformator zu verhängen. Durch den Schutz seines Landesherrn Kurfürst Friedrich von Sachsen entging Luther einer Verhaftung und verbrachte als Junker Jörg mehrere Monate auf der Wartburg, wo er das Neue Testament ins Deutsche übersetzte.

S. 55, Aufgabe 2 (Material C)
Für die Verbreitung der neuen Lehre spielte die Erfindung des Buchdrucks eine wichtige Rolle. Luthers Thesen erlangten so innerhalb weniger Wochen dank zahlreicher Nachdrucke eine weite Verbreitung. Von großer Bedeutung waren auch die Predigten, die wie der gesamte evangelische Gottesdienst in deutscher Sprache gehalten wurden und so für jedermann verständlich waren.

S. 55, Aufgabe für alle individuelle Lösung

Die Reformation: Aus Luthers Protest wird eine neue Glaubenslehre   S. 56/57

S. 56, M1: Laienprediger
Zu Beginn des 16. Jahrhunderts mehrte sich die Kritik an der Kirche und ihren geistlichen Vertretern, und es wurden Forderungen nach einer Erneuerung der Kirche an Haupt und Gliedern laut. Martin Luther prangerte in seiner 1520 verfassten Schrift „An den christlichen Adel deutscher Nation" die Unwissenheit und den Sittenverfall der Geistlichen an und vertrat die Lehre vom „Priestertum aller Gläubigen". An die Stelle der Mönche, die ihrer Aufgabe (Verkündung der Worte Gottes) nicht mehr nachkämen, sollten Laien treten.

S. 57, M2: Calvinistischer Gottesdienst in der Kirche Stein bei Nürnberg
Der Kupferstich gibt einen Blick in das Innere einer reformierten Kirche wieder. Wie alle reformierten Kirchen war auch die Kirche in Stein bei Nürnberg im Wesentlichen ein Versammlungsraum, in dem Predigten abgehalten und die Taufe und das Abendmahl gefeiert wurden. Da das Wort im Mittelpunkt des Gottesdienstes stand, nahm die Kanzel einen zentralen Platz ein. Anstelle eines Altars befand sich unterhalb der Kanzel ein einfacher Abendmahlstisch.
In Stein selbst gab es keine reformierte Gemeinde, es handelte sich vielmehr um die Mitglieder der evangelisch-reformierten Gemeinde aus Nürnberg, die – da ihnen das Recht der Religionsausübung in Nürnberg verwehrt wurde – zum Gottesdienst nach Stein fuhren.

S. 57, Aufgabe 1

lutherisch	reformiert	
Baltikum, Ostpreußen, Skandinavien, der Norden, der Osten sowie die mittlere Zone des Heiligen Römischen Reichs	Schweiz, Teile Frankreichs, der Niederlande, Schottlands, Englands, Polens, Ungarns, Siebenbürgens	VISUALISIERUNG 2.1

S. 57, Aufgabe 2 Die Grundsätze der neuen Glaubenslehre Luthers waren:
- „sola fide": Erlösung und das ewige Leben gewinnt der Einzelne nur durch den Glauben und nicht durch Ablässe des Papstes (These 21)
- „sola gratia": Gott vergibt den Menschen aus Gnade und nicht aufgrund von Fürbitten (These 28)
- „sola scriptura": die Bibel – und nicht die kirchliche Auslegung der Bibel – ist die einzige Richtschnur (These 62)

S. 57, Aufgabe 3 a)
- Die Erfindung des Buchdrucks führte zur Entstehung neuer Medien (Flugschriften) und dadurch zur schnellen Verbreitung der Lehre Luthers.
- Die Bibel wurde ins Deutsche übersetzt.
- Gottesdienste wurden nicht mehr in Latein, sondern in deutscher Sprache abgehalten.
- Neben Luther gab es weitere Reformatoren, die die evangelische Lehre verbreiteten (z. B. Zwingli, Calvin).

b) Ein Teil der Landesfürsten unterstützte Luther und seine Ideen der Reformation. Es kam zur Entstehung evangelischer Landeskirchen. Die Landesherren legten fest und kontrollierten, wie die reformatorische Lehre in ihrem Gebiet umgesetzt wurde. Im Zuge der kirchlichen Umgestaltung wurden Klöster aufgelöst, einige Klostergemeinschaften lösten sich selbst auf. Die Klöster und ihr Besitz wurden von den Landesherren beschlagnahmt; die ehemaligen Klostergebäude wurden z. T. in Schulen umgewandelt.

S. 57, Aufgabe 4
Als ehemalige Handwerker oder Bauern kannten Laienprediger den Alltag der Menschen, ihre Sorgen und Nöte. Anders als Mönche lebten sie nicht abgeschieden in Klöstern, sondern mitten unter den Menschen, denen sie predigten. Sie waren in der Lage, den Gläubigen die Lehren Luthers in einer allgemein verständlichen, einfachen Sprache nahezubringen.

S. 57, Aufgabe 5 Recherche-Aufgabe, individuelle Lösung

S. 57, Aufgabe 6
Der Kirchenraum macht einen schlichten, fast kargen Eindruck. Heiligenbilder oder -statuen, Kruzifixe und Kerzen sind mit Bezug auf das zweite Gebot nicht vorhanden. Auch eine Orgel fehlt, da die Gemeinde während der Gottesdienste einstimmige Psalmengesänge anstimmte.

Methode: Schriftliche Quellen untersuchen S. 58/59

HRU, S. 60, KV
*2.2 Schriftliche
Quellen untersuchen*

S. 58, M1: Rede Martin Luthers auf dem Reichstag zu Worms vom 18. April 1521
Einen Tag nach seiner Ankunft in Worms trat Luther am 17. April 1521 zum ersten Mal vor den Kaiser und die Reichsfürsten. Ihm zur Seite stand der kursächsische Rat Hieronymus Schurf, der bereits nach der ersten Frage Einspruch erhob und forderte, dass die Titel der Bücher, zu denen Luther sich öffentlich bekennen sollte, vorgelesen werden sollten. Zwar erkannte Luther die Schriften an, einen Widerruf lehnte er am folgenden Tag jedoch unter Berufung auf die Bibel und sein Gewissen ab.

S. 58, M2: „Martin Luther vor dem Reichstag in Worms", Gemälde von Anton von Werner
Bei dem Gemälde (66 × 125 cm) handelt es sich um die Kopie eines heute zerstörten Wandbildes. Der Maler hob in seinem Werk die Konfrontation zwischen Karl V. und Luther, der offensichtlich gerade Stellung zu den Anklagepunkten nimmt, besonders hervor und betont somit die politische Komponente der Reformation. Links haben sich verschiedene Geistliche versammelt, darunter die beiden päpstlichen Nuntien Kardinal Colonna und Kardinal Aleander (stehend). Der Offizial des Erzbischofs von Trier, Johann von der Eck, welcher die Befragung Luthers durchführte, steht, ein Bein auf die Stufen des Throns gestützt, auf der linken Seite des Kaisers. Im Hintergrund haben die versammelten weltlichen Herrscher, wie Herzog Georg der Bärtige von Sachsen (rechts), Platz genommen. Am rechten Bildrand scheinen weitere Zuhörer in den Saal zu drängen, darunter auch Luthers Rechtsbeistand Hieronymus Schurf, die jedoch vom Reichsherold Caspar Sturm zurückgehalten werden.

S. 58, Aufgabe 1
2. Bei dem Text handelt es sich um die Niederschrift einer Rede.
3. Der Text stammt von Martin Luther (1483–1546). Der evangelische Theologe hatte eine Professur an der Universität Wittenberg inne.
4. Luther hielt die Rede am 18. April 1521 auf dem Reichstag zu Worms.
5. Der Autor setzt sich mit den zwei Fragen auseinander, die ihm der Kaiser einen Tag zuvor gestellt hatte. Kaiser Karl V. hatte Luther gefragt, ob er der Verfasser der unter seinem Namen veröffentlichten Schriften sei und bereit sei, diese zu widerrufen.
6. Gerichtet ist der Text an den Kaiser und die anwesenden Fürsten.
7. hier z. B. Tyrannei, Barmherzigkeit, prophetisch, Konzilien
8. *2. Abschnitt:* Luthers Antwort auf die erste Frage (Z. 7–11).
   Luther erklärt, dass es sich bei den betreffenden Büchern um von ihm verfasste Schriften handele.
   3. Abschnitt: Zwei Sorten Bücher (Z. 11–24).
   Luther führt aus, dass nicht alle seine Schriften „gefährlich" seien und dass es neben Büchern, in denen er das Papsttum und die katholische Kirche angreift, auch solche Werke geben würde, die von seinen Gegnern als „nützlich" und „durchaus lesenswert" eingestuft würden.
   4. Abschnitt: Eine unübersehbare Tatsache (Z. 24–33).
   Luther erklärt, dass seine Kritik am Papst und der katholischen Kirche von jedermann geteilt werde und sich eine allgemeine Unzufriedenheit in der Bevölkerung breitgemacht habe.
   5. Abschnitt: Widerruf ausgeschlossen (Z. 33–38).
   Laut Luther würde er durch einen Widerruf seiner Schriften die „Tyrannei kräftigen und stützen", sodass dies keine Option sei.
   6. Abschnitt: Widerruf nur unter einer Bedingung (Z. 38–54).

Luther erklärt, dass er sofort bereit sei, zu widerrufen, wenn er durch die Bibel eines Irrtums überführt werde. Ein Widerruf auf Druck des Kaisers könne er mit seinem Gewissen nicht vereinbaren.

10. Luther hatte mit seinen 95 Thesen zunächst den Missbrauch des Ablasses und den Ablasshandel der römischen Kirche kritisiert.

   Kaiser Karl V. lud Luther daher nach Worms auf einen Reichstag, wo über seine Sache beraten werden sollte. Als Luther sich weigerte, seine Schriften und die darin geäußerten Ansichten zu widerrufen, verhängte der Kaiser die Reichsacht über Luther (Wormser Edikt).

Urteil: individuelle Lösung

Warum scheiterte der Aufstand der Bauern?   S. 60/61

S. 60, M1: Strafgericht über gefangene Bauern

Webcode
FG647255-061

Die Bauernaufstände forderten zahlreiche Todesopfer, Schätzungen gehen von 75 000 Toten auf beiden Seiten aus. Wie der Holzschnitt zeigt, gingen die Fürstenheere mit großer Brutalität gegen die Aufständischen vor. Die Anführer der Bauernhaufen wurden in der Regel ohne Prozess hingerichtet oder zu Tode gefoltert. Die übrigen Bauern mussten Strafgelder zahlen.

HRU-DVD
Film „Das Bauernkriegs-panorama"

S. 61, M2: Auszug aus den „Zwölf Artikeln" der Bauernschaft

Die „Zwölf Artikel" der Bauern entstanden während einer Zusammenkunft von Vertretern der oberschwäbischen Bauernschaft im März 1525. In den „Zwölf Artikeln" fassten die Bauern ihre Beschwerden zusammen und machten Reformvorschläge. Das Manifest der Bauern wurde weit über den schwäbischen Raum hinaus bekannt, in den ersten zwei Monaten erschienen mindestens 25 Auflagen des Beschwerdebriefes.

S. 61, M3: Thomas Müntzer an die Fürsten Kursachsens und Sachsens, 1524

Der aus Stolberg im Harz stammende Thomas Müntzer (um 1489–1525) schloss sich 1519 nach einer Begegnung mit Luther der Reformation an. Er wirkte u. a. als Pfarrer in Zwickau und Allstedt, geriet aufgrund seiner Ansichten jedoch mehrfach in Konflikt mit der Obrigkeit. Im Jahr 1525 wurde Thomas Müntzer (geistiger) Anführer eines Bauernheeres. Nach der Niederlage der Bauern in der Schlacht bei Frankenhausen (15. Mai 1525) wurde er gefangen genommen, gefoltert und hingerichtet.

Bei der Textquelle handelt es sich um einen Auszug aus der sogenannten „Fürstenpredigt", die Müntzer am 13. Juli 1524 im Allstedter Schloss vor den Fürsten Johann der Beständige und Johann Friedrich I. gehalten hatte. Der Pfarrer forderte die Fürsten dazu auf, sich der Reformation anzuschließen. Den Bauern sprach er – anders als Luther – das Recht zu, sich gegen die Unterdrückung und Willkür der weltlichen und geistlichen Obrigkeit zur Wehr zu setzen.

S. 61, M4: Luthers Reaktion auf die Bauernaufstände

Luther warf den Bauern vor, Gotteslästerer zu sein, die unter dem Deckmantel des Evangeliums raubten und mordeten. Als Sünde wider Gott sah Luther auch den Bruch des Gehorsamseides gegenüber der Obrigkeit an, die er dazu aufrief, mit Gewalt gegen die Bauern vorzugehen, die Aufrührer wider Gott seien.

S. 61, Aufgabe 1

- gestiegene Abgaben (aber auch Missernten) führten dazu, dass sich viele Bauern verschuldeten und in Leibeigenschaft gerieten
- die Frondienste wurden erhöht
- die Grundherren griffen durch Beamte und Richter immer stärker in die Dorfgerichte ein
- das Gemeindeland wurde beschlagnahmt
- Jagd und Fischerei wurden verboten

S. 61, Aufgabe 2

Gegen die kampferfahrenen und gut ausgerüsteten Soldaten hatten die schlecht organisierten Bauern kaum eine Chance. Neben der militärischen Unterlegenheit sorgte aber auch der schwindende Rückhalt in der Bevölkerung dafür, dass der Aufstand niedergeschlagen werden konnte.

S. 61, Aufgabe 3 a) und b)

VISUALISIERUNG 2.2	Forderungen der Bauern 1525 (gerechtfertigt durch das Evangelium (Art. 12)			
	politisch	sozial	wirtschaftlich	kirchlich-religiös
	• Abschaffung der persönlichen Unfreiheit (Art. 3) • Einhaltung alter Bestimmungen (Art. 6)	• gerechter Pachtzins (Art. 8)	• Verringerung der Abgabenlasten (Art. 2) • freie Jagd und freier Fischfang (Art. 4) • Entlohnung von Zusatzdiensten (Art. 7)	• Wahl der Pfarrer durch die Gemeinden (Art. 1)

S. 61, Aufgabe 4 siehe die Erläuterungen zu M3 und M4

S. 61, Aufgabe 5 a) und b) individuelle Lösungen

Glaubensspaltung und Augsburger Religionsfrieden   S. 62/63

Diff. Kopiervorlagen
9.4 Methode: Flug-
schriften aus dem
16. Jahrhundert aus-
werten: Propaganda
im Zeitalter der
Reformation

S. 63, M1: Flugblatt von 1568
Friedrich Staphylus (eigentl. Stapellage, 1512–1564) war einer der ersten protestantischen Theologen, die nach Abschluss der Reformation zum Katholizismus konvertierten. Der in Osnabrück geborene Staphylus studierte u. a. in Wittenberg und hatte eine Professur für Theologie an der Universität in Königsberg inne, ehe er 1553 zum katholischen Glauben überging. Ab 1560 lehrte Staphylus, der zu den Teilnehmern des Konzils von Trient gehört hatte, an der jesuitischen Hochschule in Ingolstadt. Das Flugblatt zeigt links die vom Papst angeführten katholischen Glaubensvertreter, rechts die Protestanten mit Martin Luther; der zum Katholizismus konvertierte Friedrich Staphylus steht zwischen den Gruppen. Luther hält die aufgeschlagene Bibel in Richtung des Papstes, dem die Tiara vom Kopf zu rutschen scheint, Petrusschlüssel und Schwert scheinen zu zerbrechen. Der auf einer inselartig aufragenden Anhöhe platzierte Thron, der auf Büchern steht, wackelt; die Jesuiten (unten links) versuchen mithilfe von Heugabeln, den Papstthron vor dem Umkippen zu bewahren. Bei den in Mönchskutten gekleideten Männern, die Fackeln und Schwerter in den Händen halten, handelt es sich um Dominikaner. Die Gruppe der Kleriker oben links trägt Kreuzzeichen, eine Monstranz und Heiligenfiguren als Zeichen der Reliquienverehrung. Der als „Judas" bezeichnete Staphylus zieht den Höllenhund, ein Fabelwesen aus Löwe, Drache und Ziege, in Richtung des Abgrunds.

S. 63, M2: Luthers Kritik an den Bedingungen des Papstes
Seit dem Reichstag zu Worms 1521 forderten die Reichsstände die Abhaltung eines Konzils. Als dieses schließlich 1545 begann, blieben die evangelischen Fürsten dem in mehreren Sitzungsperioden bis 1563 durchgeführten Konzil fern, da es ihrer Ansicht nach ein „päpstliches Konzil" war. Ergebnis der Verhandlungen war eine klare Abgrenzung der katholischen Kirche gegen die Lehren Luthers. Betont wurde hingegen die Autorität des Papstes.
Die vorliegende Schrift verfasste Luther 1545 auf Anregung des sächsischen Landesfürsten, als nach langen Verzögerungen die Durchführung eines Konzils angekündigt wurde. In seiner Stellungnahme kam Luther zu dem Schluss, dass der Papst nicht das Haupt der Christenheit sei und folglich kein Recht habe, ein Konzil einzuberufen und die Themen festzulegen.

S. 63, Aufgabe 1
- Luther und Melanchthon begründeten eine evangelische Kirchenlehre, die sich deutlich vom alten Bekenntnis abgrenzte.
- Die katholische Kirche lehnte die Anerkennung der protestantischen Forderungen entschieden ab.
- Der Kaiser griff in den Glaubensstreit ein und führte schließlich Krieg gegen die protestantischen Reichsstände.

S. 63, Aufgabe 2
Das Flugblatt stellt den „Kampf der Religionen" aus protestantischer Sicht dar. Die erhöht stehende Gruppe der Protestanten macht einen geordneten Eindruck. Getreu Luthers Forderung „sola scriptura" hält nicht nur Luther selbst eine Bibel in den Händen, auch die übrigen Protestanten sind mit

Schreibfedern und Büchern (Bibeln?) ausgestattet. Die Gruppe der Katholiken links macht einen ungeordneten Eindruck. Der päpstliche Thron scheint jeden Moment umzustürzen und auch die päpstlichen Insignien zerfallen in den Händen Leos X. Die Vertreter dieser Seite setzen im „Kampf der Religionen" u. a. auch Gewalt ein: Schwerter und Fackeln der Dominikaner weisen auf deren Rolle bei der Inquisition hin.

S. 63, Aufgabe 3 a)
Mit drastischen Worten äußerte Luther seine Kritik am Papst und dem von diesem einberufenen Konzil. Als „schändlichen Laffen" (Z. 7) bezeichnete er Papst Paul III., der den Konzilsteilnehmern „Pferdedreck ins Maul trickst" (Z. 10) und die Beschlüsse mit „Füßen tritt" (Z. 13) und alles, was ihm nicht gefällt, für nichtig erklärt (Z. 4–5). Teilnehmen würden am Konzil lediglich der Teufel und der „höllische Bodensatz in Rom" (Z. 15–16).

b)

Luther	Papst	Kaiser
• hält Konzil für die evange-lische Kirche für unnötig • da Papst im Voraus Themen und Beschlüsse festgelegt hat, ist Konzil eine Farce	• will Stellung als Oberhaupt der Christenheit behaupten und seine Autorität demonstrieren	• verspricht sich vom Konzil Einigung im Glaubensstreit • hofft darauf, dass es zum Ausgleich zwischen beiden Seiten kommt

VISUALISIERUNG 2.3

S. 63, Aufgabe 4
Der Augsburger Religionsfrieden führte zu einer rechtlichen Gleichstellung von Katholiken und Protestanten (die Reformierten wurden erst im Westfälischen Frieden als gleichberechtigt anerkannt). Künftig bestimmte der Landesherr die Religion in seinem Territorium („cuius regio, eius religio"). Untertanen, die die vorgeschriebene Glaubensrichtung nicht annehmen wollten, durften jedoch unter Aufgabe von Hab und Gut auswandern.

S. 63, Aufgabe 5 a) bis c)

Gewinner	Verlierer
• *Landesherren:* freie Wahl des Bekenntnisses (katholisch oder evangelisch) • *evangelische Landesherren:* dürfen Kirchengüter, die sich seit Längerem in ihrem Besitz befinden, behalten • *Bewohner der Reichsstädte:* hier herrscht Bikonfessionalität	• *Calvinisten und Anhänger anderer protestantischer Glaubens-richtungen:* werden nicht als gleichberechtigt anerkannt • *Untertanen:* keine freie Wahl des Bekenntnisses, müssen Glau-ben des Landesherrn annehmen oder auswandern • *geistliche Fürsten:* verlieren bei Konfessionswechsel ihr Amt und ihren Besitz • *Kaiser:* darf sich nicht in landesherrliche Angelegenheiten ein-mischen; die Konfession wird vom Landesherrn und nicht vom Kaiser festgelegt

VISUALISIERUNG 2.4

S. 63, Aufgabe 6
Besonders stark profitierten die evangelischen Landesherren. Da der Großteil der Klöster und deren Grundbesitz an sie überging, konnten sie ihr Herrschaftsgebiet durch die Bestimmungen des Augsburger Religionsfriedens z. T. beträchtlich erweitern.

Dreißig Jahre Krieg um Glauben und Macht S. 64/65

HRU, S. 60, KV
*2.2 Schriftliche
Quellen untersuchen*

S. 64, M1: Der Dreißigjährige Krieg im Überblick
Auch wenn die Mehrheit der Schlachten des Dreißigjährigen Krieges auf dem Boden des Heiligen Römischen Reichs ausgetragen wurden, war der 1618 in Böhmen ausbrechende und nach fast 30 Jahren dort endende Krieg (Schlacht von Jankau, März 1645) ein europäischer Konflikt, dessen Ursache u. a. in den Spannungen zwischen protestantischer Union und katholischer Liga lag. Beteiligt waren neben dem Heiligen Römischen Reich die Königreiche Dänemark, Schweden, Frankreich, Spanien sowie die Niederlande.

S. 65, M2: Geschichte des Krieges für junge Leser
Außer dem Sachbuch von Ernst Gombrich beschäftigen sich u. a. auch die folgenden Kinder- und Jugendbücher mit dem Thema „Dreißigjähriger Krieg":
* *Günther Bentele*, Wolfsjahre, Hamburg (Carlsen) 2007.
* *Ka Jo Böhler*, Der Friedensläufer. Eine Erzählung aus der Zeit des Dreißigjährigen Krieges, Münster (Aschendorff) 2002.
* *Corina Bomann*, Sturmsegel, Wien (Ueberreuter) 2010.
* *Sigrid Heuck*, Der Fremdling, Stuttgart (Thienemann) 2001.
* *Inge Ott*, Verrat! Feinde und Freunde um Wallenstein, Stuttgart (Freies Geistesleben) 1993.
* *Tilman Röhrig*, In 300 Jahren vielleicht, Würzburg (Arena) 2013.

S. 65, M3: Bevölkerungsverluste im Dreißigjährigen Krieg
Von Bevölkerungsverlusten und wirtschaftlichen Einbußen waren nicht alle Regionen des Heiligen Römischen Reichs in gleichem Ausmaß betroffen. Große Zerstörungen sind entlang eines sich von Pommern über Mecklenburg, Thüringen, Hessen, die Pfalz und Württemberg quer durch das Reich erstreckenden Bandes zu verzeichnen. Der Nordwesten und der Süden des Reichs (Schweiz, Österreich) blieben nahezu verschont. Die Landbevölkerung hatte in der Regel mehr unter den umherziehenden Soldaten zu leiden als die Bewohner befestigter Städte.

S. 65, M4: Einwohnerzahlen vor und nach dem Dreißigjährigen Krieg
Der Dreißigjährige Krieg forderte nicht nur aufseiten der Kämpfenden unzählige Todesopfer, sondern auch unter der Zivilbevölkerung. Es waren allerdings nicht in erster Linie Überfälle durch marodierende Söldner, sondern vielmehr in Begleitung des Krieges auftretende Hungersnöte und Seuchen, in deren Folge die Menschen starben. Da Getreide, Vieh und Pferde von den durchziehenden Heeren konfisziert wurden, konnten vielerorts die Felder nicht mehr bestellt werden, sodass die Ernte ausfiel. Seuchen wie die Pest (zwei große Pestwellen: 1624–1626, 1634–1636), die die Soldaten mit im Gepäck hatten, kosteten in einigen Gegenden der Hälfte der Bevölkerung das Leben.

S. 65, Aufgabe 1 a)

Überblick (M1)	Erzählung (M2)
• M1 bietet einen Überblick über Schlachten und Friedensschlüsse und über die wichtigsten Ereignisse während der vier Teilkriege. • sachliche Informationen	• Im Auszug aus der Erzählung wird nur auf ein konkretes Ereignis eingegangen (Prager Fenstersturz). • Schilderung des Alltags der Söldner und der Auswirkungen des Krieges auf die Bevölkerung

VISUALISIERUNG 2.5

b) Diskussion

S. 65, Aufgabe 2
Die bewaffneten Söldner haben den Hof gestürmt und sind in das Bauernhaus eingedrungen. Sie bedrohen, misshandeln und töten (?) Männer, Frauen und Kinder und stehlen Hausrat und Vieh. Siehe auch die Erläuterungen zu M4 auf S. 47 des Schülerbandes.

S. 65, Aufgabe 3
Niedersachsen gehörte zu den Regionen, die keine oder nur geringe Bevölkerungsverluste hinnehmen mussten. Zwar wurde während des Niedersächsisch-Dänischen Krieges auch auf niedersächsischem Boden gekämpft (Schlacht bei Lutter am Barenberge: 27. August 1626), der Kriegsschauplatz verlagerte sich jedoch später nach Osten und die kaiserlichen Truppen besetzten Mecklenburg und Pommern. Württemberg hingegen zählte zu den in besonderem Maße betroffenen Gebieten. Hier wüteten nicht nur die kaiserlichen Truppen (Böhmisch-Pfälzischer Krieg), sondern auch die Schweden und Franzosen (Schwedischer Krieg, Schwedisch-Französischer Krieg). Das Beispiel Hamburgs zeigt, dass einige Städte sogar vom Krieg profitierten. Die formal dem Kaiser unterstellte Hansestadt, die durch eine mächtige Befestigung geschützt wurde, verhielt sich während des Krieges neutral. Durch den Handel mit Waffen und Munition verdienten die Hamburger Kaufleute viel Geld.

Welche Bedeutung hatte der Westfälische Frieden? S. 66/67

S. 66, M1: Friedensreiter verkünden die Nachricht vom Frieden
Nach Abschluss der Verhandlungen und der Unterzeichnung der Friedensverträge verbreiteten Boten die gute Nachricht in ganz Europa. Dankgottesdienste wurden abgehalten, Friedensfeste gefeiert, Feuerwerke und Theateraufführungen veranstaltet und die aus Münster und Osnabrück zurückgekehrten Gesandten wurden feierlich begrüßt. Die Vertragstexte wurden in den einzelnen Städten und Gemeinden öffentlich verlesen, da sie erst so wirksam wurden.

S. 67, M2: Die Bedeutung des Westfälischen Friedens siehe die Erläuterungen zu Aufgabe 3

S. 67, M3: Das Heilige Römische Reich nach dem Westfälischen Frieden von 1648
Nach dem Westfälischen Frieden änderten sich die Besitzverhältnisse in Europa, da zu den Bestimmungen der Verträge von Münster und Osnabrück auch Schadensersatzleistungen an die Königreiche Frankreich und Schweden gehörten. Als Entschädigung für die Rückgabe besetzter Gebiete erhielt Schweden das Herzogtum Vorpommern mit dem Fürstentum Rügen, die Stadt und den Hafen Wismar sowie die in weltliche Herzogtümer umgewandelten Erz- bzw. Hochstifte Bremen-Hamburg und Verden. Der Kurfürst von Brandenburg erhielt als Ausgleich für den Verzicht auf Vorpommern und Rügen die in weltliche Fürstentümer umgewandelten ehemaligen Hochstifte Halberstadt, Minden und Kammin sowie die Anwartschaft auf das Erzstift Magdeburg. Das Haus Mecklenburg-Schwerin wurde für die Abtretung von Wismar mit den säkularisierten Hochstiften Schwerin und Ratzeburg entschädigt. Die Eidgenossenschaft und die Vereinigten Niederlande wurden als souveräne Staaten anerkannt, aber auch das Elsass und Teile Lothringens schieden aus dem Reichsverband aus, sie gingen als Entschädigung an Frankreich. Zu weiteren territorialen Veränderungen kam es durch die Rückgabe der Unterpfalz an den Sohn des „Winterkönigs"; die pfälzische Kurfürstenwürde und die Oberpfalz verblieben jedoch in bayerischem Besitz.

S. 67, Aufgabe 1
Das Flugblatt zeigt einen Postreiter, der die Nachricht vom Westfälischen Frieden verkündet. Dass der 30 Jahre währende Krieg beendet ist, zeigen die am Boden liegenden Waffen, darunter eine Hellebarde, aber auch eine Trommel (vorne rechts). Der Götterbote Hermes (oben rechts), der einen mit „Pax" beschrifteten Brief in den Händen hält, gehört ebenso wie die Göttin des Gerüchts, Fama (oben links), zu den auf Flugschriften oder Gemälden dargestellten Überbringern der Friedensbotschaft. Die gute Nachricht wird von den Personen an Bord des Schiffes weiterverbreitet, indem sie eine Flagge mit der Aufschrift „Fried" hissen. Auch der Lorbeerzweig, den die Göttin in ihrer linken Hand hält, sowie der auf den Fahnen (Kirchturm hinten links, Göttin Fama) aufgestickte Lorbeerkranz sind Symbole des Friedens.

S. 67, Aufgabe 2
Der Westfälische Frieden führte zu territorialen Veränderungen, da zu den Bestimmungen der Friedensverträge auch Schadensersatzleistungen an Frankreich und Schweden gehörten. Die Reichsstände wurden politisch weitgehend selbstständig, die Rechte des Kaisers wurden erheblich eingeschränkt. Zu den konfessionellen Regelungen zählten die Bestätigung des Augsburger Religionsfriedens sowie die Anerkennung des Calvinismus.

S. 67, Aufgabe 3
Das Verhältnis der Konfessionen zueinander: Protestanten, Katholiken und Calvinisten wurden einander gleichgestellt (Bestätigung und Erweiterung des Augsburger Religionsfriedens).

Folgen für die Struktur des Reichs: Die politische Selbstständigkeit der Fürsten verhinderte die Ausbildung eines zentralistischen Einheitsstaates.

Europäische Einheit?: Das hierarchische Ordnungsideal mit Papst und Kaiser an der Spitze brach zusammen, die Staaten waren prinzipiell gleichberechtigt, das Machtstreben der Staaten barg Konfliktpotenzial und Kriegsgefahren.

S. 67, Aufgabe 4

	Gewinner	Verlierer
VISUALISIERUNG 2.6	*Fürsten* • Teilstaaten werden politisch selbstständig *Schweden* • erhält das Herzogtum Vorpommern, das Fürstentum Rügen, Wismar, die Erz- bzw. Hochstifte Bremen-Hamburg und Verden *Frankreich* • erhält das Elsass und Teile Lothringens *Vereinigte Niederlande und Schweiz* • werden als unabhängige Staaten anerkannt *Bevölkerung* • bei Konfessionswechsel des Landesherrn müssen Untertanen nicht mehr folgen • Calvinismus wird als gleichberechtigte Konfession anerkannt	*Kaiser/Reich* • Schwächung der kaiserlichen Macht zugunsten der Reichsstände; Kaiser muss u. a. bei Reichsgesetzen und der Entscheidung über Krieg und Frieden Zustimmung der Fürsten einholen • territoriale Verluste (einige Reichsgebiete werden unabhängig, andere Gebiete gehen als Entschädigung an Schweden und Frankreich) *Bevölkerung* • Ganze Landstriche wurden verwüstet, Ernteausfälle, Hungersnöte und Seuchen waren die Folge. • In einigen Regionen verloren mehr als 50 % der Bevölkerung ihr Leben.

Wie regierte der französische König Ludwig XIV.? S. 68/69

Webcode
FG647255-069

HRU-DVD
Film „König Ludwig XIV."

Sprechende Bilder
Das Barockschloss Versailles

S. 68, M1: Detail am Schlosstor der Residenz in Versailles
Ludwig XIV. wählte die Sonne als Emblem, die mit Apoll, dem Gott des Friedens und der Künste, in Verbindung gebracht wird. Die Sonne ist zugleich auch der Himmelskörper, der allen Dingen Leben einhaucht und durch sein Auf- und Untergehen den Rhythmus des Lebens auf der Erde steuert. Das den Lauf der Sonne nachahmende Ritual des Aufstehens und Zubettgehens des Königs bestimmte daher den Tagesablauf bei Hofe. Minister und Adlige umgaben den König, den strahlenden Mittelpunkt des Reichs, dabei wie Planeten, die die Sonne umkreisen.

S. 69, M2: Das Schloss in Versailles
Im Jahr 1682 verlegte Ludwig XIV. seinen Hof endgültig in das unweit von Paris gelegene Versailles. Hier war in mehr als 20-jähriger Bauzeit aus dem Jagdschloss Ludwigs XIII. eine prunkvolle Residenz entstanden, die durch ihre Ausmaße das Volk beeindrucken und gleichzeitig zum Sinnbild des Absolutismus werden sollte. Die Raumaufteilung folgte einer strengen Hierarchie und war auf die Bedürfnisse des höfischen Zeremoniells abgestimmt. Das Zentrum des dreiflügeligen Schlosses bildeten der große Festsaal sowie das Audienz- und Paradeschlafzimmer des Königs. Und auch die weitläufigen Gartenanlagen mit ihren 1400 Springbrunnen, mehr als 2000 Skulpturen und schnurgeraden Alleen waren ganz auf Repräsentation ausgerichtet.

S. 69, M3: Das Selbstverständnis des Königs
Der Auszug aus den Memoiren Ludwigs XIV. spiegelt die im Denken des Königs verwurzelte Vorstellung einer durch die Abstammung bedingten herausgehobenen Stellung des Herrschers wider, die ihm eine höhere Einsicht in die Dinge gebe und es ihm ermögliche, den Staat zum Wohle des Volkes zu lenken. Der in der Textquelle formulierte Anspruch des Königs (das Wohl der Untertanen im Auge, Arbeit für den Wohlstand, Gesetzgebung zum Nutzen der Untertanen, König als Vater) steht jedoch in deutlichem Kontrast zur Herrschaftspraxis.

S. 69, Aufgabe 1 a)

Verwaltung	Militär	Wirtschaft	Religion	
• Schaffung einer einheitlichen Verwaltung (Beamte aus dem Bürgertum) • Adel wird durch Hofdienst an König gebunden	• Einrichtung eines stehenden Heeres, das unter Oberbefehl des Königs steht	• Einführung eines staatlich gelenkten Wirtschaftssystems (Merkantilismus)	• katholische Kirche wird Staatskirche • Besetzung hoher Kirchenämter durch König	VISUALISIERUNG 2.7

b)

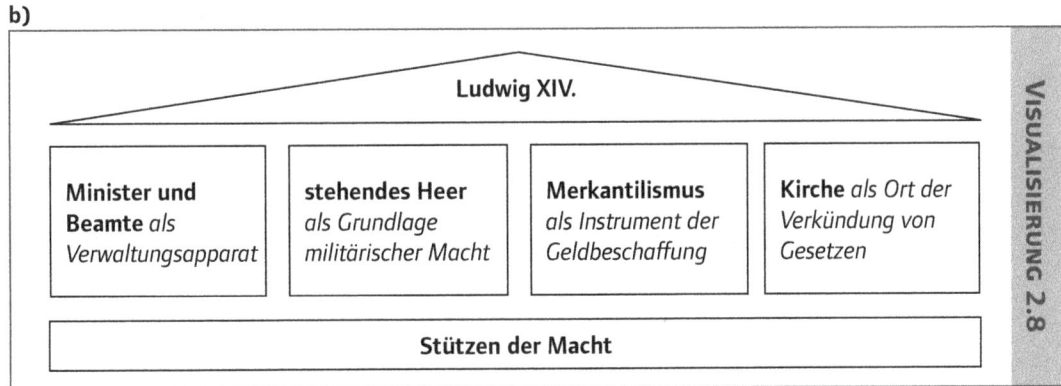

VISUALISIERUNG 2.8

Ludwig XIV.

Minister und Beamte als Verwaltungsapparat	**stehendes Heer** als Grundlage militärischer Macht	**Merkantilismus** als Instrument der Geldbeschaffung	**Kirche** als Ort der Verkündung von Gesetzen

Stützen der Macht

S. 69, Aufgabe 2 a) bis c)

Schloss Versailles (M2) war nicht nur königliche Residenz, sondern sollte zugleich auch das Zentrum der Macht bilden, an dem Ludwig XIV. seine Minister und den Adel um sich scharte. Die Anlage mit ihrer 680 m langen Fassade wies daher unzählige Räume auf. Ehe der Besucher jedoch zum Schloss mit seinen kostbar ausgestatteten Staatsgemächern gelangte, musste er zahllose Flure und mehrere Ehrenhöfe durchqueren. Das Porträt des Königs (S. 47, M3) sollte ebenfalls der Demonstration von Macht und hohem sozialen Rang dienen, wie es die würdevolle Haltung des Königs und die königlichen Insignien zeigen. Mit der Sonne (M1) wählte Ludwig XIV., dessen Herrschaft nach eigener Auffassung von Gott legitimiert war (M3), ein Symbol, das sich auf tief verwurzelte Traditionen bezog und zugleich für die einfache Bevölkerung eingängig war: Auch in der alltäglichen Erfahrung wird die Sonne als mächtig, Leben spendend und unnahbar erlebt.

S. 69, Aufgabe 3 Recherche-Aufgabe

Kompetenzen prüfen   S. 72/73

S. 72, M1: Auszug aus dem Roman „Sofies Welt" siehe die Lösungshilfen zu S. 73, Aufgabe 7 auf S. 294 des Schülerbandes

HRU, S. 62, KV
2.3 Selbsteinschätzungsbogen für Schüler

S. 72, M2: Beschreibung eines Überfalls durch Soldaten im Dreißigjährigen Krieg

„Der abenteuerliche Simplicissimus", eine Moralsatire über die Zeit des Dreißigjährigen Krieges, ist der bedeutendste deutschsprachige Roman der Epoche des Barock. Da es sich um einen sogenannten niederen Roman handelt – im Gegensatz zum „hohen", höfischen Roman –, veröffentlichte der Autor Hans Jakob Christoffel von Grimmelshausen das Werk 1669 unter Pseudonym, um nicht den Zorn seines Dienstherrn auf sich zu ziehen. Als Schultheiß im badischen Renchen stand Grimmelshausen, der als Jugendlicher von Soldaten gefangen genommen und zum Kriegsdienst gezwungen worden war, seit 1669 nämlich im Dienst des Fürstbischofs von Straßburg.

HRU, S. 60, KV
2.2 Schriftliche Quellen untersuchen

S. 73, M3: „Die Seelenfischerei"

Das Gemälde von Adriaen Pieterszoon van de Venne (1589–1662), das die Parabel des christlichen Seelenfischfangs darstellt, entstand während der zwölfjährigen Waffenstillstandsphase des Achtzigjährigen Krieges. Seit 1568 kämpften die nördlichen Niederlande für die Unabhängigkeit von der Spanischen Krone; im Westfälischen Frieden wurde die Unabhängigkeit schließlich anerkannt. Dass der Maler auf der Seite der Protestanten steht, verdeutlicht die Art der Darstellung: Am linken Flussufer, an dem sich zahlreiche protestantische Fürsten versammelt haben, tragen die Bäume dichtes, grünes Laub. Auf der rechten Flussseite, der Seite des katholischen Südens, steht ein Baum, durch dessen kahle Äste ein dunkler Gewitterhimmel zu sehen ist – den Anhängern des Katholizismus droht also ein Leben in Dunkelheit und einer öden Landschaft. Während das Boot der Katholiken beim Versuch, Gläubige an Bord zu ziehen, fast zu kentern scheint, rudern die Protestanten links ruhig über den Fluss.

S. 73, Aufgabe 1 bis 9 siehe die Lösungshilfen auf S. 294 des Schülerbandes

Lösungen zu den Kopiervorlagen der Handreichung

KV 2.1, Aufgabe 1
1. Zu sehen ist eine junge Frau, deren Identität nicht geklärt ist; vermutlich handelt es sich um Lisa Gherardini, die Frau des Florentiner Kaufmanns Francesco del Giocondo.
2. Die Porträtierte ist in sitzender Haltung als Halbfigur dargestellt. Ihr Oberkörper ist leicht zur Seite gedreht, sie blickt den Betrachter scheinbar direkt an. Ihr linker Am ruht auf der Stuhllehne, die rechte Hand liegt locker über der linken.
3. Es handelt sich um eine naturgetreue Darstellung.
4. Die Frau hat langes, auf die Schultern fallendes Haar, das von einem durchsichtigen schwarzen Schleier bedeckt wird. Sie trägt ein vornehmes grünes Kleid mit gelben Ärmeln, dessen Oberteil in kleine Falten gelegt zu sein scheint und am Ausschnitt mit einer Stickerei verziert ist. Über die linke Schulter hat sie eine Art Stola oder Schal gelegt. Mithilfe moderner naturwissenschaftlicher Untersuchungsmethoden konnte festgestellt werden, dass die Frau über ihrer Kleidung ein Gewand aus durchsichtigem Gazestoff trägt, das heute mit bloßem Auge nicht mehr erkennbar ist und im Italien des 16. Jahrhunderts von Schwangeren getragen wurde.
„La Gioconda" sitzt in einer offenen Halle, einer Art Loggia. Auf dem Originalgemälde (Abbildung im Schülerband links und rechts etwas beschnitten) sind an den seitlichen Bildrändern Säulen angedeutet. Hinter der Porträtierten ist eine offene Landschaft dargestellt. Im Mittelgrund schlängelt sich links ein Weg durch die Landschaft, rechts ist eine Brücke zu sehen, die ein trockenes Flussbett überspannt. Die Landschaft im Hintergrund wirkt unbewohnter, wilder (Berge, Fluss).
Es überwiegen warme Beige- und Brauntöne. Das Kleid der „Mona Lisa" ist in gedecktem Grün gehalten (gelbe Ärmel). Grün- und Blautöne wurden auch bei der Gestaltung des Hintergrunds eingesetzt. Da Lack- und Firnisschichten im Laufe der Jahrhunderte nachdunkelten, wirken die Farben heute anders als zur Entstehungszeit.
5. Das Gemälde wurde zwischen 1503 und 1506 von Leonardo da Vinci (1452–1509) angefertigt, es ist unsigniert. Der Bildtitel „La Gioconda" oder auch „Mona Lisa" stammt aus späterer Zeit.
6. Das Porträt wurde vermutlich von Francesco del Giocondo, dem Ehemann der wahrscheinlich dargestellten Lisa del Giocondo in Auftrag gegeben, möglicherweise aus Anlass eines besonderen Ereignisses wie der Geburt eines Kindes. Das Gemälde wurde jedoch nie ausgeliefert, sondern blieb im Besitz Leonardos.

KV 2.2, Aufgabe 1
1. Bei dem Text handelt es sich um einen Auszug aus dem Roman „Der abenteuerliche Simplicissimus".
2. Die Quelle stammt von Hans Jakob Christoffel von Grimmelshausen (um 1622–1676). Der aus Gelnhausen stammende Autor hatte als Soldat und Schreiber am Dreißigjährigen Krieg teilgenommen und war nach Kriegsende u. a. als Gastwirt und Schultheiß tätig.
3. Der Roman erschien 20 Jahre nach dem Ende des Dreißigjährigen Krieges unter Pseudonym.
4. Der als Ich-Erzählung angelegte Roman beschreibt vor dem Hintergrund des Dreißigjährigen Krieges den abenteuerlichen Lebensweg von Simplicius, einem scheinbar einfältigen Bauernjungen, der später im kaiserlichen Heer dient und als „Jäger von Soest" Berühmtheit erlangt, ehe er schließlich ähnlich wie Robinson Crusoe auf einer Insel im Indischen Ozean strandet.
Im Textauszug setzt sich der Autor mit den Schrecken des Dreißigjährigen Krieges auseinander und schildert einen Überfall durch umherziehende Soldaten auf den Hof, auf dem er aufwuchs.
5. Gerichtet ist der Text an interessierte Leser.
6. hier z. B. Reuter, Päck ...
7 *1. Abschnitt:* Verwüstung des Hofes (Z. 1–22).
Nach ihrer Ankunft auf dem Bauernhof und der Versorgung der Pferde kümmern sich einige Soldaten um die Zubereitung einer Mahlzeit: Sie schlachten Vieh und braten bzw. kochen das Fleisch. Ein anderer Teil der Soldaten plündert und verwüstet den Bauernhof. Lebensmittel, kost-

bares Zinn- und Kupfergeschirr werden ebenso wie anderer Hausrat oder Kleidung gestohlen. Was nicht mitgenommen werden kann, wird zerstört (Kachelofen, Fensterscheiben, Bettzeug).
2. Abschnitt: Misshandlung der Hofbewohner (Z. 23–26).
Die Bewohner der Hofstelle werden, wie im geschilderten Fall der Knecht, misshandelt.

9. Die Quelle stammt aus der Zeit des Dreißigjährigen Krieges, den der Autor als Kind und später als Soldat selbst miterlebt hat.

KV 2.2, Aufgabe 2
Der Unterhalt der Armeen ging im Wesentlichen zulasten der Bevölkerung des Gebietes, in dem die Einheiten stationiert waren. Finanzielle Eigenmittel des Kriegsherrn, Einnahmen aus Zöllen sowie Hilfsgelder von Verbündeten deckten nur einen geringen Teil der Kosten ab. Städte und Gemeinden mussten auf zweierlei Art und Weise zur Versorgung des Heeres beitragen: Sie waren verpflichtet, den Soldaten während der Wintermonate ein Quartier sowie Verpflegung zur Verfügung zu stellen und mussten zudem eine finanzielle Abgabe leisten. Reichten die Gelder nicht aus und konnte, was häufig vorkam, der Sold nicht ausbezahlt werden, überfielen und plünderten die Söldner Städte und Dörfer, um nicht zu verhungern.

Name: Klasse: Datum:

KV 2.1 Die „Mona Lisa" – ein unvollendetes Meisterwerk

M1 Mona Lisa oder „La Gioconda", Gemälde von Leonardo da Vinci, 1503–1506. Leonardo schuf einige der berühmtesten Kunstwerke der Welt, u. a. auch das hier gezeigte von der Mona Lisa. Er hat es immer wieder übermalt und nie vollendet.

1   Untersuche M1 mithilfe der Arbeitsschritte auf der folgenden Seite. Berücksichtige vor allem Aufbau, Personendarstellung, Farbgebung und Hintergrund. **Tipp:** Ziehe für die Lösung der Aufgabe die Farbabbildung des Gemäldes auf S. 50 deines Schulbuches hinzu.

Autorin: Andrea Welk
Bildrechteinhaber: akg-images

Name:	Klasse:	Datum:

Arbeitsschritte „Eine Bildquelle auswerten"

Einzelne Elemente beschreiben	
1. Was ist zu sehen (Personen, Gegenstände)?	
2. In welchen Positionen (Haltungen), in welchen Bewegungen sind sie zu sehen?	
3. Ist es eine naturgetreue, realistische oder eine vereinfachte Darstellung?	
4. Beschreibe: • Kleidung und Aussehen • Hintergrund und Farbgebung (siehe Schulbuch S. 50)	
Zusätzliche Informationen hinzuziehen	
5. Welche Hinweise gibt die Bildunterschrift? Wann ist das Bild entstanden? Wer ist der Künstler?	
Gesamtaussage formulieren	
6. Welche Gesamtaussage lässt sich formulieren? Welchen Zweck verfolgt die Darstellung (Erinnerung, Erhöhung, Kritik, Illustration u. a.)?	

Autorin: Andrea Welk
Bildrechteinhaber: akg-images

Name:	Klasse:	Datum:

KV 2.2 Schriftliche Quellen untersuchen

M1 Beschreibung eines Überfalls durch Soldaten im Dreißigjährigen Krieg

Hans Jakob Christoffel von Grimmelshausen war selbst Soldat und beschrieb sein Leben umfassend 1668:

Das Erste, das diese Reuter taten, war, dass sie ihre Pferd einstelleten, hernach hatte jeglicher seine sonderbare Arbeit zu verrichten, deren jede lauter Untergang und Verderben anzeigte, denn obzwar
5 etliche anfingen zu metzgen [schlachten], zu sieden und zu braten, dass es [aus]sah, als sollte ein lustig Bankett [Festmahl] gehalten werden, so waren hingegen andere, die durchstürmten das Haus unten und oben ... Andere machten von Tuch, Kleidungen
10 und allerlei Hausrat große Päck zusammen, als ob sie irgends ein Krempelmarkt anrichten wollten, was sie aber nicht mitzunehmen gedachten, wurde zerschlagen, etliche durchstachen Heu und Stroh mit ihren Degen, als ob sie nicht Schaf und Schwein genug zu stechen gehabt hätten, etliche schütteten die Federn 15 aus den Betten und fülleten hingegen Speck, andere dürr Fleisch und sonst Gerät hinein, als ob alsdann besser darauf zu schlafen gewesen wäre; andere schlugen Ofen und Fenster ein, gleichsam als hätten sie ein ewigen Sommer zu verkündigen, Kupfer und 20 Zinnengeschirr schlugen sie zusammen und packten die gebogenen und verderbten Stück ein ...

den Knecht legten sie gebunden auf die Erd, stecketen ihm ein Sperrholz ins Maul und schütteten ihm einen Melkkübel voll garstig Mistlachenwasser in Leib, das 25 nannten sie ein Schwedischen Trunk.

Hans Jakob Christoffel von Grimmelshausen, Der abenteuerliche Simplicissimus, hg. und mit einem Nachwort versehen von Alfred Kelletat, München (Winkler) 1956, Kapitel 4.

Arbeitsschritte „Schriftliche Quellen untersuchen"

Formale Analyse	
1. **Textart:** Um welche Textart handelt es sich?	
2. **Autor:** Wer ist der Autor (Lebensdaten, soziale Schicht, Amt)?	
3. **Zeit und Ort:** Wann und wo ist der Text geschrieben bzw. veröffentlicht worden?	
4. **Thema:** Was ist das Thema des Textes?	

 Autorin: Andrea Welk

Name:	Klasse:	Datum:

5. **Adressaten:** An wen ist der Text gerichtet?	

Inhaltliche Analyse

6. **Begriffe:** Welche Begriffe muss ich klären?	
7. **Wesentliche Aussagen:** Wie ist die Quelle aufgebaut? **Tipp:** Formuliere Überschriften für die einzelnen Abschnitte. Was sind die Kernaussagen?	
8. **Erläuterungen:** Welche Aussagen sollten erläutert werden?	

Einordnung

9. **Einordnung in den geschichtlichen Hintergrund:** In welchen historischen Zusammenhang lässt sich die Quelle einordnen (Ereignis, Epoche, Konflikt)?	

1 Untersuche M1 mithilfe der Arbeitsschritte.

2 Arbeite aus M1 heraus, wie der Krieg geführt wurde. Erläutere dann, was mit der Feststellung „Krieg ernährt Krieg" gemeint ist.

 Autorin: Andrea Welk

Name: Klasse: Datum:

KV 2.3 Epochenüberblick: Frühe Neuzeit

Ich kann, weiß, verstehe …	sehr sicher	sicher	unsicher	sehr unsicher	Hilfen finde ich hier: (SB = Schülerbuch)
1 Ich kann Merkmale der Renaissance und des Humanismus erläutern.					SB, S. 48/49
2 Ich kann beurteilen, ob Leonardo da Vinci ein typischer Vertreter der Renaissance war.					SB, S. 50/51
3 Ich kann Ursachen, Verlauf und Bedeutung der Reformation erklären.					SB, S. 52–57
4 Ich kann erläutern, wie die Kirche im Mittelalter von der christlichen Frömmigkeit profitierte.					SB, S. 52/53
5 a) Ich kann Luthers Gründe für die Ablehnung des Ablasshandels erklären.					SB, S. 54/55
b) Ich kann erläutern, wie sich Luthers Leben durch seine Kritik an der römischen Kirche veränderte.					
6 Ich kann die Grundsätze der neuen Glaubenslehre Luthers nennen.					SB, S. 56/57
7 Ich kann die Rolle der Landesherren bei der Verbreitung der neuen Lehre beurteilen.					SB, S. 56/57
8 Ich kann schriftliche Quellen untersuchen.					SB, S. 58/59
9 a) Ich kann die Gründe für den Aufstand der Bauern 1524/25 nennen.					SB, S. 60/61
b) Ich kann erklären, warum der Aufstand scheiterte.					
10 Ich kann Zusammenhänge zwischen Glaubensstreitigkeiten und Machtbestrebungen bei Konflikten, Kriegen und Rebellionen erläutern.					SB, S. 62–67
11 Ich kann beschreiben, warum es im Reich zur Glaubensspaltung kam.					SB, S. 62/63
12 Ich kann die wesentlichen Inhalte des Augsburger Religionsfriedens nennen und den Kompromiss aus unterschiedlichen Perspektiven beurteilen.					SB, S. 62/63
13 Ich kann erläutern, welche Interessen und Ziele die am Dreißigjährigen Krieg beteiligten Parteien verfolgten.					SB, S. 64/65
14 Ich kann die wichtigsten Ergebnisse des Westfälischen Friedens nennen und den Friedensschluss bewerten.					SB, S. 66/67
15 Ich kann die Entwicklung der Herrschaftsform Absolutismus am Beispiel Frankreichs beschreiben.					SB, S. 68/67

Autorin: Andrea Welk

3 Fächerverbindendes Modul: Migrationen (Längsschnitt)

SB S. 74–99

Sachinformationen zum Kapitelaufbau

Migration und Integration sind in Deutschland, wie in den meisten anderen westlichen Staaten, ein zentrales und äußerst umstrittenes Thema: Die einen haben Angst vor Überfremdung, viele sehen Einwanderung von Menschen aus fremden Kulturen mit gemischten Gefühlen, wieder andere freuen sich über die Veränderungen. Die einen wollen Einwanderung generell unterbinden, viele wollen sie nur zu ihren Bedingungen erlauben, andere fordern gar die Abschaffung aller Grenzen. Doch gleichgültig, zu welcher Gruppe man gehört: Um die teils hitzige Diskussion zu versachlichen, könnte ein Blick auf unsere Geschichte helfen, denn Migrationen gab es schon immer und Streit um die Frage, wie sich Migranten am besten in die einheimische Gesellschaft integrieren können, auch. Deshalb beschäftigen sich die Schülerinnen und Schüler im vorliegenden Wahlmodul exemplarisch und kriteriengeleitet mit einigen historischen Beispielen für Migration und Integration:
- die deutsche Ostsiedlung und Binnenkolonisation im 12. und 13. Jahrhundert
- die Flucht der Hugenotten und der protestantischen Böhmen vor religiöser Verfolgung im 17. und 18. Jahrhundert
- die Auswanderungswelle nach Amerika zwischen 1820 und 1920 sowie die Vertreibung der Indianer im Zuge der Kolonialisierung
- die Anwerbung von „Gastarbeitern" in der Bundesrepublik seit den 1950er-Jahren
- die Anwerbung von „Vertragsarbeitern" durch die DDR-Regierung von 1965 bis 1989

Hinweis zum Unterrichtsverlauf

siehe Lehrplansynopse, S. 9

Kompetenzerwerb in Kapitel 3 (s. Schülerband S. 98)

Eine detaillierte Liste der zu erwerbenden Kompetenzen finden Sie hier in der Handreichung auf dem Selbsteinschätzungsbogen, S. 85.

Selbsteinschätzungsbogen für Schüler zum Kapitel 3

siehe Kopiervorlage 3.2, S. 85

Weiterführende Hinweise auf Forum-Begleitmaterialien (s. Einleitung, S. 7)

- Kompetenztraining, Kap. 11: Kulturelle Begegnungen und Konflikte im Mittelalter
- Kompetenztraining, Kap. 21: Die USA – Aufstieg zur Weltmacht im 19. und 20. Jh.
- Invitation to History, Volume 1, Unit 5: The Revolution of 1848–1849 in Germany

Literatur, Jugendbücher, Filme, Internethinweise für Lehrkräfte

Literatur
Klaus J. Bade, Europa in Bewegung, Migration vom späten 18. Jahrhundert bis zur Gegenwart, München (C. H. Beck) 2002.
Jochen Desel u. a., Hugenotten. Französische Glaubensflüchtlinge in aller Welt, 3. Aufl., Bad Karlshafen (Deutsche Hugenotten-Gesellschaft e. V.) 2008.
Christian Lübke, Die Deutschen und das europäische Mittelalter: Das östliche Europa, München (Siedler) 2004.
Jugendbücher
Ruth-Esther Geiger, Ihr seid Deutschland, wir auch. Junge Migranten erzählen, Berlin (Suhrkamp) 2008.
Jochen Oltmer u. a., Ein Blick in die deutsche Geschichte: Vom Ein- und Auswandern, Berlin (Jacoby & Stuart) 2016.

Filme

FWU 5501190:	Einwanderungsland Deutschland: Migration und Integration
FWU 5511193:	Menschen auf der Flucht
FWU 5511180:	Flucht ins Ungewisse. Bahar im Wunderland
FWU 5501224:	Fremd
WBF K-2455:	Gastarbeiter der ersten Generation
WBF K-2390:	Vertreibung und Neuanfang. Die Integration der Vertriebenen in Deutschland 1945–1965

Internethinweise für Lehrkräfte

https://www.bpb.de/gesellschaft/migration/dossier-migration (Grundlagendossier Migration der Bundeszentrale für politische Bildung)

http://www.migazin.de (Online-Magazin, das die Verständigung von Menschen mit und ohne Migrationshintergrund fördern möchte, Preisträger des Grimme Online Award 2012)

Auftaktseiten   S.74/75

S. 74 f.: Hugenotten flüchten 1685 aus Frankreich, Kupferstich
Der Kupferstich stammt von dem niederländischen Künstler und Dichter Jan Luyken, der von 1649 bis 1712 in Amsterdam lebte und arbeitete. Er ist vor allem für seine Kupferstiche bekannt, mit denen er umfangreiche Werke wie den „Märtyrerspiegel" (1685) und das „Ständebuch" (1698) illustrierte. Der vorliegende Stich stammt aus dem Jahr 1695. Siehe auch die Erläuterungen zur Aufgabe auf S. 75.

S. 74: Syrische Flüchtlinge auf dem Weg nach Deutschland, Fotografie siehe die Erläuterungen zur Aufgabe auf S. 75

S. 75, Aufgabe Vergleich der beiden Bilder

		Hugenotten 1685	syrische Flüchtlinge 2015
VISUALISIERUNG 3.1	Darstellungsmittel, -zeit	Kupferstich, 1695 – zehn Jahre nach dem historischen Ereignis entstanden	Fotografie, zeitgleich entstanden
	Personen	Männer, Frauen und Kinder, Soldaten	Männer, Frauen und Kinder
	Transportmittel	Füße, Pferdekarren, Pferde, Segelschiffe	Füße
	Gegenstände/Tiere	Säcke, Körbe, Schweine, Kühe, Hunde, Waffen (Soldaten)	Rucksäcke, Taschen, Decken
	Landschaft	Küste, Strand, Meer	Feldweg
	Herkunftsland	Frankreich	Syrien
	Zielland	Preußen, England, Amerika	Deutschland
	Grund für die Flucht	religiöse Verfolgung der Hugenotten in Frankreich	Krieg in Syrien
	Begleitung/Empfang	Jemand hat scheinbar Schiffe geschickt, die die Flüchtenden aufnehmen, einige Reiter/Soldaten scheinen die Flüchtenden zu empfangen.	Die Flüchtlinge sind alleine unterwegs.

Überlegung zu den Fluchtursachen: individuelle Lösung

Orientierung im Kapitel   S.76/77

S. 76, M1: Wanderungsbewegungen in Deutschland im 19. und 20. Jahrhundert siehe die Erläuterungen zu Aufgabe 2

S. 77, M2: Französische Flüchtlinge auf dem Weg nach Amerika
Charles Joseph Staniland war ein bekannter Illustrator des Realismus. Er lebte von 1838 bis 1916 hauptsächlich in London und Umgebung. Die Bildunterschrift lautete im Original: „Fugitives for conscience sake" („Flüchtlinge aus Gewissensgründen"). Siehe die Erläuterungen zu Aufgabe 3.

S. 77, M3: Deutsche Auswanderer im Hafen von Hamburg
Die Überfahrt der deutschen Auswanderer nach Amerika startete vielfach in einem der großen Häfen an der Rheinmündung, aber auch von Hamburg und Bremen (bzw. Bremerhaven) aus brachen Schiffe in die „Neue Welt" auf; siehe auch die Erläuterungen zu Aufgabe 3.

S. 77, Aufgabe 1
• Verlegung des Lebensmittelpunktes von mehreren Menschen an einen anderen Ort
• Unterscheidung: Binnenmigration und Migration über Staatsgrenzen hinweg
• Motive für Migration: Krieg, Verfolgung, Armut, Umweltkatastrophen, Hoffnung auf ein besseres Leben und/oder Sicherheit, Arbeitssuche
Mindmap: individuelle Lösung

S. 77, Aufgabe 2
Die Grafik bietet einen Überblick über die Wanderungsbewegungen in Deutschland im 19. und 20. Jahrhundert. Deutlich erkennbar ist, dass sich Deutschland vom „Auswanderungs-" zum „Einwanderungsland" gewandt hat.
In der ersten Hälfte des 19. Jahrhunderts kam es in den europäischen Ländern, bedingt durch ein rasantes Ansteigen der Bevölkerungszahlen, Hungersnöte und gelockerte Auswanderungsgesetze, zu einer großen Auswanderungsbewegung. Nach einer ersten Auswanderungswelle in den 1850er-Jahren sorgten die Wirtschaftskrise sowie der amerikanische Bürgerkrieg seit den 1860er-Jahren für einen Rückgang der Einwandererzahlen, die seit dem Aufstieg der USA zur führenden Wirtschaftsmacht der Welt ab den 1880er-Jahren jedoch wieder anstiegen. Insgesamt brachen zwischen 1820 und 1890 mehr als 4,7 Millionen Menschen aus den deutschen Staaten in die „Neue Welt" auf. Seit der Jahrhundertwende suchten weniger Menschen ihr Glück in Übersee, da mit der Industrialisierung in Deutschland auch hier Arbeitsplätze entstanden waren.
Eine verstärkte Zuwanderung nach Deutschland setzte in den 1930er-Jahren ein: Etwa acht Millionen ausländische Arbeitskräfte mussten während des Zweiten Weltkrieges Zwangsarbeit in deutschen Betrieben leisten.
Nach Kriegsende erfolgte während des wirtschaftlichen Aufschwungs der 1950er- und 1960er-Jahre die Anwerbung von „Gastarbeitern" vor allem aus Italien, Griechenland, Spanien, Portugal und der Türkei. Die Zahl der Ausländer in Deutschland stieg von ca. 500 000 (1950) auf etwa vier Millionen zu Beginn der 1970er-Jahre an. Seitdem erfolgte die weitere Zuwanderung vor allem durch den Familiennachzug.
Das Ende des Ost-West-Konflikts und die Öffnung Osteuropas führten Ende der 1980er-Jahre zu einem sprunghaften Anstieg der Zuwanderung von deutschstämmigen Aussiedlern. Zwischen 1991 und 2005 kamen so mehr als zwei Millionen Menschen aus der ehemaligen Sowjetunion. Auch die Zahl der Asylsuchenden stieg mit dem Fall des „Eisernen Vorhangs", verringerte sich jedoch infolge der Änderung des Asylgesetzes im Jahr 1993.

S. 77, Aufgabe 3
M2: An der Küste, im seichten Wasser besteigen Flüchtlinge ein Segelboot. Ein Mann trägt eine Frau, ein anderer streckt ihm die Hand entgegen, um ihm zu helfen. Weitere Flüchtlinge mit Kisten und Gepäck auf den Armen laufen zum Boot.
M3: Männer, Frauen und Kinder in einfacher Kleidung stehen oder sitzen mit großen Koffern, Taschen und Säcken vor einem Tor. Ein schwarz gekleideter Mann mit Hut scheint etwas zu verkaufen, vielleicht handelt es sich um Fahrkarten für eine Schiffspassage. Am Tor steht ein Mann mit Schirmmütze, er betrachtet Papiere.
„Denkblasen": individuelle Lösungen

Ostsiedlung und Binnenkolonisation   S. 78/79

Webcode
FG647255-079

HRU-DVD
Kartenanimation
„Die Ostkolonisation
im Mittelalter"

Diff. Kopiervorlagen
7.5 Von Magdeburg
nach Neu-Sandez:
Warum zogen deut-
sche Siedler im Mittel-
alter nach Osten?

S. 78, M1: Die deutsche Ostsiedlung im Mittelalter

Die Karte zeigt den wellenartigen Verlauf des Kolonialisierungsprozesses im östlichen und süd-östlichen Mitteleuropa von seinem Beginn im ausgehenden 11. Jahrhundert bis zum Spätmittelalter. Obwohl auch Flamen und Dänen sowie später Slawen und Balten am Landesausbau im Osten teilnahmen, wurde in der deutschen Geschichtswissenschaft lange Zeit der Begriff „deutsche Ostsiedlung" verwendet. Nach der Beilegung einer von tschechischen, polnischen und deutschen Historikern in den 1980er-Jahren geführten wissenschaftlichen Kontroverse wird heute eher von einer „europäischen Ostbewegung" oder „europäischen Kolonisation" gesprochen, da der Siedlungsbewegung gen Osten keine im heutigen Sinne nationalistischen Motive zugrunde lagen.

S. 79, M2: Urkunde des polnischen Königs für den Ritter Johann Gladisch von 1359

König Kasimir III., genannt „der Große", stellte seine Innenpolitik in den Dienst der wirtschaftlichen und verfassungsrechtlichen Erneuerung seines Landes. So förderte er u. a. die Neubesiedlung von Wüstungen und gestattete die Gründung von Dörfern und Städten nach deutschem Recht. Unter diesem Aspekt ist auch der vorliegende Urkundentext zu interpretieren. Das Gebiet im äußersten Südosten Polens (nahe der heutigen Grenze zur Slowakei), das Johann Gladisch durch königliches Privileg übertragen wird, war teilweise zuvor schon bewohnt gewesen, jedoch wegen Bevölkerungsschwundes und Missernten aufgelassen worden.

S. 79, M3: Aus einem polnischen Schulbuch, 1957 siehe die Erläuterungen zu Aufgabe 4

S. 79, M4: Denkmal zur Erinnerung an die Schlacht bei Grunwald

Die „Schlacht bei Tannenberg" vom 15. Juli 1410 – von der polnischen Geschichtsschreibung „Schlacht bei Grunwald" genannt – gilt als größte Schlacht des Mittelalters, an der Schätzungen zufolge bis zu 60 000 Ritter teilgenommen haben sollen, darunter viele Söldner. Die Angaben sind umstritten, da zeitgenössische Berichte stark ideologisch gefärbt sind. Die militärische Niederlage leitete den machtpolitischen Niedergang des Deutschen Ordens im 15. Jahrhundert ein, während der polnisch-litauische Staat zur europäischen Großmacht avancierte. Das Denkmal, das 1939 von der deutschen Reichswehr gesprengt wurde, zeigt den erschlagenen Hochmeister Ulrich von Jungingen zu Füßen der Sieger liegend. Nach dessen Tod zog sein Nachfolger Heinrich von Plauen das Ritterheer in die Marienburg zurück, die bis September 1410 von polnischen Königstruppen erfolglos belagert wurde. Im Friedensschluss von Thorn (1411) verpflichtete sich der Deutsche Orden, eine Summe von 260 000 ungarischen Gulden zu zahlen, was eine langfristige Finanznot zur Folge hatte.

S. 79, M5: Der deutsche Historiker Fritz Gause, 1969 siehe die Erläuterungen zu Aufgabe 4

S. 79, M6: Der tschechische Historiker František Graus, 1975 siehe die Erläuterungen zu Aufgabe 4

Notizen

S. 79, Aufgabe 1

Kriterien	Beispiel Ostsiedlung
Zeit	Mitte 12. bis Mitte 14. Jahrhundert
Ursachen	Die Ostsiedlung war für Bauern, Handwerker und Kaufleute in vielerlei Hinsicht attraktiv: Die Übernahme deutschen Rechts nach Magdeburger Vorbild bot den Siedlern Sicherheit bei der Ausübung eines Gewerbes oder einer Handelstätigkeit und gewährte sogar ein gewisses Maß an Selbstverwaltung in den neu zu gründenden Städten und Dörfern. Die Zuweisung von gleichwertigen Hufen (ca. 16 bis 24 ha pro Siedler), vorübergehende Abgabenbefreiung bzw. geringere Abgabenbelastung sowie persönliche Freiheit waren verlockend für hörige Bauernfamilien, die am Existenzminimum lebten. Die Landes- und Grundherren profitierten vom systematischen Landesausbau. Verbesserte wirtschaftliche Strukturen und Agrartechniken bedeuteten höhere Produktivität und stabile Abgabenleistungen.
Weg	Anwerbung und Anlockung von deutschen Siedlern
Integration	Gründung von neuen Dörfern und Städten; die neuen Siedler verfügten über eine bessere Rechtsstellung und bessere Techniken im Vergleich zu den Einheimischen; trotzdem zunächst friedliche Koexistenz von Einheimischen und Siedlern
Folgen	Deutscher Orden gründete 1226 einen eigenen Staat; die Gründung und Eroberungspolitik führte zu Konflikten mit Polen und Litauen, 1410 Sieg von Polen und Litauen gegen den Deutschen Orden

VISUALISIERUNG 3.2

Räumlicher Verlauf: Um 1200 waren Kolonisten in den nordöstlichen Gebieten bis zu einer Linie zwischen Schwerin und Dresden vorgestoßen. Während der Siedlungshauptphase im Hochmittelalter wurden Rodungsgebiete und Wüstungen zwischen Elbe und Oder sowie in Westpolen und dem heutigen Tschechien vorwiegend durch Siedler aus Sachsen, Thüringen, Bayern und Franken in Besitz genommen und nutzbar gemacht. Auf diese Weise wurde die Fläche des Heiligen Römischen Reichs insgesamt um ein Drittel vergrößert und die Ostgrenze über die Oder hinaus verschoben.

S. 79, Aufgabe 2

Als künftigem Erbzinsherrn wurde Johann Gladisch das Recht zur Gründung und Benennung weiterer Ortschaften sowie das mit hohen Einkünften verbundene Marktprivileg zugestanden. Die Anwerbung von siedlungswilligen Bauern wurde ihm durch eine zwanzig Jahre währende Abgabenfreiheit und die Aussicht auf einen Sonderrechtsstatus der Siedler erleichtert. Diese profitierten ebenfalls, weil sie Land zugewiesen bekamen und zwanzig Jahre „volle und umfassende Freiheit" genossen sowie keine Abgaben und Dienstleistungen erbringen mussten.

S. 79, Aufgabe 3 Der Kurzvortrag über den Deutschen Orden sollte folgende Punkte enthalten:
• Entstehung des Deutschen Ordens in der Zeit der Kreuzzüge (Erster Kreuzzug 1096–1099)
• Deutscher Orden hilft polnischem Herzog im Kampf gegen die heidnischen Pruzzen. Zum Dank erhält der Orden von ihm das Culmerland.
• Deutscher Orden gründet neuen Staat, baut Städte und Burgen
• Konflikte mit Polen und Litauen wegen Eroberungspolitik
• Schlacht von Grunwald (dt. Tannenberg) 1410: militärische Niederlage des Ordens

S. 79, Aufgabe 4
• M4: *Autorin:* Polin, 1957; *Textart:* Darstellungstext in einem Schulbuch; *Adressaten:* Schüler; *Thesen der Autorin:* deutsche Ostsiedlung war gewaltsam und richtete sich vor allem gegen die „kräftigen" Polen; *Argumente:* keine differenzierte Argumentation; *historische Bezüge:* Expansion der deutschen Gebiete; *Fazit:* Darstellung ist in Teilen richtig, aber deutlich einseitig zugunsten der Polen gefärbt, eine eigenständige Beurteilung des Themas durch die Schüler ist nicht möglich
• M5: *Autor:* der deutsche Historiker Fritz Gause, 1969; *Textart:* wissenschaftliche Darstellung; *Adressaten:* Wissenschaftler und interessierte Laien; *Thesen:* Absicht der Ostsiedlung war nicht Expansion, aber sie war doch ein Teilergebnis; *Argumente:* abwägende Argumentation; *historischer Bezug:* Bezug zu „imperialistischer Politik" in anderen Epochen; *Fazit:* Darstellung bemüht sich um Ausgewogenheit, allerdings wird die Absicht einer Verschiebung der deutschen Grenzen nach Osten negiert

- M6: *Autor:* der tschechische Historiker František Graus 1975; *Textart:* wissenschaftlicher Artikel in einem Sammelband; *Adressaten:* Wissenschaftler und interessierte Laien; *Thesen:* Ostsiedlung keine deutsche „Großtat", den Siedlern werden zwar eigennützige, aber keine bösen Absichten unterstellt; *Argumente:* die Siedler haben zwar die „Karte Europas" verändert, aber dies war nicht ihre Absicht; *Fazit:* Der Autor bemüht sich um Ausgewogenheit, er lehnt wertende Etiketten für die Ostsiedlung wie „Großtat des deutschen Volkes" oder „Drang nach dem Osten" ab.

Frühe Neuzeit: Beispiel Hugenotten (1)	**S. 80/81**

S. 80, M1: Revokationsedikt von Fontainebleau

Seit den 1680er-Jahren wurden die Hugenotten systematisch unterdrückt und teils gewaltsam zur Konversion in die katholische Kirche gezwungen. Das Revokationsedikt besiegelte endgültig das Schicksal der reformierten Kirchen in Frankreich. In der Präambel des Revokationsedikts rechtfertigt Ludwig XIV. das Edikt, indem er seinem Großvater Heinrich IV. unterstellt, mit dem Edikt von Nantes 1598 lediglich einen vorübergehenden Frieden zwischen Katholiken und Protestanten beabsichtigt zu haben. Sein langfristiges Ziel sei jedoch die Rückführung der Hugenotten zur katholischen Kirche gewesen.

Das Edikt beinhaltet zwölf Artikel:

1. Widerrufung des Edikts von Nantes
2. und 3. Ausübungsverbot der reformierten Religion
4. Pastoren werden des Landes verwiesen
5. und 6. Konversionswilligen Pastoren werden eine Lebensrente, Steuererleichterungen und berufliche Möglichkeiten in Aussicht gestellt.
7. Verbot protestantischer Schulen
8. Die Kinder der Hugenotten müssen katholisch getauft und erzogen werden.
9. Der Besitz der ausgewanderten Hugenotten wird beschlagnahmt, es sei denn sie kommen binnen eines Monats zurück.
10. Ausreiseverbot für alle Reformierten
11. Bestrafung rückfälliger Konvertiten, Aufenthaltsrecht für alle Reformierten, die sich an die Regeln des Edikts halten

S. 81, M2: Edikt von Potsdam, 1685

Die Motivation für das Potsdamer Edikt beruhte in erster Linie auf zwei Aspekten: Zum einen war es ein Ausdruck konfessioneller Solidarität zwischen Glaubensgenossen, die Katholiken waren folglich in die religiöse Toleranz nicht einbezogen. Zum anderen versprach man sich von den Neuankömmlingen eine Belebung der Wirtschaft. So war das Edikt zwar eine Einladung, die den Hugenotten zahlreiche Privilegien versprach, aber es enthielt auch Forderungen, wie beispielsweise das Gründen neuer Manufakturen und das Renovieren verfallener Höfe. Das Edikt wurde in Deutsch und Französisch gedruckt und an den Fluchtwegen in Hamburg, Regensburg, Den Haag und Frankfurt am Main sowie an die einheimische Bevölkerung verteilt. Beide Seiten – Hugenotten und Einheimische – sollten über die Einwanderungspolitik umfassend informiert sein, um die Integration möglichst reibungslos zu gestalten.

Das Edikt enthielt folgende Artikel:

1. und 2. Der Kurfürst organisiert Transportmöglichkeiten für die Reise nach Preußen.
3. Freizügigkeit innerhalb Preußens
4. Befreiung von Zöllen für den mitgeführten Besitz der Hugenotten
5. Aufforderung, verfallene oder verlassene Häuser zu übernehmen, wobei staatliche Hilfe bei der Renovierung versprochen wird
6., 7. und 9. Hilfe (Steuererleichterungen, Erlass der Miete, Gebühren) bei Ansiedlung und Urbarmachung von Land
8. Hilfe bei der Finanzierung von Manufakturgründungen
10. eigene Gerichtsbarkeit
11. Prediger dürfen Gottesdienste auf Französisch halten.
12. Französische Adlige genießen ihrem Stand entsprechende Sonderrechte.
13. Das Angebot gilt auch für künftige flüchtende Glaubensgenossen, jedoch nicht für Katholiken.
14. Den Hugenotten wird umfassender Schutz und Hilfe zugesichert.

S. 81, M3: „Friedrich Wilhelm empfängt Hugenotten", Farbdruck
Carl Röhling lebte von 1849 bis 1922. Der Druck stammt aus einem Band über die Geschichte der Hohenzollern, den Carl Röhling gemeinsam mit dem Historiker Richard Sternfeld (1858–1926) 1899 herausgab.

S. 81, Aufgabe 1

Kriterien	Beispiel Hugenotten
Zeit	1685–1790
Ursachen	religiöse Verfolgung (Revokationsedikt von Fontainebleau)
Weg	Hugenotten flohen aus Frankreich vor allem nach England, in die Niederlande, in die Schweiz und in deutsche Fürstentümer
Integration	Beispiel Preußen: Das „Edikt von Potsdam" verspricht den Hugenotten ein Leben in Freiheit, Steuererleichterungen, Zuschüsse für Firmengründer und die Errichtung von französisch-reformierten Gemeinden. Man erhoffte sich von der Aufnahme der Glaubensgenossen, die als gebildet und wohlhabend galten, eine Erhöhung der Bevölkerungszahl, einen wirtschaftlichen Aufschwung und kulturelle Anregungen.
Folgen	• Französisch wurde schon vor der Einwanderung der Hugenotten bei Hofe gesprochen. Durch die neuen Einwohner wurden viele französische Begriffe in das Deutsche übernommen bzw. eingedeutscht. • neue Technologien (Maschine zur Strumpfbandherstellung) • neue Lebens- und Genussmittel (Spargel, Blumenkohl, Tabak) • neue Bildungsmöglichkeiten (französische Schule) • neue Architektur (Französischer Dom) • gutes Verhältnis zu Einheimischen (Hugenotten werden von den Einheimischen schnell anerkannt, kämpfen im Krieg gegen Frankreich an der Seite Preußens)

VISUALISIERUNG 3.3

S. 81, Aufgabe 2 Beschreibung M3 in Stichpunkten:
• Ort: Vorhof, Eingang eines Schlosses
• Personen: zwei Personengruppen stehen sich gegenüber: rechts zwei Herren in eleganter Kleidung, die aus der Tür treten und erhöht auf Stufen stehen, links zahlreiche Männer, Frauen und Kinder in einfacher Kleidung, die Männer haben die Hüte abgenommen.
• zentrale Bildelemente: Kurfürst Friedrich Wilhelm steht etwas erhöht, stützt sich leicht auf einen Gehstock, die Füße sind leicht versetzt, er blickt auf die Gäste. Hinter ihm steht im Türrahmen möglicherweise ein Adjutant. Dem Kurfürsten gegenüber stehen zwei Hugenotten. Einer ist ein an seinem Talar und der Bibel in der Hand erkennbarer Priester, der sich verneigt und zum Kurfürsten spricht, während er mit der anderen Hand auf einen Begleiter zeigt. Im Vordergrund knien zwei Frauen vor dem Fürsten.
Der Dialog zwischen den beiden Männern könnte folgenden Inhalt haben: Der Hugenotte bedankt sich bei dem Fürsten und stellt ihm seinen Begleiter vor. Der Fürst nimmt den Dank freundlich entgegen und heißt die Neuankömmlinge in Preußen willkommen.

S. 81, Aufgabe 3 a)

Inwiefern zeigte sich der Kurfürst mit dem Edikt von Potsdam ...	
großherzig?	**eigennützig?**
Er gewährt Steuererleichterungen, Befreiung von Zöllen und Gebühren sowie Zuschüsse für Gründer.	Er hofft auf einen wirtschaftlichen Aufschwung, von dem das Land und er selbst langfristig profitieren.
Er verspricht persönliche Freiheit, vor allem Religionsfreiheit und Freizügigkeit.	Er wünscht sich eine Belebung der Kultur und der Wissenschaften in Preußen.

VISUALISIERUNG 3.4

b) mögliche Argumente für das Streitgespräch: siehe die Erläuterungen zu Aufgabe 3 a)

Landesgeschichte: Frühe Neuzeit: Beispiel Hugenotten (2)   S. 82/83

S. 82, M1: Französischer Dom und Friedrichstadtkirche
Die Friedrichstadtkirche wurde 1701 bis 1705 für die nach Preußen geflüchteten Hugenotten errichtet. Die Kirche wird bis heute als Gotteshaus genutzt, während es sich beim angrenzenden Französischen Dom, der 1780 bis 1785 erbaut wurde, um einen Kuppelsaal ohne geistliche Funktion handelt. Er sollte lediglich – gemeinsam mit dem Deutschen Dom – dekorativen Charakter haben. Er beherbergt seit 1935 (anlässlich des Jubiläums „250 Jahre Edikt von Potsdam") das Hugenottenmuseum.

S. 83, M2: Druckschrift „Der deutsch-französische Modegeist" siehe die Erläuterungen zu Aufgabe 2

S. 83, M3: Kurfürstin Sophie Dorothea schenkt Hugenotten eine Meierei, Wandgemälde
Das Gemälde wurde 1878 von Carl Wendling geschaffen. Es ist Teil der Ausstellung des Hugenottenmuseums im Französischen Dom und hier das optische Highlight im Raum 6, der dem Edikt von Potsdam gewidmet ist.

S. 83, M4: Der Berlischky-Pavillon in Schwedt
Im Auftrag von Markgraf Friedrich Heinrich von Brandenburg-Schwedt errichtete der markgräfliche Landbaumeister Georg Wilhelm Berlischky 1776 den später nach ihm benannten Berlischky-Pavillon. Der verputzte Backsteinbau weist einen ovalen Grundriss, vier Eingänge sowie ein hohes Kuppeldach mit kleiner Laterne auf. Das Gebäude diente der französisch-reformierten Gemeinde bis Anfang des 20. Jahrhunderts als Gotteshaus und war zugleich Grabeskapelle der markgräflichen Familie. Nach dem Zweiten Weltkrieg bis Mitte der 1970er-Jahre erneut als Kirche genutzt, finden im spätbarocken Berlischky-Pavillon heute Trauungen, Konzerte oder andere kulturelle Veranstaltungen statt.

S. 83, Aufgabe 1

VISUALISIERUNG 3.5		Bedeutung der Hugenotten für Brandenburg-Preußen
	Sprache	Neue Begriffe werden aus dem Französischen übernommen.
	Beruf und Wirtschaft	neue Berufe (Seifenhersteller, Seidenstoffmacher), gründen Manufakturen, führen neue Techniken ein
	Wissenschaft/Bildung	französische Schulen
	Kultur	Architektur (Französischer Dom), Mode, Speisen, Musik, Tanz

S. 83, Aufgabe 2
Zunächst blieben die Hugenotten unter sich. Sie wurden von den Einheimischen nicht immer freundliche aufgenommen, es kam auch zu Konflikten. Später verwischten die Grenzen zwischen den Parteien: Hugenotten heirateten Einheimische, lernten die Sprache, kurbelten mit ihren Manufakturen die Wirtschaft an. Die Preußen übernahmen französische Konsumgewohnheiten (Kleider, Speisen, Möbel etc.), denn sie galten als „schick". Die Ansiedlung der Hugenotten in Preußen gilt heute als besonders gutes Beispiel für eine gelungene Integration.

S. 83, Aufgabe 3
Im Jahr 1686 ließen sich in Schwedt-Vierraden die ersten französischen Glaubensflüchtlinge nieder, an die das Projekt „Europäischer Hugenottenpark" erinnert. Der Park, der auf dem Gelände des ehemaligen Schlossparks entstand, versteht sich als Ort nicht nur der Erholung, sondern auch der Geschichtsvermittlung. Mit Skulpturen, Hinweistafeln, Konzerten, Lesungen oder Aufführungen auf der Freilichtbühne wird im Europäischen Hugenottenpark an die kulturellen und wirtschaftlichen Einflüsse der Hugenotten erinnert.

S. 83, Aufgabe 4 a) und b) individuelle Lösungen

Frühe Neuzeit: Beispiel Böhmen   S.84/85

S.85, M1: Eingang zum „Böhmischen Gottesacker" in Berlin, Foto siehe die Erläuterungen in der Bildunterschrift im Schülerband

S.85, M2: Aus einer königlichen Ordre Friedrich Wilhelms I.
Friedrich Wilhelm I. (König von Preußen 1713–1740) wurde auch der „Soldatenkönig" genannt, weil er den Ausbau des Militärs vorantrieb und von allen ein hohes Maß an Disziplin und Fleiß forderte. Er konzentrierte sich weniger auf die Expansion seines Herrschaftsgebietes als vielmehr auf dessen innere Stabilisierung bezüglich Wirtschaft, Finanzen und Militär. Da die Große Pest von 1709 bis 1711 Preußen entvölkert hatte, gehörten der Wiederaufbau und die Peuplierung verwüsteter Landesteile zu Friedrich Wilhelms Hauptanliegen. Die meist handwerklich gut ausgebildeten Protestanten aus Böhmen, die auf der Suche nach einer neuen Heimat waren, kamen ihm daher gerade recht.

S.85, M3: Friedrich Wilhelm I. an den Kammer-Präsidenten von Osten, 1737 siehe die Erläuterungen zu M2

S.85, Aufgabe 1

Kriterien	Beispiel Böhmen
Zeit	1620 bis etwa 1750
Ursachen	religiöse Verfolgung durch Katholiken in Böhmen, Anlass: Niederlage in der Schlacht am Weißen Berg 1620
Weg	böhmische Protestanten fliehen zunächst nach Sachsen, später auch nach Preußen
Integration	Friedrich Wilhelm I. bot den böhmischen Protestanten 1737 ein Siedlungsgebiet in Rixdorf bei Berlin an. Rechte und Privilegien erleichterten den Neuankömmlingen die Integration: Religionsfreiheit, Erlaubnis, die Religion in ihrer Muttersprache auszuüben, eigene Gerichtsbarkeit, Befreiung vom Militärdienst und Steuerfreiheit. 1750 folgte der Bau einer Webersiedlung im heutigen Babelsberg bei Potsdam.
Folgen	dauerhafte Ansiedlung und Integration der Protestanten, Peuplierung dünn besiedelter Landesteile, Belebung der Wirtschaft (vor allem Webereien), bauliche Überreste sind bis heute erhalten (z. B. Böhmischer Gottesacker, Böhmisches Dorf in Berlin-Neukölln)

VISUALISIERUNG 3.6

S.85, Aufgabe 2
In der Schlacht am Weißen Berg 1620 unterlagen die böhmischen Protestanten endgültig den Katholiken. In der Folge waren sie gezwungen, ihre Heimat zu verlassen, denn ihre Anführer wurden öffentlich hingerichtet, Tausende Familien ausgeraubt und vertrieben. Eine neue Heimat fanden sie in deutschen protestantischen Gebieten. In Preußen stellte ihnen der König ein ganzes Dorf (Rixdorf) mit Platz für einen „Gottesacker" zur Verfügung. Er gewährte ihnen Religionsfreiheit und sie durften ihre Sprache und kulturellen Gewohnheiten pflegen.

S.85, Aufgabe 3 Motive der Könige für die Aufnahme der Migranten:
• Religion: Solidarität mit Glaubensgenossen
• Wirtschaft: Aufbau einer Seidenproduktion durch die böhmischen Weber und Spinner, andere Handwerker sind ebenfalls willkommen

S.85, Aufgabe 4 individuelle Lösung

Auswanderung nach Amerika (1)   S. 86/87

S. 86, M1: Bericht des Auswanderers Jakob Klein aus Dettingen, um 1817

Der Auswanderer Jakob Klein aus Dettingen in Baden-Württemberg gab 1817 in der Auftragsbefragung durch den Nationalökonomen Friedrich List an, aus wirtschaftlichen Gründen auswandern zu wollen. Er klagte über hohe Abgaben für Bauern sowie eine Pfändung seines Besitzes. Da er für eine Auswanderung schuldenfrei sein und die hohen Kosten für die Überfahrt bezahlen musste, verkaufte er seinen Besitz zügig und plante die Auswanderung, ohne zuvor noch nach Perspektiven in der Heimat zu suchen. Auswanderung schien eine gängige Option in Notsituationen zu sein.

Die Mehrheit der deutschen Auswanderer in der ersten Hälfte des 19. Jahrhunderts kam aus Südwestdeutschland sowie einigen Regionen West- und Norddeutschlands (z. B. Mecklenburg). Es handelte sich vorwiegend um soziale Unterschichten wie verarmte Kleinbauern, Handwerker oder Tagelöhner. Aber auch selbstständige Gewerbetreibende waren unter den Auswanderern zu finden, die zusammen mit ihren Angehörigen emigrierten und auf eine Siedlungsmöglichkeit auf Regierungsland im Mittleren Westen der USA hofften.

S. 87, M2: Aus dem Tagebuch der Gaildorfer Arztgattin Karoline Rösch, 1853

Die Arztfamilie Rösch erlebte 1853 eine „privilegierte" Überfahrt. Sie besaßen eine Einzelkabine, die zwar klein und spartanisch war, doch Platz für Eltern und Kinder sowie Gepäck und Vorräte für zehn (!) Wochen bot. Die Familie hatte also die Möglichkeit, unter sich zu sein und sich selbst mit Lebensmitteln zu versorgen. Das schützte sie vor Krankheiten und Auseinandersetzungen mit anderen Auswanderern. Besonders unerträglich fand Karoline Rösch das fehlende Licht und die gelegentlich stürmische See. Sie wusste aber auch von der schlimmeren Situation im Zwischendeck, wo viele Menschen in einem Raum zusammengepfercht waren (viele Kinder), keine Privatsphäre hatten und vermutlich auch nicht so viele Vorräte.

Mit der Einrichtung von regelmäßigen Dampfschifffahrtslinien zwischen Bremen bzw. Hamburg und Nordamerika verbesserten sich die Reisebedingungen für die Auswanderer. Die Überfahrt beanspruchte nun nicht nur weniger Zeit, wodurch sich die Ernährungssituation der Passagiere verbesserte, sondern war auch ein klein wenig komfortabler. Die Dampfschiffe wurden speziell für den Passagierverkehr gebaut, sie verfügten über Waschräume, Küchen und Krankenzimmer sowie getrennte Schlafräume für Männer und Frauen. Seit Beginn des 20. Jahrhunderts wurden auch Speisesäle eingerichtet, Bettzeug und Geschirr wurden nun von den Schiffsgesellschaften zur Verfügung stellt.

S. 87, M3: Deutsche Auswanderer im Zwischendeck eines Auswandererschiffes

Bis zur Einrichtung von Dampfschifffahrtslinien Mitte des 19. Jahrhunderts erfolgte die Atlantiküberquerung für Tausende von Auswanderern auf Segelschiffen. Die Reise war strapaziös und gefahrvoll und konnte je nach Wind- und Wetterverhältnissen bis zu 100 Tage dauern. Während dieser Zeit musste die bunt zusammengewürfelte Reisegesellschaft auf engstem Raum miteinander auskommen. Von Kapitän und Schiffseigner nicht als Passagiere, sondern vielmehr als „menschliche Fracht" betrachtet, waren die Auswanderer in der Regel auf dem zwischen Oberdeck und Laderaum gelegenen Zwischendeck untergebracht. Entlang der Schiffswände befanden sich mehrstöckige Kojen; Tische und Bänke waren nicht vorhanden, neben den Kojen dienten daher auch Koffer und Truhen als Sitzgelegenheiten. Das Bettzeug musste ebenso wie Koch- und Essgeschirr selbst mitgebracht werden. Kochgelegenheiten befanden sich an Deck, wo dichtes Gedränge herrschte; nicht jeder konnte daher täglich eine warme Mahlzeit genießen. Auch für den Proviant mussten die Auswanderer häufig selbst sorgen, das Trinkwasser wurde schnell knapp, die hygienischen Verhältnisse waren katastrophal. Viele hundert Menschen schliefen und lebten auf engstem Raum in den Zwischendecks, in die nur durch zum Oberdeck führende Luken Licht und vor allem Luft gelangte. Die Auswanderer wurden daher angehalten, sich so oft wie möglich auf dem Oberdeck aufzuhalten. Dennoch machten sich neben eher harmlosen Krankheiten, wie der Seekrankheit, häufig auch Seuchen breit (z. B. Typhus). Schuld daran war in erster Linie verdorbenes Trinkwasser, das während der wochenlangen Überfahrt ungekühlt in Holzfässern lagerte. Zwischen 0,4 und 1,8 Prozent der Auswanderer, die Mitte des 19. Jahrhunderts von Bremen oder Hamburg aus in die „Neue Welt" aufgebrochen waren, erreichten nicht ihr Ziel.

Das Bild M3 spiegelt zwar die beengten Verhältnisse der Überfahrt wider, doch verklärt es auch die Situation in verschiedener Hinsicht. Unter den dargestellten Menschen herrscht Harmonie: Es wird musiziert, ein Kind schläft auf dem Schoß der Mutter, ein Paar schmiegt sich aneinander, Lebensmittel werden gewogen und sind reichlich vorhanden, andere unterhalten sich, lauschen der Musik oder ruhen sich aus. Von Dreck, Streit, Krankheit keine Spur.

S. 87, Aufgabe 1

Kriterien	Beispiel Auswanderung nach Amerika
Zeit	im 19. Jahrhundert; besondere Auswanderungswellen um 1815, um 1848/49 und die meisten im Zuge der Industrialisierung in der zweiten Hälfte des 19. Jahrhunderts (sechs Millionen)
Ursachen	meist wirtschaftlich, aber nach 1848/49 auch politisch
Weg	von Deutschland in die USA, per Segelschiff, später Dampfschiff über den Atlantik (Bremerhaven/Hamburg nach New York etc.); die Überfahrt war eine strapaziöse, mehrwöchige Reise, es kam zu Erkrankungen und Mangelernährung
Integration	Die USA nahmen viele Einwanderer auf, um ihr großes Land zu besiedeln. Viele erhielten direkt nach ihrer Ankunft von der Regierung Land, um es zu bewirtschaften. Aufgrund ihrer guten Ausbildung konnten die meisten deutschen Auswanderer gut Fuß fassen. Die Einwanderer ließen sich gerne in deutschen Siedlungen und Stadtteilen nieder (siehe S. 89, M4). So konnten sie Sprache und Kultur weitgehend beibehalten. Sie stellten neben den britischen Einwanderern bald die größte Gruppe. Gelegentlich kam es zu Konflikten zwischen deutschen und britischen Bewohnern um Sprache, Religion und die Frage der Sklavenhaltung.
Folgen	Im Herkunftsland sorgte die Auswanderung für eine Entlastung der Gemeinden.

VISUALISIERUNG 3.7

S. 87, Aufgabe 2 a) und b) individuelle Lösungen

S. 87, Aufgabe 3
Bei einem Vergleich mit der heutigen Situation muss man vor allem zwischen asylsuchenden Flüchtlingen auf der einen Seite und Arbeitsmigranten mit Visum, Familiennachzug etc. auf der anderen Seite unterscheiden. Letztere gehen den Weg der „geordneten", behördlich genehmigten und geplanten Einwanderung. Diese Gruppe lässt sich insofern mit der Auswanderung in die USA vergleichen, da alle eine Bleibeperspektive haben, schnell eine Arbeitserlaubnis bekommen und sich in Deutschland ein neues Leben aufbauen können wie die Auswanderer in den USA. Anders verhält es sich mit der viel größeren Gruppe der Flüchtlinge. Ihre Motive sind zwar vergleichbar (wirtschaftliche Not, politische Verfolgung), doch reisen sie nicht legal, sondern schlagen sich von Land zu Land durch, mal mithilfe von Schlepperbanden in Schiffen über das Mittelmeer, mal mit Kleintransportern nachts über die Grenzen. In Deutschland angekommen, müssen sie einen Asylantrag stellen, dürfen nicht arbeiten und frei über ihren Wohnort entscheiden. Erst wenn sie eine Bleibegenehmigung in den Händen halten, werden sie von Flüchtlingen zu Einwanderern, die sich in einem fremden Land eine neue Lebensperspektive aufbauen können.

Wähle aus: Auswanderung nach Amerika (2) S. 88/89

S. 88, M1: Bericht eines Auswanderers über die Stadt St. Louis
St. Louis war aufgrund seiner Lage am Ohio River und am Mississippi ein wichtiges Zentrum für den interregionalen Handel. In den 1840er-Jahren erlebte die Stadt eine große Einwanderungswelle, vor allem Deutsche und Iren kamen. Seit 1840 verdoppelte sich die Bevölkerung in Fünf-Jahres-Schritten (von ca. 16 000 im Jahr 1840 auf 75 000 im Jahr 1850). Siehe außerdem die Erläuterungen zu Aufgabe 1 (Material A).

S. 88, M2: Brief des Auswanderers John Beck an seine Verwandten im Schwarzwald, 1883 siehe die Erläuterungen zu Aufgabe 1 (Material A)

S. 89, M3: Artikel aus der Zeitschrift „Nile's Weekly Register" vom 18. September 1819
Die überregionale politische Zeitschrift wurde in Baltimore produziert und erschien in den Jahren 1811 bis 1849. Siehe außerdem die Erläuterungen zu Aufgabe 1 (Material B).

S. 89, M4: Deutsche Ortsnamen in den USA siehe die Erläuterungen zu Aufgabe 1 (Material C)

S. 88, Aufgabe für alle

M1: Einwanderer in Deutschland müssen vermutlich mit vergleichbaren Problemen kämpfen wie der Einwanderer von M1. Aufgrund von mangelnden Sprachkenntnissen geraten sie an die falschen Leute, sie sind oft von Arbeitslosigkeit betroffen, müssen körperlich harte Arbeit verrichten, um Geld zu verdienen. Und sie leben nicht unter den besten hygienischen Bedingungen.

M2: Eine solch rosige Einwanderungssituation finden in Deutschland nur gut ausgebildete Fachkräfte vor. Sie können gut bezahlte Jobs finden und sich Wohnungen auf dem freien Markt leisten. Anerkannte Flüchtlinge sind dagegen oft auf staatliche Hilfen angewiesen und haben wenig Entscheidungsspielraum, sie empfinden ihren Lebensstandard und den Grad an Freiheit und Sicherheit aber im Vergleich zu ihrem Herkunftsland vielleicht dennoch als deutliche Verbesserung.

M3: Der Zeitschriftenartikel formuliert Ängste der Bevölkerung vor Überflutung durch Migranten und in der Folge vor Versorgungsengpässen. In Deutschland gibt es ähnlich Ängste in der Bevölkerung. Dabei handelt es sich aber eher um Ängste vor kultureller und religiöser Überfremdung sowie um Ängste vor Überlastung der Sozialsysteme.

M4: In Deutschland werden Flüchtlinge im Prinzip nach bestimmten Quoten auf die Bundesländer verteilt (orientiert an Bevölkerungszahl und Steuereinkommen). In der Realität funktioniert dies aber nur begrenzt. Faktisch leben in den Ballungsräumen, vor allem in Berlin, besonders viele anerkannte und illegale Flüchtlinge. Die Migranten haben z. T. familiäre Kontakte, an denen sie sich orientieren, oder sie suchen die Nähe zu anderen Landsleuten. In den USA war der Vorgang ähnlich: Die Regierung versuchte die Wege der Migranten durch Landschenkungen zu steuern, viele zogen aber in die Ballungsräume und hier bevorzugt in Orte mit großer deutscher Community.

S. 88, Aufgabe 1 (Material A)

Die beiden Aussagen widersprechen sich in jeder Hinsicht. Der Auswanderer in M1 zeichnet ein negatives Bild vom Leben der Einwanderer in Amerika. Er erwähnt Arbeitslosigkeit, Krankheiten, Betrug sowie das harte Leben der Farmer. Er greift dabei auf eigene Erfahrungen sowie auf von anderen Gehörtes zurück. Dabei geht er auf seine eigene Situation aber weiter gar nicht ein. Sein Bericht gipfelt in der Warnung, nicht in die USA zu kommen. Der Auswanderer von M2 schildert ein sehr positives Bild und führt dafür vor allem die eigenen Erfahrungen an. Ihr Lebensstandard habe sich deutlich gebessert. Er und seine Familie verfügen über eine gute Wohnung mit neu gekauften Möbeln. Er muss als Pferdeknecht weniger hart arbeiten, erhält guten Lohn und zusätzlich leckeres Essen. Sein Sohn konnte problemlos den Job wechseln, nachdem er auf der ersten Arbeitsstelle in einer Brauerei krank geworden ist, und hat sogar Perspektiven, mehr zu verdienen.

Die unterschiedlichen Ansichten können mit dem Zeitpunkt (1850er-Jahre und 1883), der Nationalität (Franzose? und Deutscher), dem Ort (im Raum St. Louis im Mittleren Westen und größere Stadt?) sowie der sozialen Herkunft der Auswanderer (Farmer? und Arbeiter) zusammenhängen.

S. 88, Aufgabe 2 (Material A)

	Amerika – gelobtes Land	Amerika – verfluchtes Land
VISUALISIERUNG 3.8	• Mit einfacher Arbeit kann man gutes Geld verdienen. • hoher Lebensstandard (Wohnung, Möbel, gutes Essen) • gute Berufs- und Aufstiegsperspektiven	• hohe Arbeitslosigkeit durch die vielen Einwanderer • schlechte Infrastruktur und Hygienestandards (Cholerafälle in St. Louis) • raues gesellschaftliches Klima, in dem Betrug und Abenteuerlust (Goldfieber) dominieren • einsames und hartes Farmerleben

S. 89, Aufgabe 1 (Material B)

Der Artikel beschäftigt sich mit der ersten großen Einwanderungswelle von 1816/17. Der Autor argumentiert, dass die Menschenmengen von den aufnehmenden Städten an der Ostküste kaum mehr versorgt werden können. Es gebe nicht genug Arbeit und damit kaum Verdienstmöglichkeiten. Auch der Raum zur Unterbringung sei eng. Aus diesem Grund erwartet der Autor, dass die Neuankömmlinge der Allgemeinheit zur Last fallen würden und damit für alle eine verschärfte Notsituation entsteht. Er schildert aber auch die positiven Effekte der Einwanderung vor der Welle (Vermehrung der Bevölkerung, Steigerung der Produktion). Damit nennt der Autor auch Argumente für die Einwanderung und spiegelt so die Gesamtdiskussion wider. Einerseits ermöglichten die Einwanderer die

Erschließung des Landes, die Steigerung der Wirtschaftskraft und damit des Wohlstandes. Andererseits belasteten sie die Gesellschaft in Zeiten von Arbeitslosigkeit und Nahrungsmangel.

S. 89, Aufgabe 2 (Material B) individuelle Lösung

S. 89, Aufgabe 1 (Material C)
Die Karte M4 zeigt den Nordosten der USA (genannt „Mittlerer Westen" in Abgrenzung zur Ostküste). Hier finden sich auffällig viele deutsche Ortsnamen rund um die Großstädte Detroit, Chicago und Indianapolis (Hanover, Altona, Frankfort, New Brunswick). Viele von ihnen liegen ausgehend von einer Großstadt wie auf einer Kette aneinandergereiht, manchmal entlang von Flussläufen, manchmal vermutlich entlang von anderen Handelswegen. Die Karte spiegelt das Phänomen, dass die deutschen Einwanderer bevorzugt an die Orte mit einer etablierten deutschen Bevölkerung gingen. In den Städten entstanden deutsche Stadtviertel (Germantown in Philadelphia und Little Germany in New York) mit eigener Infrastruktur aus Schulen, Vereinen und Kultureinrichtungen. Auf dem Land reihten sich die deutschen Siedlungen aneinander. Noch heute spricht man vom „German Belt" („deutscher Gürtel"), der im Mittleren Westen liegt und Wisconsin, Minnesota, North Dakota, South Dakota, Iowa und Nebraska umfasst. Weitere Schwerpunkte der deutschen Einwanderung waren Kalifornien, Pennsylvania, Ohio, Illinois und Texas.

19. Jahrhundert: Vertreibung der Indianer   S. 90/91

S. 90, M1: Tipi in einem Reservat
Gilbert Gaul (1855–1919) ist vor allem bekannt für seine Darstellungen von militärischen und ländlichen Szenen des amerikanischen Westen. 1890 reiste er als Sonderbeauftragter der Regierung u. a. nach North Dakota und führte bei den Indianern Volkszählungen durch.
Die Farblithografie ist Teil des offiziellen Berichts von 1894 und zeigt Indianer aus dem Stamm der Sioux im Reservat Standing Rock, Fortes Yates.

S. 91, M2: Sitting Bull, Häuptling und Medizinmann der Hunkpapa Sioux
Sitting Bull (um 1831–1890) stand dem Stamm der Hunkpapa Sioux vor und war aufseiten der Indianer einer der wichtigen Anführer in den Indianerkriegen gegen die Regierung. In der Schlacht am Little Big Horn 1876 nahm er vor allem spirituell auf die Kämpfer Einfluss und trug so zum Sieg über die Regierungstruppen bei. Im Anschluss musste er nach Kanada fliehen und kehrte erst 1881 zurück, ergab sich den Behörden und lebte im Reservat Standing Rock (siehe M1). 1883 hielt Sitting Bull eine bedeutende Rede vor einer US-Regierungskommission. Er wurde 1890 von Gilbert Gaul im Rahmen der staatlichen Volkszählung im Reservat Standing Rock kurz vor seinem Tod porträtiert.

S. 91, M3: Die Geschichte des Sitting Bull siehe die Erläuterungen zu M2 sowie zu Aufgabe 3

S. 91, M4: Die Sicht der US-Amerikaner: US-General Alfred H. Terry, 1876
Alfred H. Terry (1827–1890) bekleidete verschiedene Positionen im US-Heer. 1872 bis 1886 war er Militärbefehlshaber des Dakota-Territoriums und u. a. an der Schlacht am Little Big Horn beteiligt. 1877 reiste er nach Kanada, um mit Sitting Bull in seinem Exil zu verhandeln.

S. 91, M5: Die Sicht der Indianer: Sioux-Häuptling Großer Adler, ca. 1862
Der Sioux-Häuptling Großer Adler (um 1827–1906) nahm als Anführer der Mdewakanton Dakota-Sioux u. a. am Dakota-Krieg 1862 teil. Seine Erlebnisse schilderte er in einem Buch mit dem Titel „A Sioux Story of War".

S. 91, Aufgabe 1

	Kriterien	Beispiel Vertreibung der Indianer
VISUALISIERUNG 3.9	Zeit	Die Vertreibung der Indianer begann mit der Einwanderung der Engländer nach Nordamerika 1497 und verstärkte sich mit der wachsenden Zahl der Siedler im 16. und 17. Jahrhundert. Höhepunkte bildeten das Umsiedlungsgesetz von 1776 (in der Folge wurden verschiedene Aufstände gegen die Zwangsumsiedlung militärisch niedergeschlagen) sowie eine Reihe von kriegerischen Auseinandersetzungen in der zweiten Hälfte des 19. Jahrhunderts. Nach dem Ersten Weltkrieg setzte eine Zeit der Entspannung ein. Die Indianer erhielten die Staatsbürgerschaft und das Recht auf kulturelle Eigenständigkeit und lokale Selbstverwaltung.
	Ursachen	Die Vertreibung der verschiedenen indianischen Stämme war eine Folge der Besiedlung des nordamerikanischen Kontinents durch europäische Einwanderer.
	Weg	Die Vertreibung erfolgte von Ost nach West, einhergehend mit der weißen Besiedlung. 1763 war das Land offiziell entlang des zentralen Gebirgszuges der Appalachen zwischen Siedlern (Osten) und Indianern (Westen) aufgeteilt worden. 1830 wurde ein Stück weiter westlich der Mississippi als Grenze gesetzt und Oklahoma als Indianerstaat deklariert. Umsiedlungen, Kriege und Krankheiten schwächten die indianische Bevölkerung immer weiter. Die Schlacht am Wounded Knee von 1890 gilt als Ende der Vertreibung. In der Folge lebten alle nord-amerikanischen Indianerstämme in Reservaten.
	Integration	Die Indianer bilden heute in den USA eine kleine Minderheit. Noch immer leben sehr viele von ihnen in Reservaten und leiden unter Armut, Arbeitslosigkeit und Benachteiligung, aber nur dort können sie ihre kulturelle Identität und ihre Stammeszugehörigkeit bewahren. Erst seit 1924 besitzen sie die amerikanische Staatsbürgerschaft und seit 1934 das Recht auf Selbstverwaltung. Wirklich integriert sind aber nur diejenigen, die die Reservate verlassen und damit einen Teil ihrer Identität aufgegeben haben.

S. 91, Aufgabe 2

Das Leben in den Reservaten wurde durch die US-amerikanische Regierung bestimmt. Sie richtete Indianer-Behörden vor Ort ein und betrieb die Umerziehung der Bewohner, d. h. die Kinder bekamen in der Schule nicht ihre eigene Kultur, sondern vor allem europäische Geschichte und Werte vermittelt. Außerdem brauchten die Indianer die Erlaubnis der Behörden, um das Reservat zu verlassen. So waren sie oft auf Lebensmittel und Unterstützung durch die Behörden angewiesen. Das Bild M1 zeigt demnach eine trügerische Idylle. Frauen bereiten das Essen zu, zwei Mädchen unterhalten sich vor einem traditionellen Tipi, im Hintergrund die Weite der Landschaft und weitere Tipis. Nichts weist darauf hin, dass sich die Bewohner nicht frei bewegen dürfen und auf Lebensmittelrationen der Regierung angewiesen sind.

S. 91, Aufgabe 3 a)

Sitting Bull nimmt gegenüber der US-Regierung eine kritische Haltung ein. Er stellt fest, dass sie keine einheitliche Position gegenüber den Indianern hat, also zerstritten ist. Und ihre verschiedenen Strategien (Besänftigung durch Geschenke, gewaltsame Umsiedlung in Reservate und Ausrottung) dienten vor allem der Unterdrückung der Indianer und der Missachtung ihrer Rechte als freie Menschen. Aus diesem Grund lehnt er jede Kooperation mit der Regierung ab. Außerdem verweist er auf die Geschichte. Die Indianer hätten jahrhundertelang frei gelebt und würden dies weiter tun.
b) Sitting Bull vertritt eine Maximalposition. Er lehnt jede Form von Gesprächen und Kooperation mit der US-Regierung ab. Dabei hat er natürlich gute Argumente: die Unterdrückungspolitik, die Ablehnung der Indianer als gleichwertige Verhandlungspartner etc. Doch er ignoriert damit auch die Realität. Das alte Amerika der Indianer gibt es nicht mehr. Es gibt nun die Vereinigten Staaten von Amerika mit demokratisch gewählten Institutionen und der Regierung als Exekutive. Sowohl politisch als auch ethnisch sind die weißen Siedler und Einwanderer die dominante Kraft im Land. Es bleibt den Indianern eigentlich nur die Möglichkeit, gute Bedingungen und viele Freiheiten für sich auszuhandeln. In den kriegerischen Auseinandersetzungen haben sie schließlich fast immer den Kürzeren gezogen und mussten sich in der Folge Friedensverträge diktieren lassen. Allerdings kann man Sitting Bulls Klage über die Ungerechtigkeiten sehr gut verstehen.

S. 91, Aufgabe 4
M4: General Terry hält die Indianer für arbeitsscheu und damit letztlich für nicht integrierbar in die amerikanische Gesellschaft. Er führt dies auf ihre anderen, nah an der Natur orientierten und damit „unzivilisierten" Lebensweisen zurück. Sie unterscheiden sich fundamental von den Weißen. Er betont jedoch die Notwendigkeit, dass die „Natur" der Indianer gezähmt werden muss. Ziel muss die Ausbildung und Integration der Indianer sein. Damit stellt er die Weißen über die Indianer.
M5: Der Indianerhäuptling Großer Adler sieht ebenfalls einen fundamentalen Unterschied zwischen Indianern und Weißen und führt diesen auch auf die traditionell anderen Lebensweisen zurück. Abweichend von General Terry vertritt er jedoch die Meinung, dass die Indianer sich nicht den Weißen anpassen müssen. Ihre traditionellen Lebensformen hätten die gleiche Berechtigung wie die der Weißen. Ihr Widerstand sei deshalb verständlich und legitim. Die Weißen hätten in einer umgekehrten Lage genauso gehandelt. Damit stellt er die Weißen und die Indianer auf eine Stufe.

S. 91, Aufgabe 5 a) und b) individuelle Lösungen

20. Jahrhundert: „Gastarbeiter" in der BRD   S. 92/93

S. 92, M1: Italienische Gastarbeiter bei VW in Wolfsburg
Um den kriegsbedingten Mangel an Arbeitskräften, der 1955 durch die Remilitarisierung und sechs Jahre später durch den Bau der Berliner Mauer verstärkt wurde, zu beheben, schloss die Bundesregierung mit verschiedenen europäischen Staaten Verträge zur Anwerbung von Arbeitskräften. Nach Italien (Dezember 1955) folgten Abkommen mit Griechenland und Spanien (1960), der Türkei (1961), Marokko (1963), Portugal (1964), Tunesien (1965) und Jugoslawien (1968). Vor allem in Großstädten und Industriegebieten wie den Automobilstädten Stuttgart und Wolfsburg stieg der Anteil ausländischer Beschäftigter stark an, in einigen Stadtteilen stammte bald mehr als die Hälfte der Bevölkerung aus dem Ausland. In Kleinstädten und ländlichen Regionen waren dagegen nur wenige Migranten beschäftigt. Die „Gastarbeiter", meist junge Männer, waren vorwiegend in der Industrie und im Baugewerbe, aber auch in der Gastronomie tätig und verrichteten körperlich schwere, schmutzige und monotone Arbeiten, die nur gering bezahlt wurden.

S. 92, M2: Herkunftsländer der Gastarbeiter 1961–1973 siehe die Erläuterungen zu Aufgabe 2

S. 92, M3: Türkische Gastarbeiter in einer Fabrik in Berlin-Spandau siehe die Erläuterungen zu M2

S. 93, M4: Daniel Cohn-Bendit über die Wirkung des Anwerbestopps im Jahr 1973
Die Ölkrise im Gefolge des israelisch-arabischen Krieges vom Oktober 1973 löste im Verbund mit weiteren Faktoren eine schwere Wirtschaftskrise in den westlichen Industrienationen aus. In Deutschland führte die wirtschaftliche Rezession, für die auch der technologische Wandel und die Konkurrenz durch preiswerte Produkte aus Fernost und Ländern der „Dritten Welt" verantwortlich waren, u. a. zu einem „Anwerbestopp" für ausländische Arbeitnehmer aus Nicht-EG-Staaten. Die Diskussion über die Vor- und Nachteile der Beschäftigung von Migranten war bereits vor dem Ausbruch der Ölkrise 1973 entbrannt, weil viele ihre Familien nachholten und in Deutschland sesshaft wurden. „Das ‚Ausländer-Maß' ist voll", hieß es im März desselben Jahres in der „Süddeutschen Zeitung", und der damalige Bundesarbeitsminister Walter Arendt warnte vor der „ungesteuerten Entwicklung der Ausländerbeschäftigung", da sonst „soziale Konflikte nicht mehr auszuschließen" seien.

S. 93, M5: Türkisch oder deutsch? Die Berliner Schülerin Kevser über ihre Identität siehe die Erläuterungen zu Aufgabe 5 a)

S. 93, M6: Italienische Gastarbeiterfamilie in einer Einzimmerwohnung
Bis Anfang der 1970er-Jahre lebten die Angeworbenen meist ohne Familienangehörige in firmeneigenen Baracken oder Sammelunterkünften, in denen das Leben reglementiert war. Männer und Frauen waren getrennt untergebracht, gegenseitige Besuche auf den Zimmern untersagt. Aufgrund der hohen Zimmerbelegung und der schlechten sanitären Anlagen gab es immer wieder Beschwerden. Erst 1973 wurde eine gesetzliche Regelung verabschiedet, die Mindestanforderungen an vom Arbeitgeber gestellte Unterkünfte festschrieb und dabei nicht zwischen deutschen und ausländischen Arbeitern unterschied.

S. 93, Aufgabe 1

	Kriterien	Beispiel Gastarbeiter in der alten Bundesrepublik
VISUALISIERUNG 3.10	Zeit	1955 bis 1973
	Ursachen	Arbeitskräftemangel in der Bundesrepublik
	Weg	Verträge zur Anwerbung von Arbeitskräften, nach der Ankunft in Deutschland organisierte die Bundesanstalt für Arbeit die Verteilung der Gastarbeiter
	Integration	keine Integration vorgesehen, da die Gastarbeiter nach Beendigung ihrer Arbeit wieder in ihre Heimatländer zurückkehren sollten
	Folgen	Die Gastarbeiter kehrten nicht in ihre Heimatländer zurück, sondern blieben in Deutschland, holten ihre Familien nach und wurden sesshaft.

S. 93, Aufgabe 2
1. Anteil in Prozent der Herkunftsländer der Gastarbeiter von 1961 bis 1973
2. Fundstelle: Ulrich Herbert, Geschichte der Ausländerpolitik in Deutschland, 2001
3. Fachwissenschaftler, interessierte Laien
4. Text, Liste
5. Die Zahlen geben den prozentualen Anteil der jeweiligen Herkunftsländer über den gesamten Zeitraum von 1961 bis 1973 wieder.
6. keine Legende
7. Der Anteil der türkischen Gastarbeiter war mit 27 Prozent am größten, gefolgt von Jugoslawen mit 20 Prozent.
8. Woher kamen die meisten Gastarbeiter?
9. Die türkischen Gastarbeiter bilden zwar die größte Gruppe unter den Migranten, aber es kamen auch viele aus anderen Ländern wie Jugoslawien, Italien und Griechenland.
10. Die Türkei war eines der ersten Länder, mit denen ein Anwerbeabkommen geschlossen wurde. Daher erklärt sich der relativ hohe Anteil der türkischen Gastarbeiter. Es fällt auf, dass Jugoslawien, obwohl es erst 1968 das Abkommen schloss, den zweithöchsten Anteil stellt. Es kamen also von dort in wesentlich kürzerer Zeit mehr Arbeiter als aus der Türkei.
11. Die Statistik lässt viele Fragen offen: In welchem Jahr kamen wie viele Gastarbeiter aus welchen Ländern? Wie viele Gastarbeiter kehrten in ihre jeweiligen Heimatländer zurück? Ein Kurvendiagramm, das mehr Zahlen und Informationen bietet, hätte diese Fragen beantworten können.

S. 93, Aufgabe 3 a)
Die Wohnverhältnisse sind beengt und einfach. Eltern und Kinder schlafen in einem Raum, es gibt keine Rückzugsmöglichkeiten für den Einzelnen. Ein Fernseher als „Fenster zur Welt" ist vorhanden.
b) Diskussion

S. 93, Aufgabe 4
Daniel Cohn-Bendit prangert an, dass die im Ausland angeworbenen Arbeiter nicht als Menschen, sondern lediglich als Arbeitskräfte angesehen wurden. Sie sollten ihre – häufig schwere und wenig angesehene – Arbeit verrichten und sonst keine Ansprüche stellen oder gar stören. Dass sich Menschen in dem Land, in dem sie arbeiten, auch ein Leben aufbauen wollen – mit einer Wohnung, Freizeit, Familie –, wollte man nicht sehen.

S. 93, Aufgabe 5 a)
Eigenwahrnehmung: Kevser bezeichnet sich als Türkin, ist aber stark von der deutschen Kultur und Gesellschaft beeinflusst worden (Z. 23–27).
Fremdwahrnehmung: Deutsche betrachten sie als Türkin, Türken betrachten sie als Deutsche (Z. 27–29).
Problem: Eigen- und Fremdwahrnehmung stimmen nicht überein, deshalb fühlt sie sich weder in Deutschland noch in der Türkei heimisch (Z. 29–31). Obwohl sie deutsche Staatsangehörige ist (Z. 1–2), hat sie das Gefühl, keine nationale Identität zu haben.
b) individuelle Lösung

20. Jahrhundert: „Vertragsarbeiter" in der DDR   S. 94/95

S. 94, M1: Herkunftsländer der Vertragsarbeiter 1989 siehe die Erläuterungen zu Aufgabe 2

S. 94, M2: Mosambikanische Vertragsarbeiter, Foto
„Madgermanes", „Menschen aus Deutschland", werden ehemalige „Vertragsarbeiter" in ihrer Heimat Mosambik genannt. Mehr als 16 000 mosambikanische Arbeitskräfte waren zwischen 1979 und 1990 in der DDR beschäftigt. Um den durch die Flucht von DDR-Bürgern in die Bundesrepublik entstandenen Mangel an Arbeitskräften auszugleichen, wurden im Zeichen der „internationalen Völkerfreundschaft" bereits seit den 1950er-Jahren Arbeiter aus dem „sozialistischen Ausland" (z. B. Polen, Ungarn, Algerien, Kuba, Vietnam und seit 1979 Mosambik) angeworben. Die „Vertragsarbeiter" durften maximal zwei Jahre im Land bleiben und waren vorwiegend in den Industriezentren tätig, wo sie meist körperlich schwere und monotone Arbeiten ausübten. Ein Teil des Lohns, anfänglich 25 Prozent, seit 1986 bis zu 60 Prozent, wurde von der mosambikanischen Regierung einbehalten. Mit diesem Geld beglich diese wiederum offene Rechnungen über von der DDR gelieferte Güter wie Lastwagen, Baumaschinen oder pharmazeutische Produkte. Die Arbeiter lebten isoliert von der einheimischen Bevölkerung in Wohnheimen und wurden von den DDR-Behörden streng kontrolliert. Eine Integration in die einheimische Gesellschaft war unerwünscht. Verstießen die „Vertragsarbeiter" gegen die „sozialistische Arbeitsdisziplin" oder erfüllten sie die Arbeitsnorm nicht, drohte die vorzeitige Auflösung des Arbeitsvertrages. Im Jahr 1989 waren fast 90 000 „Vertragsarbeiter", von denen rund zwei Drittel aus Vietnam stammten, in der DDR-Wirtschaft beschäftigt.

S. 94, M3: Vietnamesische Vertragsarbeiter, Foto
Bereits seit Mitte der 1950er-Jahre waren vietnamesische Schüler, später auch Studenten, Lehrlinge und Wissenschaftler zu Qualifizierungszwecken in die DDR gekommen. 1980 schloss die DDR mit Vietnam ein Abkommen über den Austausch von Arbeitskräften. Das Abkommen regelte die Rechte und Pflichten der Arbeiter, aber auch die Art der Unterbringung. Die meisten Vertragsarbeiter waren noch jung, sie blieben zwischen drei und fünf Jahre im Land und waren vorwiegend in den Industriezentren tätig. In der Anfangszeit erhielten sie während ihres Arbeitseinsatzes eine berufliche Ausbildung, später wurden sie als reine Arbeitskräfte eingesetzt. Wie alle Vertragsarbeiter lebten sie isoliert von der einheimischen Bevölkerung in Wohnheimen und standen unter behördlicher Kontrolle. Trotz aller Einschränkungen und Repressionen war der Aufenthalt in der DDR für die vietnamesischen Vertragsarbeiter angesichts der schwierigen Lebensbedingungen in ihrem Heimatland dennoch erstrebenswert, da sie auf diese Weise nicht nur den eigenen Lebensunterhalt sichern, sondern auch ihre Familien in Vietnam unterstützen konnten.

S. 95, M4: Eine Vertragsarbeiterin in ihrem Wohnheim-Zimmer in Ost-Berlin siehe die Erläuterungen zu Aufgabe 4 a)

S. 95, M5: Interview mit Frau N. (Vietnamesin) über das Leben im Wohnheim siehe die Erläuterungen zu Aufgabe 4 a)

S. 95, M6: Die Historikerin Karin Weiss über die Lage der Vertragsarbeiter 1989/90
Nach dem Fall der Berliner Mauer verblieben die Vertragsarbeiter in einem rechtlich ungeklärten Raum. Sie wurden nicht als reguläre Arbeitskräfte, sondern als Werkvertragsarbeiter eingestuft und erhielten damit nur eine befristete Aufenthaltsgenehmigung für die Zeit des vereinbarten Vertrags. Da die zusammenbrechende ostdeutsche Wirtschaft die Verträge nach der „Wende" jedoch nicht mehr erfüllen konnte, wurden viele arbeitslos. Diejenigen, die in ihre Heimat zurückkehren wollten, erhielten eine finanzielle Entschädigung in Höhe von 3000 DM sowie ein Flugticket. Von dieser Regelung machten etwa 45 000 bis 50 000 Menschen Gebrauch, andere verblieben in Deutschland, stellten einen Antrag auf Asyl und erhielten damit einen De-facto-Status der Duldung. 1993 wurde schließlich eine Bleiberechtsregelung für diejenigen verabschiedet, die nachweisen konnten, dass sie ihren Lebensunterhalt durch eigene Erwerbstätigkeit sichern können, über eine Wohnung verfügen und nicht straffällig geworden waren. Einen Anspruch auf eine unbefristete Aufenthaltserlaubnis wurde ehemaligen Vertragsarbeitern erst mit der Änderung des Ausländergesetzes im Juli 1997 zugesprochen. Im Rahmen der Familienzusammenführung konnten nun auch Ehepartner und minderjährige Kinder, die in Vietnam verblieben waren, nachgeholt werden.

S. 95, M7: Vietnamesisch oder deutsch? Zwei Schülerinnen über ihre Identität siehe die Erläuterungen zu Aufgabe 6 a)

S. 95, Aufgabe 1

	Kriterien	Beispiel Vertragsarbeiter in der DDR
VISUALISIERUNG 3.11	Zeit	1950er-Jahre bis 1989
	Ursachen	Arbeitskräftemangel aufgrund der Flucht vieler eigener Fachkräfte in den Westen
	Weg	Abkommen mit dem „sozialistischen Ausland"
	Integration	keine Integration vorgesehen, Isolation der Arbeiter, auf wenige Jahre begrenzter Aufenthalt
	Folgen	Einige bleiben nach der „Wende" 1989 in Deutschland, bekommen schließlich 1997 eine Aufenthaltsgenehmigung und dürfen ihre Familie nachholen.

S. 95, Aufgabe 2
1. Anteil in Prozent einer Auswahl der Herkunftsländer der Vertragsarbeiter 1989
2. Fundstelle: Lothar Elsner u. a., Zwischen Nationalismus und Internationalismus, 1994
3. Fachwissenschaftler, interessierte Laien
4. Text, Liste
5. Die Zahlen geben den prozentualen Anteil der jeweiligen Herkunftsländer im Jahr 1989 an.
6. keine Legende
7. Die Vietnamesen bilden die größte Gruppe unter den Vertragsarbeitern, gefolgt von den Polen. Andere Herkunftsländer sind deutlich schwächer vertreten.
8. Woher kamen die meisten Vertragsarbeiter in der DDR?
9. und 10. Vietnamesen und Polen bildeten die beiden größten Gruppen der Vertragsarbeiter. Vermutlich war die Motivation der Vietnamesen aufgrund der wirtschaftlichen Lage und der Kriegsfolgen in ihrem Heimatland besonders hoch, die Polen kamen vermutlich aufgrund der räumlichen Nähe zur DDR besonders zahlreich.
11. Die Statistik lässt viele Fragen offen: Wann kamen wie viele Vertragsarbeiter aus welchen Ländern? Wie viele Vertragsarbeiter kehrten in ihre jeweiligen Heimatländer zurück? Auch hier wäre ein Kurvendiagramm, das mehr Zahlen und Informationen enthält, geeigneter gewesen (vgl. S. 93, Aufgabe 2).

S. 95, Aufgabe 3
Drei mosambikanische Vertragsarbeiter stehen im Gespräch mit einem deutschen Facharbeiter in einer Fabrikhalle. Alle lächeln und scheinen sich gut zu verstehen. Es ist keine hierarchische Struktur zwischen den Personen zu erkennen.
Es handelt sich um ein Propagandabild, das über das tatsächliche Verhältnis zwischen Vertragsarbeitern und einheimischen Facharbeitern täuscht: Gezeigt wird eine entspannte Arbeitsatmosphäre, in Wirklichkeit mussten die Vertragsarbeiter strenge Auflagen erfüllen und ein freundschaftliches Verhältnis zu den Einheimischen war nicht erwünscht.

S. 95, Aufgabe 4 a)
Wohnverhältnisse einer vietnamesischen Vertragsarbeiterin: Wohnen mit zwei oder drei Frauen in einem Zimmer, Essen und Schlafen auf engstem Raum, Sanitäranlagen mussten mit anderen Bewohnern geteilt werden, es gibt restriktive Besuchszeiten, Besucher müssen sich ausweisen, wenig Privatsphäre, wenig Selbstbestimmung, die erwachsenen Vertragsarbeiter werden wie unmündige Kinder und Jugendliche behandelt.
b) Diskussion

S. 95, Aufgabe 5 Folgen der „Wende" bzw. der deutschen Einheit für die Vertragsarbeiter:
• Auflösung vieler Arbeitsverträge
• Viele Arbeiter kehren in ihre Heimatländer zurück.
• Vertragsarbeiter, die bleiben, haben keine konkrete Perspektive: Aufenthaltsstatus ungeklärt bzw. befristet, kein Anspruch auf Sozialleistungen, keine gültige Rechtsgrundlage

S. 95, Aufgabe 6 a)
Thao Vy: Sie lebt eine Mischung aus beiden Kulturen, wobei der deutsche Teil überwiegt und der vietnamesische in ihrer Wahrnehmung schwächer und schließlich ganz verschwinden wird. Sie würde sich wohl eher als Deutsche mit vietnamesischen Wurzeln bezeichnen.
Hien: Fühlt sich weder in Deutschland noch in Vietnam heimisch. Sie leidet unter dem Gefühl, in beiden Gesellschaften nicht voll integriert zu sein: In Vietnam ist sie die Deutsche, in Deutschland die Vietnamesin. Sie bezeichnet sich als deutsche Vietnamesin.
b) individuelle Lösung

Kompetenzen prüfen   S. 98/99

S. 98, M1: Rede von Bundesinnenminister Thomas de Maizière
Der Hauptstadtpreis für Integration und Toleranz wird seit 2007 von dem Verein Initiative Hauptstadt Berlin e. V. verliehen. Das Ziel des Vereins ist eine positive Gestaltung Berlins in den Bereichen Politik, Kultur, Wirtschaft, Soziales und Integration. Der Hauptstadtpreis wird jährlich an Bewerber verliehen, die sich in besonderem Maße um die Integration und Toleranz ausländischer Bürger verdient gemacht haben. Erster Preisträger 2016 war das Projekt „meet2respect" Leadership Berlin, das sich gemeinsam mit Vertretern unterschiedlicher Religionen für Bildung und Toleranz bei Jugendlichen einsetzt. Zweiter Preisträger war der Verein Farafina e. V./Afrika Haus Berlin, der eine transkulturelle Begegnungsstätte und Beratungsstelle für Integration betreibt. Bundesinnenminister Thomas de Maizière ist Schirmherr des Hauptstadtpreises, die Preise werden jeweils im Rahmen eines Festaktes von namhaften Persönlichkeiten aus Politik, Wirtschaft und Gesellschaft übergeben.

HRU, S. 85, KV
3.2 Selbsteinschätzungsbogen für Schüler

HRU, S. 83, KV
3.1 Migration heute: Ursachen, Wege, Integration und mögliche Folgen

S 99, M2: Zeitungsanzeige im „Giessener Anzeiger", 1874
Für die meisten Einwanderer stellte Amerika das Ziel ihrer Reise dar, in der zweiten Hälfte des 19. Jahrhunderts betraten etwa 75 Prozent der Migranten in New York zum ersten Mal amerikanischen Boden. Ein Großteil der Neuankömmlinge reiste jedoch gleich weiter in der Hoffnung, ein Stück Land erwerben zu können. Waren zunächst die Gebiete östlich des Mississippi besiedelt worden, drangen die Siedler etwa seit den 1850er-Jahren immer weiter nach Westen vor. Einige Staaten wie Wisconsin beschäftigten Einwanderungsagenten, die den Einwanderern noch in New York versuchten, die Vorzüge des jeweiligen Bundesstaates schmackhaft zu machen. Später warb man auch in der europäischen Presse um potenzielle Siedler. Seit dem Erlass des „Homestead Act" im Jahr 1862 war es den Neuansiedlern unter bestimmten Voraussetzungen (mussten Land fünf Jahre bewohnt und bearbeitet haben) möglich, Land gegen ein geringes Entgelt zu erwerben. Tausende Einwanderer konnten sich auf diese Weise eine neue Existenz aufbauen.

S. 99, M3: Auswanderer vor ihrer Ankunft in New York, Kupferstich siehe die Erläuterungen zu M2

S. 99, M4: „Geflüchtete: Willkommen in Europa?", Karikatur
Schwarwel ist das Pseudonym, unter dem Thomas Meitsch (geb. 1968, wohnhaft in Leipzig) seine Grafiken, Zeichnungen, Comics und Illustrationen veröffentlicht. Mit der vorliegenden Karikatur kritisiert er die widersprüchliche Flüchtlingspolitik der europäischen Staaten: Willkommenskultur auf der einen Seite versus Abschottung auf der anderen Seite.

S. 99, Aufgabe 1 bis 7 siehe die Lösungshilfen auf S. 294/295 des Schülerbandes

Lösungen zu den Kopiervorlagen der Handreichung

KV 3.1, Aufgabe 1 a) Ergebnisse zu den Untersuchungsfragen/Kriterien in Stichpunkten:

Kriterien	M1	M2	M3
Zeit	keine Angaben	2014	keine Angaben
Ursachen	verwitwet, wirtschaftliche Lebensgrundlage der Familie fiel weg	Krieg im Heimatland Mali	Terror, Krieg der Taliban in Afghanistan, Teil der Familie in Großbritannien
Weg	Agentur vermittelte sie in die Vereinigten Arabischen Emirate, musste Reisepass abgeben	Mali – Sahara – Melilla (span. Enklave in Afrika) – Spanien (Asylbewerberheim)	Afghanistan – Iran (zwei Jahre illegaler Aufenthalt, Gelegenheitsarbeiten) – Schleuser bringt sie in die Türkei – Schlepper bringen sie nach Griechenland und weiter nach Italien – Calais (provisorisches Zeltlager)
Integration	keine, da sie nur zum Arbeiten im Zielland ist, die Kinder leben bei den Großeltern im Heimatland	keine, da Asylantrag noch nicht anerkannt ist	keine, da das Zielland Großbritannien noch nicht erreicht wurde
mögliche Folgen	dauerhaft billige, rechtlose Arbeitskraft im Zielland, keine Verbesserung der Situation absehbar	Abschiebung in das Heimatland Mali	Ohne Geld ist die Chance auf eine Weiterreise nach Großbritannien gering.

VISUALISIERUNG 3.12

b) und c) individuelle Lösung

Name:	Klasse:	Datum:

KV 3.1 Migration heute: Ursachen, Wege, Integration und mögliche Folgen

M1 Migranten berichten

1A Evarista von den Philippinen, 25 Jahre:
Mein Mann starb bei einem Arbeitsunfall. Wie sollte ich mit zwei kleinen Kindern allein überleben? Einige Monate konnte ich bei Verwandten wohnen, dann unterschrieb ich einen Vertrag bei einer Agentur, die
5 Hausmädchen in die Vereinigten Arabischen Emirate vermittelt. Dort kümmere ich mich um die Kinder, wasche, koche und putze. Freie Zeit habe ich kaum. Aber ich werde nicht geschlagen wie andere Hausmädchen. Ich überweise regelmäßig Geld an
10 meine Eltern, die sich um meine Kinder kümmern. Einmal im Jahr erhalte ich meinen Reisepass zurück und darf für vier Wochen nach Hause fliegen und die Kinder in die Arme schließen.

1B Amadou aus Mali, 20 Jahre:
15 In meinem Land herrscht Krieg. Mit Freunden bin ich abgehauen. Drei Monate haben wir durch die Sahara bis nach Marokko gebraucht. Über Monate haben wir immer wieder versucht, über die Grenzzäune von Marokko ins spanische Melilla zu gelangen. Da musst
20 du auf selbst gebauten Holzleitern hoch bis in den Himmel klettern, um über Mauer und Stacheldraht zu kommen. Viele haben sich dabei schwer verletzt, einige sind gestorben. Bei einem Massenansturm 2014 habe ich es geschafft rüberzukommen. Jetzt sitze ich in
25 einem Heim für Asylbewerber auf dem spanischen Festland. Ob ich abgeschoben werde, weiß ich nicht.

1C Amir aus Afghanistan, 16 Jahre:
Meine Eltern starben bei einem Angriff der Taliban in Kabul. Mit meinem Onkel machte ich mich auf die Flucht nach Großbritannien, wo ein Teil unserer Familie bereits lebt. Zwei Jahre waren wir illegal im Iran, wo die 30 Sprache der unseren ähnelt und mein Onkel Gelegenheitsjobs fand.
Ein LKW-Fahrer versteckte uns für 100 Dollar hinter seiner Ladung und brachte uns über die Grenze in die Türkei. Eine Woche später wateten wir durch den 35 Grenzfluss zwischen der Türkei und Griechenland. Dort zahlten wir unser letztes Geld an Schlepper, die uns auf ein völlig überfülltes Boot Richtung Italien setzten. Das Boot kenterte kurz vor der italienischen Küste – die im Innern des Bootes Eingeschlossenen schrien um 40 Hilfe. Über 50 Menschen ertranken. Wir klammerten uns an Holzteile im Wasser und wurden von einem Boot der Küstenwacht aufgefischt. Nach vielen Schwierigkeiten erreichten wir vor drei Monaten Calais in Nordfrankreich. Unser Geld ist aufgebraucht. Das 45 Rote Kreuz versorgt uns mit Essen in unserem primitiven Zeltlager. Jeden Abend wandern wir eine Stunde zum Terminal des Kanaltunnels, um unbemerkt auf einen Lastwagen zu springen – bislang vergeblich. Dabei ist das Ziel so nah – am Tage kann man die 50 englische Küste sehen.

Hans Joachim Cornelißen, zusammengestellt und gekürzt nach
Zeitungsberichten aus den Jahren 2014 und 2015.

1 Gruppenarbeit:
a) Untersucht arbeitsteilig die drei Berichte M1A bis M1C anhand der Untersuchungsfragen und tragt die jeweiligen Ergebnisse in die Tabelle ein.
b) Vergleicht eure Ergebnisse: Nennt Gemeinsamkeiten und Unterschiede.
c) Diskutiert die Leitfrage des Moduls (siehe Schulbuch, S. 76): Migrationen – Chance oder Belastung? Geht dabei sowohl auf die aktuellen Beispiele aus M1 als auch auf die historischen Beispiele, die ihr kennengelernt habt, ein.

 Autorin: Dagmar Scheich

Name:		Klasse:	Datum:

Kriterien	Untersuchungsfragen	Beispiel aus M1A, M1B oder M1C
Zeit	In welchem Zeitraum fand die Migration statt?	
Ursachen	Aus welchen Gründen (religiös, politisch, wirtschaftlich) haben die Menschen (freiwillig oder zwangsweise) ihre Heimat verlassen?	
Weg	Unter welchen Bedingungen und auf welchem Weg wanderten sie aus bzw. ein?	
Integration	Wie wurden sie vom Staat und der Bevölkerung im Einwanderungsland aufgenommen?	
mögliche Folgen	Welche langfristigen Folgen wird die Migration möglicherweise haben?	

Autorin: Dagmar Scheich

Name:	Klasse:	Datum:

KV 3.2 Fächerverbindendes Modul: Migrationen (Längsschnitt)

	Ich kann, weiß, verstehe …	sehr sicher	sicher	unsicher	sehr unsicher	Hilfen finde ich hier: (SB = Schülerbuch)
1	Ich kann unterschiedliche Formen von Migrationen mithilfe von Kriterien darstellen und vergleichen.					SB, S. 78–97
2	Ich kann erklären, welche Ursachen mittelalterliche Ostsiedlung und Binnenkolonisation hatten.					SB, S. 78
3	Ich kann den räumlichen Verlauf und die Folgen der deutschen Ostsiedlung im Mittelalter darstellen.					SB, S. 78/79
4	Ich kann die Migration der Hugenotten in der Frühen Neuzeit darstellen.					SB, S. 80/81
5	Ich kann das vom brandenburgischen Kurfürsten Friedrich Wilhelm I. erlassene „Edikt von Potsdam" beurteilen.					SB, S. 81
6	Ich kann die Bedeutung der französischen Flüchtlinge für Brandenburg-Preußen beschreiben.					SB, S. 82/83
7	Ich kann die Einstellung der Bevölkerung gegenüber den Hugenotten erklären.					SB, S. 82/83
8	Ich kann Ursachen, Verlauf und Folgen der Migration der Böhmen im 17./18. Jahrhundert darstellen.					SB, S. 83/84
9	Ich kann die Motive der Könige bei der Aufnahme böhmischer Migranten in Brandenburg-Preußen erläutern.					SB, S. 84/85
10	Ich kann Ursachen und Verlauf der Auswanderung nach Amerika im 19. Jahrhundert darstellen.					SB, S. 86/87
11	Ich kann die Vor- und Nachteile des Auswandereralltags beurteilen.					SB, S. 88
12	Ich kann erklären, warum die Einwanderung in den USA ein umstrittenes Thema war.					SB, S. 89
13	Ich kann erläutern, wie im 19. Jahrhundert die Vertreibung der indigenen Bevölkerung in Nordamerika verlief.					SB, S. 90/91
14	Ich kann die Arbeitsmigration in die Bundesrepublik Deutschland und die DDR darstellen und vergleichen.					SB, S. 92–95
15	Ich kann die Wirkung des Abschiebestopps im Jahr 1973 erklären.					SB, S. 92/93
16	Ich kann die Folgen der Wiedervereinigung für die DDR-Vertragsarbeiter erklären.					SB, S. 95

Autorin: Andrea Welk

4 Epochenvertiefung: Politische Revolutionen (ca. 1750–1900)   SB S. 100–149

Sachinformationen zum Kapitelaufbau

Die Französische Revolution gilt als die wichtigste der großen bürgerlichen Revolutionen des 18. Jahrhunderts. Ihre Errungenschaften – Freiheit, politische Mit- und individuelle Selbstbestimmung – prägen bis heute unser Leben. Ausgangspunkt des Kapitels bilden die Ideen der Aufklärung. Dass die Beseitigung des Absolutismus nicht zwangsläufig war, wird an einem Exkurs ins Königreich Preußen deutlich, wo Friedrich II. aufklärerische Gedanken in seine absolute Herrschaft miteinfließen ließ. Es war jedoch nicht die von den Aufklärern geäußerte Kritik an der alten Ordnung, die schließlich die Revolution entfachte, sondern eine tiefgreifende Staatskrise und die wachsende Not der Bevölkerung. Erhoben sich zunächst die liberalen Kreise, verlagerte sich der Protest kurz darauf in die Hauptstadt Paris, ehe schließlich auch die Landbevölkerung auf die Barrikaden ging. Die Erklärung der Menschen- und Bürgerrechte nimmt aufgrund ihrer Strahlkraft für die Gegenwart eine zentrale Stellung in diesem Kapitel ein. Schließlich wird ausgehend von der konstitutionellen Verfassung 1791 der Blick auf den Terror der Jakobiner gelenkt, der ab 1793 parallel zur außenpolitischen Bedrohung der jungen Republik Frankreich eine Zeit der Wirren auslöste, die 1799 letztlich zur Herrschaft Napoleon Bonapartes führte.

Als 1813 bei Leipzig und 1815 bei Waterloo Napoleon I. in die Knie gezwungen werden konnte, keimte nicht nur in den deutschen Teilstaaten die rege Hoffnung auf ein liberaleres Leben und nationale Selbstbestimmung auf. Nach dem Wiener Kongress 1815 wurden diese Hoffnungen jedoch schnell zunichtegemacht, indem im Deutschen Bund unter der Vorherrschaft Österreichs und Preußens liberale und nationale Bestrebungen gewaltsam unterdrückt wurden. Der Mord an dem konservativen Schriftsteller Kotzebue führte zu den „Karlsbader Beschlüssen", die in den deutschen Ländern endgültig für Grabesruhe sorgen sollten. Das vorliegende Kapitel geht auf die revolutionären Erhebungen um die Jahre 1830 und 1848/49 ein.

Hinweis zum Unterrichtsverlauf

siehe Lehrplansynopse, S. 9/10

Kompetenzerwerb in Kapitel 4 (s. Schülerband S. 148)

Eine detaillierte Liste der zu erwerbenden Kompetenzen finden Sie hier in der Handreichung auf dem Selbsteinschätzungsbogen, S. 124.

Selbsteinschätzungsbogen für Schüler zum Kapitel 4

siehe Kopiervorlage 4.5, S. 124

Weiterführende Hinweise auf Forum-Begleitmaterialien (s. Einleitung, S. 7)

- Arbeitsheft 3, Kap. 1: Absolutismus und Aufklärung
- Arbeitsheft 3, Kap. 2: Revolutionen in England, Amerika und Frankreich
- Arbeitsheft 3, Kap. 3: Deutschland im 19. Jahrhundert
- Kompetenztraining, Kap. 15: Absolutismus und Aufklärung
- Kompetenztraining, Kap. 16: Amerikanische und Französische Revolution
- Kompetenztraining, Kap. 17: Deutschland im 19. Jahrhundert
- Geschichte interaktiv II, Kap. 1: Absolutismus und Aufklärung
- Geschichte interaktiv II, Kap. 2: Die Französische Revolution und Napoleon
- Geschichte interaktiv II, Kap. 4: Deutschland im 19. Jahrhundert
- Foliensammlung Geschichte 2, Folie 3: Das Experiment mit der Luftpumpe
- Foliensammlung Geschichte 2, Folie 4: Die französische Ständegesellschaft
- Foliensammlung Geschichte 2, Folie 5: Napoleon und Ludwig XIV.: zwei Reiterbildnisse
- Foliensammlung Geschichte 2, Folie 6: Freiheitsallegorien im Vergleich
- Foliensammlung Geschichte 2, Folie 7: Der Kampf der alten mit der neuen Zeit
- Foliensammlung Geschichte 2, Folie 10 und 11: Verfassungsschemata interpretieren

- Invitation to History: Volume 1, Unit 3: The French Revolution
- Invitation to History: Volume 1, Unit 4: Germany and the rise of new political movements
- Invitation to History: Volume 1, Unit 5: The Revolution of 1848–1849 in Germany

Literatur, Jugendbücher, Filme, Internethinweise für Lehrkräfte

Literatur
Manfred Geier, Aufklärung. Das europäische Projekt, Reinbek bei Hamburg (Rowohlt-Taschenbuch-Verlag) 2013.
Dieter Hein, Die Revolution von 1848/49, 5. Aufl., München (C. H. Beck) 2015.
Hans-Ulrich Thamer, Die Französische Revolution, 4. Aufl., München (C. H. Beck) 2013.
Jugendbücher
Klaus Kordon, 1848. Die Geschichte von Jette und Frieder, Weinheim (Beltz & Gelberg) 2012.
Harald Parigger, Die Französische Revolution oder der Preis der Freiheit, Würzburg (Arena) 2012.
Ders., Napoleon – Der unersättliche Kaiser, Würzburg (Arena) 2013.
Filme
FWU 4611171:   Absolutismus unter Ludwig XIV.
WBF B-2042:   Friedrich II. von Preußen
WBF B-2068–69: Die Französische Revolution 1789, Teil I–II
WBF K-2055–56: Europa unter Napoleon I., Teil I–II
FWU 4611101:   Der Wiener Kongress: Neuordnung Europas nach Napoleon
FWU 4602449:   Hambach, Vormärz und die Revolution von 1848
WBF K-2070:   Das Revolutionsjahr 1848
Internethinweise für Lehrkräfte
https://www.br.de/fernsehen/ard-alpha/sendungen/schulfernsehen/frankreich-revolution-ludwigxvi-100.html (der Bayerische Rundfunk bietet viele schulorientierte Informationsquellen zur Französischen Revolution)
https://www.historicum.net/themen/franzoesische-revolution/ (einführende Darstellung, Zeitleiste, Biografien und Bildquellen zur Französischen Revolution)
https://www.dhm.de/lemo/kapitel/vormaerz-und-revolution (die Seite enthält vielfältige Informationen vom Wiener Kongress bis zur Revolution von 1848)
https://www.zdf.de/dokumentation/die-deutschen/die-deutschen-staffel-i-robert-blum-und-die-revolution-100.html („Robert Blum und die Revolution", Film der ZDF-Reihe „Die Deutschen")

Auftaktseiten   S.100/101

S. 100 f.: „Das Erwachen des dritten Standes", anonymes Flugblatt
Im Zentrum der Abbildung stehen drei Männer als Personifikationen der drei Stände. Ein am Boden liegender Angehöriger des dritten Standes erhebt sich gerade: Mit wütend-entschlossenem Gesicht reißt er sich die Ketten vom Leib, während er mit der anderen Hand nach den am Boden liegenden Waffen greift. Der Mann ist offenbar ein gut situierter Bürger und kein Vertreter der bäuerlichen oder städtischen Unterschichten: Er trägt Culottes und Schnallenschuhe, seine Kleidung weist keine offensichtlichen Zeichen der Abnutzung auf. Die Vertreter des ersten und zweiten Standes reagieren auf das symbolisch dargestellte „Erwachen des dritten Standes" mit Entsetzen. Ihre Körperhaltung legt nahe, dass sie kurz davor sind, die Flucht zu ergreifen. Während der Adlige eine militärische Uniform trägt, ist der Vertreter des Klerus mit der Tracht eines „Abbé" bekleidet und steht also für jene Pfarrer, mit denen die einfache Bevölkerung den meisten Kontakt hatte. Im Bildhintergrund ist die Schleifung der Bastille dargestellt. Die Stürmung der Munitionslager der Bastille am 14. Juli 1789 und die am selben Tag erfolgte Plünderung der städtischen Arsenale diente auch der Bewaffnung der am Vortag gegründeten Bürgermiliz, deren – hier bereits mit Uniformen ausgestattete – Angehörige im Hintergrund erkennbar sind. Die Milizionäre tragen zwei abgeschlagene Köpfe auf langen Stangen mit sich. In der Tat waren am Tag der Stürmung der Bastille die abgetrennten Köpfe des gelynchten Kommandanten und weiterer Toter im Triumph durch die Straßen von Paris getragen worden.

Orientierung im Kapitel   S. 102/103

S. 102, „'Salon' von Madame Geoffrin", Gemälde von Anicet Lemonnier

Marie Thérèse Rodet Geoffrin (1699–1777) war eine reiche Witwe aus dem städtischen Großbürgertum, die in Paris einen „Salon" führte. Berühmte Aufklärer wie Montesquieu oder Voltaire sollen in dem Salon verkehrt haben, der sich zu einem exklusiven Treffpunkt der intellektuellen Elite der damaligen Zeit entwickelte. Madame Geoffrin selbst unterstützte die Enzyklopädisten um Denis Diderot (1713–1784) und setzte sich für die Herausgabe der „Enzyklopädie" ein. Das Gemälde von Anicet Lemonnier zeigt die Zusammenkunft einer illustren Gesellschaft, unter der sich sowohl Adlige als auch Bürger befinden, die einer Lesung beiwohnt.

S. 103, M2: „Die Opfer der Terrorherrschaft", Stich, 1794

Der Stich eines anonymen Künstlers entstand 1794 in der Hochphase der Schreckensherrschaft der Jakobiner. Im Zentrum des Flugblattes steht eine Guillotine. Der Körper eines gerade Hingerichteten befindet sich noch auf der Richtbank, sein blutiger Kopf liegt auf dem Podest. Links von der Szene sitzt eine weibliche Gestalt und beobachtet das Geschehen. Auf dem Kopf trägt sie die phrygische Mütze (Symbol der Jakobiner), in der einen Hand hält sie eine Lanze, während die andere Hand auf einem runden Gegenstand (Helm?) auf ihrem Schoß ruht. Es scheint sich dabei um die Göttin Minerva zu handeln, die für Weisheit und Erkenntnis steht. Auf dem Boden vor dem Schafott sind sieben Haufen mit menschlichen Köpfen aufgetürmt, welche die verschiedenen Opfer der Terrorherrschaft symbolisieren. Größter Verlierer ist das Volk, eines der Opfer hier trägt ebenfalls die Jakobinermütze. Trotz der fortschrittlichen Ideen der Aufklärung haben die Revolutionäre also nicht nur ihre Feinde, sondern letztlich sich selbst zugrunde gerichtet.

S. 103, M3: Der „Platz des 18. März", Berlin

Als „Platz des 18. März" wird seit dem Jahr 2000 der Platz westlich des Brandenburger Tores in Berlin bezeichnet. Der Name des Platzes erinnert an die Revolution von 1848 und an die ersten und einzigen freien Volkskammerwahlen in der DDR am 18. März 1990. Infolge revolutionärer Bewegungen in Europa sah sich 1848 auch der preußische König Friedrich Wilhelm IV. unter Druck. Während der Verkündung liberaler Zugeständnisse kam es infolge der Präsenz des Militärs zu Unruhen in Berlin, die in Straßen- und Barrikadenkämpfen mündeten, in deren Folge über 250 Menschen, darunter 200 Zivilisten, starben. Der König ließ das Militär schließlich abziehen und machte weitere Zugeständnisse gegenüber den Aufständischen. Die Ereignisse am 18. März 1848 werden heute von verschiedenen Seiten als ein Höhepunkt des Kampfes um bürgerliche Freiheit und nationalstaatliche Einheit gedeutet.

S. 103, Aufgabe 1 a und b) individuelle Lösungen

S. 103, Aufgabe 2 Diskussion, siehe auch die Erläuterungen zu M3

Was wollten die Aufklärer?   S. 104/105

S. 104, M1: Porträt Immanuel Kants

Immanuel Kants vernunftbasierte Moralphilosophie war grundlegend für die Aufklärung und schuf die geistige Basis für moderne Verfassungsstaaten, in denen den Bürgern zwar grundlegende Rechte garantiert werden, sie aber auch Pflichten (Handlungsgrundsätze, die Kant als „Imperative" bezeichnet) gegenüber dem Staat und gegenüber seinen Mitmenschen haben. Auf die Frage „Was ist Aufklärung?" antwortete Kant mit dem berühmten Leitsatz: „Aufklärung ist der Ausgang des Menschen aus seiner selbst verschuldeten Unmündigkeit."

S. 104, M2: Radierung von Daniel Nicolas Chodowiecki

Die Radierung mit dem Titel „Toleranz" erschien 1792 im „Goettinger Taschen Calender". Im Zentrum ist die römische Göttin Minerva (Helm und Lanze) dargestellt. Als Göttin der Weisheit und Hüterin des Wissens war sie ein zentrales Symbol der Aufklärung. Sie breitet ihre Arme schützend und zugleich ausgleichend über Vertreter und Anhänger verschiedener Religionen aus, die anhand ihrer Kleidung und ihrer Attribute zu erkennen sind (ein Moslem mit Turban, ein Talmud lesender Jude, ein Mönch in Kutte mit Tonsur und Kreuz, ein protestantischer Pfarrer mit Halskrause). Ihren Streit um die Wahrheit beschwichtigt die Toleranz im Gewand der Erkenntnis, für welche auch die sie umgebenden Sonnenstrahlen stehen.

S. 105, M3: Montesquieu über die Verteilung der Macht in einem Staat
Montesquieu war, obwohl selbst von adliger Herkunft, einer der schärfsten Kritiker des Absolutismus. Anstatt die Staatsgewalt auf einen absolut herrschenden Monarchen zu vereinen, forderte er die Trennung der Gewalten. Die Wahrung der Freiheit und der Menschenrechte sollte durch die Verschränkung und gegenseitige Kontrolle der gesetzgebenden, rechtsprechenden und vollziehenden Gewalt garantiert werden. Seine Ideen schrieb er in der Abhandlung „De l'esprit des lois" (1748, dt. „Vom Geist der Gesetze") nieder, die von der Zensur verboten wurde.

S. 105, M4: Schematische Darstellung „Herrschaftsmodelle"
Das linke Modell stellt die durch die Gnade Gottes legitimierte absolute Monarchie dar. Hier vereint der König alle Macht und herrscht uneingeschränkt, d. h. er ist niemandem Rechenschaft schuldig. In der Mitte ist das Herrschaftsmodell nach der Philosophie Lockes dargestellt. Ein „Gesellschaftsvertrag" schützt die Untertanen vor der Willkürherrschaft des Monarchen, da dieser an die Bestimmungen des Vertrages gebunden ist. Das rechte Modell basiert auf den Überlegungen Montesquieus zur Gewaltenteilung. Anders als bei den vorangegangenen Modellen wird die Macht des Königs per se beschnitten, so wird der Monarch durch unabhängige Gerichte (Judikative) und eine Regierung (Legislative) kontrolliert.

S. 105, Aufgabe 1
Aufklärung ist zunächst die Berufung auf die Vernunft bzw. das rationale Denken. Wichtige Aspekte sind: a) die Infragestellung bisher gültiger Ansichten in verschiedenen Bereichen, u. a. der Staats- und Gesellschaftsordnung (Kritik am Absolutismus, Entwicklung alternativer Gesellschaftsmodelle) sowie der Religion, b) politische Forderungen, u. a. nach Toleranz, Freiheit und Gleichheit, c) die Ausbildung eines Fortschrittsglaubens auf der Basis vernünftigen Denkens und Handelns, d) die Ausbildung einer politischen Meinung bzw. Öffentlichkeit, u. a. durch Salons, aufgeklärte Literatur und Zeitschriften. Wichtige Vertreter waren Immanuel Kant, John Locke, Charles de Montesquieu sowie Jean-Jacques Rousseau.

S. 105, Aufgabe 2 a) und b) siehe die Erläuterungen zu M2

S. 105, Aufgabe 3 a) und b) siehe die Erläuterungen zu M4

S. 105, Aufgabe 4
Mögliche Argumentation gegen die Gewaltenteilung: Ein Mensch, der von Gottes Gnaden König ist, ist legitimiert, allein zu entscheiden. Es ist unlogisch, dass dieser Herrscher Macht abgibt, kontrolliert wird oder sogar infrage gestellt werden kann. Seine Aufgabe ist auf die Bewahrung der gottgewollten Ordnung gerichtet. Um diese Aufgabe zu erfüllen, sind allumfassende Kenntnis und die vollumfängliche Ausübung der Staatsgewalt notwendig.
Mögliche Argumentation für die Gewaltenteilung: Die Annahme eines Gottesgnadentums ist nicht plausibel. Entsprechend ist nicht plausibel, dass für einen Einzelnen Gesetze nicht gelten sollen, die für alle anderen gelten oder dass allein dieser Eine die Gesetze, die alle anderen betreffen, erlässt und durchsetzt. Dies wäre Willkür, die sich verhindern lässt, wenn Erlass, Durchsetzung und Kontrolle von Gesetzen getrennt werden.

Aufklärung und Emanzipation (1): Beispiel Juden   S. 106/107

S. 106, M1: Besuch bei Mendelssohn, Gemälde von Moritz Oppenheim, 1865
Das Gemälde von Moritz Oppenheim (1800–1882) zeigt eine fiktive Szene im Haus des jüdischen Philosophen Moses Mendelssohn (1729–1786; links sitzend), der sich im intensiven Gespräch mit dem Pfarrer und Philosophen Johann Caspar Lavater (1741–1801) befindet. Beide Männer kannten sich persönlich, auch verband sie ein intensiver Briefwechsel. Gotthold Ephraim Lessing (1729–1781), Dichter, Literaturtheoretiker und Autor bedeutender religionsphilosophischer Schriften, steht hinter den beiden. Seine Position von der Toleranz zwischen den Religionen verband ihn mit Mendelssohn, der diesen Gedanken in die jüdische Aufklärungsbewegung, die Haskala, einbrachte. Mendelssohn war das Vorbild für die Figur des Nathan in Lessings Versdrama „Nathan der Weise" (1779).

S. 107, M2: C. W. Dohm: „Über die bürgerliche Verbesserung der Juden", 1781
Christian Wilhelm Dohm (1751–1820) war ein hoher Beamter und Professor, der 1786 in den Adelsstand erhoben wurde. Als erster Aufklärer forderte er die Verleihung der Bürgerrechte an die Juden und ein Ende ihrer beruflichen Diskriminierung, damit sie „glücklichere und bessere Glieder der bürgerlichen Gesellschaften" werden. Notwendig waren dafür seiner Auffassung nach:
• die rechtliche Gleichstellung mit allen anderen Untertanen
• der Zugang zu verschlossenen Erwerbsquellen und den Universitäten
• die Abschaffung von Sondersteuern (Schutzgelder)
• die freie Religionsausübung

S. 107, M3: Johann David Michaelis über Dohms Forderungen, 1783
Johann David Michaelis (1717–1791), Zögling der Franckeschen Stiftungen zu Halle, war ein bedeutender Theologe und Orientalist und ab 1750 Professor in Göttingen. Michaelis argumentiert gegen Dohm, indem er sich zunächst auf die Bibel bezieht. Die Juden könnten keine Staatsbürger im von Dohm erhofften Sinne werden („patriotisch", „völlig einheimisch"), weil sie dem Staat gegenüber nicht loyal seien, da sie immer in der Hoffnung lebten, einmal nach Palästina zurückkehren zu können. Seine zweite These lautet, dass in Gegenden mit höherem Anteil an Juden mehr gestohlen und eingebrochen werde, die Kriminalität also höher sei.

S. 107, M4: Moses Mendelssohn zur Kritik an Dohms Forderungen, 1783
Mendelssohn verteidigt die Schrift Dohms, indem er für die These von Michaelis, wonach viele Diebe und Einbrecher unter den Juden seien, eine Erklärung anbietet: Juden stehlen aus sozialer Not. In der Hoffnung auf eine Rückkehr nach Palästina vermag Mendelssohn kein Problem zu erkennen. Ferner kritisiert er die Unterscheidung von Juden und Deutschen, wodurch sich beide Seiten immer fremd blieben.

S. 107, Aufgabe 1 Die Situation der Juden im 18. Jahrhundert:
• 200 000 Juden im Heiligen Römischen Reich Deutscher Nation, mehrheitlich in den östlichen Provinzen bzw. den Judenvierteln der Großstädte
• Viele Juden lebten in Armut und waren gegenüber den Christen benachteiligt (kein Zugang zu Militär, Staatsdienst, Handwerk; kein Erwerb von Grundbesitz).
• Tätigkeiten: Klein- und Trödelhändler, Geldverleiher, nur wenige im Finanzwesen
• Verbesserung der Lage unter Friedrich II., jedoch keine Gleichstellung (diese erstmals durch die französische Verfassung von 1791)
• Im Zuge der Aufklärung entwickelte sich eine jüdische Aufklärungsbewegung, die Haskala, die aktiv für eine Gleichstellung der Juden eintrat.

S. 107, Aufgabe 2 siehe die Erläuterungen zu M2

S. 107, Aufgabe 3 a) siehe die Erläuterungen zu M3 und M4
b) Michaelis vertritt ein pessimistisches und statisches Menschenbild. Den Juden traut er eine patriotische Gesinnung nicht zu, vielmehr hält er sie für eine potenzielle Gefahr. Soziale Ursachen für Gesetzesverstöße erkennt er nicht. Dagegen muten die Überlegungen von Mendelssohn, der hier Dohm folgt, modern an. Vor allem erkennt er soziale Ursachen für strafbares Verhalten an und leitet daraus ab, dass nicht eine fortgesetzte Ausgrenzung, sondern die Verbesserung der sozialen Situation der Juden anzustreben wäre. Ferner zeigt er sich als Aufklärer, der an eine Veränderung bestehender Verhältnisse glaubt (Z. 14–17).

Wähle aus: Aufklärung und Emanzipation (2): Beispiel Frauen   S. 108/109

S. 108, M1: Martin Luther in einer Predigt über die Ehe, 1525
Laut Luther solle der Mann sich, seine Frau und das Gesinde durch eigener Hände Arbeit ernähren. Die Frau jedoch solle es hinnehmen, dass sie Gott zum Wohlgefallen und unter Schmerzen Kinder gebäre und ihr Wille dem Manne unterworfen sei.

S. 108, M2: Der evangelische Theologe Christoph August Heumann, 1724
Heumann vertritt die Auffassung, dass Eheleute in einer „genauesten Freundschaft" leben, in welcher die Frau die Führungsrolle des Mannes akzeptiert. Ein kluger Mann lässt seine Frau diese Ungleichheit jedoch nicht spüren.

S. 109, M3: Frontispiz der Zeitschrift „The Lady's Magazine", 1792
Die Abbildung zeigt einen Kupferstich von James Thackara und John Vallance, verwendet als Frontispiz der 1792 in Philadelphia (USA) erschienenen Zeitschrift „The Lady's Magazine and Repository of Entertaining Knowledge". Die Frauengestalt links stellt Libertas, die Göttin der Freiheit, dar. Personifikationen der Freiheit entstammen der römischen Mythologie, worauf u. a. der antike Tempel und die Stola hindeuten. Auf einem Stab hält Libertas als Freiheitssymbol einen pileus empor, die Kopfbedeckung der römischen Bürger (in der Französischen Revolution als phrygische Mütze interpretiert). Die Personifikation der Freiheit als „Lady Liberty" ist ein Nationalsymbol der USA (siehe die Freiheitsstatue in New York), hier erkennbar am Sternenbanner auf ihrem Schild (15 Sterne nach dem Beitritt von Vermont und Kentucky zur Union 1791 bzw. 1792). Der Kupferstich zeigt die Freiheit als Schutzgöttin der Künste und der freien Welt. Die Frauengestalt in der Mitte überreicht ihr Exemplar von „A Vindication of the Rights of Women". Der Kupferstich belegt die große und schnelle Wirkung des Buchs.

S. 109, M4: Mary Wollstonecraft, Verteidigung der Rechte der Frauen, 1792
Mary Wollstonecraft (1759–1797), geboren und gestorben in London, trat zunächst als Romanautorin hervor. 1792 hielt sie sich in Frankreich auf. Hier schrieb sie ihr berühmtestes Werk „Verteidigung der Rechte der Frauen" („A vindication of the rights of woman"), in dem sie für die Gleichberechtigung von Mann und Frau eintrat. Mary Wollstonecraft erkennt die „physische Überlegenheit des Mannes" als „Gesetz" bzw. „edles Vorrecht" an. Männer „eiferten" daher zu Recht gegen Frauen, die ihnen auf entsprechenden Gebieten Konkurrenz machten. Dort aber, wo es um Eigenschaften gehe, die den „menschlichen Charakter" veredelten, existiere ein solches, die Möglichkeiten der Frauen begrenzendes Gesetz nicht. Wollstonecraft erkennt folglich keinen Grund, warum Frauen jenseits physischer Gesichtspunkte den Männern nachstehen sollten. Deshalb fordert sie, die „Frauen sollen männlicher werden".

S. 109, M5: Abigail Adams an John Adams, 31. März 1776
Abigail Adams (1744–1818) war die Frau des zweiten US-Präsidenten John Adams, auf dessen Politik sie erheblichen Einfluss hatte. Im abgedruckten Brief fordert sie ihren Mann auf, die Frauen rechtlich besser zu stellen, als dies bisher der Fall sei. Sie begründet dies damit, dass Männer Tyrannen wären, wenn man sie ließe. Sie droht sogar mit einer Rebellion, was sie damit rechtfertigte, dass sie (und ihre ungenannten Mitstreiterinnen) sich nicht an Gesetze gebunden fühlten, bei denen ihnen kein Mitspracherecht eingeräumt wurde.

S. 108, Aufgabe 1 (Material A) siehe die Erläuterungen zu M1 und M2

S. 108, Aufgabe 2 (Material A)
In seinem fast 200 Jahre nach Luthers Predigt verfassten Text geht Heumann ebenfalls von einer Ungleichheit der Eheleute aus, gleichwohl seine Wortwahl wesentlich gemildert ist („gegen ihren Mann Respekt tragen" vs. „dem Mann unterworfen sein"). Vor allem kennt Heumann einen Unterschied zwischen der bejahten Ungleichheit von Mann und Frau einerseits und dem tatsächlichen, diesen Umstand nicht herausstellenden Verhalten des Mannes gegenüber seiner Frau andererseits.

S. 108, Aufgabe 3 (Material A) individuelle Lösung

S. 109, Aufgabe 1 (Abschnitt B) siehe die Erläuterungen zu M4

S. 109, Aufgabe 2 (Abschnitt B) siehe die Erläuterungen zu M4

S. 109, Aufgabe 1 (Abschnitt C) siehe die Erläuterungen zu M5

S. 109, Aufgabe für alle individuelle Lösung

Friedrich II. von Preußen – ein aufgeklärter König? S. 110/111

S. 110, M1: Karte Brandenburg-Preußen 1640 bis 1786
Unter der Herrschaft der Hohenzollern (seit 1415) expandierte die Kurmark Brandenburg bis zur Mitte des 17. Jahrhunderts nach Osten. Als wichtigster territorialer Zusammenschluss kann die Eingliederung des Herzogtums Preußen (1618) gelten. Aus dem Dreißigjährigen Krieg (1618–1648) ging Brandenburg-Preußen unter dem Großen Kurfürsten Friedrich Wilhelm mit territorialen Zuge-

winnen hervor (z. B. Hinterpommern, Magdeburg). Nach dem Erhalt der Königswürde für Preußen (1701) baute vor allem Friedrich Wilhelm I. (1688–1740) die militärische Macht Preußens aus, ohne jedoch einen Krieg zu führen. Erst Friedrich I. (1740–1786) eroberte in langen Feldzügen große Gebiete im Osten (z. B. Westpreußen, Schlesien) und verband damit Preußen und die märkischen Kernlande.

S. 111, M2: „Der König ist überall", Gemälde von Robert Warthmüller

Das Gemälde „Der König ist überall" des Historienmalers Robert Warthmüller (1859–1895) zeigt eine königliche Inspektion zur Durchsetzung des berühmten „Kartoffelbefehls" (1756). Während des verlust- und entbehrungsreichen Siebenjährigen Krieges gegen Österreich (1756–1763) half die Einführung der Kartoffel als Nutz- und Nahrungspflanze, das Leid der preußischen Bevölkerung zu lindern. Die Szene stellt in der Bildmitte einen Bauern dar, der dem König (linke Bildseite) einige Kartoffelknollen zeigt. Gemälde wie dieses glorifizierten in der Zeit des deutschen Kaiserreichs die Herrschaft Friedrichs II., „des Großen", der sich selbst als „erster Diener des Staates" sah.

S. 111, M3: Aus dem „Politischen Testament" Friedrichs II., 1752

Politische Testamente sind Stellungnahmen über das politische Handeln und die politischen Ansichten des Verfassers. Das „Politische Testament" Friedrichs II. entstand 34 Jahre vor seinem Tod. 1786 hat er es noch einmal überarbeitet. Es handelt sich um ein scharfsichtiges politisches Selbstporträt, in welchem er über die Grundsätze seiner Innen- und Außenpolitik nachdenkt.

S. 111, M4: Randnotiz Friedrichs II., 1740

Friedrich II. war ein produktiver Autor und Verfasser von Briefen. Die Gesamtausgabe seiner Werke umfasst 30 Bände, davon zwölf Bände Korrespondenz. Den weit überwiegenden Teil seiner Schriften hat Friedrich II. auf Französisch abgefasst, darunter literarische Werke sowie Abhandlungen zur Religion und Politik, zur Militärgeschichte und zur Kriegsführung.

S. 111, Aufgabe 1 siehe die Erläuterungen zu M1

S. 111, Aufgabe 2 a)

	Absolutismus	Aufklärung
VISUALISIERUNG 4.1	• Macht ruhte auf der Basis eines stehenden Heeres • Zurückdrängung der Mitsprache des Adels • kriegerische Unterwerfung anderer Staaten unter Inkaufnahme Hunderttausender Tote	• Selbstbild als „erster Diener des Staates" • Einschränkung der Prügelstrafe in der Armee und der Folter in Strafprozessen • Vereinheitlichung und Vereinfachung der Rechtsprechung • Befreiung der Bauern aus der Leibeigenschaft auf seinen eignen Gütern • Bemühungen um eine Volksbildung durch Erneuerung der Schulpflicht (Lesen, Schreiben, Rechnen)

b) Individuelle Lösung, Diskussion. An der Idee der absoluten Herrschaft ließ Friedrich II. als Regent keinen Zweifel. Allerdings gehört zur Aufklärungsphilosophie nicht nur die Idee der Gewaltenteilung. Für Voltaire, der Friedrich II. beriet, stellte gerade der aufgeklärte Alleinherrscher das Ideal dar. Retrospektiv lassen sich Friedrich II. ohne Zweifel Bemühungen anrechnen, aufgeklärtes Denken in Politik zu übersetzen, ohne dass er damit bereits einen „aufgeklärten Staat" geschaffen hätte. Überhaupt ist 1) eine graduelle Beurteilung zu bevorzugen, 2) zwischen Taten und Worten zu unterscheiden, insbesondere im Hinblick auf seine Überlegungen vor der Thronbesteigung im Vergleich zu seinem Verhalten danach, und schließlich ist 3) die Deutung Friedrichs II. durch nachfolgende Generationen von der historischen Wirklichkeit zu trennen. Die Glorifizierung Friedrichs II. als dem fortschrittlichsten, sprich: aufgeklärtesten Herrscher seiner Zeit geht an der historischen Realität wohl vorbei. Hier scheinen andere Herrscher einschlägiger, z. B. Leopold III. Friedrich Franz, Fürst und Herzog von Anhalt-Dessau (1740–1817), der etwa im Hinblick auf seine Toleranzpolitik gegenüber den Juden herausragt.

S. 111, Aufgabe 3 a) und b) individuelle Lösungen

Landesgeschichte: Schlösser in Berlin und Brandenburg   S. 112/113

S. 112, M1: „Flötenkonzert in Sanssouci", Ölgemälde von Adolph von Menzel, 1852

Adolph von Menzel (1815–1905) war ein bedeutender deutscher Maler und Zeichner des 19. Jahrhunderts, der in Berlin lebte und starb. Er war ein Chronist seiner Zeit, der die sich rasant verändernde Lebens- und Arbeitswelt im Bild festhielt (siehe S. 153, M2), aber auch für seine Historienbilder viel Anerkennung erfuhr. Die Werke über Friedrich II. sind präzise, anhand von Quellen und Besuchen von Originalschauplätzen recherchierte Bilder, die den König mehrfach auch im privaten Umfeld zeigen. Menzels Bilder prägen bis heute die Vorstellung von Friedrich II. M1 zeigt Friedrich II. im Mittelpunkt einer Gesellschaft vor einem Notenpult stehend. Er musiziert auf einer Querflöte und wird von einem Cembalisten und einer Streichergruppe begleitet. Viele Personen auf dem Bild konnten identifiziert werden. So stellt die Figur ganz rechts den Flötenlehrer Johann Joachim Quantz dar, am Cembalo spielt Carl Philipp Emanuel Bach und auf dem Sofa sitzt Wilhelmine von Bayreuth, eine Schwester des Königs. Nicht alle Personen sind dagegen von der Darbietung begeistert. Vor allem der dritte Mann in der linken Bildhälfte scheint mehr an der Decke des Musikzimmers interessiert.

S. 112, M1: Das Konzertzimmer von Schloss Sanssouci heute

Das Konzertzimmer ist heute so zu besichtigen, wie Menzel es malte, allerdings erscheint es auf dem Gemälde größer als in der Realität. Der Raum zeigt typische Elemente der Stilrichtung des Rokokos (1730–1780), die aus dem Spätbarock hervorging und ihren Ursprung in Frankreich hat. Besonders die überschwängliche, verspielte Ornamentform des Rokokos, die Rocaille, ist an den in Weiß und Gold gehaltenen Wänden und der Decke im Überfluss sichtbar. Die Wandgemälde und Wandspiegel sind in die Dekoration eingepasst und werden durch die Rocaillen mit ihren typischen S-Kurven und C-Schwüngen umrahmt. Die für das Rokoko typische Asymmetrie der Formen ist besonders gut an dem Gemälde über der Tür erkennbar.

S. 113, M4: Schloss Sanssouci mit Weinbergterrassen und Park

M4 zeigt oben links das Schloss Sanssouci und oben rechts die Gemäldegalerie. Im Zentrum des Bildes ist der Südhang zu sehen, der durch sechs Terrassen gegliedert wird. In der Mittelachse führen 132 Stufen den Hang hinauf. Im unteren Teil des Fotos ist ein Parterre zu sehen, ein barockes Parkelement mit symmetrisch angelegten Rasenflächen und Wegen sowie einer Fontäne im Zentrum. Im Gegensatz zu den rein auf Repräsentation bedachten barocken Gartenanlagen nach dem Vorbild von Versailles ist in Sanssouci das Schöne mit dem Nützlichen verbunden. So dienten die Terrassen dem Anbau heimischer und ausländischer Obst- und Weinsorten.

S. 113, M4: Schloss Sanssouci, Parkseite

Schloss Sanssouci wurde zwischen 1745 und 1747 errichtet. Der eingeschossige Bau nimmt fast die gesamte Breite der obersten Terrasse ein. Die Parkseite des Schlosses wird durch den halb-ovalen Mittelbau gegliedert, über dessen mittlerem Fenster in Bronzelettern „SANS, SOUCI." („Ohne Sorge") steht. Belebt wird die Fassade durch 36 Bacchanten und Bacchantinnen, den Teilnehmern an den Kultfeiern für Dionysos, Gott des Weines und der Freude, hier gut erkennbar an den sie umrankenden Weinblättern. Vom Fuß des Weinberges aus ist das Schloss teilweise durch die oberste Terrasse verdeckt. Barocker Repräsentationslogik folgend hätte das Bauwerk daher auf einem Sockel errichtet werden müssen. Friedrich II. war dagegen. Ihn interessierte die beinahe ebenerdige, bequeme Verbindung von Innen und Außen.

S. 113, M5 und M6: Schloss Charlottenburg

Das Schloss wurde ab 1695 durch Sophie Charlotte Herzogin von Braunschweig und Lüneburg, der späteren ersten Königin von Preußen, bei dem westlich von Berlin gelegenen Dorf Lietzow errichtet. Nach ihrem frühen Tod 1705 benannte der König das Schloss und die entstandene Siedlung nach ihr und setzte die Bauarbeiten fort. 1740 machte es Friedrich II. zu seiner Residenz und erweitere das Schloss bis 1747 nochmals um einen Flügel, während er parallel bereits das Potsdamer Stadtschloss umbauen und Sanssouci als Sommerresidenz errichteten ließ. Auch Friedrich Wilhelm II. (1744–1797), sein Nachfolger, ließ das Schloss erweitern und verwendete es als Residenz. Unter ihm erhielt es seine heutige Form. Danach diente es bis 1888 noch weiteren Monarchen in diesem Sinne. 1943 wurde das Schloss durch Luftangriffe schwer beschädigt. Die Rekonstruktion dauerte bis 1957, seither wird es als Museum genutzt.

S. 113, M7: Schloss Rheinsberg

Schloss Rheinsberg wurde 1566 als Renaissanceschloss erbaut. 1734 erwarb es König Friedrich Wilhelm I., der es seinem Sohn, dem späteren Friedrich II., schenkte. Dieser ließ das Schloss im Stil des Frühklassizismus verändern und erweitern. Er wohnte hier von 1736 bis 1740. Nach seiner Krönung schenkte er das Schloss seinem Bruder, der wiederum Veränderungen vornahm. Bis 1945 blieb das Schloss im Besitz der Familie Hohenzollern. In der DDR-Zeit wurde es als Klinik genutzt, heute kann es besichtigt werden. Auch das Kurt-Tucholsky-Literaturmuseum ist hier untergebracht.

S. 113, M8: Schloss Schönhausen

Schloss Schönhausen befindet sich im Berliner Bezirk Pankow. Kurfürst Friedrich III., ab 1701 König Friedrich I., ließ einen ersten Schlossbau aus den 1660er-Jahren um 1690 völlig erneuern. Geprägt wurde der Ort vor allem durch Königin Elisabeth Christine, die Frau Friedrichs II., die das Schloss mehr als 50 Jahre lang (1740–1797) bewohnte. Von 1949 bis 1960 war Schönhausen Sitz des ersten Staatsoberhauptes der DDR, bevor es von 1964 bis 1990 als Staatsgästehaus der DDR genutzt wurde; Fidel Castro und Michail Gorbatschow waren hier zu Gast. Stilistisch handelt es sich äußerlich um ein Barockschloss. Im Inneren sind heute dagegen verschiedene Stilepochen anzutreffen, neben zahlreichen Rokokoelementen auch Räume und Interieur der DDR-Zeit. Seit 2009 ist Schloss Schönhausen für Besucher zugänglich.

S. 113, Aufgabe 1 a) siehe die Erläuterungen zu M2
b) Die von Friedrich II. geschaffene Architektur ist nicht ausschließlich dem Rokoko zuzuordnen. So ist das „Neue Palais" (errichtet zwischen 1763 und 1769) ein repräsentativer Barockbau, der dem klassizistischen Barock zugerechnet wird und geprägt ist von einer strengen Gestaltungsform, der Fassadengliederung durch horizontale und vertikale Linien und der Verwendung von Dreiecksgiebeln. Davon weicht die Fassade von Sanssouci durch die Pilaster in Bacchantenform deutlich ab. Der Park enthält Elemente des klassischen Barockgartens, ist aber in zentralen Partien ein Landschaftspark. Das auch von seinen Nachfolgern gestaltete Gesamtensemble ist noch komplexer. Vor allem das im südlichen Teil des Parks gelegene Schloss Charlottenhof ist ein Musterbeispiel des Klassizismus.
c) Versailles war in mehrfacher Hinsicht als Zentrum Frankreichs angelegt worden. Es fungierte als Regierungssitz Ludwigs XIV. und diente der Unterbringung des riesigen Hofstaats, für den über 1000 Räume zur Verfügung standen. Die Gartenfront des Schlosses erstreckt sich über 570 m. Schloss Sanssouci ist dagegen wesentlich kleiner (eingeschossig und lediglich 91,6 m breit). Gegen die volkstümliche Bezeichnung Sanssoucis als „preußisches Versailles" spricht vor allem seine Funktion als in erster Linie privater Wohnsitz. Während bei Ludwig XIV. selbst das Aufstehen und das Zubettgehen (Lever und Coucher) staatspolitisch bedeutende Handlungen waren (das Schlafzimmer lag einstmals im Zentrum des Schlosses), schuf sich Friedrich II. für seine privaten Bedürfnisse einen eigenen Ort – Schloss Sanssouci –, an dem er Gäste empfing, philosophierte und musizierte.

S. 113, Aufgabe 2 a) siehe die Erläuterungen zu M5, M6
b) siehe die Erläuterungen zu M7
c) siehe die Erläuterungen zu M8
d) individuelle Lösung

Warum geriet Frankeich in eine Krise?   S. 114/115

HRU, S. 119, KV
4.2 Die Französische Revolution: Voraussetzungen, zentrale Ereignisse, Ergebnisse und heutige Deutung

Diff. Kopiervorlagen
11.5 Brotknappheit und Teuerung als Ursachen der Französischen Revolution?

S. 114, M1: Die französische Ständegesellschaft um 1780

Die Ständegesellschaft war ein Überbleibsel des Mittelalters, in der jeder Mensch durch die Geburt einem gesellschaftlichen Stand zugeordnet war. Gesellschaftlicher Aufstieg war nicht möglich. Der Klerus legitimierte seine Spitzenposition als erster Stand dadurch, dass die ständische Ordnung als „göttliche Ordnung" galt. Den zweiten Stand bildete der Adel. Beide Stände waren gegenüber dem dritten Stand (Bürger und Bauern) privilegiert (z. B. Steuerfreiheit) und machten zusammen nur zwei Prozent der Gesamtbevölkerung aus. Die krasse Missverteilung des Reichtums im Ancien Régime wird im rechten Kreisdiagramm dargestellt. Demnach verfügten die beiden ersten Stände zusammen über mehr als ein Drittel des Staatsterritoriums.

S. 115, M2: Beschwerden der Bauern

Parallel zur Einberufung der Generalstände Anfang 1789 wurden massenhaft Beschwerdehefte („cahiers de doléances") verfasst. Als Quelle zeigen die Beschwerdehefte einerseits die Missstände in der Gesellschaft und die wichtigsten Forderungen der Stände (z. B. Beschränkung der königlichen Macht, Aufhebung der Privilegien), andererseits stehen sie auch für die Hoffnung auf eine Verbesserung der allgemeinen Lage. Die Hefte waren direkt an den König adressiert und wurden in allen Ständen verfasst und den Standesdeputierten mit nach Paris gegeben.

S.115, Aufgabe 1 individuelle Lösung

S.115, Aufgabe 2
Der dritte Stand forderte Mitbestimmung in der Politik und die Gleichberechtigung mit Adel und Klerus, womit zuallererst die Abschaffung der Privilegien gemeint war. Grundsätzlich gefährdete die Forderung nach Mitbestimmungsrechten die absolute Macht des Königs. Auch die Abschaffung der Privilegien (vor allem der Steuerbefreiung) hätte Auswirkungen auf die Machtvollkommenheit gehabt, denn Adel und Klerus behaupteten sich seit 1770 erfolgreich gegen entsprechende Pläne.

S.115, Aufgabe 3
• Spekulation der Großbauern (Getreidepreis)
• hoher Brotpreis (Hungersnot)
• Staatsbankrott ruiniert Handel
• Mietzahlungen für Kirchenbänke durch die Armen
• Einstellung des Getreideexports
• Abschaffung der Salzsteuer
• Gemeindeämter an Geldzahlungen gebunden
• Besteuerung nach Einkünften gefordert
• Einberufung der Generalsstände alle fünf Jahre

S.115, Aufgabe 4 a) und b) individuelle Lösungen

Methode: Eine Karikatur untersuchen   S.116/117

S.116, M1: „Man muss hoffen, dass dieses Spiel bald ein Ende hat", Radierung
„Von Tränen benetzt" steht auf der Hacke, auf die sich ein alter Mann stützt, der sich tief unter der Last zweier Personen beugt. Aus der Hosentasche des Bauern hängen Zettel, auf denen seine Standeslasten verzeichnet sind („Zehnt", „Steuern", „Fron- und Militärdienst"). Bei den Personen auf seinem Rücken handelt es sich um einen Geistlichen (dunkler Frack, Bäffchen) und einen Adligen mit Degen und Federhut. Zusätzlich fressen Hasen zu den Füßen des Bauern den Kohl und Rebhühner die Saat. Der dahinterstehende Zynismus des Künstlers erklärt sich aus dem Jagdprivileg, das nur die ersten beiden Stände besaßen. 1789 erschienen mehrere Karikaturen mit derselben Botschaft.

HRU, S.117, KV
4.1 Eine Karikatur untersuchen

S.116, M2: Französische Karikatur
Die Karikatur M2 – das weibliche Pendant zur Zeichnung M1 – sollte die Frauen als Akteure für die Revolution mobilisieren.

S.117, Aufgabe 1
4. Die Karikatur entstand 1789, über den Entstehungsort ist nichts bekannt.
7. Bei dem Mann mit der roten Jacke und dem Säbel handelt es sich um einen Adligen, er vertritt den zweiten Stand. Stellvertretend für den ersten Stand steht der Kleriker (blaue Kleidung, Priesterkragen).
10. Es wird kritisiert, dass der dritte Stand allein die Lasten des ersten und zweiten Standes tragen muss. Dazu wird die Ohnmacht angeprangert, da der dritte Stand keine Rechte hat, um sich Erleichterung verschaffen zu können.

S. 117, Aufgabe 2 a) und b) individuelle Lösung, Diskussion

S.117, Aufgabe 3
2. gebeugte Frau (3) mit gelbem Rock und Holzschuhen, die sich auf einen Stock stützt und auf deren Rücken zwei weitere Frauen sitzen, zu denen sie hochblickt; Frau (1) mit schwarzem Gewand und weißem Tuch um dem Kopf, sie hat ihre Hände vor der Brust überkreuzt und scheint in den Himmel zu schauen; hinter der Nonne sitzende Frau (2), die sich an dieser festhält, die Frau blickt nach unten, sie ist mit zierlichen blauen Schuhen, einem roten Kleid mit grünem Band und blauem Oberteil sowie einem kunstvollen Hut bekleidet
3. unbekannter Künstler
4. Die Karikatur entstand 1789. Über den Entstehungsort ist nichts bekannt.

5. nein
6. die Unterdrückung des dritten Standes durch den ersten und zweiten Stand
7. Die gebeugte Frau in schlichter Kleidung und Holzschuhen ist eine Vertreterin des dritten Standes. Bei der Frau im schwarzen Gewand handelt es sich um eine Nonne (erster Stand). Die Frau im roten Kleid ist eine Adlige (zweiter Stand). Der gebogene Stab symbolisiert die Last des dritten Standes; seine Vertreterin scheint sich aufrichten und der Last entledigen zu wollen, was sich darin zeigt, dass die Nonne offenbar betet und die Adlige abzurutschen scheint.
8. Die Karikatur bezieht sich auf die gesellschaftlichen Missstände in Frankreich und nimmt besonderen Bezug auf die Situation der Frauen.
9. Auch die Frauen sollen an der Befreiung des dritten Standes mitwirken und die bestehenden Zustände nicht länger dulden.
10. Es wird kritisiert, dass der dritte Stand die Last des ersten und zweiten Standes tragen muss.
11. Auch die Frauen erkennen sich als handelnde Subjekte und beginnen gegen die Zustände zu kämpfen.

S. 117, Aufgabe 4 individuelle Lösung

| **Sommer 1789 – die Revolution der Bürger und Bauern** | **S. 118/119** |

Webcode
FG647255-119

Sprechende Bilder
„Der Ballhausschwur"

HRU, S. 119, KV
4.2 Die Französische Revolution: Voraussetzungen, zentrale Ereignisse, Ergebnisse und heutige Deutung

S. 118, M1: Schwur im Ballhaus am 20. Juni 1789, Kupferstich
Der Maler Jacques-Louis David (1748–1825) war Augenzeuge der Revolution und an ihr aktiv beteiligt, u. a. als Abgeordneter des Nationalkonvents ab 1792. Sein Gemälde „Der Tod des Marat" (1793) gehört zu den ikonischen Darstellungen der Französischen Revolution. An dem hier gezeigten Motiv hatte er bereits kurz nach dem Ereignis zu arbeiten begonnen. „Der Schwur im Ballhaus" fand im Ballspielhaus statt, in das die Abgeordneten des dritten Standes samt „Überläufer" aus den anderen beiden Ständen gezogen waren, weil der König den bisherigen Sitzungssaal, die „Salle de Menus Plaisirs", aufgrund der Proteste des dritten Standes hatte abschließen lassen. Die versammelte Menge verpflichtete sich zusammenzubleiben, bis eine Verfassung für das Königreich ausgearbeitet wurde.

S. 119, M2: Ein Augenzeuge berichtete über den 14. Juli 1789
Der „Sturm auf die Bastille" bildete den Auftakt zu einer von Paris ausgehenden revolutionären Bewegung der Volksmassen. Der Quellentext schildert die gewaltsame Einnahme der Festung historisch genau als spontane Tat. Die Antriebskräfte der Aufständischen waren Zorn über bzw. Furcht vor einer brutalen militärischen Einnahme der Stadt durch die Truppen des Königs. Zu Verteidigungszwecken wollte man den Kommandanten zur Herausgabe von Waffen zwingen, die in der Bastille lagerten. Ein Angriff auf die Besatzung war nicht geplant gewesen, letztlich kam es aber doch zum Gefecht.

S. 119, M3: Bauern stürmen das Schloss Weinsberg
Nach der städtischen Revolution in Paris kam es im Hochsommer 1789 auch auf dem Land zu Unruhen. Als Ludwig XVI. um Paris herum Truppen zusammenzog, ging auf dem Land die Angst vor einer Reaktion des Adels um („La grande peur"). Zudem waren viele Bauern mit den bisherigen Ergebnissen der Revolution nicht zufrieden, denn an ihrem Hunger und ihrer Armut hatte sich nichts geändert. In spontanen Gewaltausbrüchen stürmten lose Gruppen die Schlösser ihrer Grundherren sowie Klöster und andere Gebäude des Klerus. Wie auf dem Stich dargestellt, verbrannten sie Urkunden über die Grundrechte und Abgaben. Vielerorts kam es auch zu Plünderungen und Lynchjustiz. Von wenigen Ausnahmen abgesehen, erfassten die Unruhen das ganze Land.

S. 119, Aufgabe 1
Einige der dargestellten Personen sind identifizierbar: In der Mitte ist, auf dem Tisch stehend, der Bürgermeister von Paris, Jean-Sylvain Bailly, zu sehen, der die Eidesformel spricht. Vor ihm steht eine Gruppe von drei Geistlichen (ein Ordens-, ein Weltgeistlicher sowie ein protestantischer Pfarrer), die sich feierlich „versöhnen" (von links nach rechts: der Dominikanermönch Gerle, Abbé Grégoire und der evangelische Pfarrer Rabaut St. Etienne). Links von ihnen sitzt der Journalist Barère auf einem Hocker und macht sich Notizen für einen Artikel. Die rechte Bildhälfte zeigt u. a. Robespierre (in gelber Kleidung), hinter ihm den Musketier Dubois-Crancé (in Weiß). Vor diesem ist, die Hände andächtig wie zum Gebet gefaltet, „le père Gérard" zu sehen, der einzige Bauer unter den Vertretern des dritten Standes. Rechts neben ihm steht Graf Mirabeau, der spätere Präsident der Nationalversammlung (in Schwarz).

Die Komposition stellt den Schwurakt in den Mittelpunkt. Die Farben Blau, Rot und Weiß tauchen wiederholt in der Menge auf. Bis auf wenige Ausnahmen sind fast alle Augen und die zum Schwur erhobenen Arme auf Bailly gerichtet. Eine Person links blickt zur Galerie und macht so auf die Anwesenheit des Volkes aufmerksam. Auch der Lichteinfall verbindet die Zuschauer mit den Abgeordneten und unterstreicht zusammen mit dem düsteren Himmel die Dramatik der Szene. Der Abgeordnete Joseph Martin-Dauch am rechten unteren Bildrand verweigert jedoch den Eid. Er hat die Arme vor der Brust gekreuzt und den Kopf gesenkt. Seine Weigerung begründete er damit, dass er von seinen Leuten nicht nach Paris entsandt worden sei, um die Monarchie zu beleidigen. Er wollte keine Entscheidung mittragen, die nicht durch den König gebilligt war.

S. 119, Aufgabe 2
Die infolge einer Finanz- und Versorgungskrise einberufene Versammlung der Generalstände verlief ohne Ergebnis, weshalb sich die Abgeordneten des dritten mit einigen Vertretern des ersten und zweiten Standes zusammenschlossen und sich zur Nationalversammlung erklärten. In Paris reagierten die Menschen auf Nachrichten, wonach der König Truppen um die Hauptstadt zusammenzog. Der Sturm auf die Bastille erfolgte in der Hoffnung auf dort gelagerte Waffen. Die Bauern wiederum erfuhren allmählich von diesen Vorgängen. Sie waren zum einen in Angst vor Angriffen, zum anderen wollten sie die Urkunden vernichten, die ihren Herren das Recht auf mithin die Hälfte ihrer Ernten und Viehzuwächse einräumten. Während die Verfassungsrevolution friedlich erfolgte, sind die städtische und die ländliche Revolution von Gewalt geprägt gewesen.

S. 119, Aufgabe 3 a) bis c) individuelle Lösungen

S. 119, Aufgabe 4 individuelle Lösung

Die Erklärung der Menschen- und Bürgerrechte   S. 120/121

S. 120, M1: Ölgemälde „Die Erklärung der Menschen- und Bürgerrechte"
Das Gemälde von Jean-Jacques Le Barbier d. Ä. (1738–1826) zeigt die Menschen- und Bürgerrechte in einem steinernen Monument, das an die mosaischen Gesetzestafeln erinnert. Die Gesetze sind in zwei Spalten angeordnet und durch ein Rutenbündel (Symbol der Amtsgewalt antiker römischer Magistrate) getrennt. Aus dem Bündel ragt oben eine Pieke heraus, auf die eine phrygische Mütze als Zeichen der Revolution gesetzt wurde. Auf dem Sockel sind zwei Frauen zu sehen. Die linke Frau (in den neuen Nationalfarben) ist als Allegorie Frankreichs, das sich aus seinen Ketten befreit, und die rechte Frau als Erzengel dargestellt, der mit seinem goldenen Zepter auf das allsehende Auge Gottes deutet, das mit Lichtstrahlen die Wolkendecke durchbricht; hier verstehbar als Hinweis auf die göttliche Vernunft, welche die Gesetze beseelt.

HRU, S. 119, KV
4.2 Die Französische Revolution: Voraussetzungen, zentrale Ereignisse, Ergebnisse und heutige Deutung

S. 121, M2: Die „Erklärung der Menschen- und Bürgerrechte" vom 26. August 1789
Die verfassungsgebende Nationalversammlung erklärte die Menschen- und Bürgerrechte am 26. August 1789. Die Menschenrechte sollten jedem Individuum zustehen. Sie wurden als angeboren, allgemein und unveräußerlich definiert. Daraus leiten sich die Freiheit von Person und Eigentum, das Widerstandsrecht, der Schutz vor willkürlicher Verhaftung sowie die Einhaltung der Rechtsstaatlichkeit ab. Die Deklaration schuf eine Basis für die Errichtung einer staatsbürgerlichen Gesellschaft, getragen von persönlicher Freiheit und Rechtsgleichheit, konstitutioneller Monarchie und Gewaltenteilung. Frankreich blieb vorerst eine Monarchie. Die völlige Beseitigung des Königtums war zunächst nicht vorstellbar. Äußerst umstritten blieb, welche Rechte dem König gegenüber der Nationalversammlung zustanden. Als Kompromiss entschied man sich für ein suspensives Vetorecht, von dem Ludwig XVI. sofortigen Gebrauch machte: Er versagte der Erklärung der Menschenrechte zunächst seine Zustimmung, erteilte sie aber schließlich in Gegenwart der in Versailles versammelten protestierenden Volksmassen am 6. Oktober 1789.

S. 121, M3: „Allgemeine Erklärung der Menschenrechte" von 1948
Die Erklärung der Menschenrechte ist eine direkte Reaktion auf die verheerenden Ereignisse des Zweiten Weltkriegs und die Verbrechen der Nationalsozialisten. Ihre Ausarbeitung, an der 18 Experten beteiligt waren, begann im Januar 1947. Die Menschenrechtserklärung besteht aus 30 Artikeln. Diese enthalten grundlegende Rechte, die ausnahmslos jedem Menschen auf der Welt zustehen, unabhängig von der jeweiligen Landesgesetzgebung. Damit greift die Erklärung den Universalitätsanspruch der Erklärung der Menschen- und Bürgerrechte von 1789 auf. Der Kanon der Menschen-

rechte ist nicht abschließend. Im Jahr 2010 formulierten die Vereinten Nationen beispielsweise ein Menschenrecht auf Wasser.

S. 121, Aufgabe 1
4./5. August 1789
- Abschaffung der Leibeigenschaft
- Aufhebung der Steuerbefreiung für Adel und Klerus
- Zulassung von Bürgern zu Ämtern in Staat und Heer
- Bauern konnten sich von Abgaben und Frondiensten freikaufen

26. August 1789
- Erklärung der Menschen- und Bürgerrechte
- Beseitigung aller Privilegien des Adels und des Klerus
- faktisches Ende des Absolutismus

Unter Absolutismus wird die Herrschaft eines Einzelnen verstanden. Andere Gruppen sind an der Macht nicht beteiligt. Dies war nach dem 26. August 1789 in Frankreich nicht länger der Fall, wenngleich insbesondere die Rolle des Königs noch längere Zeit umstritten blieb.

S. 121, Aufgabe 2 a) siehe die Erläuterungen zu M1
b) Hier ist insbesondere die Lichtmetaphorik entscheidend. Vom Licht der Erkenntnis war bereits in der Antike und auch in der Bibel die Rede. Nach der Dunkelheit des Mittelalters leuchtete durch die Aufklärung nunmehr das Licht göttlicher Vernunft.

S. 121, Aufgabe 3 a) siehe die Erläuterungen zu M2
b)

VISUALISIERUNG 4.2	Ideale der Französischen Revolution	Artikel
	Freiheit	Art. 1, 2, 4, 7, 10, 11
	Gleichheit	Art. 1, 7, 10, 11
	Brüderlichkeit	Art. 2, 3, 17

S. 121, Aufgabe 4

VISUALISIERUNG 4.3	Erklärung der Menschen- und Bürgerrechte vom 26. August 1789	Allgemeine Erklärung der Menschenrechte (UNO, 1948)
	Art. 1	Art. 1, 3, 4,
	Art. 3	Art. 21
	Art. 7	Art. 7, 9
	Art. 10	Art. 18, 19
	Art. 11	Art. 19

S. 121, Aufgabe 5 individuelle Lösung

S. 121, Aufgabe 6
Die Erklärung der Menschen- und Bürgerrechte von 1789 bildet den Ausgangspunkt in der Entwicklung moderner, demokratisch verfasster Zivilgesellschaften. Seit ihrer Verabschiedung emanzipierten sich immer mehr Völker von obrigkeitlicher Unterdrückung und Bevormundung. Ihr universaler Geltungsanspruch kann als ein erster Schritt zu einer globalisierten Welt gedeutet werden. Siehe auch die Erläuterungen zu M3.

Die Verfassung von 1791 – eine Verletzung der Menschenrechte? S.122/123

S.122, M1: Verhaftung von König Ludwig XVI. auf der Flucht 1791

Ob und wie der König in die neue Verfassung integriert werden sollte, war umstritten. Durch seinen Fluchtversuch im Juni 1791 hatte er Wohlwollen verspielt, war aber nicht abgesetzt worden. Unter dem Druck Österreichs und Preußens spitzte sich die Bedrohungslage für Frankreich 1792 weiter zu. Das Misstrauen gegen den König, den man verdächtigte, mit dem Ausland zu kooperieren, blieb hoch. Teile der Pariser Bevölkerung stürmten schließlich am 10. August 1792 den Tuilerienpalast, in dem der König und seine Familie seit Oktober 1789 lebten, um seiner habhaft zu werden und die Legislative zu seiner Absetzung zu zwingen (Tuileriensturm). Nach Beendigung der Kämpfe enthob die Nationalversammlung den König, der sich den anstürmenden Massen noch entziehen konnte, in der Tat seines Amtes und sperrte ihn ein. Damit war die Monarchie in Frankreich vorerst beendet. Diese Vorgänge werden auch als zweite Revolution bezeichnet.

Der Stich eines unbekannten Künstlers illustriert die Überführung des Königs in den Temple, ein Gefängnis von Paris, das hier im Hintergrund zu sehen ist. Im Vordergrund wird dem bis auf sein Unterhemd entkleideten König eine rote Mütze entrissen und eine grüne aufgesetzt. Kurz zuvor hatte der König noch versucht, sich durch Aufsetzen der roten Jakobinermütze mit den Aufständischen zu solidarisieren. Die grüne Mütze steht hier für die Gegnerschaft zur Revolution.

S.123, M2: Die französische Verfassung von 1791

Die Verfassung wurde 1791 von einer Nationalversammlung ausgearbeitet, die aufgrund ihrer Zusammensetzung überwiegend die Interessen des Bürgertums vertrat. Sie setzte den Volkswillen und die Volksvertretung (Nationalversammlung) als Legislative ins Zentrum der neuen staatlichen Ordnung. Die Exekutive wurde dem König unterstellt, dessen Macht zeitgleich jedoch stark eingeschränkt wurde, denn die Beaufsichtigung der Verwaltung oblag den Ministern. Die Judikative wurde von der Verwaltung getrennt und unabhängig. Sowohl Richter als auch Beamte wurden von den Aktivbürgern gewählt. Das indirekte Zensuswahlrecht schloss die untersten sozialen Schichten sowie die Frauen als „Passivbürger" von politischer Partizipation aus. „Aktivbürger" waren männliche Personen über 25 Jahren mit einer Steuerleistung von drei Arbeitstagen. Wahlmann für die Nationalversammlung konnte man sogar erst ab einer Steuerleistung von zehn Tagen werden. Das Vermögensprinzip löste das Geburtsprinzip der alten Ordnung ab und verdeutlicht die bürgerliche Prägung der Verfassung. Im Zuge der revolutionären Ereignisse der letzten Jahre waren breite Teile der Bevölkerung politisiert worden. Dass die Wahlrechtsbestimmungen der Verfassung von 1791 hinter diejenigen der Wahl zu den Generalständen von 1789 zurückfielen, bot politischen Zündstoff: Die politische Entrechtung der Passivbürger führte zu Spannungen zwischen Teilen der revolutionären Öffentlichkeit und den Verfassungsinstitutionen.

S.123, M3: Olympe de Gouges, „Die Rechte der Frau – An die Königin", 1791

Olympe de Gouges (1748–1793) stammte aus dem Süden Frankreichs. Aufgewachsen in einfachen Verhältnissen und ohne höhere Schulbildung, wurde sie früh verheiratet und kam so nach Paris, wo sie sich im Selbststudium weiterbildete. Einen ersten Briefroman veröffentlichte sie 1784. In Paris fand sie auch Anschluss an oppositionelle Kreise. Während der Revolution wurde Olympe de Gouges zur Kämpferin für die Rechte der Frauen, die von den Revolutionären in der Verfassung von 1791 nicht berücksichtigt wurden. In ihrer Schrift verurteilt sie die Verfassung scharf und erklärt sie für nichtig, weil die Frauen an ihrer Erarbeitung nicht mitgewirkt haben. 1793 wurde Olympe de Gouges durch das Revolutionstribunal, dessen Grausamkeit sie angriff, zum Tode verurteilt und am 3. November 1793 hingerichtet.

S.123, M4: Maximilien de Robespierre über die neue Verfassung, 1791

Maximilien de Robespierre (1758–1794) wurde im Norden Frankreichs, im heutigen Département Pas-de-Calais geboren. Ab 1769 studierte er in Paris und ließ sich anschließend als Anwalt in Arras nieder. Bereits in den Jahren vor der Revolution war er politisch aktiv und positionierte sich u. a. gegen die Vorrechte des ersten und zweiten Standes. 1789 wurde er zum Delegierten für die Generalstände gewählt. An der Verfassung von 1791 kritisierte er die Rolle des Königs und die Entscheidung für ein Zensuswahlrecht. Obgleich er in diesem Zusammenhang von „geheiligten Menschenrechten" sprach, bezog seine Idee von Gleichheit die Frauen nicht mit ein.

HRU, S.119, KV
4.2 Die Französische Revolution: Voraussetzungen, zentrale Ereignisse, Ergebnisse und heutige Deutung

Diff. Kopiervorlagen
11.6 Menschenrechte = Frauenrechte? Die Erklärung der Rechte der Frau und Bürgerin (1791)

S. 123, Aufgabe 1

2. alle Zugangsweisen sind denkbar; die Aussagen ändern sich dadurch nicht
3. Exekutive, Legislative, Judikative, Vetorecht, Zensuswahlrecht
4. Grün: Organe der Exekutive, blau: Organe der Legislative, orange: Organe der Judikative. Die Pfeile verdeutlichen Einfluss und Verbindung der Staatsorgane untereinander.
5. Königreich Frankreich
6. Die Verfassung wurde am 14. September 1791 vom König angenommen; durch seinen Verfassungseid am gleichen Tag trat sie in Kraft. Mit der Suspendierung des Königs am 10. August 1792 wurde die Verfassung faktisch wieder außer Kraft gesetzt.
7. König (Oberbefehlshaber, Mitwirkung an Gesetzgebung durch Vetorecht, Ernennung und Entlassung von Ministern); Nationalversammlung (Gesetzgebung, Entscheidung über Krieg und Frieden, Kontrolle der Minister); Oberstes Gericht (Anklage gegen Minister, hohe Beamte und Staatsverbrecher)
8. Die drei Gewalten können sich nicht gegenseitig ein- oder absetzen. Die Legislative kontrolliert die Minister der Exekutive, das Oberste Gericht und das Berufungsgericht. Innerhalb der Exekutive steht weiterhin der König an der Spitze. Er setzt Minister ein, die wiederum die Verwaltung beaufsichtigen.
9. Die Aktivbürger dürfen Beamte der Départements, die Angehörigen der Gerichte sowie die Wahlmänner wählen. Die Wahlmänner wählen die Abgeordneten der Nationalversammlung.
10. konstitutionelle Monarchie, in der die Macht des Königs durch die Verfassung beschränkt ist
11. Für einen Teil der männlichen Bevölkerung ist die Verfassung ein Fortschritt, weil sie nun als Bürger aktiv an der personellen Ausstattung der drei Gewalten mitwirken können. Die Macht des Monarchen ist deutlich eingeschränkt worden, insofern ihm die Kontrolle über die Gesetzgebung und die Gerichte entzogen wurde.
12. Niemals zuvor hatten so viele Franzosen das Recht auf politische Mitbestimmung durch Wahlen erhalten. Das lässt sich als großer Fortschritt beurteilen. Andererseits blieben weiterhin viele Menschen, insbesondere alle Frauen und Geringverdiener, von diesem Recht ausgeschlossen. Dass als wahlberechtigte Bürger allein Männer in Betracht kamen, wird in der Verfassung nicht explizit ausgesprochen. Daran lässt sich ein Widerspruch zu der Idee erkennen, wonach die Menschen von Geburt an frei und gleich an Rechten seien.
13. Die Stände wurden abgeschafft. Entsprechend entfallen auch die Privilegien der Geistlichen und Adligen. Weitere durch die Verfassung garantierte Bürgerrechte sind u. a. Versammlungs-, Religions- und Pressefreiheit.

S. 123, Aufgabe 2 a)
Art. 3 entspricht dem Wahlrecht zumindest der Aktivbürger. Eine auf Zeit gewählte Nationalversammlung, die zudem Regierung und Gerichte kontrollieren sollte, versprach Rechtssicherheit und Rechtsgleichheit (Art. 1, 7). Dies ändert freilich nichts daran, dass Art. 1 („Die Menschen sind … gleich an Rechten") nicht für Frauen galt, denen kein Wahlrecht zustand.
b) Der Absolutismus und die Ständegesellschaft Frankreichs basierten auf einem festen Bündnis zwischen Adel und Geistlichkeit, Staat und Kirche. Die Ableitung weltlicher Macht aus der Idee des Gottesgnadentums wie auch die Gliederung der Gesellschaft in höhere und niedere Stände setzten ein enges Bündnis mit der Kirche voraus. Genau dieses Konzept wird von Philosophen der Aufklärung kritisiert. Aus der Auffassung von der Gleichheit der Menschen ergibt sich auch die Frage nach der Legitimation weltlicher Macht. Jean-Jacques Rousseau entwickelte das Prinzip der Volkssouveränität. John Locke und Charles Montesquieu entwarfen maßgebliche Konzepte der Gewaltenteilung, die sich in der Verfassung widerspiegeln.

S. 123, Aufgabe 3 a) und b) siehe die Erläuterungen zu M3 und M4

S. 123, Aufgabe 4 Diskussion

S. 123, Aufgabe 5
Der König hatte es versäumt, sich glaubwürdig an die Seite der Revolutionäre zu stellen. Durch seinen Fluchtversuch gab er sich ferner als Gegner der Revolution zu erkennen, der sich nicht mit seiner Rolle als konstitutioneller Monarch abfinden, sondern mit den im Ausland wartenden Truppen vereinen wollte, um die Revolution in Frankreich zu beenden. Gesten, wie das Aufsetzen der Jakobinermütze, vermochten das Volk nicht mehr zu überzeugen. Nach seiner Suspendierung hatte er bis zu seiner Hinrichtung keine ernsthaften Handlungsoptionen mehr.

Methode: Ein historisches Urteil bilden: Die Hinrichtung Ludwigs XVI.   S. 124/125

S. 124, M1: Der Rechtsanwalt Romain de Sèze vor dem Nationalkonvent, 1792

Romain de Sèze (1748–1828) war ein französischer Jurist und während des Prozesses gegen Ludwig XVI. einer seiner Anwälte. Vom Nationalkonvent wurde er 1794 verhaftet, später aber freigelassen. Unter Ludwig XVIII. stieg er ab 1815 in höchste Staatsämter auf.

Der neue Nationalkonvent – die nunmehr dritte Nationalversammlung – war am 21. September 1792 erstmals zusammengetreten. Auf dieser Sitzung wurde die Republik ausgerufen und ein neuer Kalender eingeführt. Dringendste Aufgabe des Konvents war die Erarbeitung einer neuen Verfassung. Die Funktionen des Königs übernahm ein Exekutivrat. Offen blieb zunächst, wie mit dem König weiter verfahren werden sollte. Als jedoch Dokumente entdeckt wurden, die eine Kollaboration des Königs mit dem Ausland belegten, wurde er wegen Hochverrats angeklagt. Dabei übernahm der Konvent – die Legislative also – die Rolle eines Gerichts. Darauf spielt auch de Sèze an. Er hat zwei Argumente: 1. Ludwig war als rechtmäßiger König „unverletzlich", d. h. er kann für sein Handeln als König nicht nachträglich zur Rechenschaft gezogen werden. 2. Wer dies nicht anerkennen wollte, müsste Ludwig wenigstens die verfassungsgemäßen Rechte eines Bürgers gewähren, hier also ein unabhängiges Gericht.

S. 124, M2: Rede von Maximilien de Robespierre, 1792

Robespierre folgt einer ganz anderen Logik als de Sèze, indem er behauptet, dass es sich überhaupt nicht um einen Prozess handele, die Delegierten insofern auch nicht als Richter agierten. Die Delegierten hätten vielmehr eine Entscheidung im öffentlichen Interesse (der „öffentlichen Wohlfahrt") zu treffen. In einem Prozess und also in der Möglichkeit eines Freispruchs Ludwigs sieht er eine Gefahr für die noch nicht hinreichend gefestigte Revolution. Zum anderen glaubt er das öffentliche Wohl als gefährdet, solange Ludwig nur eingesperrt oder verbannt wird, solange er also lebt. Daraus folgert er: Zum Wohle des Vaterlandes muss der König getötet werden.

S. 125, Arbeitsschritte „Ein historisches Urteil bilden"

2. siehe die Erläuterungen zu M1 und M2
5. individuelle Lösung
6. De Sèze beruft sich auf die Verfassung von 1791, die aber de facto nicht mehr in Kraft war. Robespierre dagegen führt die öffentliche Wohlfahrt als Ziel an und unterstellt, dass zum Zwecke ihrer Beförderung der Konvent auch über Leben und Tod des Königs entscheiden könne.
7. De Sèze zweifelte die Zuständigkeit des Konvents an und forderte für Ludwig eine Behandlung als Bürger. Robespierre wollte die schnellstmögliche Hinrichtung des abgesetzten Königs erreichen.
8. Als Verteidiger hatte de Sèze keinen Spielraum. Robespierre hingegen hätte seinen Einfluss im Konvent auch für eine gemäßigtere Position nutzen können. Schlussendlich stimmte nur eine knappe Mehrheit für die Hinrichtung.
10. bis 12. individuelle Lösung

Die Schreckensherrschaft – Kann Terror die Ideen der Revolution retten?   S. 126/127

S. 126, M1: Zwei Sansculotten

Die Sansculotten („die ohne Kniebundhosen", ursprünglich ein Spottname) symbolisierten durch ihre einfache, bequeme Kleidung den Bruch mit der absolutistischen Adelsgesellschaft, die vornehmlich Kniebundhosen getragen hatte. Die Schlichtheit der Kleidung war ein politisches Statement. Die Abbildung zeigt eine Frau und einen Mann, die ihrer Kleidung und den Accessoires nach zu urteilen den Sansculotten zugehörig sind. Der Mann trägt lange Hosen in den Revolutionsfarben Blau-Rot-Weiß, auch Hemd, Weste und Schärpe nehmen diese Farben auf. Auf dem Kopf trägt er ein „bonnet rouge", die rote phrygische Zipfelmütze. Sie ist mit einer Revolutionskokarde geschmückt. Als Jakobinermütze wurde sie zum Symbol einer freiheitlich-demokratischen Gesinnung und fand Eingang in die europäische Ikonografie. Die Frau trägt einen wadenlangen Rock, eine geraffte Schürze und Holzschuhe. An ihrem Kopftuch hat sie eine Kokarde geheftet. Es fällt auf, dass auch die Frau bewaffnet ist.

HRU, S. 119, KV
4.2 Die Französische Revolution: Voraussetzungen, zentrale Ereignisse, Ergebnisse und heutige Deutung

HRU-DVD
Hördokument „La Marseillaise"

S. 127, M2: Modell einer Guillotine

Im Zuge der Verfassung von 1791 wurde auch das Gerichtswesen einer Neuordnung unterzogen. Die Zahl der mit Todesstrafe geahndeten Straftaten wurde reduziert. Die Todesurteile sollten auf eine möglichst humane Weise vollstreckt werden, um die Qualen der Delinquenten auf ein Minimum zu begrenzen. Auf Vorschlag des Arztes und Vorsitzenden des Gesundheitsausschusses Joseph Guillotin kam bei Exekutionen deshalb fortan die Guillotine als Hinrichtungsinstrument zum Einsatz. Die napoleonischen Kriege machten die Guillotine auch in Deutschland bekannt.

S. 127, M3: Das „Gesetz über die Verdächtigen"

Robespierre akzeptierte weder Meinungsvielfalt noch konstruktive politische Streitkultur. Stattdessen predigte er Intoleranz gegenüber abweichenden Meinungen und die Verfolgung Andersdenkender. In der revolutionären Praxis bedeutete „la terreur", dass wenig dazugehörte, um als „Feind der Freiheit" verdächtigt zu werden. Der Denunziation waren Tür und Tor geöffnet. In gleichem Maße, wie die Zahl der Verdächtigen und Verhafteten wuchs, wurden die Beweisverfahren vor dem Revolutionstribunal schneller und nachlässiger durchgeführt. Das Todesurteil stand oft in einem krassen Missverhältnis zur Tat. Es entwickelte sich eine unheilvolle revolutionäre Dynamik: Die Revolution „fraß ihre Kinder".

S. 127, Aufgabe 1

	Gruppe	Ziele	Umsetzung
VISUALISIERUNG 4.4	**Girondisten**	• Republik auf Grundlage einer Verfassung • Schutz der Grundrechte • gegen direkte Volksherrschaft	• Kriegserklärung gegen Österreich und Preußen zur Stärkung des Nationalgefühls (1792)
	Jakobiner	• Republik • totale Volksherrschaft über Plebiszite • Abschaffung der politischen Ordnung • Alle Bürger sollten den gleichen Besitz haben.	• Ausschluss und Abrechnung mit den Girondisten • Massenaushebung („Levée en masse"), um bedrohliche Kriegslage zu retten • Bildung einer Revolutionsregierung (Wohlfahrts- und Sicherheitsausschuss) • Terror (ab 1793)
	Sansculotten	• forderten wie die Jakobiner den gleichen Besitzstand aller Bürger	• Terror

S. 127, Aufgabe 2

Ursache für den Terror waren die ungelösten Probleme im Landesinneren (Hunger und Armut), wodurch sich die Sansculotten radikalisierten (Druck von unten). Dazu kam die wachsende äußere Bedrohung durch die europäischen Monarchien nach der Hinrichtung Ludwigs XVI. und der Gründung der ersten Republik (1793). In dieser Situation kulminierte die allgemeine Angst vor der Reaktion im blutigen Terror.

S. 127, Aufgabe 3 a) Diskussion

b) Dieses Zitat ist eine Verkürzung des Ausspruchs von Pierre Victurnien Vergniaud (1753–1793), der sinngemäß sagte: „Die Revolution ist wie Saturn, sie frisst ihre eigenen Kinder." Nach Hesiod war Saturn der Gott des Ackerbaus, der seine Kinder fraß, nachdem ihm seine Entmachtung durch den eigenen Sohn geweissagt worden war. Vergniaud selbst hatte sich als Anhänger der Girondisten um die Revolution verdient gemacht. Er wurde 1793 zusammen mit seinen politischen Weggefährten von den Jakobinern um Marat und Robespierre sowie den Pariser Sansculotten gestürzt und durch das Revolutionsgericht am 30. Oktober 1793 zum Tode verurteilt. Vergniaud war der letzte von 22 Girondisten, die am 31. Oktober 1793 unter dem Fallbeil den Tod fanden. Der Ausspruch prangert Vergniauds letzte Worte entsprechend den Verfall der revolutionären Ideale von Freiheit und Gleichheit zu blindem Terror an.

S. 127, Aufgabe 4 a)

Zunächst einmal handelt es sich um zwei völlig verschiedene Ansätze. Während die Autoren der Menschenrechtserklärung Freiheitsrechte definieren, regelt das Gesetz des Wohlfahrtsausschusses Möglichkeiten der Strafverfolgung. Entscheidend sind hier die völlig divergierenden Auffassungen im Hinblick auf den Freiheitsbegriff. Die Erklärung der Menschen- und Bürgerrechte definiert die Freiheit als Möglichkeit des Einzelnen, „alles tun zu können, was dem anderen nicht schadet". Freiheit im Sinne des Wohlfahrtsausschusses wird dagegen als Zustimmung zu den Zielen der Revolution ver- standen. Es handelt sich hier also um eine Verhaltensnorm.

b) Diskussion

S. 127, Aufgabe 5

Kleidung wird heute in fast allen Jugend- und Subkulturen als Zeichen der Abgrenzung instrumen- talisiert, z. B. bei Punks, Skinheads, sogenannten Nerds usw.

Die Herrschaft Napoleons – Verteidiger oder Vernichter der Revolution?   S. 128/129

S. 128, M1: Napoleon als Erster Konsul, 1799

Antoine-Jean Gros (1771–1835) war ein französischer Maler und Schüler von Jacques-Louis David. Napoleon lernte Gros während des Italienfeldzuges kennen und machte ihn zu einem seiner bevor- zugten Maler. Während des Feldzuges entstanden außerordentlich viele Gemälde, die Napoleon als Feldherrn zeigen. Auf diese Bilder nahm Napoleon großen Einfluss und bestimmte damit maßgeblich sein Bild in Frankreich.

Das Gemälde zeigt Napoleon in einer roten Uniform an einem Tisch stehend, auf dem einige Papiere liegen. Mit einer Hand deutet er auf das obere Blatt. Über seinem rechten Zeigefinger lassen sich drei Worte identifizieren: Tolentino, Leoben, Campo Formio – wichtige Stationen des Feldzuges gegen Italien und Österreich (1. Koalitionskrieg). Zwischen seiner Hand und seinem Körper folgt auf eine Klammer ein Datum: 18. Brumaire – ein Hinweis auf den Staatsstreich am 9. November 1799, durch den Napoleon Erster Konsul wurde. Eine Karte unter diesem Blatt lässt sich als Darstellung einer Schlachtordnung identifizieren. Napoleon blickt demonstrativ in die entgegengesetzte Richtung. Die Papiere auf dem Tisch dokumentieren seine Erfolge, durch die er schließlich Konsul wurde. Er selbst scheint in seinen Gedanken jedoch bereits mit anderen Dingen befasst.

S. 128, M2: Napoleon zu dem französischen Gesandten in der Toskana, 1797

Napoleons Darlegungen an seinen Gesandten spiegeln seine machtpolitische Handlungsmaxime wi- der. Er stellt unmissverständlich klar, dass die Bewahrung der Französischen Republik nicht sein Ziel sei und er sich als Alleinherrscher sehe, der durch seinen Ruhm das Volk mitreißen und verzücken wolle. Dieses Programm erinnert an den französischen Absolutismus unter Ludwig XIV. und entlarvt Worte wie „Freiheit", „Verfassung" und „Republik", die Napoleon bewusst zu propagandistischen Zwecken missbrauchte, als leere Hülsen. Napoleon glaubte sich in Übereinstimmung mit weiten Teilen der Bevölkerung, wenn er Errungenschaften der Revolution zwar bewahrte oder sogar beför- derte (Abschaffung feudaler Privilegien, Rechtsgleichheit), der republikanischen Staatsform aber eine Absage erteilte und zu diesem Zweck auch eine strenge Pressezensur einführte.

Parallele zu Preuß. Reformen !

S. 129, M3: Europa unter napoleonischer Herrschaft 1804 bis 1812

Napoleon sicherte seine kontinentale Vorherrschaft durch Bündnisse mit direkt und indirekt regierten Satellitenstaaten (z. B. Rheinbundstaaten, Königreich Westfalen, Herzogtum Warschau) sowie durch Besetzung ehemaliger Feindstaaten, die er durch harte Friedensbedingungen zu schwächen ver- suchte. Die französische Ostgrenze verlagerte sich bis an den Rhein. Preußen musste erhebliche territoriale Einbußen zugunsten des Königreichs Westfalens, des Rheinbundes sowie des neu gegrün- deten Großherzogtums Warschau hinnehmen (Frieden von Tilsit 1807). Großbritannien sollte durch eine Kontinentalsperre vom Handel mit dem europäischen Festland ausgeschlossen werden.

S. 129, M4: Aus dem Code civil

Der 1804 in Kraft getretene Code civil (auch Code Napoléon genannt) ist eines von mehreren wich- tigen Gesetzeswerken, die auf Napoleon zurückgehen. Neben seiner Anwendung in Frankreich galt der Code civil auch in den von Frankreich besetzten Gebieten. Dort blieb er z. T. für lange Zeit gültig und hatte entsprechend erhebliche Wirkung (u. a. in vielen deutschen Gebieten als „Rheinisches Recht"). Der Code civil transportierte die Ideale der Revolution, wie z. B. die Rechtsgleichheit (Art. 8), in die eroberten Territorien, auch wenn beispielsweise Frauen noch immer von politischer Mitbestimmung ausgeschlossen und auch in vielerlei anderer Hinsicht explizit benachteiligt blieben. Das Gesetzeswerk hatte ferner globale Wirkung, insofern sich viele Staaten, etwa in Nord- und Südamerika, an ihm orientierten.

S.129, Aufgabe 1 Die Zeitleiste sollte folgende Punkte enthalten:
- 1795: bürgerliche Herrschaft über die Französische Republik (Direktorium)
- 9./10. November 1799: Staatsstreich Napoleon Bonapartes (Erster Konsul)
- Einführung des Code civil
- 1801: Eroberung der linksrheinischen Gebiete
- 1804: Kaiserkrönung (Akzeptanz des Papstes)
- 1806: Gründung des Rheinbundes, dem sich 16 deutsche Monarchen anschlossen
- 1806: Untergang des Heiligen Römischen Reichs Deutscher Nation
- 1806/07: Sieg über Preußen und Frieden von Tilsit
- preußische Reformen

S.129, Aufgabe 2 siehe die Erläuterungen zu M2

S.129, Aufgabe 3
Wichtige Gesichtspunkte der Menschen- und Bürgerrecht von 1789 finden sich im Code Civil wieder: die Garantie der persönlichen Freiheit und der Rechtsgleichheit (keine Stände) und der Schutz des Privateigentums. Rechte der Frauen spielen in der Menschenrechtserklärung keine Rolle. Im Code civil wird die Rolle der Frau zwar klar definiert, jedoch nicht zu ihrem Vorteil. Anderes wiederum, so die Pressefreiheit (Art. 11), spielt im Code civil keine Rolle.

S.129, Aufgabe 4 siehe die Erläuterungen zu M3

S.129, Aufgabe 5 a)
Wirtschaftliche Erholung und eine neue Rechtsordnung sind positive Aspekte der Herrschaft Napoleons. Vor dem Hintergrund, dass zuvor bereits eine demokratische Verfassung errungen worden war, ist die Alleinherrschaft Napoleons bis hin zu seiner Krönung zum „Kaiser der Franzosen" als Rückschritt zu deuten, zumal sich mit Napoleons Herrschaft die Unterdrückung jeglicher Opposition sowie eine aggressive Außenpolitik verbanden, die Hunderttausenden Menschen das Leben kostete. Gleichwohl lässt sich das Bedürfnis vieler Franzosen nach stabilen Verhältnissen vor dem Hintergrund der jahrelangen Revolutionswirren mit ständig wechselnden politischen Verhältnissen, der Schreckensherrschaft des Wohlfahrtsausschusses und außenpolitischer Bedrohung verstehen.
b) und c) individuelle Lösungen

Preußische Reformen – eine Revolution von oben?   S.130/131

S.130, M1: Denkschrift von Karl August von Hardenberg, 1807
Karl August von Hardenberg (1750–1822) war einer der einflussreichsten Reformer in Preußen. Bereits 1795 war er als preußischer Bevollmächtigter an den Friedensverhandlungen zwischen Frankreich und Preußen in Basel beteiligt. Von 1803 bis 1806 war er mit kleineren Unterbrechungen preußischer Außenminister. Seine Reformorientierung zeigte Hardenberg infolge der Niederlage gegen Napoleon u. a. in der „Denkschrift von Riga" an König Friedrich Wilhelm III., in welcher er über „Demokratische Grundsätze in einer monarchischen Regierung" nachdachte. Sein Einfluss auf die preußischen Reformen (1807–1816) war maßgebend. Im Jahr 1810 wurde er zum Staatskanzler ernannt und 1814 in Anerkennung seiner Verdienste um das wiedererstarkte Preußen in den Fürstenstand erhoben. Als Bevollmächtigter seines Landes nahm Hardenberg am Wiener Kongress teil.

S.130, M2: Ein Gutsherr über die preußischen Reformen, um 1810
Heinrich Friedrich Karl vom und zum Stein (1757–1831) war ein preußischer Beamter, der 1807 als Staatsminister berufen und mit der Durchführung von Reformen beauftragt wurde. In seine nur 14 Monate dauernde Amtszeit fielen das Oktoberedikt von 1807 zur Bauernbefreiung und die Städteordnung von 1808. Der namenlose Gutsherr spielt hier insbesondere auf das Oktoberedikt von 1807 an, das die bisherige Ständeordnung und also die Vormachtstellung des Adels in Preußen ab 1810 beseitigte und zur Aufhebung der Leibeigenschaft und der Erbuntertänigkeit der Bauern führte. Das Edikt bedeutete für die Bauern persönliche Freiheit, Freiheit der Berufswahl, Freiheit der Erschließung, das Recht auf freien Eigentumserwerb und Freizügigkeit. In der Folge des Edikts (und des Regulierungsedikts von 1811) vergrößerte sich die genutzte Landfläche erheblich, was sich positiv auf die

[Handschriftliche Notizen am linken Rand:]

code civil
~ persöne -Freiheit
~ Rechtsgleichheit
~ Recht auf Privat-eigentum

→ ø Frauen
ø Pressefreiheit

Bewertung
Napoleon

Steuereinnahmen auswirkte. Gleichzeitig waren die sozialen Folgen für die Bauern keinesfalls ausschließlich positiv, vielmehr bildete sich eine besitzlose, oft verschuldete ländliche Unterschicht.

S.131, M3: Napoleons Rückzug aus Russland, Ölgemälde

Das Ölgemälde zeigt den im Jahr 1812 vor Moskau geschlagenen Napoleon inmitten seiner Truppen während des beschwerlichen Rückzugs im harten russischen Winter. Bis zu dieser Niederlage hing Napoleon, der ganz Europa militärisch unterworfen hatte, ein Nimbus der Unbesiegbarkeit an. Da Napoleon einen Großteil seiner kampferprobten Grande Armee in Russland verlor, wird die Niederlage auch als Wendepunkt gesehen, der die nachfolgenden Befreiungskriege und das Ende der napoleonischen Herrschaft über die deutschen Kleinstaaten erst möglich gemacht hat. Mithin hat das Ereignis auch für die Geschichte der deutschen Nationalbewegung eine herausragende Bedeutung, weshalb der Maler Adolf Northen 1866, im Jahr der „großdeutschen" Lösung, dieses Motiv wählte.

S.131, M4: Völkerschlachtdenkmal

Das durch Spenden finanzierte Denkmal wurde am 18. Oktober 1913 im Beisein Kaiser Wilhelms II. eingeweiht, 100 Jahre nach der Völkerschlacht bei Leipzig. Das Denkmal steht auf dem ehemaligen Schlachtfeld. Es wurde auf einer Grundfläche von 70 × 80 m errichtet und erreicht eine Höhe von 91 m; die Kuppelhalle im Inneren hat eine Höhe von 65 m. Das Denkmal ist heute ein Wahrzeichen der Stadt Leipzig und wird als Aussichtsplattform und Konzertort genutzt.

S.131, Aufgabe 1 a) und b)

Reform	Ziel
Bauernbefreiung	Zahl der freien Bauern sowie Produktivität und Qualität in der Landwirtschaft sollten erhöht werden
Berufswahl und Aufhebung der Zünfte	freie Berufswahl sollte gewährleistet und der freie Wettbewerb realisiert werden
politische Mitspracherechte	Stärkung der Selbstverantwortung von Städten und Gemeinden sowie politische Partizipation des Besitzbürgertums
Bildungsreform	• Vereinheitlichung des Bildungssystems und der Bildungsstandards • Anhebung des Bildungsniveaus durch allgemeine Schulpflicht • Schaffung sozialer Aufstiegsmöglichkeiten und Eliten
Heeresreform	• Schaffung eines Volksheeres durch Einführung der allgemeinen Wehrpflicht • auch Bürger sollten Chance zum Aufstieg innerhalb des Militärs haben
Judenemanzipation	• rechtliche Gleichstellung von Juden und preußischen Staatsbürgern (Bürgerrechte) • freie Religionsausübung wird garantiert

VISUALISIERUNG 4.5

S.132, Aufgabe 2 a) und b) individuelle Lösungen

S.132, Aufgabe 3

Die „preußischen Reformen" hatten entscheidenden Einfluss auf die Entwicklung Preußens im 19. Jahrhundert. Im Hinblick auf die Befreiungskriege war die Einführung der Wehrpflicht von großer Bedeutung.

S.131, Aufgabe 4 a)

Eine Revolution im „guten Sinn" ist für Hardenberg eine staatlich gelenkte Revolution, die nicht von inneren und äußeren Einflüssen eruptiv beschleunigt wird.
b) Diskussion

S.131, Aufgabe 5

Der militärische Niedergang Napoleons beginnt mit dem Russlandfeldzug, der die französischen Truppen zwar nach Moskau führte, wo sie sich aber nicht halten konnten. Der Rückzug war ein verlustreiches Desaster. Das Gemälde von Adolf Northen illustriert diesen Rückzug. Es zeigt einen inmitten seiner Truppen vereinsamten, geschlagenen Napoleon. Aus dem Bezwinger der Elemente ist ein frierender General geworden, dessen geschwächtes Pferd ihn durch den russischen Winter trägt. Die Preußen begannen sich ferner aus der erzwungenen Waffenhilfe zu lösen (Konvention von Tauroggen) und mit anderen europäischen Mächten, insbesondere den Briten, Österreichern und Russen, eine Koalition zu bilden, die schließlich in der Völkerschlacht von Leipzig 1813 Napoleon besiegte, worauf dieser sich auf das ursprüngliche Gebiet Frankreichs zurückzog, bevor schließlich auch Paris von den Koalitionstruppen erobert und Napoleon nach Elba verbannt wurde.

S. 131, Aufgabe 6 a) und b) siehe die Erläuterungen zu M4

Geschichte kontrovers: Friedensschluss von 1815 – eine stabile Ordnung für Europa?   S. 132/133

S. 132, M1: Mittel- und Osteuropa nach dem Wiener Kongress 1815
Die territoriale Neugestaltung Europas infolge des Wiener Kongresses umfasste folgende wichtige Änderungen:
• Zusammenschluss souveräner Einzelstaaten zum Deutschen Bund, der territorial von Preußen und Österreich dominiert wurde
• Deutscher Bund bildete Pufferzone gegen eine erneute französische Expansion
• Staaten der „Heiligen Allianz" (Preußen, Österreich, Russland) als Siegermächte mit großen territorialen Zugewinnen (Teilung Polens)
• Aus dem Kaisertum Österreich wurde eine Doppelmonarchie mit Ungarn, deren Einflusserweiterung auf dem Balkan Konflikte mit dem Osmanischen Reich und Russland barg.

S. 133, M2: Georg Weber über den Wiener Kongress, 1888
Georg Weber (1808–1888) war ein deutscher Gymnasiallehrer und Historiker. Sein bedeutendstes Werk ist die „Allgemeine Weltgeschichte unter besonderer Berücksichtigung des Geistes- und Kulturlebens der Völker". Die erste Auflage erschien zwischen 1857 und 1880 in 15 Bänden. Weber schrieb die späteren Bände dieses Werks unter dem Eindruck der Reichsgründung von 1871, in der sich erfüllte, was er dem Wiener Kongress vorhielt: die Zeichen der Zeit verkannt zu haben, d.h. willkürlich mit den Völkern Europas umgegangen zu sein, statt das „historisch Gewordene und national Zusammengehörige" sowie die „nationalen Bedürfnisse der Völker" als Grundlage für Staatenbildungen berücksichtigt zu haben. Weber beklagt zwar, dass die „Zeichen der Zeit, die Stimmungen und Bewegungen der Völker" nicht beachtet worden seien, gleichwohl bestreitet er nicht, dass über ein halbes Jahrhundert nach dem Kongress eine stabile Ordnung in Europa bestand.

S. 133, M3: Manfred Görtemaker über den Wiener Kongress, 1989
Manfred Görtemaker (geb. 1951) ist Professor für Geschichte. Er schreibt mit einem deutlich größeren zeitlichen Abstand über den Wiener Kongress und seine Folgen. Dabei hat er insbesondere Entwicklungen im Blick, die Weber nicht kannte. Görtemaker sieht im Ergebnis des Wiener Kongresses die Grundlage für die Stabilität Europas, das „System eines europäischen Mächtegleichgewichts". Als Grundlage dieses Systems nennt er Solidarität, Legitimität und Restauration. Das System geriet erst ab 1890 durch an Fahrt gewinnende Strömungen (Nationalismus, Kolonialismus, Imperialismus, Wettrüsten) in Gefahr, bevor es 1914 schließlich zerbrach.

S. 133, M4: Druckgrafik von Johann Michael Voltz, 1815
Zar Alexander I. von Russland (1777–1825), Kaiser Franz I. von Österreich (1786–1835) und König Friedrich Wilhelm III. von Preußen (1770–1840) sitzen um einen Tisch, während der besiegte und verbannte Napoleon von Elba aus zusieht. Ein Vertreter Frankreichs, das zunächst durch seinen Gesandten Talleyrand an den Verhandlungen in Wien aktiv beteiligt war, fehlt. Das Land musste nach Napoleons Rückkehr und seiner Niederlage bei Waterloo erhebliche Gebietsverluste und Entschädigungszahlungen hinnehmen. Die drei Herrscher deuten auf die auf dem Tisch liegende Karte. Alexander I. hält zudem einen Stechzirkel in der Hand. Offenkundig ist die zukünftige Aufteilung Europas ihr Gesprächsthema. Das Verhältnis der drei Herrscher scheint von Harmonie und Einigkeit geprägt. Die Darstellung lässt sich daher auch als Hinweis auf die Heilige Allianz lesen, ein Bündnis, das die Monarchen 1815 eingingen, um die Verhältnisse der Zeit vor 1789 wieder herbeizuführen und zu bewahren.

S. 133, Aufgabe 1

Prinzip	Erklärung
Restauration	Wiederherstellung der politischen und sozialen Verhältnisse vor der Französischen Revolution; Schaffung eines Gleichgewichts zwischen den fünf europäischen Großmächten zur Verhinderung von Hegemonialbestrebungen
Legitimität	wurde dem republikanischen Prinzip der Volkssouveränität der Französischen Revolution entgegengestellt und betont das Gottesgnadentum
Solidarität	Zusammenschluss zwischen Österreich, Preußen und Russland zur „Heiligen Allianz", um sich gegenseitig vor revolutionären Bestrebungen zu schützen

VISUALISIERUNG 4.6

S. 133, Aufgabe 2 a) siehe die Erläuterungen zu M4
b) Alle drei Grundsätze des Kongresses finden sich in dem Bild wieder. Es sind die Herrscher der drei großen Mächte des Kontinents – Russland, Österreich und Preußen –, die als Vertreter der traditionellen Ordnung (Legitimität) die Landkarte in ihrem Sinne gestalten (Restauration) und dabei ein Gleichgewicht der Kräfte anstreben. Die einträchtige Platzierung um den kleinen Tisch vermeidet den Anschein jeglichen Konflikts, ein Hinweis auf den Grundsatz der Solidarität.

S. 133, Aufgabe 3 siehe die Erläuterungen zu M1

S. 133, Aufgabe 4
Der Deutsche Bund wurde 1815 als Teil der neuen europäischen Friedensordnung gegründet. Der Bund verfügte zwar über kein gemeinsames Staatsoberhaupt, dafür aber über einen Bundestag, der gemeinsame Beschlüsse fasste, Mechanismen zur Schlichtung von Streitigkeiten unter den Staaten sowie über ein Bundesheer, zu welchem die Mitgliedsstaaten Kontingente entsandten. Er war Ausdruck der restaurativen Bestrebungen (siehe die durch den Bundestag verabschiedeten Karlsbader Beschlüsse von 1819). Bis zu seiner Auflösung 1866 trug die Konstruktion des Bundes zur Aufrechterhaltung des inneren Friedens und zur territorialen Unversehrtheit der Mitgliedsstaaten bei.

S. 133, Aufgabe 5 a) bis c) siehe die Erläuterungen zu M2 und M3; individuelle Lösung

Methode: Darstellungen untersuchen   S. 134/135

S. 134, M1 und M2: Hans-Ulrich Wehler
Hans-Ulrich Wehler (1931–2014) war ein deutscher Historiker, der wichtige Werke zur neueren und neusten Geschichte sowie zur Geschichtstheorie vorgelegt hat. Er gilt als Mitbegründer und maßgeblicher Vertreter der historischen Sozialwissenschaft und der Gesellschaftsgeschichte.

S. 135, Aufgabe 1
2. Der Text wurde 1987 von dem deutschen Historiker Hans-Ulrich Wehler (1931–2014) verfasst.
3. Der Autor setzt sich mit der Gründung des Deutschen Bundes auseinander.
7. Als Begründung führt der Historiker an, dass der Bund dem Stabilitätsprinzip und Sicherheitsbedürfnis der Staaten entsprach und durch ihn ein potenzieller Krisenherd entschärft wurde.
8. Nach Meinung des Autors war der Deutsche Bund geeignet, den Frieden zu erhalten.
9. Die Argumentation ist nachvollziehbar, insofern Wehler den Bund sowohl vor dem Hintergrund der Tradition würdigt und er andererseits die Bedürfnisse der beteiligten Staaten berücksichtigt. Allerdings argumentiert der Autor einseitig, denn er erwähnt nicht, dass der Staatenbund keine letztgültige Garantie für das Ausbleiben bzw. friedliche Beilegen von Konflikten war.
10. Der Autor stellt in seinem Text einige historische Bezüge dar. So spricht er beispielsweise vom Heiligen Römischen Reich Deutscher Nation, das bis 1806 existierte.

S. 135, Aufgabe 2 a)
Die Beurteilungen Webers und Wehlers sind gegensätzlich. Wehler nimmt an, dass die Lösungen des Wiener Kongresses den Bedürfnissen der Staaten entgegenkamen, Weber nimmt das Gegenteil an. Wehler fokussiert allerdings auf Stabilität und Sicherheit, wohingegen Weber auf die „nationalen Bedürfnisse der Völker" und ihre „freiheitlichen Forderungen" abhebt. Webers Überlegungen bleiben begrifflich unklar, während für Wehlers Position spricht, dass die Zeit bis 1866 eine Friedenszeit war.

b) individuelle Lösung

Der Vormärz – revolutionäre Vorboten in Deutschland und Europa S. 136/137

HRU, S. 120, KV
*4.3 Zur Begründung
der Pressefreiheit*

Diff. Kopiervorlagen
*12.1 Verbotene Bü-
cher: Literatur und
Zensur im Vormärz*

S. 136, M1: Das Wartburgfest 1817
Der Holzstich ist im Jahr 1880 entstanden. Im Zentrum des Bildes lodert ein Feuer, dessen Flammen sich aus einem Bücherhaufen speisen. Weitere Bücher und andere Gegenstände werden durch die Umstehenden ins Feuer geworfen. Die Darstellung legt nahe, dass die Bücherverbrennung im Hof der Wartburg stattfand, was aber nicht der Fall war. Die Bücherverbrennung war ein symbolischer Akt, der einige Aufmerksamkeit erregte und in zahlreichen Darstellungen verewigt wurde. Wichtiger waren jedoch die politischen Forderungen, die auf diesem Fest offen ausgesprochen und im Anschluss als politisches Programm bekannt gemacht wurden. Die Studenten forderten die politische, religiöse und wirtschaftliche Einheit Deutschlands, das eine konstitutionelle Monarchie werden sollte. Ferner forderten sie die Gleichheit vor dem Gesetz und die Pressefreiheit. Wichtig war das Fest ferner, weil hier von den Teilnehmern erstmals eine Fahne in Schwarz, Rot und Gold, den späteren deutschen Nationalfarben, mitgeführt wurde.

S. 137, M2: Der Denker-Club
Die Karikatur erschien 1820 kurz nach der Verabschiedung der „Karlsbader Beschlüsse" und kritisiert insbesondere die Zensurpolitik während der Restaurationsepoche. An einem ovalen Tisch sitzt ein Kollegium gelehrter Männer und debattiert mit verknebelten Mündern. Rechts sind die Gesetze des „Denkerclubs" zu lesen. Demnach sei das Schweigen das erste Gesetz des Gelehrten (Punkt zwei). So wird den Mitgliedern unter Punkt drei ferner geraten, der Zunge keinen „freyen" Lauf zu lassen, weshalb jedem ein Maulkorb auszuteilen sei. Angeprangert wird damit vor allem die Überwachung der Universitäten und die Pressezensur. Unheilvoll prangt im Hintergrund das Sitzungsthema in Form der rhetorischen Frage: „Wie lange möchte uns das Denken wohl noch erlaubt bleiben?"

S. 137, M3: Aus der Rede Philipp Jakob Siebenpfeiffers, 1832
Der Jurist Philipp Jakob Siebenpfeiffer (1789–1845) gehörte neben Johann Georg August Wirth zu den Hauptinitiatoren des Hambacher Festes. Siebenpfeiffer spielte in der deutschen Nationalbewegung eine wichtige publizistische Rolle. Um 1830, nach der Pariser Julirevolution, prangerte er offen die Missstände in den deutschen Ländern an. Er forderte die nationale Einheit und sprach sich für die Gleichstellung und Freiheit aller Bürger aus, die nicht durch Standesgrenzen bzw. durch das Geschlecht beeinträchtigt werden sollte. Bereits Anfang 1832 wurde in Zweibrücken unter Mitwirkung Siebenpfeiffers der „Vaterlandsverein zur Unterstützung der freien Presse" gegründet, wodurch sich der Jurist offen positionierte. Für ihn sollte der Marsch auf das Hambacher Schloss demonstrativen Charakter haben. In einem Hochverratprozess wurde Siebenpfeiffer zwar freigesprochen, kurz darauf aber unter falschen Vorwänden zu zwei Jahren Haft verurteilt. Er konnte aus dem Gefängnis fliehen und emigrierte in die Schweiz, wo er 1845 starb.

S. 137, M4: Das Hambacher Fest am 27. Mai 1832
Auf der Radierung ist eine lange Menschenschlange (Männer, Frauen, Kinder) zu sehen, die sich ihren Weg hinauf zum Hambacher Schloss bahnt. Die Stimmung wirkt ausgelassen. Eine Kapelle begleitet den Zug und es sind mehrere wehende deutsche Fahnen zu sehen, die damals noch in umgekehrter Farbreihenfolge Symbol der Nationalbewegung waren. Dies spricht dafür, dass es sich bei der Radierung um eine Kopie aus späterer Zeit handelt. Die Szenerie vermittelt nicht zuletzt wegen der bunten Farben, des festlichen Charakters und der wehenden Fahnen eine Aufbruchsstimmung, die durchaus an eine Demonstration erinnert. Die auf dem Hambacher Schloss gehisste Nationalflagge stützt diesen Eindruck. Auch für die deutschen Fürsten hatte das Hambacher Fest einen demonstrativen Charakter, weil es ihnen eindrucksvoll vor Augen führte, dass ihre Unterdrückung von Nationalismus und Liberalismus erfolglos blieb.

S. 137, Aufgabe 1

	nationalliberale Bewegung	Monarchie
Ziele	• freiheitliche Menschen- und Bürgerrechte • geeinter deutscher Nationalstaat	• Erhalt der monarchischen bzw. absolutistischen Ordnung
politische Aktionen	• Wartburgfest, 1817 • Ermordung des Autors August von Kotzebue, 1819 • Aufstände in Hannover, Hessen-Kassel, Sachsen und Braunschweig • Hambacher Fest, 27. Mai 1832	• Begründung der „Heiligen Allianz", 1815 • Hinrichtung von Karl Ludwig Sand • Karlsbader Beschlüsse, 1819 • Verfolgung liberaler Persönlichkeiten

(Randspalte:) VISUALISIERUNG 4.7

S. 137, Aufgabe 2 individuelle Lösung

S. 137, Aufgabe 3 siehe die Erläuterungen zu M2

S. 137, Aufgabe 4 a) siehe die Erläuterungen zu M1 und M4
b) War zum Zeitpunkt des Wartburgfestes alles Französische noch verhasst, so ist das Hambacher Fest hingegen im Zusammenhang mit der französischen Julirevolution (1830) zu sehen, in der die Franzosen den nach absoluter Macht greifenden König Karl X. stürzten und durch den „Bürgerkönig" Louis-Philippe, nunmehr König von Gottes Gnaden und dem Willen des Volkes, ersetzten. Damit hatte Frankreich eine zweite bedeutende Revolution erlebt, was die liberalen Kräfte in den deutschen Ländern inspirierte. 1830/31 hatte in Polen, zu diesem Zeitpunkt ein Protektorat Russlands, der Novemberaufstand stattgefunden. Ziel der Aufständischen war die nationale Unabhängigkeit durch Beendigung der russischen Kontrolle. Sie scheiterten an der Übermacht der russischen Armee.
c) individuelle Lösung

S. 137, Aufgabe 5 siehe die Erläuterungen zu S. 149, M4

Unruhen in Berlin – Warum kam es zur Revolution von 1848?   S. 138/139

S. 138, M1: Die Barrikaden an der Kronen- und Friedrichstraße am 18. März 1848
Es handelt sich um eine zeitgenössische Lithografie, die eine dramatische Darstellung des Straßenkampfes zeigt. Im Bildzentrum ist eine Barrikade zu sehen, die von zahlreichen Personen, darunter Bürger, Handwerker, Frauen und Kinder, verteidigt wird. Zu erkennen sind verschiedene Waffen, u. a. Bajonette und Keulen. Einige Verteidiger brechen das Pflaster auf, Frauen und Kinder im Zentrum gießen an einem Feuer Bleikugeln als Munition für erbeutete Gewehre. Im Hintergrund ist ein Kavallerist dargestellt, der soeben getroffen wurde und von seinem Pferd sinkt. In der Häuserzeile rechts sind Bürger zu sehen, die aus geöffneten Fenstern schießen und von einem der Dächer Steine auf die Straße werfen.

(Randspalte:) HRU, S. 122, KV
4.4 „Auf die Barrikaden!" – Die Märzkämpfe in Berlin

S. 139, M2: Ein Zeitzeuge erinnerte sich 1852 an die Ereignisse am 19. März 1848
Der vermutliche Augenzeugenbericht verdeutlicht die ablehnende Haltung des preußischen Königs Friedrich Wilhelm IV. gegenüber der liberalen und nationalen Bewegung. Lediglich durch den Druck der Öffentlichkeit ließ er sich demzufolge zu halbherzigen Konzessionen wie der Ehrerbietung vor den Toten der Barrikadenkämpfe bewegen. Auf der anderen Seite zeigt die Schilderung des Zeitzeugen auch, inwieweit die Revolutionäre die politische Lage falsch eingeschätzt hatten. Zwar schien der König in die Ecke gedrängt, was lose Versprechungen und Zusagen an die nationale Einigung belegen, doch sollte er sich als entscheidendes Hindernis für den Erfolg des nationalen Einigungsprozesses erweisen.

S. 139, M3: Proklamation „An mein Volk" von Friedrich Wilhelm IV. am 21. März 1848
Nachdem die Straßenkämpfe durch Abzug der Armee beendet waren, wandte sich der König am 21. März an sein Volk, um seine Verbundenheit mit dem Nationalstaatsgedanken zu bekunden und um weitreichende Versprechungen zu machen. Unter anderem kündigte er die Gleichberechtigung der Konfessionen, Schwurgerichte und eine konstitutionelle Verfassung an, was er im Jahr zuvor noch strikt abgelehnt hatte. Damit kam der König den revolutionären Kräften weit entgegen und sicherte

so auch seine Macht. Die Proklamation war insofern ein kluger politischer Schachzug. Tatsächlich hatte sich der Sinn des Königs nicht gewandelt, wie ein Brief an seinen Bruder deutlich macht. Zwar erließ er im Dezember 1848 eine preußische Verfassung, doch blieb alle Macht weiterhin in seinen Händen.

S. 139, M4: Zug des deutschen Parlaments nach der Paulskirche am 18. Mai 1848

Die Paulskirche, zwischen 1789 und 1833 errichtet, wurde 1848 der Nationalversammlung von der evangelischen Gemeinde Frankfurt als Tagungsort zur Verfügung gestellt. Im Zweiten Weltkrieg wurde die Kirche schwer beschädigt, sogleich nach dem Krieg aber repariert und 1948 wiedereröffnet – jedoch nicht länger als Kirche. Die Paulskirche gilt heute als ein bedeutendes Symbol der demokratischen Bewegung in Deutschland.

S. 139, Aufgabe 1

Die Mindmap sollte folgende Punkte enthalten: Nachrichten aus Frankreich (Februarrevolution, Absetzung des Königs), politische Situation (fehlende Freiheitsrechte, Ständeordnung, Absolutismus, keine politische Mitbestimmung), unerfüllte Sehnsucht nach einem deutschen Nationalstaat, soziale Lage (schlechte Versorgungslage, Hungerlöhne, Massenarmut).

S. 139, Aufgabe 2 a) und b) individuelle Lösungen

S. 139, Aufgabe 3

Bei diesen Erinnerungen ist der Wunsch Vater des Gedankens. Der Augenzeuge verkennt, dass der König als Politiker agierte, der dem Wunsch des Volkes nach einer Geste nachkam, gleichwohl aber die Zügel politischen Handelns fest in der Hand hielt. Der König war mitnichten „vernichtet". Sein Ansehen freilich war und blieb schwer beschädigt, was aber an den tatsächlichen Machtverhältnissen nichts änderte.

S. 139, Aufgabe 4 a) siehe die Erläuterungen zu M4

b) Friedrich Wilhelm war zutiefst vom Gedanken des Gottesgnadentums überzeugt. Die Idee der Volkssouveränität lehnte er ab. Die Revolution in Preußen beendete er im Verlauf des Jahres 1848 durch Verkündung der Preußischen Verfassung.

Wähle aus: Auf dem Weg zu Verfassung und Nationalstaat – die deutsche Nationalversammlung   S. 140/141

S. 140, M1: 1848 beschlossene Grundrechte

Am 21. Dezember 1848 wurde von der Frankfurter Nationalversammlung das „Reichsgesetz betreffend die Grundrechte des deutschen Volkes" verabschiedet. Es war auf deutschem Boden das erste Mal, dass ein Kanon von Menschen- und Bürgerrechten durch ein demokratisch legitimiertes Parlament Gesetzeskraft erlangte und allgemeine Gültigkeit beanspruchte. Der Grundrechtskanon schaffte die Standesvorrechte ab und formulierte die Gleichheit jedes Bürgers vor dem Gesetz. Zudem wurde ein umfangreicher Katalog von Freiheitsrechten, wie die freie Meinungsäußerung und die Presse- und Versammlungsfreiheit, garantiert. Die Gerichte sollten unabhängig und das persönliche Eigentum geschützt sein. Sämtliche Bestimmungen haben ihrem Wesen nach Eingang in das Grundgesetz der Bundesrepublik Deutschland gefunden.

S. 141, M2: Rede des Abgeordneten Joseph von Würth vom Januar 1849

Joseph von Würth (1817–1855) war ein österreichischer Jurist und Mitglied der ersten deutschen Nationalversammlung, der sich in dieser Rede vom 12. Januar 1849 über die österreichisch-deutsche Frage äußert. Würths Forderung, auch als „großdeutsche" Lösung bekannt, ist eindeutig: Die „deutschen Länder Österreichs", die bisher dem Deutschen Bund angehörten, sollten dem zu schaffenden deutschen Bundesstaat angehören. Er behauptet, die österreichischen Gebiete wollten Teil von Deutschland bleiben, auch befürchtet er, dass das einmal Getrennte sich so schnell nicht wieder zusammenführen lasse. Ferner warnt er vor Spannungen zwischen Deutschland und Österreich bis hin zum Krieg, der letztlich nur den „feindlichen Mächte[n]" Russland, England und Frankreich in die Hände spiele. Solche Befürchtungen waren keineswegs aus der Luft gegriffen. Im Falle einer Nationalstaatsbildung ohne Österreich, auch als „kleindeutsche" Lösung diskutiert, fiel die Führungsrolle Preußen zu, das mit Österreich seit dem Siebenjährigen Krieg (1756–1763) in einer spannungsreichen Rivalität stand. Die „großdeutsche" Lösung jedoch, d. h. die Herauslösung von Gebieten aus dem Gesamtstaat Österreich, wurde von der österreichischen Regierung strikt abgelehnt. Die Frage des

Zuschnitts des künftigen Nationalstaates hatte zu einer tiefen Spaltung der Nationalversammlung geführt. Die am 27. März 1849 verabschiedete Reichsverfassung sah schließlich die „kleindeutsche" Lösung vor, einen föderalen Einheitsstaat aller Staaten des Deutschen Bundes mit Ausnahme des Kaisertums Österreich.

S.141, M3: Lösungsvorschläge der Paulskirche für das deutsche Staatsgebiet siehe die Erläuterungen zu M2

S.140, Aufgabe 1 (Material A)
§ 133 findet sich in Art. 11,1 („Alle Deutschen genießen Freizügigkeit im ganzen Bundesgebiet"), § 137 wurde durch Art. 109 der Weimarer Reichsverfassung gültiges Recht („Alle Deutschen sind vor dem Gesetze gleich", „Adelsbezeichnungen gelten nur als Teil des Namens und dürfen nicht mehr verliehen werden"), entsprechend im GG, Art. 3,1 („Alle Menschen sind vor dem Gesetz gleich").
§ 138 findet sich in Art. 2,2 („Die Freiheit der Person ist unverletzlich").
§ 140 findet sich in Art. 13,1 („Die Wohnung ist unverletzlich").
§ 143 findet sich in Art. 5,1 („Jeder hat das Recht, seine Meinung in Wort, Schrift und Bild frei zu äußern und zu verbreiten").
§ 144 findet sich in Art. 4,1 („Die Freiheit des Glaubens, des Gewissens und die Freiheit des religiösen und weltanschaulichen Bekenntnisses sind unverletzlich").

S.140, Aufgabe 2 (Material A) individuelle Lösung

S.141, Aufgabe 1 (Material B) siehe die Erläuterungen zu M2

S.141, Aufgabe 2 (Material B) individuelle Lösung

S.141, Aufgabe 3 (Material B)
Mit der Paulskirchenverfassung sollte die „kleindeutsche" Lösung Realität werden. Da es sich aber um ein einseitiges Vorgehen der Nationalversammlung ohne Zustimmung der beiden größten deutschen Staaten handelte, entfaltete die Verfassung keine Wirkung, die Transformation des Deutschen Bundes in einen Bundesstaat blieb zunächst aus.

S.141, Aufgabe für alle
Die Revolutionäre hatten Freiheit und Einheit gefordert. Beides wird durch die erarbeitete Reichsverfassung angestrebt. Einheit durch die Schaffung eines monarchischen deutschen Bundesstaates unter Führung eines Kaisers, Freiheit durch die in der Verfassung enthaltenen Grundrechte (M1).

Methode: Ein Verfassungsschaubild untersuchen   S.142/143

S.142, M1: Die Reichsverfassung vom 28. März 1849
Kerngedanken der Paulskirchenverfassung:
- Deutschland sollte bundesstaatlich organisiert sein.
- Es sollte eine konstitutionelle Monarchie entstehen.
- Der deutsche Kaiser sollte demokratisch gewählt werden.

Die Nationalversammlung einigte sich auf Friedrich Wilhelm IV. als Kaiser und trug ihm am 4. April 1849 die Kaiserkrone an. Der preußische König lehnte diese mit Verweis auf sein Gottesgnadentum ab. Infolge der Ablehnung kam es besonders in den südlichen Territorien (Pfalz, Baden) zu revolutionären Aufständen, die einige Wochen später, im Sommer 1849, niedergeschlagen wurden. Aufgrund der Rechtmäßigkeit der Paulskirchenverfassung kann die monarchistische Reaktion als Putsch bewertet werden.

Diff. Kopiervorlagen
12.3 Republik oder Monarchie? Die Auseinandersetzung um die deutsche Verfassung 1848/49

S.143, Aufgabe 1
3. Exekutive, Legislative, Judikative
4. Grün: Organe der Exekutive, blau: Organe der Legislative, orange: Organe der Judikative. Die Pfeile verdeutlichen, wie die einzelnen Staatsorgane zusammenhängen und welchen Einfluss sie aufeinander ausüben.
5. Deutsches Reich
6. 28. März 1849
7. siehe Schülerband S.142

8. Die Exekutive wird vom Kaiser, der Reichsregierung und den Landesregierungen ausgeübt, die Legislative vom Reichstag und den Landtagen, die Judikative durch ein Reichsgericht.
9. Wahlberechtigt sind zu den Wahlen des Volkshauses alle Männer über 25 Jahren.
10. Es handelte sich um eine konstitutionelle Monarchie, weil die Verfassung Rechte und Pflichten des Kaisers festlegte.
11. Für einen Großteil der männlichen Bevölkerung wäre diese Verfassung ein Fortschritt gewesen, weil sie ohne Rücksicht auf ihre Steuerleistung hätten wählen dürfen. Frauen blieben auch nach dieser Verfassung vom Wahlrecht ausgeschlossen. Für den Monarchen wäre die Verfassung aus absolutistischer Perspektive ein Rückschritt, weil seine Macht deutlich eingeschränkt worden wäre.
12. Diese Verfassung hätte einen enormen Einflussgewinn des Volkes bedeutet und die Macht des Königs durch eine klare Gewaltenteilung deutlich reduziert.

S. 143, Aufgabe 2 a) und b)

<table>
<tr><td rowspan="9" style="writing-mode: vertical-rl">VISUALISIERUNG 4.8</td><td></td><td>**Verfassung von 1791**</td><td>**Verfassung von 1849**</td><td>**Grundgesetz der BRD seit 1949**</td></tr>
<tr><td>**Staatsform**</td><td>konstitutionelle Monarchie</td><td>konstitutionelle Monarchie</td><td>parlamentarische Bundesrepublik</td></tr>
<tr><td>**Staatsoberhaupt**</td><td>König Vetorecht sichert König Einfluss auf die Legislative</td><td>Kaiser aufschiebendes Vetorecht des Kaisers</td><td>Bundespräsident prüft Gesetze und setzt sie in Kraft, selten genutztes Einspruchsrecht</td></tr>
<tr><td>**Staatsgewalt**</td><td>erbliches Königtum und Wahlen</td><td>erbliches Kaisertum und Wahlen</td><td>Alle Staatsgewalt geht vom Volke aus, das Staatsoberhaupt wird gewählt und hat eine befristete Amtszeit.</td></tr>
<tr><td>**Wahlberechtigte**</td><td>Aktivbürger: Männer über 25 mit einer Mindeststeuerleistung (Zensuswahlrecht)</td><td>unterschiedlich für die einzelnen Landtage, für das Volkshaus Männer über 25</td><td>deutsche Staatsbürger, die das 18. Lebensjahr vollendet haben</td></tr>
<tr><td>**Regierung**</td><td>König ernennt die Minister</td><td>Reichsregierung wird durch Kaiser ernannt</td><td>Bundeskanzlerin wird durch Bundestag gewählt und durch Bundespräsident ernannt</td></tr>
<tr><td>**Gerichte**</td><td>Wahl der Richter durch das Volk</td><td>nicht geregelt</td><td>Wahl der Verfassungsrichter durch Bundestag und Bundesrat</td></tr>
</table>

War die Revolution 1848/49 erfolgreich?   S. 144/145

Diff. Kopiervorlagen
12.5 Warum scheiterte die Revolution von 1848?

S. 144, M1: Friedrich Wilhelm IV. lehnt die Krone ab, Karikatur, 1849
Die Lithografie von Isidor Popper kritisiert die Unentschlossenheit des preußischen Königs. Friedrich Wilhelm IV. ist als feister, infantiler Lümmel dargestellt, der in der rechten Hand eine Krone hält. Er ist unschlüssig, ob er sie aufsetzen soll und zählt daher, einem Kinderspiel gleich, die Knöpfe seines Uniformrocks ab und überlässt die Entscheidung somit dem Zufall. Der König wird als unreif dargestellt, unfähig, sich der Verantwortung um die zu einende Nation zu stellen. Friedrich Wilhelm IV. lehnte die Kaiserkrone „mit ihrem Ludergeruch nach Revolution" unter Verweis auf sein Gottesgnadentum schließlich ab, wodurch das Scheitern der Revolution eingeläutet wurde. Unterdessen hatte er am 5. Dezember 1848 selbst eine Verfassung in Kraft gesetzt und damit auch seine Rolle durch eine Verfassung definiert. Das war neu und kann als historisch bedeutsamer Schritt verstanden werden. Diese Preußische Verfassung enthält zudem einen beachtlichen Grundrechtekatalog. Auch das war neu und lässt sich als Reaktion auf die Revolution verstehen. Ferner hatte sie im Gegensatz zur Paulskirchenverfassung bis 1918 Bestand.

S. 145, M2: Der Historiker Thomas Nipperdey zum Scheitern der Revolution, 1998
Nipperdey verweist in seiner Einschätzung auf vier wesentliche Ursachen, die zum Scheitern der Revolution geführt haben:
- die Weigerung des Bürgertums, sich gegen die Monarchie zu stellen
- die unterschiedlichen politischen Kulturen in den deutschen Einzelstaaten (Vorherrschaft Preußens)
- der preußisch-österreichische Dualismus
- die sozialen Spannungen im Pauperismus

S. 145, M3: Der Historiker Thomas Schieder zu den Auswirkungen der Revolution, 1975
Schieder sieht in dem Scheitern der Revolution im Gegensatz zu Nipperdey kein Scheitern im worteigenen Sinne, sondern lediglich eine Verlangsamung in der Entwicklung des deutschen Parlamentarismus. Er hebt die ersten demokratischen Erfahrungen als Erfolg der Revolution hervor, die in der Konsequenz dazu geführt hätten, dass sich die demokratische Landschaft entscheidend entwickelt hat. Hierzu nennt er u. a. die Entstehung politischer Verbände und Parteien, die Parlamentserfahrungen in Frankfurt, Berlin und Wien sowie das Zusammenarbeiten von Politikern aus den deutschen Ländern.

S. 145, Aufgabe 1 a)
2. Mann mit dickem Bauch, großem Kopf und kurzen Beinen; er trägt eine blaue Uniform mit grauer Hose, an der Uniformjacke ist ein Stern zu sehen; der Mann lehnt an einem gedeckten Tisch, auf dem eine Flasche und ein Champagnerglas stehen; seine linke Hand berührt einen Knopf an der Uniformjacke, in der rechten Hand hält er eine prächtige Krone
3. der Künstler ist unbekannt
4. Karikatur aus den „Satyrischen Zeitblättern" (1849)
5. Untertitel: „Soll ich? – Soll ich nich? – Soll ich?! – Knöppe, ihr wollt! – Nu jerade nich!"
6. Ablehnung der Friedrich Wilhelm IV. durch das Frankfurter Nationalparlament angetragenen Wahl-Kaiserkrone (1849)
7. Friedrich Wilhelm IV. war König von Preußen und neben dem österreichischen Kaiser die wichtigste politische Instanz im Deutschen Bund
8. Ablehnung der Wahl-Kaiserkrone und damit die Absage an die nationale Einheit
9. Es wird der Eindruck erweckt, dass Friedrich Wilhelm IV. wichtige politische Entscheidungen zufällig trifft, deshalb sei seinen politischen Entscheidungen nicht zu trauen.
10. Die Karikatur kritisiert die Wankelmütigkeit des preußischen Königs Friedrich Wilhelm IV., der 1848 infolge der Barrikadenkämpfe in Berlin gezwungenermaßen zu liberalen Zugeständnissen bereit war, durch die Ablehnung der Kaiserkrone dann jedoch das Scheitern der Revolution entscheidend forciert hat.
11. Die naiv-kindliche Darstellung des preußischen Königs soll dessen politische Führungsstärke in der deutschen Frage diskreditieren.
b) siehe die Erläuterungen zu M1

S. 145, Aufgabe 2 a) und b) siehe die Erläuterungen zu M2 und M3

S. 145, Aufgabe 3 a) und b) individuelle Lösungen

Kompetenzen prüfen   S. 148/149

S. 148, M1: Bruno Preisendörfer über den preußischen König Friedrich II., 2011
Der Artikel von Bruno Preisendörfer (geb. 1957) erschien im November 2011 aus Anlass des bevorstehenden 300. Geburtstages Friedrichs II. im Jahr 2012. Jubiläen sind wichtige Bestandteile der Erinnerungs- und Geschichtskultur, ferner dominieren sie Teile des geschichtswissenschaftlichen Diskurses. In den Jahren um den 300. Geburtstag Friedrichs II. erschienen mehr als ein Dutzend neuer Biografien über Friedrich II. Jubiläen werden genutzt, um die Bedeutung und Wirkung von historischen Persönlichkeiten und Ereignissen für die Gegenwart zu diskutieren. Preisendörfers Text ist hierfür ein Beispiel.

HRU, S. 125, KV
4.5 Selbsteinschätzungsbogen für Schüler

S. 148, M2: Die französische Verfassung von 1795
Durch die Errichtung der Republik am 21. September 1792 musste eine neue republikanische Verfassung ausgearbeitet werden. Diese wurde am 10. August 1793 feierlich verkündet. Aufgrund des Kriegszustandes Frankreichs wurde ihre Inkraftsetzung auf unbestimmte Zeit ausgesetzt. Letztlich trat die Verfassung nie in Kraft. Charakteristisch ist das Zensuswahlrecht, das besitzlose Männer und

alle Frauen von der politischen Partizipation, die die Verfassung für sämtliche Gewalten vorsieht, ausschloss. Zudem fällt die dominante Stellung der Nationalversammlung ins Auge. Als Herzstück der Volksvertretung sollte sie die Exekutive und die Judikative kontrollieren, was Demagogen und Ideologen viele Missbrauchsmöglichkeiten geboten hätte, wenn sie denn die Vorherrschaft in der Nationalversammlung erlangt hätten.

S. 149, M3: Der ehemalige Bundespräsident Walter Scheel über das Hambacher Fest
Walter Scheel (1919–2016), Bundespräsident von 1974 bis 1979, betont in seiner Rede einen weiteren, aus der Perspektive des 20. Jahrhunderts gewichtigen Aspekt des Hambacher Festes – den europäischen Gedanken, der in einem starken Widerspruch steht zum radikal-expansiven Nationalismus der zweiten Hälfte des 19. Jahrhunderts. Scheel sieht im Hambacher Fest ein frühes historisches Zeugnis für europäische Solidarität, insofern Deutsche, Franzosen und Polen zusammen für liberale und republikanische Forderungen demonstrierten. Zu den Forderungen der Demonstranten gehörte ein konföderiertes republikanisches Europa. Die Kernaussage Scheels lautet, dass nationale Identität nicht aus der Ablehnung des Anderen erwächst und Freiheit nicht durch die Unfreiheit anderer Länder errungen werden kann.

S. 149, M4: Briefmarke „Das Hambacher Fest, 1832", 2007
Die Briefmarke zeigt eine Variante der Radierung M4 auf S. 137 des Schülerbandes. Neben der schwarz-rot-goldenen Fahne wird u. a. auch die weiß-rote Flagge Polens geschwenkt, die aus Solidarität mit den polnischen Freiheitskämpfern später auch auf dem Schloss gehisst wurde. Im Hintergrund rechts tragen Teilnehmer des Zuges die französische Trikolore. Ausgabeanlass von Gedenkmarken ist häufig ein Jubiläum, z. B. Geburts- oder Todestage bedeutender Personen oder Jahrestage historischer Ereignisse. Die Briefmarke erschien 2007 aus Anlass des 175. Jahrestages des Hambacher Festes. Daraus lässt sich schließen, dass dem Ereignis in der Bundesrepublik Deutschland 2007 große Bedeutung beigemessen wurde. Dies ist nachvollziehbar, da die Kernforderungen der Festteilnehmer nach Einheit, Freiheit und Volkssouveränität in einer engen Beziehung zum bundesrepublikanischen Selbstverständnis und zum Grundgesetz stehen. Das Hambacher Schloss wird heute häufig als Wiege der Demokratie in Deutschland angesehen.

S. 149, Aufgabe 1 bis 6 siehe die Lösungshilfen auf S. 295 des Schülerbandes

Lösungen zu den Kopiervorlagen der Handreichung

KV 4.1, Aufgabe 1
2. dickbäuchiger Mann im Kirchenornat, der von zwei Männern zu einer Presse geführt wird und mit der rechten Hand die Absolution erteilt; in der Presse (Bildzentrum) steckt eine Person, die zu dem wohlbeleibten Geistlichen schaut (gequält, sehnsüchtig). Flüssigkeit tropft in einen Bottich; zwei auffallend dünne Männer in Kirchenkleidung gehen betend im Hintergrund weg.
3. Karikaturist unbekannt
4. um 1792 entstanden, Entstehungsort unbekannt
5. „Le Degraisseur Patriote" („Der patriotische Entfetter")
6. Eingliederung des Klerus in die Nation
7. Der dickbäuchige Mann im Kirchenornat steht für den alten Klerus (Privilegien, Selbstgefälligkeit). Die Presse steht symbolisch für die Abschaffung der Privilegien und die Eingliederung des Klerus in die Nation. Das Fett als Symbol für Wohlstand wird in einem großen Bottich aufgefangen.
8. Aufforderung zum Verfassungseid für Angehörige des Klerus
9. Die Karikatur zeigt in ironisch-zynischer Art, dass das privilegierte Leben des Klerus vorbei ist; Geistliche werden zu gleichen Bürgern zusammengepresst.
10. Prunksucht des Klerus
11. Die Errungenschaften der Revolution werden am Beispiel des Klerus als Erfolg dargestellt. Es wird demonstriert, dass der Gleichheitsgrundsatz durch die Verfassung verwirklicht ist.

KV 4.2, Aufgabe 1 Beispiellösung

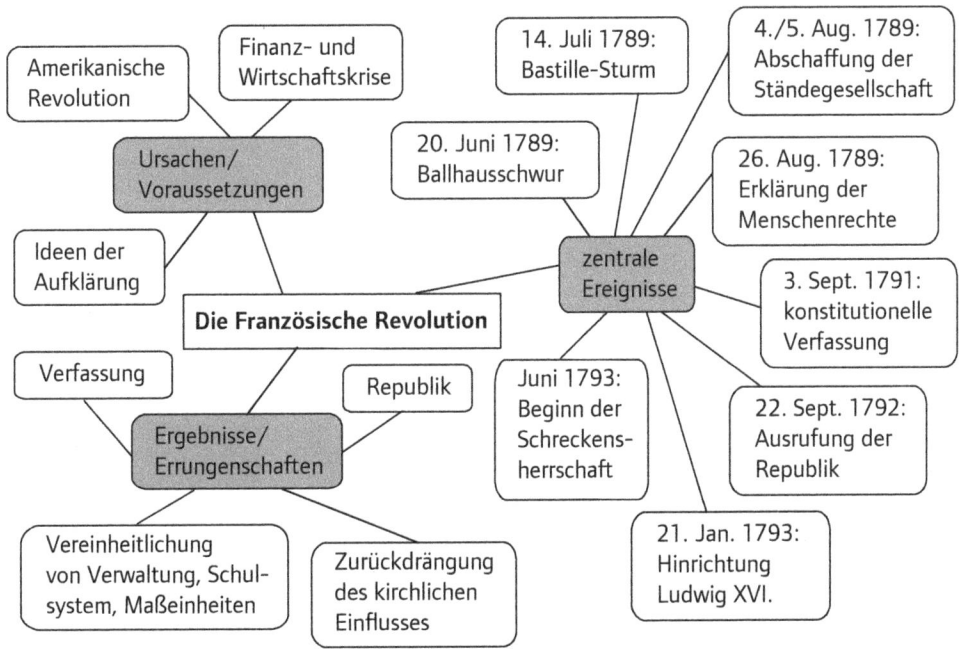

KV 4.2, Aufgabe 2 a) individuelle Lösung
b) Beispiele: *Deutschland:* 3. Oktober, Tag der deutschen Einheit. Gefeiert wird die Wiedervereinigung von West- und Ost-Deutschland im Jahre 1990. *Türkei:* 29. Oktober, Tag der Republik. Gefeiert wird die Ausrufung der Republik im Jahre 1923. *USA:* 4. Juli, Unabhängigkeitstag. Gefeiert wird die Unabhängigkeitserklärung aus dem Jahre 1776. *Italien:* 2. Juni, Fest der Republik. Gefeiert wird die Volksabstimmung für eine republikanische Staatsform aus dem Jahr 1946. *Polen:* 3. Mai, Verfassungstag. Gefeiert wird die Verfassung aus dem Jahr 1791.

KV 4.3, Aufgabe 1
1. Braucht es unabhängige Zeitungen?
2. Es handelt sich um einen Zeitungsartikel.
3. Autor des Artikels ist Joseph Görres (1776–1848). Er war ein glühender Anhänger der Ideen der Aufklärung und der Revolution in Frankreich sowie ein Gegner Napoleons. Die Zeitung „Rheinischer Merkur" gab er von 1814 bis 1816 heraus.
4. Joseph Görres veröffentlichte seinen Artikel am 1. Juli 1814.
5. Der Autor setzt sich mit der Frage auseinander, warum es freier Zeitungen bedarf.
6. Der Text richtet sich an gebildete, des Lesens kundige und politisch interessierte Personen sowie an die Herrschenden.
7. Index: Verzeichnis, Liste; Erörterung: Untersuchung; Zensur: staatliche Kontrolle von Veröffentlichungen
8. Görres äußert die Hoffnung, dass in Deutschland Zeitungen existieren, die mehr sind als bloße Verzeichnisse von Neuigkeiten (Z. 4–6). Zeitungen sollten thematisieren und erklären, was die Menschen bewegt und ihre Ansprüche verteidigen (Z. 12–16). Regierende sollten vor einer freien Presse keine Angst haben und keine Zensur ausüben (Z. 19–24), denn dies würde zu ihrer Ablehnung führen (Z. 26–28).
9. Z. 1–3: Der Satz ist eine Anspielung auf die nationale Erhebung und die Befreiungskriege gegen Napoleon, in deren Verlauf sich die französische Armee nach der Niederlage in der Völkerschlacht bei Leipzig (16. bis 19. Oktober) Ende 1813 über den Rhein zurückzog.
10. Im Kampf gegen Napoleon entstanden auch politische Zeitungen wie der „Rheinische Merkur". Nach der Vertreibung Napoleons stellte sich allerdings die Frage, welche Rolle diese Zeitungen künftig beanspruchen konnten. Der Artikel drückt Görres' Sorge aus, dass eine freie Zeitung unter den neuen Bedingungen (Restauration) keinen Bestand habe würde. So kam es auch. Die Zeitung wurde 1816 nach anhaltender Kritik an den deutschen Fürsten verboten.
11. Der „Rheinische Merkur" war im Kampf gegen Napoleon nützlich und wurde geduldet. Nach dem Sieg empfanden die deutschen Fürsten eine unabhängige, europaweit beachtete Zeitung als Bedrohung. Da Görres gegen Zensurauflagen verstieß, wurde der „Rheinische Merkur" verboten.

Trotz der Versuche, abweichende Meinungen radikal zu unterdrücken (Karlsberger Beschlüsse) behielt Görres langfristig Recht (Z. 26–30, vgl. Hambacher Fest und Revolution 1848/49).

12. Aus heutiger Sicht forderte Görres etwas Selbstverständliches. Art. 5 GG besagt: „Die Pressefreiheit und die Freiheit der Berichterstattung durch Rundfunk und Film werden gewährleistet." Mit Blick auf andere Staaten gilt jedoch, dass die Pressefreiheit ein Gut ist, das immer wieder verteidigt oder errungen werden muss und das wieder verlorengehen kann. Die Ausschaltung der freien Presse in der Türkei im Jahr 2016 ist dafür ein Beispiel.

KV 4.4, Aufgabe 1 siehe die Erläuterungen zu M1 auf S. 138 des Schülerbandes

Name: Klasse: Datum:

KV 4.1 Eine Karikatur untersuchen

M1 „Der patriotische Entfetter". Ein Angehöriger der Nationalgarde und ein Vertreter des dritten Standes führen einen Geistlichen mit den Worten „Geduld, mein Herr, Sie kommen auch dran" zur Maschine. Anonyme Karikatur, ca. 1792

1 Analysiere M1 mithilfe der Arbeitsschritte aus der nachfolgenden Tabelle.

Arbeitsschritte „Eine Karikatur analysieren"

Ersten Eindruck festhalten	
1. Wie wirkt die Karikatur auf dich?	
Einzelheiten beschreiben	
2. Welche Personen, Gegenstände und andere Details lassen sich erkennen? Achte auf den Gesichtsausdruck, die Körperhaltung. Beziehe die Bildunterschrift mit ein.	

Autor: Jan Johannes
Bildrechteinhaber: ullstein bild/Roger-Viollet

Name:	Klasse:	Datum:

Zusätzliche Informationen heranziehen

3. Wer ist der Zeichner?	
4. Wann und wo ist die Karikatur entstanden?	
5. Gibt es einen Titel?	
6. Welches Thema hat die Karikatur?	

Bildaussage erkennen

7. Welche Bedeutung haben die Personen und Gegenstände?	
8. Auf welches Ereignis bezieht sich die Karikatur?	

Aussage der Karikatur formulieren

9. Was ist die Botschaft?	
10. Was wird kritisiert?	
11. Welche Wirkung könnte die Karikatur haben?	

Autor: Jan Johannes
Bildrechteinhaber: ullstein bild/Roger-Viollet

Name: Klasse: Datum:

KV 4.2 Die Französische Revolution: Voraussetzungen, zentrale Ereignisse, Ergebnisse und heutige Bedeutung

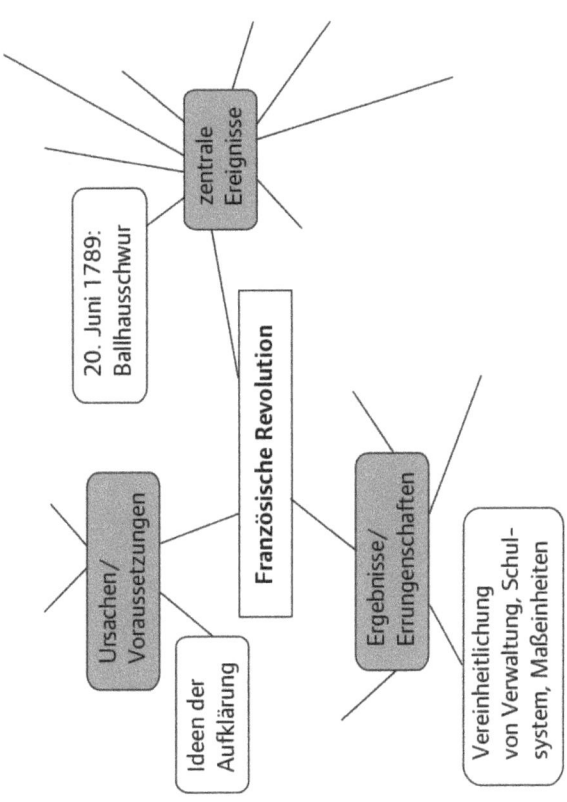

1   Erstelle eine Mindmap zur Französischen Revolution unter folgenden Fragestellungen:
   • Was waren Ursachen und Voraussetzungen der Französischen Revolution?
   • Welche Ereignisse waren besonders bedeutend?
   • Was wurde erreicht?

2   **a)** Der 14. Juli, das Datum des Sturms auf die Bastille, ist in Frankreich Nationalfeiertag. Diskutiert in der Klasse, inwieweit ihr es sinnvoll findet, auch mehr als 200 Jahre nach den Ereignissen die Französische Revolution zu feiern. Welche Bedeutung haben die Ideen der Französischen Revolution heute?
   b) In vielen Ländern wird am Nationalfeiertag an historische Ereignisse erinnert, die in der Geschichte des Landes von Bedeutung waren. Kennt ihr den Nationalfeiertag eines anderen Landes? Erzählt in der Klasse, was an diesem Tag gefeiert wird.

Autorin: Caterina Zwilling

Name:	Klasse:	Datum:

KV 4.3 Zur Begründung der Pressefreiheit

M1 Joseph Görres: Zur Begründung der Forderung nach Pressefreiheit 1814

Da Deutschland endlich wieder eine Geschichte gewonnen, da es in ihm zu einem Volk gekommen, zu einem Willen und zur öffentlichen Meinung, wird es sich wohl auch also fügen, dass es Zeitungen erhält, die
5 mehr sind als der magere geist- und kraftlose Index dessen, was geschehen. Wenn ein Volk teilnimmt am gemeinen Wohle; wenn es sich darüber zu verständigen sucht, was sich begibt; wenn es durch Taten und Aufopferungen sich wert gemacht, in den
10 öffentlichen Angelegenheiten Stimme und Einfluss zu gewinnen; dann verlangt es nach solchen Blättern, die, was in allen Gemütern treibt und drängt, zur öffentlichen Erörterung bringen; die es verstehen, im Herzen der Nation zu lesen; die unerschrocken ihre
15 Ansprüche zu verteidigen wissen; und die dabei, was die Menge dunkel und bewusstlos fühlt, ihr selbst klarzumachen und deutlich ausgesprochen ihr

wiederzugeben verstehen. [...] Auch die Regierenden sollen das erkennen, keine falsche Angst soll sie antreiben, dass sie in diese heilsame Geisterbewegung 20 im Innern ihrer Völker störend eingreifen; keine ängstlich furchtsame Zensur soll den allgemeinen Umlauf der Ideen hindern. Sind die Gedanken erst einmal entbunden; [...] wie ist es töricht, noch zuletzt den Buchstaben zu fesseln [...]. Keine Regierung wird 25 bei den Deutschen [...] sich gründlicher verhasst machen können als jene, die es etwa versuchen wollte, dem freimütigen Wahrheitssinne in diesen Zeiten Banden zu bereiten und im Reiche der Gedanken die vertriebene Sperre und die gesprengten Mautlinien 30 anzulegen.

Joseph Görres, Die teutschen Zeitungen. In: Rheinischer Merkur, 1. Jg., Nr. 80/81, 1./3.7 1814, zit. nach R. Berg/R. Selbmann, Grundkurs Deutsche Geschichte, Bd.1, 4. Aufl. 1988, S. 47 f.

1　Analysiere M1 mithilfe der Arbeitsschritte aus der nachfolgenden Tabelle. Recherchiere Informationen zu Joseph Görres und seiner Zeitschrift „Rheinischer Merkur".

Arbeitsschritte „Schriftliche Quellen untersuchen"

Leitfrage	
1. Fragestellung Welche Leitfrage könnte die Untersuchung der Quelle bestimmen?	
Formale Analyse	
2. Textart Um welche Textart handelt es sich?	
3. Autor Wer ist der Autor (Lebensdaten, soziale Schicht, Amt)?	
4. Zeit und Ort Wann und wo ist der Text geschrieben bzw. veröffentlicht worden?	
5. Thema Was ist das Thema des Textes?	
6. Adressaten An wen ist der Text gerichtet?	

 Autor: John Palatini

Name:	Klasse:	Datum:

Inhaltliche Analyse	
7. Begriffe Welche Begriffe muss ich klären?	
8. Wesentliche Aussagen Wie ist die Quelle aufgebaut?	
9. Erläuterungen Welche Aussagen sollten erläutert werden?	
Einordnung	
10. Einordnung in den geschichtlichen Hintergrund In welchen historischen Zusammenhang lässt sich die Quelle einordnen (Ereignis, Epoche, Konflikt)?	
Urteil: Bezug auf die Leitfrage	
11. Sachurteil Wie beurteilst du die Quelle (Überzeugung der Argumentation; Interessen des Autors; ggf. seine Handlungsspielräume)?	
12. Werturteil Wie bewertest du die Quelle aus heutiger Sicht? Berücksichtige unsere Wertmaßstäbe.	

Autor: John Palatini

Name:　　　　　　　Klasse:　　　　　Datum:

KV 4.4　„Auf die Barrikaden!" – Die Märzkämpfe in Berlin

M1 „Die Barrikaden an der Kronen- und Friedrichstraße am 18. März 1848", Lithografie, 1848

1 Analysiere M1 mithilfe der Arbeitsschritte aus der nachfolgenden Tabelle.

Arbeitsschritte „Eine Bildquelle untersuchen"

Einzelne Bildelemente beschreiben	
1. Was ist zu sehen (Personen, Gegenstände)?	
2. In welchen Positionen (Haltungen), in welchen Bewegungen sind sie zu sehen?	

Autor: John Palatini
Bildrechteinhaber: bpk

Name:	Klasse:	Datum:

3. Welche Situation wird dargestellt?	
4. Was erscheint merkwürdig?	

Zusätzliche Informationen hinzuziehen und Bedeutung der Bildelemente entschlüsseln

5. Welche Hinweise gibt die Bildunterschrift?	
6. Welche Bedeutung würdest du der dargestellten Geste, Gebärde, Handlung oder auch dem Gegenstand heute noch zuordnen?	
7. Recherchiere Hintergrundinformationen zu den Symbolen (Bibliothek, Internet).	
8. Welche Einzelaussagen ergeben sich aus den Symbolen und Gesten?	

Gesamtaussage formulieren

9. Welche Gegenstände oder Handlungen sind für die Aussage des Bildes besonders wichtig?	
10. Welche Gesamtaussage lässt sich formulieren?	

Autor: John Palatini
Bildrechteinhaber: bpk

Name: Klasse: Datum:

KV 4.5   Epochenvertiefung: Politische Revolution (ca. 1750–1900)

	Ich kann, weiß, verstehe …	sehr sicher	sicher	unsicher	sehr unsicher	Hilfen finde ich hier: (SB = Schülerbuch)
1	Ich kann die Ziele der Aufklärung erklären.					SB, S. 104
2	Ich kann die Kritik an den Herrschaftsverhältnissen im 18. Jahrhundert erläutern und unterschiedliche Herrschaftsmodelle miteinander vergleichen.					SB, S. 104/105
3	Ich kann den Zusammenhang von Aufklärung und Emanzipation am Beispiel der Frauen und der Juden erläutern.					SB, S. 106–109
4	Ich kann den aufgeklärten Absolutismus am Beispiel Friedrichs II. beurteilen.					SB, S. 110/111, 148
5	a) Ich kann den Begriff „Rokoko" am Beispiel von Schloss Sanssouci erläutern.					SB, S. 112/113
	b) Ich kann verschiedene Schlösser in der Region Berlin-Brandenburg beschreiben.					
6	Ich kann Ursachen, Verlauf, Ergebnisse und Folgen der Französischen Revolution darstellen.					SB, S. 114/115, 118–123, 126/127
7	Ich kann eine Mindmap zur Krise des Ancien Régimes erstellen.					SB, S. 114/115
8	Ich kann eine Karikatur untersuchen.					SB, S. 116/117
9	Ich kann die mehrschichtigen revolutionären Prozesse des Sommers 1789 beschreiben.					SB, S. 118/119
10	Ich kann den Einfluss der Menschen- und Bürgerrechte von 1789 für die Gegenwart bewerten.					SB, S. 120/121
11	Ich kann beurteilen, inwiefern die Ideen der Aufklärung und die Erklärung der Menschen- und Bürgerrechte von 1789 in der Verfassung von 1791 umgesetzt wurden.					SB, S. 122/123
12	Ich kann die Hinrichtung Ludwigs XVI. beurteilen und bewerten.					SB, S. 124/125
13	Ich kann Ursachen und Kennzeichen der Schreckensherrschaft nennen und beurteilen.					SB, S. 126/127
14	Ich kann die Herrschaft Napoleons beschreiben und beurteilen.					SB, S. 128/129
15	Ich kann die preußischen Reformen aus unterschiedlichen Perspektiven beurteilen.					SB, S. 130/131
16	Ich kann die Ergebnisse des Wiener Kongresses nennen und beurteilen.					SB, S. 132/133
17	Ich kann eine Darstellung untersuchen.					SB, S. 134/135
18	Ich kann verschiedene Stationen des Kampfes um politische Freiheit und Demokratie erklären.					SB, S. 136/137
19	Ich kann Ursachen, Verlauf und Ergebnisse der Revolution 1848/49 darstellen.					SB, S. 138–141
20	Ich kann ein Verfassungsschaubild untersuchen.					SB, S. 142/143
21	Ich kann das Scheitern der Revolution 1848/49 beurteilen.					SB, S. 144/145

Autor: John Palatini

5 Epochenvertiefung: Technisch-industrielle Revolution (ca. 1750–1900)   SB S.150–179

Sachinformationen zum Kapitelaufbau

Ende des 18. Jahrhunderts begann in England die Industrialisierung, England war damit das erste Industrieland Europas. Die Zersplitterung des Deutschen Reichs in 39 souveräne Teilstaaten trug wesentlich dazu bei, dass die Phase der Industrialisierung hier einige Jahrzehnte später einsetzte als in England. Erst mit dem Fall der Zollschranken und der Einführung der Gewerbefreiheit konnte sich auch in Deutschland die Wirtschaft entwickeln und neue Märkte erschließen. Anders als in England gingen die Impulse jedoch nicht von der Baumwollverarbeitung, sondern vielmehr von der Eisenbahn, der Eisenproduktion und der Steinkohleförderung aus.

Im Laufe der Industrialisierung stiegen einige Industrielle wie August Borsig in Berlin oder Alfred Krupp in Essen zu „Unternehmer-Fürsten" auf, die ihren Reichtum prunkvoll zur Schau stellten. Andererseits setzen sie sich auch für verbesserte Arbeitsbedingungen ihrer Beschäftigten ein und boten ihnen als Gegenleistung zu Fleiß, Unterordnung und Treue soziale Leistungen an.

Die Industrialisierung führte zu tief greifenden Veränderungen der Arbeitswelt. Strenge Fabrikordnungen und automatische Zeiterfassungssysteme dienten der Disziplinierung der Arbeiter. Fehlende Arbeitsschutzmaßnahmen, niedrige Löhne und die beengten Wohnverhältnisse in den Mietskasernen wirkten sich negativ auf den Gesundheitszustand der Menschen aus.

Mit der Industrialisierung erreichte aber auch die Umweltverschmutzung ein nie gekanntes Ausmaß: Die Eisenverhüttung und die Stahlindustrie führten zu einer gefährlichen Luftverschmutzung. Gewässer und Böden wurden durch giftige Chemikalien und andere industrielle Abwässer dauerhaft verseucht. Ein Umweltbewusstsein wie heute gab es im 19. Jahrhundert noch nicht.

Hinweis zum Unterrichtsverlauf

siehe Lehrplansynopse, S.11

Kompetenzerwerb in Kapitel 5 (s. Schülerband S.178)

Eine detaillierte Liste der zu erwerbenden Kompetenzen finden Sie hier in der Handreichung auf dem Selbsteinschätzungsbogen, S.146.

Selbsteinschätzungsbogen für Schüler zum Kapitel 5

siehe Kopiervorlage 5.3, S.146

Weiterführende Hinweise auf Forum-Begleitmaterialien (s. Einleitung, S.7)

- Arbeitsheft 3, Kap. 4: Industrielle Revolution
- Kompetenztraining, Kap. 18: Die Industrialisierung und ihre Folgen
- Geschichte interaktiv II, Kap. 3: Industrialisierung
- Foliensammlung Geschichte 2, Folie 8: Fortschritt und Technik
- Foliensammlung Geschichte 2, Folie 9: In einer Spinnerei
- Invitation to History 1, Unit 6: Germany on its way to an industrial society

Literatur, Jugendbücher, Filme, Internethinweise für Lehrkräfte

Literatur

Annika Boentert, Kinderarbeit im Kaiserreich 1871–1914, Paderborn/München/Wien/Zürich (Schöningh) 2007.

Horst Bosetzky, Der König vom Feuerland: August Borsigs Aufstieg in Berlin (Roman), Berlin (Jaron) 2011.

Klaus-Jürgen Bremm, Das Zeitalter der Industrialisierung, Darmstadt (Theiss) 2014.

Rainer Liedtke, Die Industrielle Revolution, Köln/Weimar/Wien (Böhlau) 2012.

Jugendbücher

Manfred Mai, Der verkaufte Glück. Der lange Weg der Schwabenkinder, Ravensburg (Ravensburger) 2015.

Els Pelgrom, Umsonst geht nur die Sonne auf. Eine Erzählung über die Kinderarbeit vor 100 Jahren, 21. Aufl., München (dtv) 2015.

Lisa Tetzner, Die schwarzen Brüder. Erlebnisse und Abenteuer eines kleinen Tessiners. Sonderausgabe mit Filmfotos, Frankfurt a. M. (Fischer Sauerländer) 2013.

Filme

FWU 4601002:	Die Industrielle Revolution in England
WBF D-2078:	James Watt und die Geschichte der Dampfmaschine
WBF K-2085/2086:	Das Zeitalter der Industriellen Revolution in Deutschland I und II
WBF K-2076:	Arbeiterleben im Kaiserreich

Internethinweise für Lehrkräfte

http://www.borsig.de/uploads/tx_bcpageflip/175_Jahre_BORSIG_01.pdf (Geschichte der Borsig-Werke, Broschüre zum 175. Firmenjubiläum)

https://www.bpb.de/geschichte/deutsche-geschichte/kaiserreich/139649/industrialisierung-und-moderne-gesellschaft (Aufsatz zum Thema „Industrialisierung und moderne Gesellschaft", Angebot der Bundeszentrale für politische Bildung)

http://www.erih.de/wie-alles-begann/industriegeschichte-europaeischer-laender/ (Überblick über die Industriegeschichte verschiedener europäischer Länder, Internetseite der Europäischen Route der Industriekultur)

Auftaktseiten   S. 150/151

S. 150 f.: Die Stadtbahn an der Jannowitzbrücke

Mit der Industrialisierung ging eine gesteigerte Mobilität einher. Die Produktion verlagerte sich vom Land in die Städte, die Infrastruktur wurde ausgebaut, neue Massentransportmittel entstanden. 1838 wurde die erste Eisenbahnstrecke im Berliner Raum in Betrieb genommen, seit 1865 fuhr die Pferdebahn durch die Straßen der Hauptstadt, die Berliner Stadtbahn war 1882 fertiggestellt.

Orientierung im Kapitel   S. 152/153

Diff. Kopiervorlagen
13.4 Keine „Industrielle Revolution" in Frankreich?! Ein Blick in unser Nachbarland

S. 152, M1: Die Industrialisierung in Europa bis 1850

Aus der Karte lässt sich Folgendes zur Industrialisierung in Europa Mitte des 19. Jahrhunderts ablesen:

• Die frühen Industriegebiete liegen vor allem in Großbritannien, West- und Mitteleuropa bis hin zu einer gedachten Linie von Warschau nach Budapest.

• In einigen Industrieregionen konzentriert sich die Herstellung bestimmter Güter (z. B. Ruhrgebiet: Montanindustrie, Sachsen: Textil- und Maschinenbauindustrie).

• Im Mittelmeerraum existieren nur einzelne Industriegebiete, vor allem an den Küsten.

• Osteuropa ist um 1850 noch nicht auf dem Wege der Industrialisierung.

• Auch im Norden Europas gibt es um 1850 noch keine nennenswerte Industrialisierung.

• Durch eine farbliche Abstufung thematisiert die Karte den Zusammenhang zwischen Bauernbefreiung und Industrialisierung: Bauernbefreiung und Gewerbefreiheit führten dazu, dass viele Arbeitskräfte vom Land in die Industriezentren und Städte abwanderten.

HRU-DVD
Film „Das Eisenwalzwerk"

Diff. Kopiervorlagen
13.2 Methode: Ein historisches Gemälde analysieren: Adolph von Menzels „Das Eisenwalzwerk" (1872–75)

S. 153, M2: „Das Eisenwalzwerk", Gemälde von Adolph von Menzel

Seit der Jahrhundertwende war eine ganze Reihe von Darstellungen mit Arbeitern im Arbeitsprozess entstanden, aber keines schilderte die Struktur des Arbeitsgeschehens in einem der modernsten Betriebe der damaligen Zeit (Eisenwalzwerk in Königshütte/Oberschlesien) so differenziert wie das zwischen 1872 und 1875 entstandene Gemälde von Adolph von Menzel (1815–1905). Auf ihm wird die organisierte und disziplinierte Arbeit im Zusammenhang von Mensch und Technik unmittelbar vor Augen geführt. Die soziale Dimension der Fabrikarbeit wurde mit in das Bild aufgenommen, von der extremen körperlichen Anspannung der Arbeitenden im Zentrum des Bildes über das gierige Hinunterschlingen des Essens bis zur Erschöpfung des Arbeiters auf der rechten Seite.

S. 153, M3: Erste Eisenbahn in Deutschland

Im März 1835 erfolgte der erste Spatenstich für die Bahnstrecke zwischen Nürnberg und Fürth, die nach neunmonatiger Bauzeit am 7. Dezember 1835 feierlich eröffnet werden konnte. Bauherr war nicht der bayerische Staat, sondern die private Ludwigsbahn-Gesellschaft. Die Ludwigsbahn war die

erste auf die Personenbeförderung ausgerichtete Eisenbahnstrecke, auf der dampfgetriebene Lokomotiven verkehrten. Die Fahrtdauer betrug 15 Minuten; wurden Pferde eingesetzt, was bis 1863
häufig der Fall war, mussten die Fahrgäste 25 Minuten Fahrtzeit für die rund 6 km lange Strecke
einplanen. Für Angehörige der sozialen Unterschicht blieb die Fahrt mit der Eisenbahn vor der Einführung der 4. Wagenklasse zunächst unerschwinglich.

S. 153, Aufgabe 1
Geht man davon aus, dass England das Land ist, in dem die Industrialisierung begann (siehe
S. 156/157), kann man sagen, dass dieser Prozess sich von Westen nach Osten über Europa ausbrei-
tete. Siehe auch die Erläuterungen zu M1.

S. 153, Aufgabe 2
Das Gemälde wirft einen Blick in das Innere einer Fabrikhalle, in der Eisenbahnschienen hergestellt
werden. Folgende Details sind zu erkennen:
- hereinfallendes Tageslicht nur im Hintergrund
- im Zentrum die erste Walze eines langen Walzenstrangs, die das aus einem Schweißofen geholte,
  weiß glühende Eisenstück aufnehmen soll
- zwei Arbeiter, die es herangefahren haben, versuchen, es durch Hochdrängen der Deichsel des
  Handwagens unter die Walze gleiten zu lassen
- einige Arbeiter haben Zangen und Hebestangen, um das Eisenstück zu bewegen
- im Vordergrund links zieht ein Arbeiter einen Eisenblock zum Verkühlen
- die bloßen Füße der Arbeiter stecken in Holzpantoffeln, nur Hüte und Schürzen schützen vor den
  Funken
- im mittleren Hintergrund weitere Walzen
- im Hintergrund links ein Ingenieur oder Werksleiter (mit rundem Hut), der die Arbeiter und den
  Produktionsablauf überwacht
- links außen ein sich waschender Arbeiter
- vorne rechts verzehren erschöpfte Arbeiter das Essen, das eine junge Frau (die als einzige Figur
  den Blick zum Betrachter gewendet hat) gebracht hat

Siehe auch die Erläuterungen zu M2.

S. 153, Aufgabe 3
Mithilfe der Eisenbahn konnten Entfernungen schneller zurückgelegt und mehr Menschen und Güter
bei geringeren Kosten transportiert werden. Nahrungsmittel konnten nun von den ländlichen Regionen in die städtischen Ballungszentren geschickt werden, ohne dass die Gefahr bestand, dass ein
Großteil der Waren auf der langen Reise verdarb.

S. 153, Aufgabe 4
Zu nennen ist hier sicherlich die Computertechnologie, die zu grundlegenden Veränderungen von
Wirtschaft und Gesellschaft führte. Die Entwicklungen in diesem Bereich werden daher auch als
„dritte" Industrielle Revolution bezeichnet („zweite" Industrielle Revolution = Elektroindustrie).

Von der Werkstatt zur Fabrik   S. 154/155

S. 154, M1: Traditionelles Spinnen in der Wohnung
Die Verarbeitung von Flachs, Schaf- oder Baumwolle zu Geweben erforderte eine Vielzahl von Ar-
beitsschritten, wobei das Spinnen der Rohfasern zu Garn den arbeitsintensivsten Prozess darstellte.
Bis in die zweite Hälfte des 18. Jahrhunderts hinein wurde die Wolle von Heimarbeiterinnen mit
Handspindeln oder einem Spinnrad zu Garn verarbeitet und anschließend auf eine Garnwinde gewi-
ckelt.

S. 154, M2: Beginn der Automatisierung in der Werkstatt
Die „Spinning Jenny" wurde um 1764 vom englischen Baumwollweber James Hargreaves entwickelt,
um den durch die Einführung von Kays Weberschiffchen gestiegenen Bedarf an Garn decken zu
können. Die „Spinning Jenny" arbeitete nach dem Prinzip des Handspinnrades. Sie wurde von Hand
angetrieben und hatte zunächst acht Spindeln, später kamen „Jennies" mit bis zu 120 Spindeln auf
den Markt.

S. 154, M3: Maschinelles Spinnen in der Fabrik
Der erste mechanische Webstuhl wurde 1785 von dem englischen Geistlichen Edmond Cartwright konstruiert. Unter den Spinnern lösten die technischen Neuerungen große Unruhen aus, da die Menschen um ihre Arbeitsplätze fürchteten. Der Einsatz automatischer Wagen-Spinnmaschinen führte schließlich dazu, dass Fachkräfte durch ungelernte, billige Arbeiter, darunter viele Frauen und Kinder bzw. Jugendliche, ersetzt wurden.

S. 155, M4: Der preußische Beamte May über die englische Baumwollspinnerei
Der preußische Beamte berichtet aus Manchester von der Vielzahl der mehrstöckigen Fabrikgebäude mit hohen Schornsteinen, die schwarzen Kohledampf ausstoßen, der die umliegenden Häuser schwarz färbt. Das Wasser des Flusses ist laut May von den Fabrikabfällen verunreinigt.
In den Fabriken dominieren die Maschinen den Arbeitsprozess. Die Menschen müssen sich dem Rhythmus der Maschinen unterordnen. Kinder müssen als billige Arbeitskräfte Hilfsarbeiten übernehmen.

S. 155, M5: Christoph Bernoulli über die englische Baumwollspinnerei siehe die Erläuterungen zu Aufgabe 3 b)

S. 155, Aufgabe 1 siehe die Erläuterungen zu M1 bis M3

S. 155, Aufgabe 2 a) und b) individuelle Lösungen

S. 155, Aufgabe 3 a) siehe die Erläuterungen zu M4
b) Durch die technischen Innovationen veränderte sich auch die Arbeitswelt der Spinnerinnen und Spinner. Erfolgte die Garnherstellung anfangs in Heimarbeit, wurden später Manufakturen gegründet, in denen Garn mit den von Hand betriebenen „Spinning Jennies" produziert wurde (teilweise erfolgte Produktion mit den „Jennies" auch noch in Heimarbeit). Für den Einsatz der großen mit Wasserkraft oder Dampfmaschinen angetriebenen Maschinenwebstühle wurden Fabriken gegründet.

S. 155, Aufgabe 4 individuelle Lösung

England – „Mutterland der Industrialisierung" S. 156/157

S. 156, M1: Einsatz einer „Feuermaschine"
Spitzhacke und Schaufel zählten in einigen Regionen bis an die Wende zum 20. Jahrhundert zu den wichtigsten Werkzeugen der Bergleute. Je tiefer die Schächte reichten, umso größer wurde das Problem des zufließenden Wassers. Damit die Grube nicht unter Wasser stand, musste dieses ununterbrochen abgeschöpft werden. Mittels einer Handwinde oder eines von Pferden bewegten Antriebsrades wurden die Wassereimer hochgezogen, aber auch die abgebaute Steinkohle wurde auf diese Weise aus den Schächten nach oben transportiert. Im Jahr 1747 ersetzten auf Zechen im Nordosten Englands die ersten Dampfmaschinen die Handwinde und den Pferdegöpel, etwa 50 Jahre später waren es bereits 130 Dampfmaschinen.

S. 157, M2: Wirtschaftszentren in England im 18. Jahrhundert
Die Karte lässt vier Industriegebiete erkennen: Südwales, die Midlands, die Region um Newcastle sowie Schottland. Aufgrund der beständigen Zuwanderung von Arbeitskräften aus den ländlichen Regionen kam es in diesen Regionen zur Herausbildung urbaner Zentren. Die an den Überseehandel gebundene Baumwollindustrie konzentrierte sich im Gebiet um Manchester und Liverpool, da hier die Schiffe mit Rohbaumwolle einliefen und diejenigen mit Fertigwaren zu ihren überseeischen Absatzmärkten aufbrachen. Die Verarbeitung von Wolle erfolgte in Regionen mit ausgedehnten Weideflächen für die Schafe wie Schottland. In Schottland befanden sich ebenso wie in den Midlands und Wales große Kohlereviere, in deren Nähe sich auch die Zentren der Metallindustrie herausbildeten. Die Ende des 18. Jahrhunderts angelegten Kanäle verbanden die vier großen Flüsse Trent, Severn, Themse und Mersey und schufen eine Anbindung der Regionen an die Häfen der Westküste.

S. 157, M3: Carlo Cipolla über die Industrielle Revolution
Cipolla geht von der These aus, dass das einzige der Industriellen Revolution vergleichbare Ereignis die neolithische Revolution sei, die sich allerdings über Jahrtausende hinweg vollzogen habe. Die Industrielle Revolution sei im Vergleich dazu wie ein „Überfall" über die Menschheit gekommen, indem sie alle wirtschaftlichen und gesellschaftlichen Strukturen grundlegend verändert habe. Heu-

te (1985) wirke sie in einer Art zweiten Welle, indem unkontrolliertes Bevölkerungswachstum, die Bedrohung durch die Wasserstoffbombe, Umweltverschmutzung, die manipulativen Eingriffe der Naturwissenschaften wiederum alle alten Strukturen kollabieren ließen.

S. 157, Aufgabe 1 Kennzeichen der Industrialisierung:
- Entwicklung neuer technischer Verfahren
- Einsatz von Maschinen
- Arbeitsteilung
- Anstieg der Produktivität
- Massenproduktion in Fabriken
- Entstehung von Industriezentren
- Strukturwandel

S. 157, Aufgabe 2 siehe die Erläuterungen zu M2

S. 157, Aufgabe 3 Kriterien für einen Fabrikstandort:
- Nähe zu einem der Häfen der Westküste, einem Fluss bzw. einem Kanal (Transportweg)
- Vorhandensein von Kohle (wichtig vor allem für Metallindustrie, da für Roheisenherstellung große Mengen an Kohle benötigt werden)
- Nähe zu anderen Industriebetrieben (Maschinenbaubetriebe liefern z. B. Maschinen und Ersatzteile für Textilindustrie)

S. 157, Aufgabe 4 Voraussetzungen für die Industrialisierung in England:
- technische Erfindungen (Spinnmaschine, Dampfmaschine)
- Bevölkerungswachstum
- großer Binnenmarkt mit einheitlichem Finanz- und Zollsystem, umfangreiche Kohlevorkommen und ausgebaute Infrastruktur
- konstitutionelle Monarchie: reiche Bürger können ihre wirtschaftspolitischen Interessen vertreten
Gestaltung der Mindmap: individuelle Lösung

S. 157, Aufgabe 5 siehe die Erläuterungen zu M3

„Nachzügler" Deutschland   S. 158/159

S. 158, M1: Entwicklung der Industrialisierung in Deutschland und Mitteleuropa

HRU-DVD
Film „Gründerzeit und soziale Frage"

Bis zur Mitte des 19. Jahrhunderts hatten sich in verschiedenen Regionen Deutschlands Industriezentren ausgebildet. Neben dem ganz im Osten gelegenen oberschlesischen Revier und den sächsischen Industriegebieten war es vor allem das Ruhrgebiet, das sich Ende des 19. Jahrhunderts zum größten industriellen Ballungsraum Europas entwickelte. Seit der Erschließung neuer Verkehrswege durch die Eisenbahn und der Anlage von Tiefbauschächten waren die Förderraten hier in die Höhe geschnellt. Im Zuge des Eisenbahnbaus entstanden im Ruhrgebiet, aber auch an der Saar und in Oberschlesien, Walz- und Puddelwerke. Auch die Maschinenbauindustrie siedelte sich häufig in den schwerindustriellen Zentren an und spezialisierte sich dort auf die Ausrüstung der Stahlwerke und Zechen. Aber auch in Gebieten mit Textilgewerbe wie Sachsen oder der Region um Augsburg wurden Maschinenbauanstalten gegründet, die die Spinnereien und Webereien mit Maschinen und Ersatzteilen versorgten. Im Gegensatz zum Bergbau und der Eisenindustrie war der Maschinenbau jedoch weit weniger standortgebunden, sodass auch in Hannover und Preußen Maschinenfabriken entstanden, die sich auf den Lokomotivbau spezialisierten wie das Unternehmen von August Borsig in Berlin. Die Textilindustrie konzentrierte sich wie auch die Schwerindustrie Mitte des 19. Jahrhunderts in einem breiten Band, das vom Ruhrgebiet über Sachsen bis nach Schlesien zog. In Süddeutschland hatten sich, abgesehen vom Textilgewerbe, nur wenige Industrien angesiedelt.

S. 159, M2: Bittschrift von Friedrich List
Der Deutsche Bund zählte 39 Einzelstaaten – jeder mit eigenen Zollgrenzen, viele mit eigenen Maßen, Gewichten, Münzen, Vorschriften und Steuern, was den Binnenhandel stark beeinträchtigte.
Der Wirtschaftswissenschaftler Friedrich List erkannte die negative Wirkung der Zollzersplitterung. In seiner Bittschrift an die Bundesversammlung in Frankfurt von 1819 wies er darauf hin, dass 38 Zoll- und Mautlinien in Deutschland den Handel lähmen und forderte daher, alle deutschen Staaten in einem einheitlichen Zollgebiet zu vereinigen. Daraufhin wurde List als Demagoge verdächtigt und zu

Festungshaft verurteilt. Später wanderte er nach Amerika aus. Heute gilt Friedrich List als geistiger Vater des Deutschen Zollvereins von 1834.

S. 159, M3: Zeitgenössische Karikatur
Die Karikatur „Das Lichten eines Hochwaldes", die 1848 in den „Fliegenden Blättern" veröffentlicht wurde, wendet sich gegen die deutsche Kleinstaaterei und die damit verbundenen Zollschranken. 1834 wurde mit dem Zolleinigungsvertrag die Zersplitterung des deutschen Wirtschaftsraums beseitigt.
Abgebildet ist in der Mitte ein langer Schlagbaum, darum eine Unmenge von staatlichen Hoheitszeichen und Grenztafeln – ein Durcheinander, das kein Durchkommen ermöglicht. Links im Bild ist ein Mann zu sehen, der mit beiden Händen eine große Axt schwingt, um den Schilder- und Schrankenwald zu zertrümmern. Auf seinem Gewand erkennt man in Brusthöhe einen Doppeladler.

S. 159, M4: Erfindungen und Entdeckungen siehe die Erläuterungen zu Aufgabe 5

S. 159, Aufgabe 1 a) siehe die Erläuterungen zu M3
b) siehe die Erläuterungen zu M2

S. 159, Aufgabe 2 Gründe für die verspätete Industrialisierung in Deutschland:
- kein einheitlicher Binnenmarkt wegen territorialer Zersplitterung
- zahlreiche Binnenzölle, Währungen und Maße
- staatliche Eingriffe in die Wirtschaft
- keine hinreichenden Verkehrswege für den Gütertransport
- Zunftzwang und Leibeigenschaft

S. 159, Aufgabe 3 Reformen und Maßnahmen:
- Abschaffung der Leibeigenschaft und Aufhebung des Zunftzwanges
- Abwerbung von Fachleuten aus England
- Vereinheitlichung des deutschen Wirtschaftsraumes (Zollverein, 1834)
- einheitliches Münz- und Gewichtssystem

S. 159, Aufgabe 4 siehe die Erläuterungen zu M1

S. 159, Aufgabe 5 a) Erfindungen und Entdeckungen

VISUALISIERUNG 5.1	Elektrotechnik	Fahrzeugbau	Chemie	Medizin
	Telefon Glühbirne Ammoniak-Kälte-maschinen	Ottomotor Elektromotor elektrische Lokomotive (Siemens) Benzinmotor (Daimler) Auto (Benz) Dieselmotor	künstliche Farbstoffe Filmgerät	keimfreie Operation Röntgenstrahlen Aspirintabletten gegen Schmerzen

b) individuelle Lösung

Methode: Eine Statistik auswerten   S. 160/161

Diff. Kopiervorlagen
13.1 Methode: Eine
Statistik auswerten
und grafisch umsetzen: Baumwollverbrauch zur Zeit der
Industrialisierung

S. 160, M1: Industrielle Produktion
Die Statistik gibt einen Überblick über die Industrieproduktion in verschiedenen Ländern Europas. Deutlich wird die enorme Stärke der englischen Industrie, die im Jahr 1800 15-mal so viel Kapitel wie die russische und 1,2- bzw. 3,8-mal so viel Kapital wie die französische bzw. die deutsche Industrie erwirtschaftete. In den Folgejahren verzeichnen vor allem Deutschland und Russland ein großes Wachstum auf dem Gebiet der industriellen Produktion (Deutschland: 1888 fast 10-mal so hoch wie 1800; Russland: 1888 fast 25-mal so hoch wie 1800). Siehe auch die Erläuterungen zu Aufgabe 1.

S. 160, M2: In Betrieb befindliche Lokomotiven in Preußen
Mitte des 19. Jahrhunderts spezialisierten sich verschiedene Maschinenfabriken in Deutschland auf den Bau von Lokomotiven. Neben der Egestorffschen Maschinenfabrik in Hannover-Linden gehörten

dazu u. a. die Firmen Maffei und Krauss in München. Zum größten Lokomotivproduzenten Europas entwickelte sich jedoch die 1837 von Johann Friedrich August Borsig eröffnete Fabrik am Oranienburger Tor in Berlin-Moabit.

S. 161, Aufgabe 1
1. Diagramme, die die Entwicklung der Industrieproduktion 1800–1888 für die Länder Deutschland, England, Frankreich und Russland dokumentieren
4. Das Zahlenmaterial wird als Tabelle sowie als Kreis-, Kurven- und Säulendiagramm dargestellt.
5. Die jeweilige Jahreszahl gibt Auskunft über den damaligen Stand der prozentualen Verteilung der Industrieproduktion in Deutschland, England, Frankreich und Russland.
6. Die Farblegende verweist auf die vier Länder Deutschland, England, Frankreich und Russland.
7. Das Kurvendiagramm veranschaulicht eher die zeitliche Dimension der Entwicklung der Industrieproduktion in den vier Gebieten. Bei den Säulendiagrammen wird das Ansteigen der Industrieproduktion in den einzelnen Staaten ebenfalls deutlich. Zugleich werden die sehr unterschiedliche Ausgangssituation und der große Niveauunterschied zwischen den Gebieten betont.
8. In der Statistik ist Zahlenmaterial zur industriellen Produktion in Deutschland, England, Frankreich und Russland zusammengestellt. Die Tabelle macht den Vorsprung der Industrieproduktion Großbritanniens vor derjenigen der Länder der zweiten (Frankreich, Deutschland) und dritten Generation (Russland) deutlich.

S. 161, Aufgabe 2 siehe die Erläuterungen zu KV 5.1

*HRU, S. 143, KV
5.1 Eine Statistik
auswerten*

S. 161, Aufgabe 3 individuelle Lösung

Wähle aus: Die Eisenbahn – Ungeheuer oder Wunderding?   S. 162/163

S. 162, M1: Am Gleisdreieck in Berlin
Das 1902 in Betrieb genommene Gleisdreieck war ein Abzweig- und Knotenpunkt des Berliner Hochbahnnetzes. Hier kreuzten sich auf Stein- und Stahlbrücken die drei Hochbahnstrecken vom Knie, Potsdamer Platz und der Warschauer Brücke. Das steigende Fahrgastaufkommen erforderte immer mehr Zugfahrten, wodurch wegen der komplizierten Einfädelung immer öfter Züge am Gleisdreieck warten mussten. Jede Fahrt musste zudem vom Fahrdienstleiter manuell eingelegt werden. Nach einem Zusammenstoß zweier Züge im September 1908, bei dem ein Waggon rund 10 m in die Tiefe stürzte und 18 Menschen ums Leben kamen sowie weitere 21 verletzt wurden, wurde das Gleisdreieck umgebaut. Die Züge kreuzen sich seitdem auf verschiedenen Ebenen.
Die Postkarte zeigt die Hochbahnbrücke über den Landwehrkanal Richtung Möckernbrücke. Gekreuzt wird an dieser Stelle nicht nur der Schiffsverkehr, sondern auch der Eisenbahn- und Straßenverkehr.

S. 162, M2: Gutachten eines Bayerischen Ärzte-Rates, 1838 siehe die Erläuterungen zu Aufgabe 1 (Material A)

S. 162, M3: „Magdeburger Zeitung" vom 3. Juli 1833 siehe die Erläuterungen zu Aufgabe 1 (Material A).

S. 163, M4: Wirtschaftliche Wirkungen des Eisenbahnbaus 1860–1900 siehe die Erläuterungen zu Aufgabe 1 (Material B)

S. 163, M5: Friedrich List über den Eisenbahnbau, 1841
Friedrich List forderte den Ausbau des Eisenbahnnetzes zur Verbesserung der Infrastruktur. Zugleich gilt er als Vorkämpfer des deutschen Zollvereins. In seinem Text verweist er auf den Zusammenhang zwischen der Schaffung eines großen Wirtschaftsraums mit einer entsprechenden Verkehrsstruktur und
• den positiven Effekten für die Vereinigung Deutschlands,
• der Stärkung des Nationalgefühls,
• der Überwindung der Kleinstaaterei.

S. 163, M6: Erster Getränketransport am 11. Juli 1836 siehe die Erläuterungen zu Aufgabe 1 (Material B)

S. 163, M7: Heinrich Heine über die Eisenbahn, 1843
Heinrich Heine (1797–1856) strebte als Schriftsteller danach, zwischen Deutschland und Frankreich zu vermitteln. Dabei wollte er französische Kultur und Liberalität in Deutschland bekannt machen und in Frankreich deutsche Literatur und Philosophie verbreiten.
In seinem Zeitungsartikel äußert Heine die hoffnungsvolle Überzeugung,
- dass angesichts des technischen Fortschritts Veränderungen in den Anschauungsweisen eintreten werden,
- dass mit wachsendem Eisenbahnverkehr der Nationalismus unaufhaltsam überwunden werde,
- dass die Eisenbahn nationale Grenzen überwindet und Europa dadurch zusammenwächst.

Diff. Kopiervorlagen
13.3 Die Erfindung der Eisenbahn: „Bildungsmaschine" oder „grässliche Gefahr"?

S. 162, Aufgabe 1 (Material A)
Die Texte lassen folgende von den Zeitgenossen befürchtete Gefahren deutlich werden:
- Die Geschwindigkeit der Eisenbahnen werde bei Reisenden wie Zuschauern zu Gehirnkrankheiten führen.
- Der Eisenbahnbau werde die Landwirtschaft ruinieren, weil die Zinsbelastung steigt, Pferde nicht mehr benötigt werden und deswegen die Bauern keinen Hafer mehr anbauen.
- Die Eisenbahn ist unrentabel, weil sich nicht genügend Reisende finden werden.

S. 162, Aufgabe 2 (Material A)
Die Gründe für die Ablehnung sind sicherlich in der Angst vor technischen Neuerungen und gesellschaftlichen Veränderungen zu suchen. Diese Ängste der Zeitgenossen waren jedoch weitgehend unbegründet: Das Reisen mit der Eisenbahn löste weder Gehirnkrankheiten aus, noch wurde durch die Eisenbahn die Landwirtschaft ruiniert. Im 19. und während der ersten Hälfte des 20. Jahrhunderts war die Eisenbahn ausgesprochen profitabel.

S. 162, Aufgabe 3 (Material A) individuelle Lösung

S. 163, Aufgabe 1 (Material B)
Die Eisenbahn war ein wichtiger Motor für die Industrialisierung in Deutschland. Sie stand im Zentrum eines Komplexes miteinander in wechselseitiger Beziehung stehender Führungssektoren, zu denen der Steinkohlenbergbau, die Eisen- und Stahlindustrie sowie der Maschinenbau zählen. Der Schienenverkehr ermöglichte einen raschen Transport großer Gütermengen, der durch die Ausweitung des Streckennetzes, vor allem aber aufgrund einer Absenkung der Frachttarife auch für die Beförderung von Massengütern und Rohstoffen interessant wurde. Auf diese Weise konnten neue Märkte erschlossen und die Produktionskosten gesenkt werden. Die verstärkte Nachfrage nach Transportkapazitäten wiederum erforderte den Ausbau des Streckennetzes und den Einsatz neuer Züge. Von dieser Entwicklung profitierten nicht nur der Steinkohlenbergbau, die Eisen- und Stahlindustrie sowie der Maschinenbau, die Eisenbahnen, Schienen und Kohle lieferten, sondern auch die Bauindustrie, die Bahndämme anlegen und neue Bahnhöfe errichten musste. Die Nachrichtenübermittlung erhielt ebenfalls wichtige Anstöße von der Eisenbahn, da zur besseren Zugleitung Telegrafenleitungen eingerichtet wurden.

S. 163, Aufgabe 2 (Material B) siehe die Erläuterungen zu M5

S. 163, Aufgabe 3 (Material B) individuelle Lösung

S. 163, Aufgabe 1 und 2 (Material C) siehe die Erläuterungen zu M7

S. 163, Aufgabe 3 (Material C) individuelle Lösung

S. 163, Aufgabe für alle individuelle Lösung

Landesgeschichte: Borsig – vom Handwerker zum Lokomotivkönig S. 164/165

HRU, S. 145, KV
5.2 August Borsig – vom Handwerker zum „Lokomotivkönig"

S. 164, M1: „Die Eisengießerei und Maschinenbauanstalt von A. Borsig im Jahre 1847"
1837 errichtete August Borsig seine Eisengießerei und Maschinenbauanstalt in der Berliner Chausseestraße nahe dem Oranienburger Tor. 1847 waren hier etwa 1200 Personen beschäftigt. Borsigs Fabrik entwickelte sich rasch zum größten Lokomotivproduzenten Europas, im Jahr 1854 verließ die 500. Lokomotive das Moabiter Werk.

S. 164, M2: „Der große Maschinenbauer" August Borsig

Franz Krüger zeigt August Borsigs Porträt in einem kreisrunden Rahmen. Rechts und links davon sind auf einem Sockel zwei Arbeiter zu sehen, darunter ein Schmied (links). Im Giebel ist die berühmte Borsig-Lokomotive dargestellt, umgeben von diversen Maschinenbauteilen.

S. 165, M3: Nachbau der berühmten „Beuth" von Borsig

Zunächst baute Borsig Lokomotiven nach amerikanischem Vorbild, 1844 präsentierte er auf der Berliner Gewerbeausstellung die von ihm selbst konstruierte „Beuth", eine dreiachsige Lokomotive mit den typischen Merkmalen: ein kuppelartiger Stehkessel mit Dampfdom über der Feuerbüchse sowie einen Langrohrkessel.

Der Name der Lokomotive geht auf den Leiter der preußischen Gewerbeakademie Christian Peter Wilhelm Beuth zurück, der Borsig prophezeit hatte, dass aus ihm nie etwas werden würde.

S. 165, M4: Das alte Tor der ehemaligen Borsigwerke in Berlin-Tegel

Das 1898 fertig gestellte Werktor zum Betriebsgelände der Borsigwerke wurde bald zum Erkennungszeichen des Firmensitzes. Die massiven Rundtürme aus Backstein und der zinnenbekrönte Torbogen erinnern an ein mittelalterliches Festungstor. Das Borsigtor steht heute unter Denkmalschutz.

Im Bildhintergrund Berlins erstes Hochhaus, der Borsigturm (1922), dessen Architekt Eugen Schmohl später auch das Ullsteinhaus in Tempelhof baute.

S. 165, M5: Lokomotivproduktion deutscher Firmen

Die Tabelle vergleicht die Lokomotivproduktion der Firmen Borsig (Berlin), Maffei (München), Kessler (Karlsruhe) und Henschel (Kassel) von der ersten bis zur tausendsten Lokomotive.

Die Firmen Borsig und Maffei produzieren die erste Lokomotive 1841, Kessler zieht 1842 nach. Die Firma Henschel startet erst 1848, da haben Borsig (1846) und Kessler (1847) bereits jeweils die hundertste Lokomotive hergestellt. Diese Marke erreichen die beiden anderen Firmen erst sechs bzw. 19 Jahre später (Maffei: 1852, Henschel: 1865).

Bei der 500. Lokomotive (1854) hat Borsig seinen Vorsprung vor allen Mitbewerbern ausgebaut, diese erreichen diese Marke erst neun (Maffei: 1863), 14 (Kessler: 1868) bzw. 19 (Henschel: 1873) Jahre später. Dieser Trend setzt sich fort: 1858 produziert Borsig die 1000. Lokomotive. Dieses Ziel schafft Maffei erst 16 Jahre später (1874), Henschel 21 Jahre später (1879) und Kessler 22 Jahre später (1880).

S. 165, Aufgabe 1

1804	August Borsig wird in Breslau geboren.
	Lehre als Zimmermann in Breslau
1823	Umzug nach Berlin; zweite Ausbildung (Baumeisterstudium) abgebrochen
1827	Ausbildung im Maschinenbau mit schlechtem Zeugnis abgeschlossen; Einstellung in der Firma seines Ausbilders Franz Anton Egells
1836	Borsig gründet eine eigene Maschinenfabrik auf einem zuvor erworbenen Grundstück an der Chausseestraße. 1. Auftrag: Lieferung von Schrauben für die Verlegung der Gleise zwischen Berlin und Potsdam, der ersten Eisenbahnstrecke Preußens
1841	Fertigung der ersten Lokomotive (noch in Handarbeit) Sieg bei der Wettfahrt von Berlin nach Jüterbog (Anhalter Bahn)
1844	Borsig präsentiert bei der Berliner Gewerbeausstellung die erste selbst entwickelte Lokomotive, die „Beuth".
1847	Bau des Eisenwerks Moabit beginnt.
	Die Maschinenbauanstalt und Eisengießerei in der Moabiter Kirchstraße werden hinzugekauft.
1854	August Borsig stirbt. Das Unternehmen produziert die 500. Dampflokomotive.

VISUALISIERUNG 5.2

S. 165, Aufgabe 2 a) siehe die Erläuterungen zu M2

b) Das im Auftrag August Borsigs angefertigte Gemälde des Berliner Porzellan- und Landschaftsmalers Carl Eduard Biermann (1803–1892) zeigt die verschiedenen Produktionszentren des 1886 geschlossenen Betriebs in der Chausseestraße. Im Hintergrund links befindet sich – erkennbar an den dichten Rauchwolken, die aus den Schornsteinen aufsteigen – die Kesselschmiede. In der Bildmitte, zwischen Wasserturm und obeliskenartigem Schornstein, ist die Eisengießerei zu sehen. Die Fertigung wird in der rechts zu sehenden Montagehalle vorgenommen, aus der gerade eine fertige Lokomotive von einem Pferdegespann herausgezogen wird. Der Blick über das in Erweiterung befindliche Werkgelände scheint – wie es der Garten im Bildvordergrund andeutet – von der Villa des Fabrikanten aus gemalt worden zu sein, die jedoch in der Realität erst auf dem Gelände in Moabit vorhanden war. Siehe auch die Erläuterungen zu KV 5.2, Aufgabe 1.

S. 165, Aufgabe 3 siehe die Erläuterungen zu M5

S. 165, Aufgabe 4
August Borsigs Name steht für eine der spektakulärsten Unternehmerkarrieren während der Industrialisierung und zugleich für den Lokomotivbau in Deutschland.

S. 165, Aufgabe 5 individuelle Lösung

Unternehmer – die neuen Fürsten?   S. 166/167

S. 166, M1: „Alfred Krupp im Reitergewand", Gemälde von Julius Gruen
Alfred Krupp lässt sich hier in Reitermontur darstellen. Das Jagdreiten war ursprünglich ein Privileg des Adels und wurde im 17. und 18. Jahrhundert mit großem Prunk ausgeübt.
In seiner Villa Hügel empfing Krupp die europäischen Machthaber. Das Angebot des Kaisers, geadelt zu werden, soll er mit den Worten „Ich heiße Krupp, das genügt" abgelehnt haben.

S. 166, M2: Nachruf zum Tod von August Borsig
Der Tod des Unternehmers August Borsig wird hier als „Schicksalsschlag" beschrieben, die Leute seien entsetzt wie beim Ableben eines wichtigen Heerführers oder Staatsmanns. Berlin befinde sich in der Folge in allgemeiner Aufregung, in seinem „Fürstentum", dem Firmensitz in Moabit hingegen, herrsche blankes Entsetzen ob der Nachricht. Konsequent wird hier das Bild des Unternehmer-Fürsten verwendet.

S. 166, M3: Werner Sombart über die Unternehmer, 1927
Der Wirtschaftswissenschaftler Werner Sombart beschreibt den Unternehmer als „einzige produktive, d. h. schaffende, schöpferische Kraft" in der modernen kapitalistischen Wirtschaft, von der alle anderen Produktionsfaktoren abhängig seien. Die hochkapitalistische Wirtschaft sei nach Ansicht Sombarts auf der Schöpfungskraft einiger weniger begründet.

S. 167, M4: Ansprache Alfred Krupps, 1877
Unter der Leitung von Alfred Krupp entwickelte sich die von seinem Vater 1811 gegründete Friedrich Krupp AG, ein Unternehmen der Stahl- und Investitionsgüterindustrie, zur größten Gussstahlfabrik der Welt. Alfred Krupp begründete auch das Sozialwerk der Firma.
Die Ansprache Alfred Krupps verdeutlicht die Prinzipien des patriarchalischen Unternehmers, der eine autoritäre Herrschaft über seinen Betrieb errichtet hat. Krupp betont sein alleiniges Recht zur Leitung des Unternehmens. Er will hochgradig disziplinierte Arbeiter, die dankbar dafür sind, dass er ihnen Lohn und Brot bietet. Die Einflussnahme der sozialdemokratischen Arbeiterbewegung auf die Belegschaft und emanzipatorische Ansprüche der Arbeiter werden strikt zurückgewiesen. Sie sollen sich auf die Erfüllung der ihnen zugewiesenen Arbeitspflichten konzentrieren, wobei Leistungssteigerungen durch höhere Löhne und Gehälter honoriert würden. In ihrer Freizeit sollen sie sich ihrem Privatleben widmen und von jeglicher politischer Betätigung fernhalten. Das patriarchalische Denken schlägt sich jedoch nicht nur in der Forderung absoluten Gehorsams nieder, sondern führt auch zu einem umfassenden System von Einrichtungen betrieblicher Sozialpolitik zur Verbesserung der Lebenssituation der Arbeiter. Zu diesem Zweck werden Arbeiterwohnungen und Schulen für die Werksangehörigen und deren Kinder gebaut und Verkaufsstellen zum preiswerten Bezug von Lebensmitteln eingerichtet.

S. 167, M5: Die Villa Hügel
Alfred Krupp hatte die von seinem Vater übernommene Firma zu einem der bedeutendsten Industrieunternehmen des 19. Jahrhunderts ausgebaut. Die Villa Hügel (erbaut 1870–1873) sollte Wohnhaus und Refugium für Krupp und seine Familie sein. Mit 269 Räumen und 8100 m² Wohn- und Nutzfläche bot die von einem 28 ha großen Park umgebene Villa zudem einen würdigen Rahmen für Repräsentation, Empfänge und Festlichkeiten. Kaiser und Könige, Unternehmer aus aller Welt, Politiker und Regierungschefs vieler Nationen waren hier zu Gast und die Villa Hügel wurde ein Symbol der Industrialisierung Deutschlands.

S. 167, Aufgabe 1 Aufgaben eines Unternehmers:
• Firmenkapital einsetzen
• Rohstoffkauf, Produktion und Absatz regeln
• über Einstellungen bzw. Entlassungen sowie Bezahlung der Arbeitskräfte entscheiden
• Gewinn erzielen
• Arbeitsbedingungen verbessern
• soziale Leistungen für die Arbeiter als Gegenleistung für Fleiß, Unterordnung und Treue

S. 167, Aufgabe 2 a) siehe die Erläuterungen zu M1, M2 und M5
b) Geldadel meint die Gruppe von Personen, die aufgrund ihres Vermögens in Bereiche des gesellschaftlichen Lebens aufstiegen, die früher dem Hochadel vorbehalten waren. Im 19. Jahrhundert wurde der Begriff für Großindustrielle verwendet, die sich infolge ihres wirtschaftlichen Erfolgs ein Leben ähnlich dem barocker Fürsten leisten konnten.

S. 167, Aufgabe 3 siehe die Erläuterungen zu M4

S. 167, Aufgabe 4 individuelle Lösung

Im Takt der Maschine – Arbeit in der Fabrik   S. 168/169

S. 168, M1: Blick in eine Maschinenfabrik in Leipzig, um 1910 siehe die Erläuterungen zu Aufgabe 1

HRU-DVD
Film „Das Eisenwalzwerk"

S. 168, M2: Ein Arzt über die Fabrikarbeit
Die Arbeit im Zeitalter der Industrialisierung war nicht nur hart, sie machte oft auch krank, denn Schutzmaßnahmen, beispielsweise beim Umgang mit gefährlichen chemischen Substanzen, wurden in der Regel nicht getroffen. Erkrankte ein Arbeiter, so hatte er sich dies häufig nach Ansicht der Fabrikärzte und Unternehmer selbst zuzuschreiben.

S. 168, M3: Aus der Fabrikordnung der Firma Krupp
Das abgedruckte Konzept einer Fabrikordnung hielt die Pflichten – nicht aber die Rechte – der Arbeiter fest. Klauseln, die die Pflichten der Arbeitnehmer regelten (Höhe der Löhne, Festlegung des Auszahlungstages), wurden erst nach Verabschiedung des „Arbeitsschutzgesetzes" im Jahr 1891 in die Fabrikordnungen aufgenommen.

S. 169, M4: Frauen beim Wickeln von Spulen für Elektromotoren
Die „Allgemeine Electricitäts-Gesellschaft" (AEG) ging aus der 1881 von Emil Rathenau gegründeten „Deutschen Edison-Gesellschaft für angewandte Elektricität" hervor. Das schnell florierende Unternehmen baute Geräte zur Erzeugung und Übertragung von Starkstrom (Kraftwerke, Turbinen, Generatoren, Kabel) sowie zur Nutzung der Elektrizität. Das Foto zeigt Beschäftigte der AEG bei der Arbeit. In der großen Fertigungshalle sind die Arbeitstische in Reih und Glied hintereinander angeordnet.

S. 169, M5: Tagesablauf einer Fabrikarbeiterin um 1900 siehe Erläuterungen zu Aufgabe 4

S. 169, M6: Frauen als Arbeitskräfte
Um die Jahrhundertwende waren weibliche Arbeitskräfte in Fabriken kein seltener Anblick. Vor allem im Bereich der Textilindustrie arbeiteten meist überwiegend Frauen, die dort auch Maschinen bedienten. Anlagen, die als kompliziert und prestigeträchtig galten, wurden jedoch ausschließlich von Männern bedient, da Frauen hierzu angeblich nicht in der Lage seien. Frauen erhielten – ebenso wie Kinder und Jugendliche – sehr viel geringere Löhne als ihre männlichen Kollegen.

S. 169, Aufgabe 1 Folgende Aspekte kennzeichnen die Arbeit in den Fabriken:
- feste Arbeitszeiten regeln den Tagesablauf
- Maschinen bestimmen den Takt der Arbeit
- Wohnen in Arbeitersiedlungen
- militärähnliche Disziplin in der Fabrik (Fabrikordnungen, Sirenen und Strafen)
- keine Sicherheitsvorkehrungen, daher oft Arbeitsunfälle mit schweren Verletzungen
- bis in die 1880er-Jahre keine Kranken-, Unfall-, Renten- oder Krankenversicherung

S. 169, Aufgabe 2 a) Vorschriften:
- treu und unbedingt folgsam sein
- anständiges Betragen
- Pünktlichkeit
- Fleiß zum Nutzen der Fabrik
- kein Branntwein-Konsum in der Fabrik

Strafen:
- wer ein Stück Arbeit, ein Werkzeug usw. beschädigt, muss es ersetzen
- 5 Minuten zu spät kommen: ¼ Tag Abzug
- ¼ Tag der Arbeit fernbleiben: ½ Tag Abzug
- ½ Tag der Arbeit fernbleiben: ¾ Tag Abzug

b) siehe Erläuterungen zu M3

S. 169, Aufgabe 3 siehe Erläuterungen zu M4 und M6

S. 169, Aufgabe 4 Tagesablauf einer Fabrikarbeiterin:
- zwischen 3.30 und 5.00 Uhr: Aufstehen, je nach Entfernung der Wohnung von der Fabrik
- Frühstück für Mann und Kinder zubereiten
- Mittagessen für die Kinder in Blechtöpfe zum Aufwärmen herrichten
- Kinder ankleiden und schulfertig machen
- kleine Kinder zur Hütfrau (Kindermädchen) bringen
- Fußweg zur Fabrik (2 bis 12 km)
- Arbeit in der Fabrik
- Abendessen zubereiten
- Schularbeiten der Kinder kontrollieren
- Flicken und Waschen
- Mittagessen für den nächsten Tag vorkochen
- zwischen 21.00 und 23.00 Uhr Ende des Arbeitstages

Kreisdiagramm: individuelle Lösung

S. 169, Aufgabe 5
In der Frühzeit der Industrialisierung existierten keine Gesetze, die Frauen – insbesondere Schwangere und Wöchnerinnen – schützten. Erst 1878 wurde ein dreiwöchiges Beschäftigungsverbot von Wöchnerinnen erlassen, die 1891 in Kraft getretene Arbeitszeitverordnung verbot die Nachtarbeit für Frauen.
Heute dürfen Frauen in den sechs Wochen vor und den acht Wochen nach der Entbindung nicht beschäftigt werden. Das Gesetz zum Schutz der erwerbstätigen Mütter von 1952 legt zudem fest, dass Schwangeren keine körperlich schweren Arbeiten übertragen werden dürfen. Fließband- und Akkordarbeit ist für sie ebenso verboten wie Nachtarbeit.

Kinder: Arbeit statt Schule und Freizeit   S. 170/171

S. 170, M1: Bericht eines Gewerbeinspektors, 1891
Der Gewerbeinspektor bemängelt folgende Beobachtungen:
- Der Gesundheitszustand der Kinder, die in Fabriken arbeiten müssen, ist schlecht (bleiche Gesichter, matte und entzündete Augen, geschwollene Leiber, aufgedunsene Backen, Hautausschläge und asthmatische Anfälle).
- Die Kinder werden dem Familienleben entfremdet, sie verbringen ihre Jugendzeit in Kummer und Elend.
- Die geistige und sittliche Bildung dieser Kinder ist mangelhaft.

S. 170, M2: Kohlesortieren in einem belgischen Bergwerk
Kinder waren nicht nur in Fabriken, sondern auch in Bergwerken tätig. Sie halfen beim Kohlesortieren, wurden aber ebenfalls unter Tage eingesetzt. Kinderarbeit erschien vielfach als notwendig, weil die Flöze und Gänge niedrig waren, der Platz unter den Maschinen beschränkt, die Nische hinter den Wettertüren winzig. Die Kleinsten waren dabei für die sogenannten Wetterschleusen verantwortlich, d. h. sie mussten die Türen, die die einzelnen Abschnitte des Bergwerkes voneinander trennten, öffnen und schließen und saßen daher bis zu zwölf Stunden am Tag allein in den dunklen Gängen. Die größeren Kinder transportierten das losgebrochene Material zu den Hauptwegen und zogen und schoben die Förderwagen durch die engen Strecken, die teilweise so niedrig waren, dass man nur auf allen Vieren kriechend vorankam. Maßnahmen zum Schutz der Arbeiter wurden nur selten getroffen, sodass die Zahl der Verunglückten hoch war.

S. 170, M3: Gesetze zur Kinderarbeit in Preußen
Die 1839 erlassenen Bestimmungen legten den Grundstein des Kinder- und Jugendschutzes. Anlass für das Gesetz, welches das Mindestalter der Arbeiter heraufsetzte und die Arbeitszeit von Kindern und Jugendlichen begrenzte, war die schlechte körperliche Verfassung vieler junger Männer. Da die Arbeit in den Fabriken äußerst kraftraubend war, stand in den Industriegebieten keine ausreichende Zahl an Rekruten mehr bereit. Siehe auch die Erläuterungen zu Aufgabe 3.

S. 171, M4: Die Textilarbeiterin Anna Perthen erinnert sich an ihre Jugend um 1880 siehe die Erläuterungen zu Aufgabe 1 b)

S. 171, M5: Das Magazin „Spiegel Online" über Kinder- und Jugendarbeit in Deutschland
Der Artikel nennt die gesetzlichen Rahmen für Kinder- und Jugendarbeit:
• Wer noch zur Schule gehen muss, darf nicht jobben.
• Für Kinder ab 13 Jahren ist es erlaubt, montags bis freitags maximal zwei Stunden zwischen 8.00 und 18.00 Uhr zu arbeiten.
• Ab 15 Jahren sind Ferienjobs (höchstens vier Wochen im Jahr) erlaubt.
Beliebte Jobs sind: Babysitten, Nachhilfe geben, Einkäufe erledigen, Austragen von Anzeigenblättern. Laut „Spiegel Online" geht es Kindern bei ihrer Arbeit nicht nur um Gelderwerb, sondern auch um Selbstbestätigung.

S. 171, M6: Mädchen in einer amerikanischen Baumwollspinnerei, Fotografie, 1910
Zu Beginn des 20. Jahrhunderts gingen laut einer Volkszählung mehr als 1,7 Millionen Kinder im Alter zwischen 10 und 15 Jahren in den USA einer Erwerbstätigkeit nach – und das oft 5 ½ Tage die Woche. Vor allem in den südlichen Bundesstaaten war Kinderarbeit weitverbreitet, da hier nach dem Ende des Bürgerkrieges ein wirtschaftlicher Aufschwung eingesetzt hatte und zahlreiche Baumwollspinnereien entstanden waren. Im Jahr 1900 waren in den Fabriken der Südstaaten etwa 25 000 Kinder unter 15 Jahren beschäftigt. Der Arbeitstag der jungen Fabrikarbeiter war lang und anstrengend und wirkte sich zudem negativ auf die Gesundheit aus. In der feuchtwarmen Luft der Baumwollspinnereien umherwirbelnde Textilfusseln drangen ebenso wie Staub in die Lungen ein und führten häufig zu tödlichen Atemwegserkrankungen wie Tbc.

S. 171, Aufgabe 1 a) siehe die Erläuterungen zu M1 und M2
b) Der Alltag eines 12-jährigen Mädchens, das in einer Textilfabrik arbeiten musste, sah folgendermaßen aus:
• Aufstehen: 3.30 Uhr; langer Weg zur Fabrik
• Arbeitszeit von 5.00 bis 19.00 Uhr
• 16.00 bis 18.00 Uhr Unterricht in der Fabrikschule (in dieser Zeit kein Lohn), dann bis 19.00 Uhr wieder Arbeit in der Fabrik
• anstrengende und monotone Arbeit
• manchmal Übernachtung in Herberge (wird vom Lohn abgezogen), nur samstags zu Hause
• geringer Verdienst, der beim Vater abgeliefert werden muss

S. 171, Aufgabe 2
Die Kinderarbeit entwickelte sich zum Schaden der Gesellschaft, denn die Kinder wurden aufgrund ihrer Arbeitsbedingungen anfälliger für Krankheiten oder waren sogar körperlich und geistig zurückgeblieben. Sie erhielten keine Bildung, da keine Zeit für den Schulbesuch blieb. Als die preußische Armee infolgedessen Schwierigkeiten bekam, taugliche Soldaten zu werben, begann der Staat, die Kinderarbeit gesetzlich einzuschränken.

Diff. Kopiervorlagen
13.5 „Und der Körper wird deformiert": Arbeitsbedingungen im Bergbau

S.171, Aufgabe 3

<table>
<tr><td rowspan="5">VISUALISIERUNG 5.3</td><td>1839</td><td>erstes Kinderschutzgesetz in Preußen
Heraufsetzung des Mindestalters auf neun Jahre, Beschränkung der Arbeitszeit auf zehn Stunden, Verbot der Nacht- und Sonntagsarbeit</td></tr>
<tr><td>1853</td><td>Neufassung des Kinderschutzgesetzes
Altersgrenze wird stufenweise auf 12 Jahre heraufgesetzt, tägliche Arbeitszeit für Kinder unter 14 Jahren wird auf sechs Stunden begrenzt; Einführung erster Fabrikinspektionen (werden ab 1878 obligatorisch)</td></tr>
<tr><td>1891</td><td>Novelle zur Reichsgewerbeordnung
Beschäftigungsverbot für Kinder unter 13 Jahren, Festsetzung der Arbeitszeit auf sechs (13 bis 14 Jahre) bzw. zehn (14 bis 16 Jahre) Stunden, Verbot der Nachtarbeit</td></tr>
<tr><td>1903</td><td>erstes Kindesschutzgesetz für das gesamte Deutsche Reich
Verbot der Beschäftigung fremder Kinder unter 13 Jahren, eigene Kinder dürfen im familieneigenen Betrieb täglich maximal drei Stunden mitarbeiten</td></tr>
<tr><td>1976</td><td>Novelle des Jugendarbeitschutzgesetzes von 1960
Verbot der Kinderarbeit, Festlegung der maximalen Arbeitsdauer für nicht schulpflichtige Jugendliche ab 15 Jahren auf täglich acht und wöchentlich 40 Stunden, Schüler ab 15 Jahren dürfen in den Ferien maximal vier Wochen arbeiten, Festlegung des Urlaubsanspruches für Jugendliche unter 16 Jahren auf 25 Arbeitstage, für Jugendliche unter 18 Jahren auf 21 Arbeitstage, Verbot der Akkord-, Fließband- und Nachtarbeit</td></tr>
</table>

S.171, Aufgabe 4 a)
Zeit für Freizeitaktivitäten hatten Kinder, die im 19. Jahrhundert im Bergwerk oder in einer Fabrik arbeiten mussten, nicht. Die Arbeitszeiten waren lang, hinzu kamen oftmals weite Wege zur Arbeitsstätte. Am Ende ihres langen Arbeitstages waren die Kinder durch die harte und anstrengende Arbeit zudem sicherlich viel zu erschöpft, um noch Sport zu treiben oder ein Musikinstrument zu erlernen.
b) Diskussion: individuelle Lösung

Wohnungsnot in den Städten   S.172/173

S.172, M1: Gutbürgerliches Wohnzimmer siehe die Erläuterungen zu Aufgabe 2 a)

S.172, M2: Kellerwohnung in Berlin siehe die Erläuterungen zu Aufgabe 2 b)

S.173, M3: Bericht einer Krankenkasse über die Wohnverhältnisse in Berlin, 1907
Die Krankenkasse bemängelte Folgendes:
· Die Fertigstellung der Mietshäuser wird zu sehr vorangetrieben.
· Deshalb sind einzelne Räume oft noch nicht gründlich ausgetrocknet, wenn sie bezogen werden.
· Zusätzliche Feuchtigkeit setzt sich ab, weil in der Küche gewaschen wird, da man die Kinder nicht allein in der Wohnung lassen kann, um in die Waschküche zu gehen.
· Die feuchten Wohnungen machen die Bewohner krank.

S.173, M4: Ein Theologe nach dem Besuch einer Hamburger Familie zu Johann Hinrich Wichern siehe die Erläuterungen zu S.198, M1

S.173, M5: Häuserblock mit Mietskasernen in Berlin
Das Trauma Berlins ist die Mietskaserne. Der Geruch nach Kohl, Wäsche und Schweiß, die gepresste Nähe der Menschen, der Mangel an Sonnenschein, der Überfluss an Streit, die feuchten Wände – das alles sind Metaphern, welche die Großstadtromane der ersten Jahrhunderthälfte beherrschen. Generationen von Stadtplanern und Architekten der Moderne wuchsen auf mit dem Hass auf die stuckierte Pracht des Vorderhauses. „Vorne hui, hinten pfui", das war Anklage gegen die Doppelmoral der kapitalistischen Gesellschaft.

Aus heutiger Sicht war die Mietskaserne jedoch auch ein Erfolg. Zwischen 1871 und 1919 wuchs die Einwohnerzahl Berlins von 900 000 auf 3,7 Millionen Menschen. Durch die enorme Verdichtung gelang es, dem größten Teil von ihnen wenigstens ein spärliches Obdach zu geben, ohne Hüttenslums entstehen zu lassen. Gleichzeitig waren die Wege zur Arbeit – etwa im Vergleich zu London – kurz, und die Mark Brandenburg blieb als Naherholungsraum und landwirtschaftliches Hinterland erhalten. Dennoch war die Wohnungssituation in Berlin um 1890 ein andauernder öffentlicher Skandal geworden. Die Mieten stiegen in nur zehn Jahren um 75 Prozent, Krankheiten grassierten, in Wedding starb ein Drittel der Kinder schon im Säuglingsalter.

S. 173, Aufgabe 1 a) und b)
Urbanisierung meint Verstädterung: die Vergrößerung von Städten nach Zahl, Fläche und Einwohnern. Infolge des Bevölkerungswachstums und geringer werdender Verdienstmöglichkeiten in der Landwirtschaft wanderten viele Menschen in die Städte. Gleichzeitig brauchten die Fabriken immer mehr Arbeitskräfte. So wuchs die Bevölkerung in den Städten extrem schnell und der Wohnraum wurde knapp.

S. 173, Aufgabe 2 a)
Lebten Arbeiter wie die Familie auf dem Foto M2 auf kleinstem Raum eng beieinander, zählten die Wohnungen gut situierter Familien oder die Villen reicher Industrieller z.T. 20 Zimmer und mehr. Anders als in den Arbeiterwohnungen, wo oftmals in einem Raum gelebt, gekocht, gearbeitet und geschlafen wurde, herrschte in diesen Wohnungen und den Vorstadtvillen eine räumliche Funktionsteilung vor. Die Ausstattung der Räume war luxuriös bis gediegen, Säulen und Stuck gliederten Wände und Decken, künstliche Blumen, Gemälde, Teppiche und lange Vorhänge sollten Wohnlichkeit und Gemütlichkeit verbreiten.
b) In den Mietskasernen lebten Arbeiterfamilien in beengten Wohnverhältnissen. Die Wohnungen waren klein, in der Regel verfügte eine mehrköpfige Familie nur über ein Zimmer sowie eine Küche, die meist der einzige beheizbare Raum in der Wohnung war und in der sich der größte Teil des Alltagslebens abspielte. Bäder waren nicht vorhanden, die Toiletten befanden sich meist auf halber Treppe und wurden z.T. von mehreren Mietparteien genutzt. Um die Miete aufbringen zu können, nahmen viele Familien Untermieter auf. Rückzugsmöglichkeiten und Privatsphäre gab es nicht, denn nicht nur innerhalb der Wohnungen herrschte Enge, auch der Abstand zu den Nachbarhäusern war gering. Öffnete man im Sommer die Fenster, drangen Lärm und Gerüche aus den gegenüberliegenden Wohnungen in die eigene Stube.
c) siehe die Erläuterungen zu M3

S. 173, Aufgabe 3 Diskussion: individuelle Lösung

S. 173, Aufgabe 4 individuelle Lösung

Umweltverschmutzung   S. 174/175

S. 174, M1: „Ansicht der Krupp Stahlwerke in Essen", Kupferstich
Die Krupp Gussstahlfabrik in Essen wurde 1811 durch Friedrich Krupp (1787–1826) gegründet. Zur Produktionsanlage gehörte neben einem Schmelzbau mit den Schmelzöfen ein Hammerwerk zum Weiterverarbeiten des Stahls. Mit dem Siegeszug der Eisenbahn kam der erste große Aufschwung.
Alfred Krupp (1812–1887) begann mit der Entwicklung von Gewehrläufen aus Gussstahl. 1847 gelang es ihm erstmals, eine Gussstahlkanone herzustellen. Er baute Krupp zum größten Industrieunternehmen Europas aus.
Friedrich Alfred Krupp (1854–1902) ließ ein Hüttenwerk in Rheinhausen bauen und verband so die zwei Produktionsschritte Verhüttung und Stahlerzeugung.
Im Jahr 1912 war das Firmengelände der Krupp Stahlwerke auf eine Fläche von bis zu 5 km^2 angewachsen. Mit Beginn des Ersten Weltkriegs wurden unter Bertha Krupp (1886–1957) und ihrem Mann Gustav Krupp von Bohlen und Halbach (1870–1950) über 80 Prozent des Betriebs auf die Rüstungsproduktion umgestellt.

S. 174, M2: Brief Alfred Krupps vom 12. Januar 1867 siehe die Erläuterungen zu Aufgabe 2

S.174, M3: Gedicht des Schriftstellers Philipp Witkop über das Ruhrgebiet, 1901
Witkop beschreibt den aus tausend Schloten steigenden Rauch und Qualm, der sich schwarz auf alles niedersenkt. Die Blätter der Bäume sind welk und grau, nichts Buntes mehr in der Natur, alles ein einziges „schwarzes Sterben".

S.175, M4: Gutachten des Chemikers Konrad Jurisch von 1890 siehe die Erläuterungen zu Aufgabe 3

S.175, M5: Bericht des Fabrikanten Friedrich Engels über Manchester, 1845
Von 1842 bis 1844 absolvierte Friedrich Engels eine kaufmännische Ausbildung in der väterlichen Baumwollspinnerei in Manchester. Den Fluss Irk beschreibt er folgendermaßen:
• Die Abwässer der Gerbereien, Färbereien, Knochenmühlen und Gaswerke sowie die Kloaken fließen alle in den Fluss Irk.
• Der Irk ist ein schmaler, pechschwarzer, stinkender Fluss voll Unrat und Abfall.
• Am Ufer des Flusses bleiben schwarz-grüne Schlammpfützen zurück, aus denen giftige Gase und ein unerträglicher Geruch aufsteigen.
• An den Wehren im Fluss setzen sich Schlamm und faulender Abfall ab.

S.175, M6: Karikatur aus der englischen Zeitschrift „Punch", 1858
Auf der Karikatur mit dem Titel „The ‚silent highway'-man" rudert die Gestalt eines Skelettes mit dunklem Umhang – der Tod – auf einem Fluss – offensichtlich die Themse, denn im Hintergrund ist die Kirchenkuppel von St. Pauls erkennbar. Alles ist düster, grau und verseucht. Im Fluss treiben tote Ratten. Der „Highwayman" fordert „Your money or your life!". Das könnte bedeuten, er fordert das Leben oder den Gewinn derer, die den Fluss verseucht haben.

S.175, Aufgabe 1 a) und b)
Mit der Industrialisierung erreichte die Umweltverschmutzung ein nie gekanntes Ausmaß:
• Der Energiebedarf der Industrie stieg rasant. Die Rückstände der Kohleverbrennung belasteten die Luft stark.
• Giftige Schwefeldioxidverbindungen führten zu Waldsterben.
• Sogenanntes Rauchgas, Emissionen, die von Eisen-, Metall- oder Kupferhütten ausgestoßen wurden, schädigte die umliegenden Bäume und belastete die Atemluft.
• Gewässer und Böden wurden durch giftige Chemikalien, Düngemittel und andere industrielle Abwässer dauerhaft verseucht.
• Klärwasser machten das Wasser der Flüsse ungenießbar.
• Die Böden rund um Industrieansiedlungen wurden mit Blei, Cadmium, Quecksilber und anderen Giften kontaminiert.
• Infolge des enormen Bevölkerungswachstums und Wohnungsbaus wurden immer größere Bodenflächen versiegelt, was zum Absinken des Grundwasserspiegels beitrug.
• Das Verkehrsaufkommen (Personen- und Güterverkehr) stieg rasant an.
• Eisenbahnstrecken wurden durch die Landschaft gebaut und Flüsse begradigt.
Siehe auch die Erläuterungen zu M1 und M3.

S.175, Aufgabe 2
Krupp möchte für die Pariser Weltausstellung 1867 neue Fotografien sowie zwei „Ansichten mit Staffage" (geschönte Bilder) vom Leben auf den Plätzen, Höfen und Eisenbahnen. Diese sollten seiner Ansicht nach im Mai aufgenommen werden, wenn alles grünt und kein Wind weht, am besten am Sonntag. An den Werktagen würde zu viel Rauch und Dampf die Umgebung „unklar" machen. Aber die imponierenden Lokomotiven, Züge und großen Transportwagen möchte Krupp in den Bildern festgehalten wissen.

S. 175, Aufgabe 3
Argumente der Industrie gegen die Beschwerden der Fischerei wegen der Abwässer:
- Der wirtschaftliche Wert der Industrie sei für Deutschland tausendmal größer als der der Binnenfischerei.
- Man müsse deshalb die Fischzucht zugunsten der angesiedelten Fabriken preisgeben.
- Die Flüsse dienten als „wohltätige, natürliche Ableitungen" der Industrieabwässer zum Meer.
- Es entspreche den Anforderungen des Nationalwohlstandes sowie den wirtschaftlichen Interessen jedes Landstriches, das Aufblühen der Industrie zu fördern.

S. 175, Aufgabe 4 siehe die Erläuterungen zu M6

S. 175, Aufgabe 5 siehe die Erläuterungen zu M5

S. 175, Aufgabe 6 individuelle Lösung

S. 175, Aufgabe 7 individuelle Lösung

Kompetenzen prüfen	S.178/179

S. 178, M1: Blick in eine Fabrikhalle: Metallverarbeitung mit Dampfhammer
Der Hammerklotz (Fallgewicht) eines Dampfhammers ist direkt mit dem Dampfkolben durch eine Kolbenstange verbunden und wird durch den Dampfdruck gesteuert. Der Dampfhammer diente der Bearbeitung von großen Schmiedestücken.

S. 178, M2: Hinterhof in Berlin-Mitte siehe die Erläuterungen zu S. 173 M3, M5 und Aufgabe 2 b)

S. 178, M3: Ein Mädchen bedient eine Spinnmaschine
Kinder waren billige Arbeitskräfte, die nur einen geringen Lohn bekamen. In den Textilfabriken wurden sie u. a. eingesetzt, um Baumwollreste zu zerrupfen und die Fusseln vom Boden zusammenzukehren. Sie mussten außerdem unter die Spinn- und Webmaschinen krabbeln und mit ihren kleinen Fingern Arbeiten wie das Anknüpfen der Fäden erledigen.

S. 179, M4: Wöchentliche Ausgaben für eine Familie mit vier Kindern um 1870
Die Gegenüberstellung von Ausgaben und Einnahmen zeigt, dass die sechsköpfige Familie pro Woche gerade einmal 1,84 Mark zur Seite legen konnte. Um Schuhe, Kleidung oder ein neues Möbelstück kaufen zu können, musste also lange gespart werden. Etwa 40 Prozent (7,89 Mark) des wöchentlichen Lohns musste für die Miete (inklusive Mietsteuer, Petroleum, Feuerung) aufgebracht werden; den größten Posten machten jedoch die Lebensmittel aus. Sie verschlangen etwa 60 Prozent (12,17 Mark) des Wochenlohns.

S. 179, M5: Karikatur „Zukunftsvision einer Straße", 1895
In seiner Federlithografie von 1895 zeigt Arpad Schmidhammer, wie er sich eine Straße im 20. Jahrhundert vorstellt. Zu sehen sind verschiedene Ebenen von Brücken, auf denen sich dichter Verkehr kreuz und quer bewegt:
- am Boden Autos, Motorräder, Fahrräder und Fußgänger
- darüber eine Art Achterbahn, in der die Menschen hintereinander in Reihen sitzen und über eine Bogenbrücke fahren
- darüber kreuzt ein Zug auf Schienen
- ganz oben links und rechts Viadukte, d. h. hohe Bogenbrücken für Eisenbahnen.
Auf allen Ebenen und in allen Fahrzeugen drängen sich die Menschen. Die Karikatur zeigt eine technische Utopie.

S. 179, Aufgabe 1 bis 8 siehe die Lösungshinweise auf S. 296 des Schülerbandes

Webcode
FG647255-179

HRU, S. 146, KV
5.3 Selbsteinschätzungsbogen für Schüler

Lösungen zu den Kopiervorlagen der Handreichung

KV 5.1, Aufgabe 1

1. Tabelle, die die veranschaulicht, wie viele in Deutschland, England und Belgien hergestellte Lokomotiven im Zeitraum zwischen 1838 und 1853 in Preußen in Betrieb waren
2. Die Zahlen wurden 1975 von dem Wirtschaftswissenschaftler und Historiker Rainer Fremdling zusammengestellt.
3. Historiker und Interessierte, die sich für die Wirtschaftsgeschichte und Geschichte der Eisenbahn im 19. Jahrhundert interessieren
4. Tabelle
5. Die jeweilige Jahreszahl gibt Auskunft über die damalige Gesamtzahl in Betrieb befindlicher Eisenbahnen in Preußen. In den Spalten 3 bis 5 ist aufgeschlüsselt, in welchen Ländern die Lokomotiven konstruiert wurden.
6. Die Tabelle zeigt eine deutliche Entwicklung auf: Stammten 1838 alle in Preußen eingesetzten Züge aus England und Belgien, ist der Anteil der importierten Eisenbahnen 15 Jahre später verschwindend gering.
7. Die Tabelle veranschaulicht, wie viele Eisenbahnen in den Jahren 1838, 1842, 1848 und 1853 in Preußen in Betrieb waren und in welchen Ländern sie produziert wurden.
8. In der Anfangszeit des Eisenbahnzeitalters in Preußen (1838) wurden alle Züge importiert; der Großteil stammte aus England. Fünfzehn Jahre später war der Lokomotivbau in Deutschland so weit vorangeschritten, dass nur noch etwa sechs Prozent der preußischen Eisenbahnen nicht aus einer deutschen Werkstatt stammten.
9. siehe S. 162/163
10. Die Tabelle zeigt deutlich, dass der Eisenbahnbau in Deutschland erst Mitte des 19. Jahrhunderts einsetzte. In den Jahren davor mussten die Züge oder zumindest die Lokomotiven importiert werden.

KV 5.1, Aufgabe 2 individuelle Lösung

KV 5.2, Aufgabe 1 Bilddetails:
- geschäftiges Treiben auf dem Fabrikgelände
- im Zentrum die Gießhalle mit ihren Schornsteinen, davor der von einem Neptun bekrönte Wasserturm, das Wahrzeichen der Fabrik
- eine allseits sichtbare Turmuhr
- vor dem Uhrturm legen Arbeiter gerade das Fundament für eine große Waage zur Überprüfung von angeliefertem Material
- das Gebäude links mit der Aufschrift „Contoir" dient der Aufbewahrung von Baumaterialien und als Kontrollstelle für die Materialausgaben
- ein Gespann aus acht Pferden zieht eine Lokomotive aus der Montagehalle rechts im Hintergrund des Geländes
- im Vordergrund angedeutet die Terrasse einer fiktiven Fabrikantenvilla

Siehe auch die Erläuterungen zu S. 165, Aufgabe 2 b): Interview: individuelle Lösung.

KV 5.2, Aufgabe 2

Die Textlücken können mit folgenden Begriffen gefüllt werden: 1836 – Dampfmaschinen – „Beuth" – Moabit – Europas – 500. – 1800 – Kranken- und Sterbekasse.

Name:	Klasse:	Datum:

KV 5.1　Eine Statistik auswerten

M1 In Betrieb befindliche Lokomotiven in Preußen (nach Herkunftsländern und Anschaffungsjahr)

Jahr	Gesamtzahl	Deutschland	England	Belgien
1838	7	0	6	1
1842	22	6	12	2
1848	74	57	11	6
1853	105	99	0	6

Rainer Fremdling, Eisenbahnen und deutsches Wirtschaftswachstum, Dortmund (Gesellschaft für Westfälische Wirtschaftsgeschichte) 1975, S.76, Tab. 26.

1　Erarbeite M1 mithilfe der Arbeitsschritte.

2　Setze die Tabelle in ein Säulen- oder in ein Liniendiagramm um.

Arbeitsschritte „Eine Statistik auswerten"

Formale Aspekte	
1. Gegenstand: Zeitabschnitt; historisches Ereignis, das dargestellt wird	
2. Fundstelle: Ort, Zeit, Urheber der Daten (Institution oder Person, politische/öffentliche Stellung)	
3. Adressatenbezug: Wer wird angesprochen?	
4. Wie wird das Zahlenmaterial präsentiert? (Tabelle oder Diagramm)	
Inhaltliche Aspekte	
5. Jahreszahlen, Spalten-bezeichnungen, Strukturierungshilfen	

 Autorin: Angela Lucke

Name:	Klasse:	Datum:

| 6. Aussageart der Tabelle: Wird ein Vergleich angestrebt oder eine Entwicklung aufgezeigt? Gibt es Auffälligkeiten? | |

Aussagekraft bewerten

| 7. Gib der Statistik zunächst eine Überschrift mit eigenen Worten: Worum geht es überhaupt? | |

| 8. Fasse die Kernaussagen mit eigenen Worten zusammen und erläutere sie jeweils kurz. | |

| 9. Setze die Aussagen in ihren historischen Zusammenhang. | |

| 10. Bewerte die Aussagekraft der statistischen Daten: Ist die grafische Darstellung angemessen? Wird der Sachverhalt zu sehr vereinfacht? | |

Autorin: Angela Lucke

Name:	Klasse:	Datum:

KV 5.2 August Borsig – vom Handwerker zum „Lokomotivkönig"

M1 „Die Eisengießerei und Maschinenbauanstalt von A. Borsig im Jahre 1847", Ölgemälde von Carl Eduard Biermann, 1847

M2 August Borsig: Ein „Lokomotivkönig" made in Berlin

August Borsig war einer der erfolgreichsten Unternehmer des 19. Jahrhunderts. Im Jahr _____ gründete er

am Oranienburger Tor eine Maschinenfabrik, in der er anfangs _____ und

ab 1841 hauptsächlich Eisenbahnen produzierte. Seine erste Lokomotive, die sogenannte _____, ließ

Borsig noch in Handarbeit herstellen. In _____ errichtete der Berliner Unternehmer ein Eisenwerk,

welches das Rohmaterial für den Lokomotivbau lieferte. Borsigs Fabrik entwickelte sich rasch zum größten

Lokomotivproduzenten _____, im Jahr 1854 verließ die _____ Lokomotive das Moabiter

Werk. Der „Lokomotivkönig" sorgte sich aber auch um das Wohl seiner _____ Angestellten, für die er u. a.

eine _____ einrichtete und ein

Bad mit Schwimmbecken sowie einen Speisesaal bauen ließ.

Verfassertext

1 Stelle dir vor, du dürftest für einen Tag eine Zeitreise machen: als Reporter bzw. Reporterin in die Szene M1. Beschreibe, was du siehst, und interviewe entweder einen der dargestellten Arbeiter oder den Firmengründer August Borsig.

2 Vervollständige die Lücken in M2. **Tipp:** Nutze für die Lösung der Aufgabe den Darstellungstext auf S. 164/165 deines Schulbuches.

Autorin: Andrea Welk
Bildrechteinhaber: INTERFOTO/IFPAD

145

Name:	Klasse:	Datum:

KV 5.3　Epochenvertiefung: Technisch-industrielle Revolution (ca. 1750–1900)

	Ich kann, weiß, verstehe …	sehr sicher	sicher	unsicher	sehr unsicher	Hilfen finde ich hier: (SB = Schülerbuch)
1	Ich kann die Entstehung von Industriezentren im Europa des 19. Jahrhunderts erläutern.					SB, S. 152
2	Ich kann Erfindungen und technischen Fortschritt als Motor der Industrialisierung an nationalen und regionalen Beispielen beschreiben.					SB, S. 154/155, 162/163
3	Ich kann den Unterschied zwischen einer Werkstatt, Manufaktur und einer Fabrik mit eigenen Worten erklären.					SB, S. 154/155
4	Ich kann Voraussetzungen für den Beginn der Industrialisierung in England nennen.					SB, S. 156/157
5	Ich kann Faktoren für die verspätete Industrialisierung in Deutschland erklären.					SB, S. 158/159
6	Ich kann die Bedeutung der Industriellen Revolution diskutieren.					SB, S. 157
7	Ich kann erklären, wie die deutschen Staaten die Rückständigkeit überwanden.					SB, S. 158/159
8	Ich kann Statistiken auswerten und grafisch umsetzen.					SB, S. 160/161
9	Ich kann Argumente für und gegen den Eisenbahnbau nennen.					SB, S. 162/163
10	a) Ich kann den Aufstieg August Borsigs zum führenden Lokomotivproduzenten Europas darstellen.					SB, S. 164/165
	b) Ich kann begründen, warum August Borsig stellvertretend für die Industrialisierung in Deutschland steht.					
11	Ich kann die Folgen der Industrialisierung erläutern und bewerten.					SB, S. 166–175
12	a) Ich kann erklären, warum die Unternehmer die „neuen Fürsten" genannt wurden.					SB, S. 166/167
	b) Ich kann erläutern, was die Unternehmer von ihren Beschäftigten als Gegenleistung für soziale Leistungen erwarteten.					
13	a) Ich kann erklären, wie die Fabrikarbeit geregelt war.					SB, S. 168
	b) Ich kann die körperlichen und seelischen Folgen der Fabrikarbeit erläutern.					
14	Ich kann die Arbeits- und Lebensbedingungen der Fabrikarbeiterinnen beschreiben.					SB, S. 169
15	Ich kann die Arbeits- und Lebensbedingungen von Kindern und Jugendlichen im 19. Jahrhundert beschreiben.					SB, S. 170/171
16	Ich kann die Entwicklung des Kinder- und Jugendarbeitsschutzes darstellen.					SB, S. 170/171
17	Ich kann den Begriff „Urbanisierung" mit eigenen Worten erklären.					SB, S. 172/173
18	Ich kann die Wohnsituation in den Mietskasernen beschreiben.					SB, S. 172/173
19	Ich kann die Auswirkungen der Industrialisierung auf die Umwelt beurteilen.					SB, S. 174/175

Cornelsen　Autorin: Angela Lucke

6 Fächerverbindendes Modul: Armut und Reichtum (Längsschnitt)   SB S. 180–207

Sachinformationen zum Kapitelaufbau

Armut und Reichtum hat es in der Geschichte immer gegeben. Seit Menschen in größeren Gemeinschaften zusammenleben, haben sich auch ihre Lebensformen und ihre materiellen Ressourcen differenziert. Verändert haben sich im Laufe der Jahrhunderte jedoch die Wahrnehmung von Armut und Reichtum sowie die Konzepte zur Armutsbekämpfung.

Im Mittelalter wurde Armut als etwas Gottgegebenes angesehen. Ebenso wie Reichtum war sie Teil der Ständeordnung, in der jeder seinen unveränderlichen Platz hatte. Die Armen mussten ihr Los in Demut tragen, die Reichen konnten mithilfe von Almosen etwas für ihr Seelenheil tun. Die Kirche war für die Armenfürsorge zuständig. Dabei stellte sich auch die Frage nach der Gültigkeit des christlichen Armutsideals für die Kirche. Sie gehörte im Mittelalter neben den Adligen und den Städten zu den Reichen der Gesellschaft. Im Übergang zur Neuzeit änderte sich die Wahrnehmung von Armut. Sie galt nun vor allem als selbstverschuldet. Die Folge waren staatliche Zwangsmaßnahmen wie Bettelordnungen sowie Arbeits- und Armenhäuser. Vorreiter waren hier die städtischen Eliten. Im 19. Jahrhundert veränderte sich das Problem der Armut im Zuge der Industrialisierung erneut. Scharen von Menschen zogen in die Städte, die zu Großstädten wurden. Schlechte Wohnbedingungen, niedrige Löhne und Rechtelosigkeit der Arbeiter sorgten für die Entstehung der sozialen Frage. Von verschiedenen Seiten wurden Lösungsvorschläge gemacht. Einige Unternehmer sorgten mit Werkswohnungen oder Krankenkassen für ihre Arbeiter. Die Kirchen engagierten sich mithilfe von sozialen Einrichtungen für Arme, Jugendliche und Behinderte. Die Arbeiter gründeten Vereine und Gewerkschaften. Auf staatlicher Seite erfolgte eine Sozialgesetzgebung, die die Grundlage für unser heutiges System legte.

Hinweis zum Unterrichtsverlauf

siehe Lehrplansynopse, S. 11

Kompetenzerwerb in Kapitel 6 (s. Schülerband S. 206)

Eine detaillierte Liste der zu erwerbenden Kompetenzen finden Sie hier in der Handreichung auf dem Selbsteinschätzungsbogen, S. 167.

Selbsteinschätzungsbogen für Schüler zum Kapitel 6

siehe Kopiervorlage 6.3, S. 167

Weiterführende Hinweise auf Forum-Begleitmaterialien (s. Einleitung, S. 7)

- Arbeitsheft 2, Kap. 2: Mittelalterliche Lebenswelten
- Arbeitsheft 3, Kap. 4: Industrielle Revolution
- Kompetenztraining, Kap. 8: Mittelalterliche Lebenswelten
- Kompetenztraining, Kap. 18: Die Industrialisierung und ihre Folgen
- Geschichte interaktiv I, Kap. 5: Das Mittelalter
- Geschichte interaktiv II, Kap. 3: Industrialisierung
- Foliensammlung Geschichte 1, Folie 19 und 20: Die bäuerliche Gesellschaft/die Ständeordnung
- Foliensammlung Geschichte 2, Folie 9: In einer Spinnerei
- Invitation to History, Starter, Unit 1: Life in the Middle Ages
- Invitation to History 1, Unit 6: Germany on its way to an industrial society

Literatur, Jugendbücher, Filme, Internethinweise für Lehrkräfte

Literatur
Hans-Werner Goetz, Leben im Mittelalter. Vom 7. bis zum 13. Jahrhundert. 7. Aufl., München (C. H. Beck) 2002.
Bernhard Rathmayr, Armut und Fürsorge. Einführung in die Geschichte der Sozialen Arbeit von der Antike bis zur Gegenwart, Opladen (Budrich) 2014.

Christoph Sachße/Florian Tennstedt, Geschichte der Armenfürsorge in Deutschland, Bd. 1: Vom Mittelalter bis zum 1. Weltkrieg, 2. verb. und erw. Aufl., Stuttgart (Kohlhammer) 1998.
Horst Steffens (Red.), Durch Nacht zum Licht? Geschichte der Arbeiterbewegung 1863–2013. Katalog zur Großen Landesausstellung 2013 Baden-Württemberg, Mannheim (TECHNOSEUM) 2013.

Jugendbücher
Gabriele Beyerlein, Schwarzes Wasser, Stuttgart (Thienemann) 2010.
Claudia Frieser, Oskar und das Geheimnis der Kinderbande, 6. Aufl., München (dtv) 2016.
Rainer M. Schröder, Das unsichtbare Siegel, Arena (Würzburg) 2010.

Filme

WBF B-1540:   Leben in der mittelalterlichen Stadt
WBF K-2085/2086:   Das Zeitalter der Industriellen Revolution in Deutschland I und II
WBF K-2076:   Arbeiterleben im Kaiserreich

Internethinweise für Lehrkräfte
https://www.leben-im-mittelalter.net/geschichte-des-mittelalters.html (private Seite, die Infos und Bilder zu vielen mittelalterlichen sozialhistorischen Themen bietet)
https://www.dhm.de/archiv/ausstellungen/streik/index.html (Internetseite zur Ausstellung „Streik – Realität und Mythos" aus dem Jahr 1992)
https://www.fes.de/hfz/arbeiterbewegung (Internetportal zur Geschichte der deutschen Arbeiterbewegung, Angebot der Friedrich-Ebert-Stiftung)

Auftaktseiten   S. 180/181

S. 180 f.: Reich kontra Arm, früher und heute
Am deutlichsten zeigt sich der Kontrast zwischen Arm und Reich in der Gesellschaft, wenn Menschen in der Öffentlichkeit betteln: auf der einen Seite der unterwürfige Bittende, auf der anderen Seite der aufrecht gehende Passant. Dieses Bild hat sich in der Geschichte kaum geändert. Im Mittelalter waren die Kirchen und Klöster ein zentraler Ort für Bettler (auf der kleinen Abbildung erhält ein lahmer Bettler von einer Nonne Geld), heute sind es belebte Gegenden in der Innenstadt (die große Abbildung zeigt eine Brücke in Venedig mit Touristen und einer Bettlerin). Verändert hat sich aber die Wahrnehmung von Armut. Galt sie im Mittelalter als gottgegeben, also quasi natürlich, stehen Bettler heute oft unter dem Verdacht, kriminell organisiert zu sein. Da es vor allem in Europa ein staatliches Fürsorgesystem gibt, das Armut abfedern soll, stehen Bettler heute ganz am Rande, wenn nicht sogar außerhalb der Gesellschaft.

Orientierung im Kapitel   S. 182/183

S. 182, M1: Bettler auf dem Kurfürstendamm in Berlin, 2011 siehe die Erläuterungen zu Aufgabe 3

S. 183, M2 Kinderreiche arme Frau im Kindbett
Mittelalterliche Frauen lebten oft am Rande des Existenzminimums. Vor allem ledige und verwitwte Frauen waren häufig von Armut betroffen.

S. 183, Aufgabe 1 individuelle Lösung

HRU, S. 164, KV
6.1 Lebenshaltungskosten – früher und heute

S. 183, Aufgabe 2
In Deutschland gelten zunächst einmal die Menschen als arm, die weniger als das sogenannte Existenzminimum zur Verfügung haben, d. h. sie haben nicht genug Geld, um eine Wohnung, Kleidung und Lebensmittel zu finanzieren. Aufgrund von Arbeitslosigkeit, Krankheit oder schlechter Ausbildung verdienen sie kein oder nur sehr wenig Geld. Hier sorgt der Staat mit direkten Geldzahlungen, Zuschüssen zur Miete usw. für eine Sicherung des Lebensunterhalts. Doch auch Menschen, die sich nichts leisten können, wie z. B. einen neuen Fernseher, neue Kleidung oder eine Urlaubsreise, werden oft von anderen als arm wahrgenommen und fühlen sich selbst auch arm, da sie nicht am relativ hohen Lebensstandard in Deutschland teilhaben können.

S. 183, Aufgabe 3
Auf dem Foto M1 bittet ein Mann in viel zu großer Kleidung in unterwürfiger Haltung auf der belebten Einkaufsstraße Kurfürstendamm in Berlin einen Passanten mit ausgestreckter Hand um Geld. Der Passant hält bewusst Abstand und läuft vorbei. Auf der Abbildung M2 liegt eine Frau, die gerade entbunden hat, in ihrem Bett. Das Haus ist stark baufällig, die zum Trocknen aufgehängte Wäsche ist

zerrissen. Die Armut lässt sich an der Umgebung ablesen. Vor der Hütte spielen mehrere kleine Kinder.

Bettler (M1): Die Situation ist unangenehm für den Bettler, er erniedrigt sich, hofft auf Geld.

Frau (M2): Sie empfindet ihre Situation vermutlich als hoffnungslos und leidet still vor sich hin.

S. 183, Aufgabe 4

Unterschiede	Gemeinsamkeiten
• Der Bettler ist auf sich allein gestellt, die Frau hat mehrere kleine Kinder. • Der Bettler zeigt seine Armut öffentlich, die Frau leidet privat. • Der Bettler ist aktiv, die Frau ist aufgrund der vor Kurzem erfolgten Geburt passiv. Sie kann später versuchen zu arbeiten, um nicht aufs Betteln angewiesen zu sein.	• Armut und Not zeigen sich in der Kleidung und dem körperlichem Zustand. • Sowohl der Bettler als auch die alleinerziehende Frau sind aus der Gesellschaft ausgeschlossen. • Alle abgebildeten Personen nehmen eine demütige, leidende Haltung ein.

VISUALISIERUNG 6.1

Armut im Mittelalter   S. 184/185

S. 184, M1: Bestickte Almosentasche, ca. 1340

Die kleine Leinentasche mit Gold- und Seidenstickerei sowie Seidenkordeln und Quasten zeigt Szenen der Minne. Minne bezeichnete im Mittelalter die verschiedenen Formen von Liebe: Nächstenliebe, Freundschaft, aber auch die Liebe zwischen Mann und Frau. Hierbei wurden die „Reinheit" des Gefühls und die Wertschätzung des anderen betont. Die abgebildete Tasche wurde von Frauen getragen.

S. 184, M2: Zitat aus der Lebensgeschichte des Heiligen Eligius

Der heilige Eligius lebte im 7. Jahrhundert und stammte aus Frankreich. Er arbeitete als Huf- und später als Goldschmied. Schließlich wurde er Priester und machte Karriere als Bischof. Er kümmerte sich u. a. um die Christianisierung Flanderns. Seine Lebensgeschichte („Vita Eligii") wurde wahrscheinlich von seinem Freund, dem Bischof von Rouen, aufgeschrieben.

Das Zitat greift zum einen die Idee von der Welt als gottgewollte Ordnung auf. Materielle und soziale Unterschiede sind den Menschen von Gott zugewiesen. Jeder hat abhängig von seiner Position seine Aufgabe sowie seine Rechte und Pflichten in der Gesellschaft. So wurde die mittelalterliche Ständeordnung gerechtfertigt. Zum anderen wird darauf Bezug genommen, dass die Menschen in ihrem Leben Sünden begehen, die sie nach ihrem Tod im Fegefeuer verbüßen müssen. Wer jedoch in seinem Leben auch Gutes für andere tut, kann damit seine Sünden ausgleichen und die Strafe im Jenseits verkürzen. Reiche konnten sich durch Wohltätigkeit regelrecht freikaufen. Im 15. Jahrhundert nahm das von der Kirche organisierte Freikaufen in Form von „Ablassbriefen" überhand. Es veranlasste Martin Luther zu seiner grundlegenden Kritik und Forderung nach einer „Reformation" der Kirche.

S. 185, M3A: Bibelzitate über die Armut

In der „Bergpredigt" im Matthäusevangelium verkündet Jesus vor zahlreichen Anhängern seine wichtigsten Lehren, indem er die jüdische Thora neu interpretiert. Der Textausschnitt über die Armut ist Teil von neun Seligpreisungen, die am Anfang der „Bergpredigt" stehen. Neben den Armen werden u. a. die Friedfertigen, die Leidenden und die nach Gerechtigkeit Strebenden erwähnt.

S. 185, M3B: Markusevangelium

Das Markusevangelium ist vermutlich das älteste Evangelium und könnte damit als Vorlage für die anderen Evangelien gedient haben. Es stellt das Leben, Wirken und Leiden Jesu in den Mittelpunkt.

S. 185, M4: Thomas von Aquin

Der Dominikanermönch und Theologe Thomas von Aquin (um 1225–1274) gehört zu den wichtigsten Kirchenlehrern der römisch-katholischen Kirche. Er befasste sich mit zahlreichen philosophischen und theologischen Themen.

Im vorliegenden Textausschnitt leitet er von dem „Gebot der Nächstenliebe" das „Gebot des Almosenspendens" ab. Für ihn sind die Almosen Ausdruck der praktischen, umgesetzten Nächstenliebe. Eine nur gedanklich-emotionale Nächstenliebe reicht für ihn nicht aus.

S.185, Aufgabe 1 a)

Armut wurde im Mittelalter als von Gott gewollter Zustand angesehen. Sie war Teil der göttlichen Ordnung und durfte deshalb auch nicht durch staatliche Maßnahmen beseitigt werden. Es gab lediglich Hilfsmaßnahmen wie Geld- und Sachspenden zur Linderung der Not, die vor allem von der Kirche organisiert wurden.

b) Zunächst wurde man in die Armut hineingeboren. Die Ständegesellschaft bot keine Möglichkeit, sich aus einem Leben als abhängiger Bauer zu befreien. Im Gegenteil: Krankheit, Kriege und Naturkatastrophen konnten schnell die bescheidenen Lebensverhältnisse der Menschen dauerhaft zerstören. Hinzu kamen individuelle Schicksalsschläge wie Tod des Mannes/Vaters, Feuer oder Verschuldung. Eine Besonderheit bildeten die Bettelmönche, die sich bewusst und freiwillig für ein Leben in Armut entschieden hatten.

c) Im Mittelalter galten diejenigen Menschen als arm, die zum Überleben auf Hilfe angewiesen waren. Das konnten z. B. auch Bauern sein, die von ihrem Grundherrn abhängig waren und nicht einmal das Recht hatten, ihren Wohnort frei zu wählen. Hinzu kamen Obdachlose, Bettler, chronisch Kranke, geistig Behinderte, Witwen und Waisen, Tagelöhner, verarmte Ritter oder Arbeitslose. Insgesamt war im Mittelalter ein sehr hoher Anteil der Bevölkerung von Armut betroffen.

S.185, Aufgabe 2

Die Almosentasche ist reich verziert und geschmückt. Sie besteht aus kostbaren Materialien wie Seide und Goldfäden. Das gestickte Bild zeigt zwei Menschen beim Tanz, im Hintergrund sind blühende Bäume zu sehen. Die Menschen tragen prächtige Gewänder, die rechte Figur hält einen Fächer in der Hand. Beide Personen sind eindeutig als Adlige bzw. als Reiche zu erkennen. In der Tasche führten reiche Frauen Geld mit sich, um es als Spenden, „Almosen", an Arme und Bettler zu verteilen. Die Kostbarkeit der Tasche unterstreicht den gesellschaftlichen Status der Besitzerin und steht im Kontrast zur Armut der Spendenempfänger. Mit ihrer Hilfe konnte Reichtum, aber gleichzeitig auch Frömmigkeit in aller Öffentlichkeit demonstriert werden.

S.185, Aufgabe 3

Die Bibelzitate verweisen darauf, dass die Armen nach ihrem Tod „zur Belohnung" in den Himmel kommen und dort ihr entbehrungsreiches Leben ein Ende hat, während die Reichen mehr um den Eintritt in den Himmel fürchten müssen. Jesus will damit sagen, dass Arme gerade aufgrund ihrer Besitzlosigkeit leichter ein „christliches" Leben führen können, da sie sich nicht auf „Geld und Gut" verlassen können, sondern auf Gott und auf das Leben nach dem Tod vertrauen müssen. Die Reichen laufen Gefahr, das Materielle und das eigene Wohlergehen an die erste Stelle zu stellen und so das „gottesfürchtige" Leben aus den Augen zu verlieren.

S.185, Aufgabe 4

Die Kirche ist laut Thomas von Aquin in der Pflicht, bei der Unterstützung von Notleidenden eine Vorreiterrolle zu übernehmen. Da die Nächstenliebe ein Gebot Gottes ist, hält er die praktische Umsetzung in Form von Almosenspenden ebenfalls für ein Gebot. Die Kirche wird so zum Träger einer organisierten Armenfürsorge. Diese beinhaltete zum einen den Schutz der Armen. Sie durften z. B. in der Nähe von Kirchen betteln. Zum anderen sorgten vor allem Klöster mit Armenspeisungen, Kleiderausgaben und Geld für die Linderung der Not.

S.185, Aufgabe 5

Herrscher und Reiche gaben Almosen nicht aus selbstloser Nächstenliebe, um die Not der Betroffenen zu lindern. Sie wollten damit einerseits ihren Reichtum und ihr gesellschaftliches Ansehen demonstrieren, andererseits erwarteten sie von den Spendenempfängern als Gegenleistung Gebete für ihr Seelenheil. Das Almosengeben sollte sich also spätestens nach dem Tod richtig auszahlen. Ein solches Verhalten hat mit dem Kern von Nächstenliebe, dem mitfühlenden, selbstlosen Helfen nichts mehr zu tun. Die Almosen sind für die Reichen nur Mittel zum Zweck, und der Zweck ist hier das eigene Wohlergehen. Die Motive sind also egoistisch und nicht selbstlos.

Armut als christliches Ideal   S.186/187

S.186, M1: „Der heilige Franziskus als Eremit", Gemälde von El Greco, 16. Jh.

Der Maler El Greco (1541–1614) wirkte vor allem in Spanien. Der Schwerpunkt seiner Arbeit lag auf religiösen Themen und Porträts. Mit kontrastreichen Farben schuf er einen ganz eigenen Stil, mit dem er den spirituellen Charakter des Dargestellten betonte. Siehe auch die Erläuterungen zu Aufgabe 2.

S. 187, M2A: Missionsauftrag der zwölf Apostel nach dem Matthäusevangelium

Jesus schickt seine zwölf Jünger auf Reisen, um seine Lehren zu verkünden und den Kranken und Hilfsbedürftigen zu helfen. Sie sollen dabei auf Geld, Vorräte und anderes verzichten und sich stattdessen auf das System von Leistung und Gegenleistung verlassen.

S. 187, M2B: Aus der Ordensregel des heiligen Franziskus von 1223

Die Ordensregel arbeitete Franziskus von Assisi (1181/82–1226) im Auftrag des Papstes aus. Franziskus hatte zunächst als Eremit, dann als Buß- und Wanderprediger immer mehr Anhänger angezogen. Ihre ersten Regeln eines Lebens in Armut wurden 1210 vom Papst anerkannt. Sie waren jedoch sowohl im Vatikan als auch in der Ordensgemeinschaft selbst umstritten. Einige Mitglieder lehnten die strengen Regeln von Franziskus ab, was schließlich seinen Rückzug aus der Gemeinschaft zur Folge hatte.

Die Ordensregel von 1223 enthält einige Kompromisse, so z. B. das Schuhetragen. In Bezug auf den Besitz von Geld und Häusern, aber auch kleiner Dinge bleibt die Regel streng. Das einfache Leben soll die Konzentration auf das Wesentliche ermöglichen.

S. 187, M3: Aus einem Schreiben von Papst Franziskus an die Kardinäle, 2013

Papst Franziskus wurde im März 2013 zum Papst gewählt. Der Brief an die Kardinäle ein gutes halbes Jahr später enthält seine zentrale Botschaft; die Kirche soll ihre materiellen Ansprüche zurückschrauben. Sie soll sich in erster Linie für die Armen der Welt einsetzen und sie sich gleichzeitig zum Vorbild nehmen. So gelange sie näher an Jesus und an den wahren Glauben.

S. 187, M4: Papst Franziskus bei einer Audienz

Papst Franziskus trägt zumeist das schlichte weiße Papstgewand sowie als einzigen Schmuck den sogenannten Fischerring und ein silbernes Kruzifix. Im Gegensatz zu seinen Vorgängern ist sein Fischerring nur aus vergoldetem Silber. Mit der Hand macht er eine grüßende und zugleich segnende Geste.

S. 187, Aufgabe 1

Der Armutsstreit innerhalb der Kirche im 14. Jahrhundert entstand aufgrund des wachsenden Widerspruchs zwischen den Reichtümern der katholischen Kirche und dem in den Evangelien propagierten Armutsideal. Dabei stand die Frage im Vordergrund, ob Jesus Eigentum gehabt oder es abgelehnt habe. Die Frage war von großer Bedeutung, weil die Kirche beanspruchte, in seiner Nachfolge zu stehen. Schon im 13. Jahrhundert führten viele Kirchenvertreter ein Leben im Luxus. Hier war der Widerspruch zum christlichen Armutsideal besonders deutlich. Als bewusste Gegenbewegung bildeten sich Bettelorden wie der Franziskanerorden, die zu einem Leben in Armut zurückkehrten und sich dabei auf Jesus und seine Jünger beriefen. Das setzte die etablierte Kirche unter Rechtfertigungsdruck. Papst Johannes XXII. reagierte schließlich 1323, indem er die Lehre von der Besitzlosigkeit Jesu als gotteslästerlich einstufte und Anhänger dieser Lehre als Ketzer verfolgen ließ.

S. 187, Aufgabe 2

Das Bild zeigt Franziskus in seiner typischen einfachen Kleidung (brauner Mantel aus grobem Stoff, Seil als Gürtel), wie er in einer Höhle betet. Vor ihm auf einem Felsblock liegen die Bibel, ein Totenkopf (Symbol für Vergänglichkeit, aber auch Eitelkeit) und darauf ein Kruzifix. Franziskus scheint in einer Art Zwiesprache mit Jesus zu sein. Sein Blick wirkt Rat suchend.

S. 187, Aufgabe 3 a)

In der Ordensregel des heiligen Franziskus (M2B) wird festgelegt, dass sich die Armut der Brüder auf verschiedenen Ebenen ausdrücken soll: einfache Kleidung, möglichst keine Schuhe, keine Annahme von Geld, keinerlei Besitz. Ihre Aufgabe ist es, umherzuziehen und Almosen für die Armen zu sammeln. Ihr Vorbild soll Jesus sein. Sie sollen sich nicht schämen, sondern sich erhaben fühlen. Nach ihrem Tod werden sie im Himmel belohnt.

b) Es bestehen deutliche Parallelen zum Missionsauftrag nach Matthäus (M2A): einfache Kleidung, keine Schuhe, kein Geld, keine Vorräte, keinerlei Besitz, so sollen die Jünger durch das Land ziehen. Einziger Unterschied ist der Aufruf zur Arbeit. Franziskus verpflichtet seine Mönche vor allem zum Almosensammeln.

Die Jünger sollen laut Matthäus keine normalen Wanderer mit Geld, Lebensmittelvorräten und Wanderstock sein, die von anderen unabhängig sind. Sie sollen überall, wo sie hinkommen, arbeiten und sich so in die dortige Gemeinschaft integrieren. Hier sollen sie dann sein wie alle anderen auch, keine Mönche, die in einer abgetrennten Gemeinschaft leben und sich auf die Ausübung der christlichen Nächstenliebe in Form von Almosensammeln konzentrieren.

S. 187, Aufgabe 4 a)
Er wählte den Papstnamen Franziskus in Anlehnung an den heiligen Franziskus von Assisi. Seiner Tradition folgend stellt er das Thema Armut ins Zentrum seines Pontifikats. Zum einen wendet er sich persönlich besonders den armen Menschen der Welt zu. Zum anderen möchte er die Kirche als Ganzes wieder stärker an ihre ursprünglichen Aufgaben, den Dienst an den Menschen und die Stärkung des Glaubens, heranführen (siehe auch M3).
b) Die Armen sind aus Sicht von Papst Franziskus ein Vorbild für die katholische Kirche. Sie können sich aufgrund ihrer eigenen Lebenssituation viel besser in die Leiden von Jesus hineinversetzen. Außerdem sind sie leichter für den Glauben zu gewinnen, denn sie suchen nach Hoffnung und Unterstützung.

Reichtum im Mittelalter   S. 188/189

S. 188, M1: Neujahrsempfang beim Herzog von Berry
Die Abbildung entstammt dem „Stundenbuch des Herzogs von Berry" (frz. „Les Très Riches Heures du Duc de Berry") aus dem 15. Jahrhundert, einem Meisterwerk der Buchmalerei. Die vorliegende Abbildung gehört als „Januar" zu den Kalenderblättern des Buches, die wichtige Einblicke in die damalige Lebenswelt geben. In der rechten Bildhälfte sieht man den Herzog von Berry sitzend an der Tafel in einem königsblauen Gewand und mit Pelzmütze. Der gelbliche Wandschirm hinter ihm hebt ihn zusätzlich hervor. In deutlichem Abstand sitzt der Bischof von Chartres, ein Freund des Herzogs. Alle anderen Gäste stehen. Ein blau gewandeter Zeremonienmeister ruft die geladenen Gäste herein. Die blauen Lilienwappen auf rotem Hintergrund, flankiert von den Wappentieren des Herzogs, verweisen auf die adlig-königliche Herkunft des Gastgebers. Ein sogenanntes Salzschiff auf dem Tisch rechts, verschiedene goldene und silberne Pokale links sowie die Tapisserien im Hintergrund belegen den Reichtum.

S. 189, M2: Auszug aus der Kieler Kleiderordnung von 1417
In Kiel lebten zu Beginn des 15. Jahrhunderts nicht mehr als 2000 Menschen. Die Stadt war Mitglied der Hanse, spielte hier aber eine untergeordnete Rolle. Siehe auch die Erläuterungen zu Aufgabe 5.

S. 189, M3: Vermögensklassen in Frankfurt a. M. von 1405
Die Stadt Frankfurt am Main hatte Anfang des 15. Jahrhunderts vermutlich ca. 10 000 Einwohner. Sie zählte damit zu den mittelgroßen deutschen Städten. Die meisten Bürger waren Handwerker, hinzu kamen etwa zehn Prozent Beamte und Kirchenleute sowie etwa sieben Prozent Händler und Kaufleute. Siehe auch die Erläuterungen zu Aufgabe 7.

S. 189, Aufgabe 1 a)
Im Mittelalter wurde Reichtum vor allem in Grund und Boden gemessen. Das Lehnswesen erlaubte dem Besitzer des Landes, dem Grundherrn, nicht nur Abgaben von seinen Vasallen zu verlangen, sondern auch in rechtlichen und persönlichen Fragen über diese zu bestimmen. Er hatte also eine große Macht über das Leben seiner Bauern. Zwar war der Grundherr selbst meist ebenfalls von einem höherrangigen adligen Lehnsherrn abhängig, dem er Dienste und Gefolgschaft schuldete, doch konnte er bei großem Besitz eine einflussreichere Stellung in dem System der gegenseitigen Verpflichtungen einnehmen.
b) Reichtum und gesellschaftlicher Einfluss spielen in einem gewissen Rahmen heute noch eine Rolle. Geld erleichtert den Zugang zu einflussreichen gesellschaftlichen Kreisen und verbessert vor allem allgemein die Teilnahme an Bildung, Gesellschaft und Politik. Wichtiger ist heute jedoch das Leistungsprinzip. Nur wer in seinem Job, in der Gesellschaft oder in einem politischen Amt etwas leistet, der erhält auch die Anerkennung der anderen und kann seine Position dauerhaft halten.

S. 189, Aufgabe 2
Der Reichtum der Kirche ist ebenfalls vor allem auf Grundbesitz zurückzuführen. Zum einen konnten Bistümer und Klöster selbst Grundherren eines Lehens sein. Zum anderen erhielten Klöster häufiger Schenkungen von adligen Familien. Diese wollten so Familienangehörige versorgen, die im Kloster lebten, oder für ihr Seelenheil beten lassen. Mit dem christlichen Armutsideal war der wachsende Reichtum der Kirchen nicht zu vereinbaren, zumal dieser genutzt wurde, um kostbar ausgestattete Kirchen zu bauen und nicht, um die Armenfürsorge auszubauen.

S. 189, Aufgabe 3
Die Tafel mit weißem Leinen im Zentrum des Bildes ist reich gedeckt. Das sogenannte Salzschiff rechts und die Pokale links demonstrieren den Wohlstand des Herzogs. Hinzu kommen Kunstgegenstände, Tapisserien und der aufwendig geschnitzte Baldachin. Der Herzog selbst trägt ein königsblaues Gewand mit Stickereien und Pelzmütze. Alle Gäste sind farbenfroh und aufwendig gekleidet. Personal sorgt für Ordnung und das leibliche Wohl. Die Eintretenden heben die Hände und wenden sie dem Feuer zu, ebenfalls ein Symbol für Wohlstand.

S. 189, Aufgabe 4
Diener: riecht das köstliche Essen (Kontrast zu seinen eigenen Mahlzeiten), staunt über die prächtigen Kleider, fühlt die wohlige Wärme des Raumes, hört das Stimmengewirr und den Trubel, sogar der Hund bekommt von dem besonderen Essen, fühlt, dass er nicht dazugehört
Hausherr: nimmt die Grüße und Huldigungen ruhig entgegen, teilt die Gäste in wichtig und unwichtig, ist vielleicht etwas gelangweilt, wendet sich seinem Freund, dem Bischof, zu; Essen und Kunstgegenstände fallen ihm nicht weiter auf

S. 189, Aufgabe 5
Die Stadt Kiel bestimmt mit dieser Verordnung über die Bekleidung ihrer Bürgerinnen. Die Art der Kleidung hängt von den Steuerzahlungen des Ehemannes bzw. Hausvorstandes ab. Bei einem versteuerten Einkommen über 400 Mark Silber dürfen gekrauste Tücher, Pelzmäntel und Schmuck getragen werden, zwischen 200 und 400 Mark Silber nur eine Silbermünze, unter 200 Mark darf gar kein Schmuck getragen werden.

S. 189, Aufgabe 6
Es existieren keine Kleiderordnungen mehr, die am Einkommen ausgerichtet sind. Heute gibt es noch religiöse Kleiderordnungen (Islam, Judentum, Nonnen und Mönche, keine kurzen Hosen in Kirchen), Berufs- und Sicherheitskleidung sowie gesellschaftliche Konventionen (Bälle/Empfänge mit Frack, Vorstellungsgespräche im Anzug etc.).
An einigen Schulen wurde eine Schulkleidung eingeführt, um soziale Unterschiede der Schüler auszugleichen. Im Schwimmbad ist es sinnvoll, Badebekleidung vorzuschreiben.

S. 189, Aufgabe 7
Die Tabelle M3 illustriert, dass knapp die Hälfte der Frankfurter Stadtbevölkerung nur ein minimales Einkommen hat. Außerdem verfügt ein Viertel der Bewohner über ein niedriges Einkommen, weitere 20 Prozent über ein mittleres Einkommen. Etwa acht Prozent der Menschen zählen in der Stadt zu den Reichen, ein Teil von ihnen (2,8 Prozent) verfügt dabei über ein nach oben unbegrenztes Vermögen.
Ein Vergleich zeigt, dass im Laufe des Mittelalters durch die Städte als Markt- und Handelszentren die wirtschaftliche Bedeutung des Geldes steigt. In der Stadt zählt das Einkommen und nicht der Grundbesitz. Im Fall von Frankfurt kann man davon ausgehen, dass nur etwa acht Prozent der Bevölkerung politischen Einfluss hatten, wobei ca. 2,8 Prozent von ihnen als besonders einflussreich anzusehen sind.

Neuer Blick auf die Armut beim Übergang zur Neuzeit   S. 190/191

S. 190, M1: Aus der Nürnberger Polizeiordnung von 1478
Wie viele deutsche Städte besaß auch die Stadt Nürnberg eine Bettlerordnung im Rahmen der Polizeiordnung. Hier wurde bestimmt, wer, wann und wo betteln durfte. Es wurden auch mögliche Strafen aufgelistet. Siehe außerdem die Erläuterungen zu Aufgabe 2. Die Stadt Nürnberg war 1370 die erste Stadtregierung, die eine Bettelordnung erließ.

S. 190, M2: Bettlerzeichen von 1599
Die Münze trugen einheimische Bettler gut sichtbar an ihrer Kleidung, um ihre Berechtigung zum Betteln nachzuweisen. Siehe außerdem die Erläuterungen zu Aufgabe 3.

S. 191, M3: Aus einer Predigt Martin Luthers, 1532
Martin Luther (1483–1546) war nach der reichsrechtlichen Anerkennung des protestantischen Glaubens auf dem Reichstag von Augsburg 1530 nur noch als Seelsorger und Publizist tätig.

S. 191, M4: Aus dem Allgemeinen Landrecht für Preußen, 1794 siehe die Erläuterungen zu Aufgabe 5

S. 191, Aufgabe 1 a) Gründe für die Krisensituation:
• Die Pestepidemie reduziert die Bevölkerung und sorgt für verödete Landstriche.
• Das Abkühlen des Klimas sorgt für Missernten und Hungersnöte.
• Die anwachsende Armut ängstigt die Menschen.
b) Mit dem gesellschaftlichen Aufstieg von Handwerkern und Kaufleuten änderte sich die Einstellung zur Armut. Sie hatten sich ihren Status selbst erarbeitet und nicht mit der Geburt geerbt. Aus diesem Grund nahmen sie Armut nicht mehr nur als gottgewolltes Schicksal, sondern auch als Folge mangelnder Leistungsbereitschaft und damit als selbstverschuldet wahr. Armut konnte in vielen Fällen mithilfe von Arbeit behoben werden. Nur diejenigen, die wirklich arbeitsunfähig waren, wurden als „ehrliche Arme" angesehen.
c) Der Wandel lässt sich durch den Bedeutungsverlust des Lehnswesens erklären. Die gesellschaftliche Position des Einzelnen war nicht mehr nur durch seine Geburt bestimmt. Durch Leistung konnte man aufsteigen. Das galt insbesondere für die Städte, die auch insgesamt einen Bedeutungsgewinn verzeichneten.

S. 191, Aufgabe 2

Zeit und Ort	Nürnberg 1478
Autor	Stadtrat von Nürnberg
Adressat	allgemeine Öffentlichkeit
Begriffe	Krüppel: heute ein Schimpfwort, früher eine wertneutrale Bezeichnung für einen Menschen mit einer dauerhaften körperlichen Bewegungseinschränkung
Aufbau	Die Einleitung nennt den Stadtrat als gesetzgebende Instanz. Jeder Abschnitt enthält eine Verordnung/Vorschrift für Bettler.
Schlüsselbegriffe	Bettler, notdürftig, Erlaubnis
Kernaussage	Das Betteln ist nur Einheimischen und hier nur wirklich Bedürftigen, d. h. nicht Arbeitsfähigen erlaubt.
Prüfung Textaussagen	Da es sich um ein Dokument der Verwaltung handelt, ist es eine historisch zuverlässige Quelle. Sie sagt aber nichts darüber aus, wie streng die Vorschriften in der Wirklichkeit gehandhabt wurden.
Urteil	Der Text spiegelt die veränderte Wahrnehmung des Bettelns wider. Den Bettlern werden mehrfach Missbrauch und Faulheit unterstellt. Die Öffentlichkeit soll nicht belästigt werden. Die Wahrnehmung gleicht unserer heutigen Einstellung.

VISUALISIERUNG 6.2

S. 191, Aufgabe 3
Die Bettelmarke (M2) diente dem Zweck, eine Berechtigung zum Betteln nachzuweisen. Da das Betteln immer mehr zunahm, verteilte die Stadt Genehmigungen an die Bettler. Die Bettelmarken wurden vor allem an einheimische Bettler verteilt. Auf diese Weise konnte die Stadt die Anzahl der Bettler steuern, denn Bettler ohne Berechtigung zogen vermutlich weiter, um es in der nächsten Stadt zu versuchen.

S. 191, Aufgabe 4
In Luthers Predigt (M3) wird die hohe Bedeutung von Arbeit betont. Sie sei von Gott „befohlen". Nicht zu arbeiten schade der Gesellschaft, sei aber auch eine „Sünde wider Gottes Gebot". Indirekt wird damit deutlich, dass Arbeit wichtig ist, um Armut zu verhindern. Armut ist folglich nicht gottgewollt, sondern kann durch eigene Leistung überwunden werden.

S. 191, Aufgabe 5 a)
Als einer der Hauptgründe für Armut wurde nun die Faulheit angesehen. Hinzu kam der Grund der „moralischen Verdorbenheit". Jeder, der trotz seiner Arbeitsfähigkeit nicht arbeitete, wurde als „unehrlicher Armer" und damit als Betrüger an der Gesellschaft wahrgenommen. Armut galt so als selbst verschuldet und nicht von Gott als Schicksalsprüfung auferlegt.
b) Das Allgemeine Landrecht für Preußen von 1794 (M4) schlägt als Lösung den Zwang und die Erziehung zu Arbeit vor. Der Staat übernimmt dabei die Aufsicht. Diese Maßnahmen erfolgten in der Regel in staatlichen Zucht- und Arbeitshäusern. So konnte vielleicht das Betteln und auch die Not der Betroffenen gemindert werden. Im Gegenzug wurde ihnen jedoch ihre Freiheit genommen, sie waren täglich dem Zwang und der Willkür des Staates ausgeliefert, ihre billige Arbeitskraft wurde ausgebeutet und nicht wirklich gefördert. Ein Teufelskreis, dem man nur schwer entkommen konnte. Viele Bedürftige setzten vermutlich alles daran, nicht in dieses repressive System zu geraten.

Armenpolitik städtischer Eliten   S. 192/193

S. 192, M1: Alltag in einem mittelalterlichen Hospital siehe Erläuterungen zu Aufgabe 3 a)

S. 193, M2: „Die Bettler", Gemälde von Pieter Bruegel d. Ä.
Bettler werden häufig auf diese Art und Weise dargestellt. Ihre körperlichen Gebrechen wie Lähmung, fehlende Gliedmaßen etc. werden durch Krücken und Holzbeine betont. Schließlich berechtigten genau diese Gebrechen sie zum Betteln.

S. 193, M3: Auszug aus dem Testament des Bürgermeisters von Stade, 1493 siehe die Erläuterungen zu Aufgabe 4

S. 193, Aufgabe 1 a)
Angestellte Handwerker und Tagelöhner konnten aufgrund von niedrigen Löhnen keine finanziellen Rücklagen bilden. Waren sie eine Zeitlang arbeitsunfähig, gerieten sie sofort in Not und mit ihnen ihre Familien. Besonders verbreitet war die Armut bei älteren Menschen, alleinstehenden Frauen und Menschen ohne handwerkliche Ausbildung. Sie alle konnten oder durften nicht arbeiten bzw. erhielten extrem niedrige Löhne. Sie waren auf die städtische Armenfürsorge und das Almosenwesen angewiesen. Zum Teil wurden sie in Armenhäusern und Hospitälern versorgt, teilweise wurden sie zu Bettlern.
b) Das Bettlerwesen war ein typisch städtisches Problem, da der Wohlstand der Städte vielen in Not Geratenen die Hoffnung machte, hier ihre Situation zu verbessern. Wenn sie jedoch keine Arbeit fanden, mussten sie für ihren Unterhalt betteln. Außerdem boten die Städte mit ihren Markttagen und ihren Kirchen eine größere Öffentlichkeit und damit höhere Erfolgschancen für die Bettler.

S. 193, Aufgabe 2

pro Armensteuer	kontra Armensteuer	
• Mit der Steuer kann etwas gegen Armut getan werden. • So kümmert sich der Staat um die Armen und der Einzelne muss sich nicht mehr damit befassen. • Die Steuer macht ein ruhiges Gewissen.	• Die Steuer hält die Armen vom Arbeiten ab statt sie zu motivieren, selbst etwas zu tun. • Die Steuer belastet besonders diejenigen, die in der Gesellschaft etwas geleistet haben. • Sie ist eine Zwangszahlung, während das Almosengeben freiwillig war. • Man bekommt keinen Dank mehr für seine „Wohltätigkeit".	VISUALISIERUNG 6.3

S. 193, Aufgabe 3 a)
Im Vordergrund sind zwei Krankenschwestern zu sehen, die einen Verstorbenen in ein Leichentuch nähen. Auf der rechten und der linken Bildseite kümmern sich Ärzte und Krankenschwestern um Kranke, die sich teilweise zu zweit ein Bett teilen müssen. Im hinteren Bereich des großen Saals kann man ein großes Kruzifix erkennen.
b) Die Behandlung im Hospital heilte vielleicht eine akute Erkrankung, konnte aber nicht den schlechten körperlichen Gesamtzustand der Armen aufgrund von mangelnder Ernährung und Hygiene sowie schwerer körperlicher Arbeit beseitigen. Viele „pendelten" womöglich dauerhaft zwischen Hospital und Armenhaus hin und her.

S. 193, Aufgabe 4 a)
Der Bürgermeister von Stade hinterlässt den Armen eine bestimmte Geldsumme. Diese soll in Almosen aufgeteilt und an jeweils zwölf Arme an drei Wochentagen in Form von Brot und Geld ausgegeben werden. Am Sonntag werden noch einmal zwölf Arme mit Almosen versorgt. Voraussetzung sind der Besuch einer bestimmten Kirche und intensive Gebete. Er verpflichtet die Empfänger außerdem zum Gebet für sich und seine Angehörigen. Zweck der Almosen ist also vor allem das Seelenheil des Verstorbenen und nicht die Unterstützung von Hilfsbedürftigen.
b) Mit der Verteilung in der Kirche will der Bürgermeister sicherstellen, dass die Almosenempfänger sich an die Regeln der Kirche halten und so auch wirklich für sein Seelenheil beten.

S. 193, Aufgabe 5 a)
Die Kampagne „The Giving Pledge" wurde von Microsoft-Gründer Bill Gates und dem Investor Warren Buffet gegründet, um Superreiche zu motivieren, große Teile ihres Vermögens wohltätigen Zwecken zu spenden und so das Gemeinwohl zu fördern.
b) Die Ziele der „Giving-Pledge"-Kampagne sind weiter gefasst als die der städtischen Eliten im Mittelalter. Es geht nicht nur um Armutsbekämpfung, sondern auch um Bildung, Gesundheit, Forschung und Förderung der Zivilgesellschaft, also um gesamtgesellschaftliche Zwecke, und das in globaler Hinsicht. Die Teilnehmer der Kampagne erwarten zudem keine Gegenleistungen von den Empfängern, sondern sehen sich in der Pflicht, etwas von ihrem Vermögen abzugeben.

Methode: Eine historische Fotografie untersuchen   S. 194/195

S. 194, M1: Blick in ein gutbürgliches Wohnzimmer, Foto, um 1900 siehe die Erläuterungen zu Aufgabe 1

HRU, S. 165, KV
*6.2 Eine historische
Fotografie
untersuchen*

S. 194, M2: Küche in einer Berliner Mietskaserne, Foto, 1908 siehe die Erläuterungen zu KV 6.2, Aufgabe 1

S. 195, M3: Notizen eines sozialdemokratischen Reichstagsabgeordneten
Im Zuge der fortschreitenden Industrialisierung strömten immer mehr Menschen aus den ländlichen Regionen in die Städte. Da der vorhandene Wohnraum schon bald nicht mehr ausreichte, wurden in den Außenbezirken der Städte, in der Nähe der Fabriken, mehrgeschossige Mietwohnhäuser errichtet. In den „Mietskasernen" mit ihrem repräsentativen Vorderhaus sowie den Seiten- und Quergebäuden, die sich um einen kleinen Hof drängten, lebte eine Vielzahl von Menschen auf engstem Raum. Der Mangel an Luft und Sonne, unter dem die Bewohner der kaum isolierten und zudem teilweise nicht beheizbaren Hinterhaus- oder Kellerwohnungen litten, wirkte sich negativ auf die Gesundheit der Bewohner aus.

S. 195, Aufgabe 1
Auf dem Fußboden liegt ein Teppich, die Wände scheinen tapeziert zu sein. Im Wohn-/Musikzimmer hängen Bilder an den Wänden, auf dem Klavier stehen zwei Büsten, die Esszimmerwand wird durch eine große Uhr, zwei Gemälde, die Hirsche zeigen, sowie zahlreiche Geweihe geschmückt. Auf dem Esstisch liegt eine helle Decke.

S. 195, Aufgabe 2 siehe die Erläuterungen zu KV 6.2, Aufgabe 1

S. 195, Aufgabe 3 a) siehe die Erläuterungen zu S. 173, Aufgabe 2 a)
b) Die Fotos vermitteln einen lebendigen Eindruck von den Wohnbedingungen zu Beginn des 20. Jahrhunderts. Vor allem die ärmlichen und beengten Verhältnisse, in denen die Arbeiter wie die Familie auf dem Foto M2 lebten, ist durch ein Foto besser vorstellbar als durch einen Bericht wie M3. Fotos lassen allerdings auch einige Fragen offen, da sie immer nur einen Ausschnitt zeigen und so auch auf eine bestimmte Aussage hin zugeschnitten sein können.
c) Ein eigenes Bett und mehr Platz (zum Spielen) standen sicherlich weit oben auf der Wunschliste. Die Tatsache, dass die Wohnung mit einem oder mehr Untermietern geteilt werden musste, wird dem Kind aus dem Mietshaus sicher auch nicht gefallen haben.

S. 195, Aufgabe 4 Recherche-Aufgabe

Soziale Frage (1): Antworten der Unternehmer   S.196/197

S.196, M1: In der Natur: Jean-François Millet „Die Ährenleserinnen"
Der französische Maler Jean-François Millet (1814–1875) machte seit den 1850er-Jahren die bäuerliche Arbeitswelt zum Thema seiner Bilder, die von einigen als politisch revolutionär empfunden wurden. Millet selbst betrachtete sich als unpolitisch. Seine Bilder waren in Frankreich sehr populär. Das hier abgebildete Gemälde „Die Ährenleserinnen" wurde als Kunstdruck vielfach verbreitet.
Das Bild zeigt drei Landarbeiterinnen, die in mühseliger Handarbeit kurz vor Sonnenuntergang die verbliebenen Getreidestängel für den eigenen Bedarf vom abgemähten Feld auflesen dürfen. Tief gebückt verrichten sie ihre Arbeit, ohne als Individuen mit Gesichtern erkennbar zu sein. Das Licht lässt ihre schwer arbeitenden Körper sehr plastisch erscheinen. Im Hintergrund sieht man Heuschober und Wagen mit der reichen Ernte. Diese stehen im Kontrast zu der mageren Ausbeute der Frauen.

S.196, M2: Fabrik: Adolph von Menzel „Das Eisenwalzwerk"
Der Maler Adolph von Menzel (1815–1905) gehört zu den bedeutendsten Vertretern des deutschen Realismus im 19. Jahrhundert. Friedrich II., historische Ereignisse, Porträts und schließlich das moderne Leben waren wichtige Themen seiner Bilder.
Das vorliegende Bild ist ein Ausschnitt aus dem Ölgemälde „Das Eisenwalzwerk", welches das scheinbare Chaos und die gewaltigen Kräfte in einer Fabrikhalle mit kontrastreichen Farben von Gelb-Rot bis Schwarz zeigt. Im Mittelpunkt des Bildes steht die Maschine, in der das glühende Eisen gewalzt wird. In ihrem Schatten ruhen sich gerade drei erschöpfte Arbeiter aus. Der Arbeiter rechts wirkt in sich zusammengesunken und apathisch, der Mann in der Mitte schlingt sein Essen runter und der linke Mann ist kaum zu erkennen. Nur das Mädchen am rechten Bildrand, das Essen gebracht hat, sucht den Blick des Betrachters. Deutlich werden die Härte der Arbeit und die Dominanz der Maschinen.

HRU-DVD
Film „Das Eisenwalzwerk"

Diff. Kopiervorlagen
13.2 Methode: Ein historisches Gemälde analysieren: Adolph von Menzels „Das Eisenwalzwerk" (1872–75)

S.197, M3: Werner von Siemens in seinen „Lebenserinnerungen"
Der Erfinder und Unternehmer Werner von Siemens (1815–1892) hatte 1847 zusammen mit einem Partner das Unternehmen „Telegraphen Bau-Anstalt von Siemens & Halske" in Berlin gegründet, woraus schließlich die Siemens AG hervorging. Früh zahlte er Erfolgsprämien an Mitarbeiter. 1872 gründete er eine Witwen-, Waisen- und Pensionskasse, 1873 beschränkte er die Arbeitszeit auf neun Stunden. Neben dem Motiv der Gerechtigkeit und Menschlichkeit standen taktische Gründe, nämlich die Arbeiter an das Unternehmen zu binden, um große Aufträge zuverlässig ausführen zu können.

S.197, Aufgabe 1 a)
M1: beschaulich, ruhig, harmonisch, friedlich, mühselig, anonym; M2: hektisch, laut, heiß, chaotisch, anstrengend, energiegeladen, explosiv, anonym
b) individuelle Lösung

S.197, Aufgabe 2
Die soziale Frage entsteht im Zuge der Industrialisierung in den schnell wachsenden Städten. Sie beschreibt die Situation der Industriearbeiterschaft. Die Arbeiter stehen in einer starken Abhängigkeit von den Unternehmern. Da sie auf ihren Lohn angewiesen sind, können sie kaum Kritik an ihrer Arbeitssituation üben oder mehr Rechte durchsetzen. Werden sie durch Krankheit oder Alter arbeitsunfähig, verlieren sie ihr Einkommen und werden nicht wie auf dem Land durch ein familiäres Netzwerk aufgefangen. Hinzu kommt die schlechte Wohnsituation in kleinen, feuchten Wohnungen. Da es in den Städten viele Arbeits- und Wohnungssuchende gibt, muss jeder nehmen, was er kriegen kann.

S.197, Aufgabe 3
Die Unternehmer reagierten unterschiedlich auf die soziale Frage. Viele hatten wenig Verständnis für die Arbeiter. Sie waren der Meinung, dass sie sich mit mehr Leistungsbereitschaft und einem anspruchsloseren Lebensstil selbst aus der schwierigen Lage befreien könnten. Sie verschärften im Gegenteil die Lage der Arbeiter weiter, indem sie die Löhne drückten und die Arbeitsanforderungen steigerten. Einige Besitzer großer Unternehmen versuchten jedoch durch den Bau von Werkswohnungen und Läden, in denen günstig eingekauft werden konnte, die Lebenssituation ihrer Arbeiter zu verbessern.

S. 197, Aufgabe 4 a)
Siemens will zum einen seine Mitarbeiter am Gewinn des Unternehmens beteiligen, d. h. es werden am Jahresende Sonderzahlungen ausgeschüttet. Zum anderen legt er eine Pensionskasse an, aus der die Mitarbeiter im Alter je nach Dauer ihrer Betriebszugehörigkeit Zahlungen erhalten. Die Pensionskasse soll außerdem im Todesfall die Angehörigen des Mitarbeiters unterstützen.
b) Sein wichtigstes Ziel ist die „befriedigende Weiterentwicklung" der Firma. Siemens ist klar, dass diese am besten zu erreichen ist, wenn die Mitarbeiter mit ihrer Arbeit auch die eigenen Interessen verfolgen.

S. 197, Aufgabe 5 Diskussion

Soziale Frage (2): Antworten der Kirchen   S. 198/199

S. 198, M1: Werkstatt des „Rauhen Hauses", Kupferstich von 1845
Der Theologe Johann Hinrich Wichern (1808–1881), der als Lehrer an einer Sonntagsschule im Hamburger Stadtteil St. Georg tätig war, lernte als Mitglied eines Besuchsvereins die Not der armen Leute kennen. Im Jahr 1833 gründete er daher im Hamburger Vorort Horn eine Anstalt zur Rettung verwahrloster und schwer erziehbarer Kinder. Die Jungen – und ab 1835 auch die Mädchen –, die in Absprache mit ihren Eltern im „Rauhen Haus" lebten, erhielten dort eine schulische sowie eine handwerkliche Ausbildung. Der gemeinsame Besuch von Andachten und Gottesdiensten bildete ebenfalls einen wichtigen Bestandteil des Lebens im „Rauhen Haus".

S. 199, M2: Wilhelm Emmanuel von Ketteler über die soziale Frage (1864) siehe die Erläuterungen zu Aufgabe 3 b)

S. 199, M3: Porträt des Erzbischofs Wilhelm Emmanuel von Ketteler
Der Mainzer Erzischof Wilhelm Emmanuel von Ketteler gilt als Repräsentant eines neuen politischen und sozialen Katholizismus. In Reden und Schriften setzte sich der „Arbeiter-Bischof" für eine Verbesserung der Lage der Arbeiterschaft ein. Da Ketteler erkannte, dass die Not der lohnabhängigen Bevölkerung nicht allein mit karitativen Maßnahmen gelindert werden konnte, suchte er später nach Lösungen auf gesellschaftlich-politischer Ebene und forderte den Staat zur Intervention auf.
Die Abbildung zeigt den Mainzer Erzbischof um das Jahr 1870 als alten Mann in einem schlichten Gewand mit Bischofskreuz um den Hals.

S. 199, Aufgabe 1 a)
Die evangelische Kirche sah einen Zusammenhang zwischen der sozialen Not und der Abkehr vom christlichen Glauben. Sie verknüpfte deshalb bei ihren Einrichtungen der Armenfürsorge konkrete Hilfsmaßnahmen wie Versorgung und Ausbildung obdachloser Kinder (Wichern, „Rauhes Haus") oder Betreuung Behinderter (Bodelschwingh, „Bethel") mit einer Heranführung an christliche Werte und Lebensführung.
b) Auch die katholische Kirche setzte auf eine Kombination aus konkreten Hilfsmaßnahmen wie Krankenhäuser für Arme (von Ketteler) oder Vereine für alleinstehende Männer (Kolping). Christliche Werte sollten auch hier auf verschiedenen Ebenen Halt für in Not geratene oder vereinsamte Stadtbewohner schaffen. Eine Ausnahme bildete der Mainzer Erzbischof von Ketteler. Er wollte nicht nur die Not der Arbeiter mit Wohltätigkeit lindern, sondern auch ihre Situation durch Sozialreformen und ein Streikrecht dauerhaft verbessern.

S. 199, Aufgabe 2 individuelle Lösung

S. 199, Aufgabe 3 a)
M1 zeigt eine große Halle, ähnlich einer Fabrik, in der unterschiedliche Handwerke von Kindern ausgeübt werden (Schneider, Weber, Tischler, Drechsler, Schuhmacher) sowie ganz hinten die landwirtschaftliche Arbeit des Getreidedreschens. Ein Erwachsener beaufsichtigt die Kinder, andere leiten die Kinder an.
Die Arbeit von bis zu neun Stunden am Tag sollte die Kinder auf das spätere Arbeitsleben vorbereiten. Es sollten nicht nur Bildung und christlicher Glaube vermittelt werden, sondern auch Fleiß, Sauberkeit, Anpassung in der Gruppe etc.
b) Nach Ansicht des Mainzer Erzbischofs liegt die Ursache für die soziale Frage in der Abkehr vom christlichen Glauben. Dabei sieht er vor allem auch die Reichen in der Schuld. Sie nutzen ihre „Macht des Reichtums" (Z. 9) nicht mehr für Wohltätigkeit, sondern als Mittel, sich immer weiter zu bereichern

und die Armen auszubeuten. Er fordert deshalb eine „Selbstbeschränkung" der Reichen. Zur Unterstützung der Arbeiter will er Anstalten für arbeitsunfähige Arbeiter sowie Handwerker- und Gesellenvereine gründen. Mit ihrer Hilfe will er die Arbeiter wieder an den christlichen Glauben und seine Werte heranführen.

Soziale Frage (3): Antworten der Arbeiterbewegung   S. 200/201

S. 200, M1: Gedenkblatt zur Stuttgarter Maifeier 1892

Diff. Kopiervorlagen
13.6 Methode: Eine Karikatur entschlüsseln: Der Kampf um den Achtstundentag

Das abgebildete Mittelblatt der „Maifestzeitung" des Jahres 1896, in der über das Programm der Arbeiterbewegung berichtet wurde, stammt von Otto Marcus (1863–1952). Es zeigt rechts vor dem Hintergrund eines Fabrikgebäudes mit hochaufragenden Schornsteinen Vertreter der Industriearbeiterschaft, während sich in der linken Bildhälfte Landarbeiter versammelt haben. Hauptforderung der Bauern ist die Aufhebung der Gesindeordnung, wie die Aufschrift auf der Fahne zeigt, die einer der Männer in den Händen hält. Auf der Seite der Fabrikarbeiter werden Fahnen mit den Losungen „Hoch der 8 Stunden Tag!" und „Frauen Organisiert Euch!" geschwenkt. Im Vordergrund wird der Zusammenschluss der Land- und Industriearbeiter per Handschlag besiegelt. Über der Szene schwebt ein Freiheitsgenius mit phrygischer Mütze, in der Hand eine Tafel mit der Parole der Französischen Revolution, „Freiheit, Gleichheit, Brüderlichkeit". Die Forderung der sozialistischen Arbeiterbewegung, (siehe auch die Fahne links: „Hoch die Sozialdemokratie!") „Proletarier aller Länder, vereinigt euch!", steht im Zentrum des Holzschnittes. Unter den Versammelten befinden sich neben Kindern auch Frauen, deren Zusammenschluss ebenfalls zum Katalog der Forderungen gehört und Ausdruck der beginnenden Frauenbewegung innerhalb der SPD ist. Wie die Figurengruppe am linken Bildrand zeigt, dominiert jedoch weiterhin die Rolle der Frau als Mutter.

S. 201, M2: Aus dem „Manifest der Kommunistischen Partei" von Marx und Engels

Im Jahr 1847 beauftragte der „Bund der Kommunisten", der aus dem Pariser „Bund der Gerechten", einer revolutionär-demokratischen Organisation, hervorgegangen war, Karl Marx (1818–1883) und Friedrich Engels (1820–1895) mit der Verfassung des „Kommunistischen Manifests". Die beiden Philosophen und Politiker hatten 1844 in Paris Bekanntschaft geschlossen und waren 1848 gemeinsam für die „Neue Rheinische Zeitung" tätig. Nach seiner Ausweisung aus Preußen siedelte Marx 1849 nach London über, wo er 1864 zu den Gründungsmitgliedern der „Internationalen Arbeiter-Assoziation" (Erste Internationale) gehörte. Auch Engels musste aufgrund seiner Teilnahme an verschiedenen Aufständen Deutschland verlassen. Er ließ sich zunächst in Manchester nieder und zog 1870 ebenfalls nach London.

S. 201, M3: „Der Streik", Gemälde von Robert Koehler, 1886

Das Gemälde „Der Streik" zeigt eine Gruppe aufgeregter Arbeiter, die sich vor der Villa des Fabrikbesitzers versammelt haben. Der Unternehmer steht, von einem Dienstboten begleitet, vor dem Eingang seines Hauses und hört sich die gestenreich vorgetragenen Argumente des anführenden Arbeiters an. Wortgefechte finden jedoch nicht nur auf den Stufen zur Fabrikantenvilla, sondern auch innerhalb der aus der Fabrik im Hintergrund herbeiströmenden Arbeitergruppe statt: Im Bildvordergrund scheint eine Frau ihren Mann mit Worten und Gesten zurückhalten zu wollen. Rechts des Paares bückt sich ein Mann nach einem Stein.
Das Thema „Streik" war zur Zeit des in Hamburg geborenen und im Alter von vier Jahren mit seiner Familie in die USA übergesiedelten Robert Koehler (1850–1917) hochaktuell. Am 1. Mai 1886 gingen etwa 400 000 Arbeiter in ganz Amerika auf die Straße, um für die Einführung des Achtstundentages zu demonstrieren.

S. 201, Aufgabe 1 a)

Die Arbeiter schlossen sich zusammen, um gemeinsam ihre Interessen wirkungsvoller vertreten zu können. Eine erste Hochphase bildete die Revolution von 1848/49. Hier wurden von verschiedenen Berufsgruppen Arbeiterbildungsvereine mit Nothilfekassen, Bibliotheken oder Sonntagsschulen gegründet. Politisch engagierte Arbeiter, die kommunistische und sozialistische Ideen vertraten, mussten nach dem Scheitern der Revolution ins Exil gehen. Erst in den 1860er-Jahren ließ der Staat wieder Arbeiterorganisationen zu, seit 1871 sogar Gewerkschaften, die die Arbeiter bei Verhandlungen mit den Unternehmen über Arbeitszeit und Löhne vertraten.
b) Arbeitervereine legten den Schwerpunkt auf Bildung und Unterstützung im alltäglichen Leben.

S. 201, Aufgabe 2 a) siehe die Erläuterungen zu M3; Dialog: individuelle Lösung
b) Diskussion

S. 201, Aufgabe 3 a)
Zwischen Dezember 1847 und 1848 arbeiteten Marx und Engels an ihrer programmatischen Schrift, die im Februar 1848 in London unter dem Titel „Manifest der Kommunistischen Partei" erschien und eine erste Zusammenfassung der marxistischen Theorie darstellt. Die Gesellschaft, so Marx und Engels, ist in zwei Klassen geteilt, und zwar in Kapitalisten, die Maschinen und Fabriken besitzen, und lohn-abhängige Proletarier, die ihre Arbeitskraft verkaufen müssen. Erst wenn die Produktionsmittel ver-gesellschaft seien, könne die soziale Frage gelöst und die Verelendung der Arbeiter gestoppt werden.
b) individuelle Lösung

S. 201, Aufgabe 4
Der 1. Mai hat eine lange Geschichte. Er wurde in der zweiten Hälfte des 19. Jahrhunderts von Ar-beitervertretern (Parteien und Gewerkschaften) international für Kundgebungen genutzt. Die Wei-marer Nationalversammlung scheiterte 1919 mit der Einführung als nationaler Feiertag. Schließlich wurde der 1. Mai 1933 von den Nationalsozialisten als Tag der nationalen Arbeit zum Feiertag ge-macht. Er war eng verbunden mit der Gleichschaltung der Gewerkschaften einen Tag später. Nach dem Zweiten Weltkrieg wurde der 1. Mai von den Alliierten als Feiertag bestätigt, aber inhaltlich nun eher als Tag für Frieden, Freiheit und soziale Gerechtigkeit gedeutet. Faktisch wird er jedoch vor allem von den Gewerkschaften zu Kundgebungen genutzt, um ihre Forderungen nach Arbeitnehmerrechten und Lohnerhöhungen zu artikulieren.

Soziale Frage (4): Bismarcks Sozialgesetzgebung   S. 202/203

S. 202, M1: Die deutsche Sozialversicherung, Plakat der Reichsregierung, 1913
Auf Initiative Reichskanzler Otto von Bismarcks verabschiedete der Deutsche Reichstag Ende des 19. Jahrhunderts verschiedene Gesetze zum Schutz der Arbeiter. Die von Arbeitnehmern und -gebern gemeinsam getragene Krankenversicherung (Beitragshöhe zwei bis drei Prozent, zwei Drittel der Summe musste von den Arbeitern entrichtet werden) kam für die Bezahlung von Arzt- und Kranken-hausrechnungen sowie die Kosten für Medikamente auf. Ein Krankengeld in Höhe des halben Lohns sollte es den Arbeitern ermöglichen, ihre Krankheit auszukurieren und sich zu erholen. Ab 1892 konnten Familienangehörige freiwillig in die Krankenversicherung eintreten. Wurde ein Arbeiter durch eine Krankheit oder einen Unfall erwerbsunfähig, konnte er bei der 1884 ins Leben gerufenen Un-fallversicherung (Beitrag wurde allein von den Arbeitergebern gezahlt) bzw. der fünf Jahre später gegründeten Invalidenversicherung (Arbeitnehmer und -geber teilten sich den Betrag in Höhe von einem Prozent, ab 1900 1,5 bis 3 Prozent) eine Rente beantragen. Älteren Beschäftigten, die mit 70 Jahren in den Ruhestand gingen, stand eine geringe Rente zu, sofern sie über einen Zeitraum von mindestens 30 Jahren (ab 1900 24 Jahre) Beiträge gezahlt hatten. Die Invaliden- und Altersversi-cherung wurde später um eine Hinterbliebenenfürsorge ergänzt, in deren Genuss jedoch nur Kinder unter 15 Jahren sowie Witwen kamen, die selbst nicht mehr erwerbsfähig waren. 1911 wurde auch für Angestellte eine Sozialversicherung geschaffen. Da die Gehälter und damit auch die Beiträge deutlich über denen der Arbeiter lagen, gab es große Unterschiede bei den Leistungen. So erhielt hier jede Witwe und jedes Kind unter 18 Jahren eine Hinterbliebenenrente, und auch beim Ruhegeld waren Angestellte besser gestellt.

S. 203, M2: Zeitgenössische Karikatur „Kurz oder weit?"
Die Karikatur von Wilhelm Scholz erschien 1884 in der Satirezeitschrift „Kladderadatsch" und setzt sich mit Bismarcks Sozialgesetzgebung auseinander. Der Untertitel lautet: „Das Reichsgesundheits-amt hat in der Budget-Commission Prüfungen der Augen auf Sehvermögen angestellt und ist zu interessantesten Ergebnissen gekommen." Vier Männer sind dargestellt, die auf einen Tisch schauen. Der erste (Ludwig Windthorst/Zentrum) sieht dabei auf Rom (= Meinung der Kirche), der zweite (Ludwig Bamberger/Liberaler und Bankier) schaut aufs Geld (Geldbörse), der dritte (Eugen Richter/ Liberaler) schaut auf die nächsten Wahlen 1890. Bismarck, der letzte in der Reihe, schaut dagegen fast 100 Jahre in die Zukunft (1980).

S. 203, M3: Rede Bismarcks im Reichstag, 1884 siehe die Erläuterungen zu Aufgabe 3

S. 203, Aufgabe 1

	Krankheit	**Unfall**	**Rente**
seit	1883	1884	1889
versicherungspflichtig	ja, bis 2000 RM Jahreseinkommen		ja, bis 2000 RM Jahreseinkommen
Finanzierung	⅔ der Beiträge: Arbeiter, ⅓ der Beiträge: Unternehmer	durch die Unternehmer	Arbeitnehmer, Unternehmer, Staat
Leistung	Arztkosten und Medikamente, Krankengeld, Sterbegeld	Entschädigungen, Rente bei Erwerbsunfähigkeit, Witwenrente	ab 70 Jahre Altersrente, Invalidenrente

VISUALISIERUNG 6.4

S. 203, Aufgabe 2

Das Plakat der Reichsregierung stellt die Sozialversicherung als starken, fest verwurzelten Baum dar, der in der ganzen Welt konkurrenzlos dasteht, was auch die untere Tabelle verdeutlichen soll. Hervorgehoben wird die Höhe der ausgeschütteten Leistungen, doch tatsächlich war der Kreis der Begünstigten eher klein. Bezogen im Jahr 1900 1,7 Prozent der Versicherten eine Altersrente (Invalidenrente 3,5 Prozent), sank der Anteil zehn Jahre später auf 0,7 Prozent (Invalidenrente 6,4 Prozent) und betrug 1914 nur noch 0,6 Prozent (Invalidenrente 6,8 Prozent).

S. 203, Aufgabe 3

Bismarck argumentiert, dass die Ängste der Arbeiter vor Arbeitslosigkeit, Krankheit und Altersarmut diese gegenüber der Gesellschaft feindlich stimmen. Sie haben kein Vertrauen in den Staat, da er sich nicht um ihre Sorgen kümmert. Die Einführung der Unfallversicherung soll dieses Vertrauen wieder herstellen, die Not lindern und die Arbeiter von dem „sozialistischen Wunderdoktor" (Z. 14 f.) fernhalten. Er hält die Sozialgesetzgebung für wirksamer als die Sozialistengesetze.

S. 203, Aufgabe 4 a)

2. *Beschreibung:* siehe die Erläuterungen zu M2
3. *Zeichner:* Wilhelm Scholz (1824–1893) aus Berlin, seit 1848 beim „Kladderadatsch", führender politischer Karikaturist
4. *Entstehung:* 1884 in Berlin
5. *Titel:* „Kurz oder weit?"
6. *Thema:* Bismarcks Sozialgesetzgebung
7. *Bedeutung:* Die Personen stehen für Parteien und ihre politischen Positionen. Das Rom-Schild symbolisiert den Ultramontanismus des Zentrums, die Geldbörse verweist auf die Kostenfrage, das 1890-Schild markiert den nächsten Termin der Reichstagswahlen und das 1980-Schild illustriert die Zukunft.
8. *Ereignis:* Verhandlungen über die Unfallversicherung im Reichstag im März 1884
9. *Botschaft:* Bismarck ist ein weitsichtiger Politiker.
10. *Kritik:* Die Abgeordneten schauen fast alle nur auf ihre politischen Interessen und nicht auf die Zukunft.
11. *Wirkung:* Bismarck wird von den politischen Parteien abgekoppelt und als weitsichtiger Staatenlenker mit fast hellseherischen Fähigkeiten wahrgenommen.

b) individuelle Lösung

Kompetenzen prüfen   S. 206/207

S. 206, M1: Der Prediger Johannes Geiler zu Kaysersberg über Almosen für Arme
Johannes Geiler hatte seine Theologieprofessur 1477 aufgegeben, um nur noch als Prediger an verschiedenen Kirchen zu arbeiten, vor allem aber in Straßburg. Er war bekannt für seine freien, derbhumorigen Predigten in deutscher Sprache (nicht Latein).
Im vorliegenden Text appelliert er an die Reichen der Gesellschaft. Sie sollen barmherzig gegenüber den Armen sein, damit sich Gott ihnen gegenüber als barmherzig erweist. Ziemlich ehrlich greift er das Misstrauen der Reichen auf, Bettler seien Betrüger und Faulenzer und verdienten die Almosen

HRU, S. 167, KV
6.3 Selbsteinschätzungsbogen für Schüler

nicht. Laut Johannes Geiler kann das einem Gläubigen aber egal sein, denn er gibt seine Almosen eigentlich an Gott.

S. 206, M2: Kinder eines Zigarrenmachers helfen ihrem Vater bei der Arbeit

Die Zigarrenherstellung erfolgte vielfach in Heimarbeit im Verlagssystem, einige Zigarrenmacher arbeiteten aber wie der Mann auf dem Foto in Einzelheimarbeit und verkauften die Zigarren z. T. direkt an Gastwirte, Zigarrengeschäfte oder Privatkunden. Die Luft in den meist beengten Arbeitsräumen war stickig und durch die zum Trocknen auf Holzrahmen ausgelegten Tabakblätter feucht, was zu Atemwegserkrankungen führen konnte. Die schlechten Arbeitsbedingungen und die soziale Not der Zigarrenmacher bewirkten, dass diese sich vielfach der Gewerkschaftsbewegung und der Sozialdemokratie zuwandten.

S. 207, M3A: Der Arbeiterführer Ferdinand Lassalle, 1863

Ferdinand Lassalle (eigentlich Lassal; 1825–1864) begeisterte sich früh für demokratische und sozialistische Ideen und engagierte sich während der Revolution von 1848/49 als Redner für die Ideen der äußersten Linken. Im April 1862 stellte Lassalle in Berlin im Rahmen einer Arbeiterversammlung seine Vorstellungen über die Aufgaben und Ziele der Arbeiterbewegung vor, die – später zum „Arbeiterprogramm" zusammengefasst – weite Verbreitung fanden. Als Reaktion auf das „Arbeiterprogramm" baten Leipziger Arbeiter Lassalle im Dezember 1862, die Leitung eines zu gründenden gesamtdeutschen Arbeiterverbandes zu übernehmen. Als am 23. Mai 1863 in Leipzig der Allgemeine Deutsche Arbeiterverein (ADAV) gegründet wurde, wählte man Lassalle zu dessen Vorsitzenden.

S. 207, M3B: Der linksliberale Reichstagsabgeordnete Hermann Schulze-Delitzsch, 1866

Der Jurist Hermann Schulze-Delitzsch (1808–1883) begann sein politisches Engagement bereits 1848 in der Paulskirche. Nach dem Scheitern der Revolution widmete er sich dem Genossenschaftsgedanken. Zunächst begründete er Berufsgenossenschaften, dann Konsumvereine und Produktionsgenossenschaften. Grundlage der Genossenschaften bildete der Solidargedanke. Alle Mitglieder erwerben Anteile an der Genossenschaft und erhalten im Bedarfsfall Unterstützung. Statt Staatshilfe propagierte er die Selbsthilfe und die Selbstverantwortung. Als Mitbegründer der linksliberalen Fortschrittspartei gehörte Schulze-Delitzsch dem preußischen Abgeordnetenhaus sowie dem Reichstag an.

S. 207, M3C: Gesetzentwurf über die Unfallversicherung, 1881

Die Debatte um eine Sozialgesetzgebung im Deutschen Reich begann nach dem Erlass der Sozialistengesetze 1878. Trotz Unterdrückung der sozialistischen Organisationen konnte die SPD bei den Wahlen große Erfolge verbuchen, während die Konservativen verloren. Bismarcks Maßnahmenpaket aus Unterdrückung und Sozialgesetzgebung wird oft als Politik mit „Zuckerbrot und Peitsche" bezeichnet.
Der vorgelegte Gesetzentwurf zeigt deutlich die Handschrift Bismarcks. Es wird argumentiert, dass die „besitzlosen Klassen" durch die Sozialgesetzgebung den Staat als wohltätig wahrnehmen sollen. Neben christlichen und humanistischen Werten wird das Ziel der Staatserhaltung als wesentliches Motiv genannt.

S. 207, Aufgabe 1 bis 7 siehe die Lösungshilfen auf S. 296/297 des Schülerbandes

Lösungen zu den Kopiervorlagen der Handreichung

KV 6.1, Aufgabe 1

Um 1800 bilden die Kosten für Nahrung und Getränke den größten Posten mit 71,97 Prozent. Zweithöchster Kostenfaktor ist die Miete. Zusammen mit Kleidung und Ausgaben für Gesundheit/Hygiene, also den Grundkosten für die Lebenshaltung insgesamt, sind damit schon über 90 Prozent des Einkommens verbraucht. Die einzigen verzichtbaren Posten scheinen Bildung/Unterhaltung sowie das Sparvolumen zu sein. Eine Arbeiterfamilie um 1800 musste demnach fast ihr ganzes Einkommen für die Grundbedürfnisse ausgeben. Es konnten kaum „Vergnügungen" finanziert oder Rücklagen gebildet werden. Fiel also ein Familienmitglied bei der Arbeit aus (auch ein Kind), dann entstand sofort eine Notsituation, die nur durch Einsparungen bei den Lebensmitteln kompensiert werden konnte. Um 1890 hat sich an der Gesamtsituation der Arbeiterfamilien wenig geändert. Es kann zwar etwas mehr gespart und für Zusatzleistungen wie Bildung/Unterhaltung und Hausrat ausgegeben werden, doch immer noch geht der Großteil des Geldes für die Grundkosten drauf. Hier allerdings sind die Lebensmittel deutlich günstiger geworden (niedrigere Preise aufgrund moderner Methoden in der Landwirtschaft). Dafür sind aber die Kosten für Miete/Heizung höher und die Kosten für Versicherungen neu. Die Lage der Arbeiterfamilien ist immer noch prekär. Durch einen Arbeitsausfall wird das Einkommen reduziert, grundlegende Ausgaben müssen gekürzt werden. Durch die neuen staatlichen Sozialversicherungen sind jedoch bestimmte Notsituationen (Unfall, Krankheit, Alter) etwas besser abgefedert. Zusatzkosten beispielsweise für Medikamente werden von den Versicherungen übernommen ebenso wie ein geringer Ersatz für das weggefallene Gehalt.

KV 6.1, Aufgabe 2 individuelle Lösung

KV 6.1, Aufgabe 3
Die Tabelle M2 enthält keine Angaben zum monatlichen Gesamteinkommen einer Familie. Bei der Bestimmung der Ausgabenanteile legt sie die Gesamtausgaben für den Konsum zugrunde. Man kann also nicht sehen, welche Geldsummen die Familien über die Konsumausgaben hinaus noch zur Verfügung haben. Dennoch kann man einige Aussagen bezüglich der Veränderungen der Lebenssituation im Vergleich zum 19. Jahrhundert machen, da zum Konsum ähnliche Ausgabenbereiche wie bei den Arbeiterfamilien zählen.
Heute liegen die monatlichen Kosten für die Grundbedürfnisse nur noch bei ca. 50 Prozent der Konsumausgaben (Wohnen 33,8 Prozent und Nahrung/Getränke 13,5 Prozent). Hinzu kommen etwa 10 Prozent für Gesundheit, Kleidung und Bildung. Ein neuer Kostenfaktor sind Verkehr (15,6 Prozent) und Telekommunikation (2,6 Prozent), die man aber durchaus zu den Grundkosten hinzurechnen kann, da Mobilität und Erreichbarkeit wichtig für die gesellschaftliche Integration und die beruflichen Chancen sind. Auffällig ist, dass Freizeit und Unterhaltung sowie Reisen und Essengehen mit über 15 Prozent zu Buche schlagen. Hier kann man diskutieren, inwieweit es sich um Grund- oder „Luxus"-Kosten handelt. Allerdings sind sportliche Aktivitäten, Kino und Kneipenbesuche auch wichtig für die Teilhabe an der Gesellschaft. Die Definition von Grundbedürfnissen hat sich also im Vergleich zum 19. Jahrhundert erweitert. Außerdem kann man vermuten, dass heute für die Familien nicht mehr so schnell eine akute Notsituation (Hunger, Obdachlosigkeit) entsteht wie bei den Arbeiterfamilien im 19. Jahrhundert. Bei einem Einkommensverlust treten zunächst die Versicherungen (Krankengeld, ALG I) ein, dann erfolgt eine Rückstufung auf ALG II. Hier müssen dann allerdings die Konsumkosten deutlich gesenkt werden. Aufgrund des insgesamt höheren allgemeinen Lebensstandards hat das für die Betroffenen oft einen Teilausschluss aus der Gesellschaft zur Folge. Zweiter Teil der Aufgabe: individuelle Lösung.

KV 6.2, Aufgabe 1
1. Die Fotografie ist im Jahr 1908 entstanden.
2. Sie gibt Einblick in die Küche einer Arbeitnehmerfamilie.
3. und 4. Auftraggeber und Adressat bleiben unbekannt. Möglicherweise gehört die Fotografie zu den Aufnahmen, die im Auftrag der Berliner Ortskrankenkasse für den Gewerbebetrieb der Kaufleute, Handelsleute und Apotheker entstanden. Ab 1901 führten Mitarbeiter der Krankenkasse Besuche bei kranken Mitgliedern durch, deren Ziel in der Dokumentation und Verbesserung der Wohnsituation der Versicherten lag (siehe S. 173, M5). Die angefertigten Berichte wurden durch Fotos illustriert.
5. Der Fotograf machte die Aufnahme von der Küchentür aus, er benutzte offensichtlich ein Blitzlicht.
6. Der Raum macht einen eher düsteren, beengten und unaufgeräumten Eindruck. Auf sämtlichen Ablageflächen wie der Kommode vorne links, dem Herd oder dem Tisch unter dem Fenster stapeln sich Geschirr und andere Gebrauchsgegenstände. Die Wand oberhalb des Herdes sowie die Decke scheinen rußgeschwärzt zu sein. Die Zimmerpflanzen auf der Fensterbank und der Kommode wirken vertrocknet. Bei dem unter Decken verborgenen Möbel rechts könnte es sich um eine Schlafstatt handeln. Lampen sind auf den ersten Blick nicht zu sehen, auf dem Herd scheint eine Kerze zu stehen.
7. Einrichtung, Größe und Zustand der Küche lassen auf eine weniger gut situierte Familie (Arbeiterfamilie) schließen.
8. Unklar ist, ob Mutter und Sohn die einzigen Bewohner der Wohnung sind. Auch über die Größe der Wohnung und die Anzahl der Zimmer verrät das Foto nichts. Die Frage nach den sanitären Einrichtungen der Wohnung (Wo lagen sie? Mit wie vielen Personen mussten sie geteilt werden?) bleibt ebenso unbeantwortet.

| Name: | Klasse: | Datum: |

KV 6.1 Lebenshaltungskosten – früher und heute

M1 Lebenshaltungskosten eines Arbeiterhaushaltes im 19. Jahrhundert
Die Zahlen beziehen sich auf das durchschnittliche Monatseinkommen eines deutschen Arbeiterhaushaltes (Eltern und zwei Kinder, alle arbeiten) in den Jahren 1800 und 1890

	1800	1890
Nettolohn (in Mark)	81,00	139,00
Kosten für (in % vom Nettolohn):		
Miete/Heizung	13,95 %	18,17 %
Nahrung/Getränke	71,97 %	55,22 %
Hausrat	2,97 %	4,00 %
Gesundheit/Hygiene	1,23 %	1,22 %
Kleidung	6,17 %	5,54 %
Bildung/Unterhaltung	2,47 %	8,63 %
Versicherungen	–	4,90 %
Sparvolumen	1,23 %	3,20 %
Kosten gesamt	98,77 %	97,70 %

Zit. nach Ernst Bruckmüller/Peter Claus Hartmann (Hg.), Putzger – Historischer Weltatlas, 103. Aufl., Berlin (Cornelsen) 2001, S. 139.

M2 Konsumausgaben privater Haushalte in Deutschland 2014 (Durchschnitt je Haushalt und Monat)

	2014
private Konsumausgaben eines Arbeitnehmerhaushaltes in EUR pro Monat	2754
Kosten für (in % von gesamten Konsumausgaben):	
Wohnen/Energie/Instandhaltung	33,8 %
Nahrung/Getränke und Tabakwaren	13,5 %
Innenausstattung, Haushaltsgeräte/-gegenstände	5,9 %
Gesundheit	3,1 %
Bekleidung/Schuhe	4,9 %
Bildungswesen	0,9 %
Verkehr	15,6 %
Post und Telekommunikation	2,6 %
Freizeit, Unterhaltung, Kultur	10,6 %
Beherbergungs- und Gaststättendienstleistungen	5,7 %
andere Waren und Dienstleistungen	3,5 %

Zit. nach
https://www.destatis.de/DE/ZahlenFakten/GesellschaftStaat/EinkommenKonsumLebensbedingungen/Konsumausgaben/Tabellen/SozialeStellung.html (Stand: 31.10. 2016)

1   Beschreibe die Lebenssituation einer Arbeiterfamilie um 1800 und um 1890 auf der Basis ihrer Einnahmen und Ausgaben (M1).

2   Diskutiere, ob man die Arbeiterfamilien als arm bezeichnen kann.

3   Vergleiche mit der heutigen Zeit: Zeige wichtige Veränderungen auf (M2). Überlege, wie die Ausgabensituation in deiner Familie ist.

   Autorin: Dr. Silke Möller

Name:	Klasse:	Datum:

KV 6.2   Eine historische Fotografie untersuchen

M1 Küche in einer Mietskaserne, Berlin, Seestraße 27, Foto, 1908

Arbeitsschritte „Eine historische Fotografie untersuchen"

Entstehung der Fotografie	
1. Wann ist das Foto entstanden?	
2. Was stellt es dar?	
3. Wer hat in wessen Auftrag fotografiert?	

Autorin: Andrea Welk
Bildrechteinhaber: bpk/Heinrich Lichte

Name:	Klasse:	Datum:

4. Für welchen Adressaten ist die Fotografie angefertigt worden?	
5. Welche Bildtechnik ist zu erkennen (Perspektive, Brennweite, Entfernung, Ausschnitt)?	

Aussage und Deutung

6. Was ist der erste Eindruck?	
7. Welche Gesamtaussage lässt sich formulieren?	
8. Welche Fragen bleiben offen?	

1 Bearbeite das Foto M1 mithilfe der Arbeitsschritte.

Autorin: Andrea Welk
Bildrechteinhaber: bpk/Heinrich Lichte

Name:	Klasse:	Datum:

KV 6.3 Fächerverbindendes Modul: Armut und Reichtum (Längsschnitt)

	Ich kann, weiß, verstehe …	sehr sicher	sicher	unsicher	sehr unsicher	Hilfen finde ich hier: (SB = Schülerbuch)
1	Ich kann das Nebeneinander von Reichtum und Armut im Mittelalter, in der Frühen Neuzeit und im Industriezeitalter beschreiben.					SB, S. 184–185, 188/189, 190–196
2	Ich kann erklären, wer im Mittelalter als arm galt und wer sich um die Armen kümmerte.					SB, S. 184/185
3	Ich kann das Verhalten der mittelalterlichen Herrscher gegenüber den Armen beurteilen.					SB, S. 184/185
4	Ich kann den Armutsstreit der Kirche und seine Folgen erklären.					SB, S. 186/187
5	Ich kann erläutern, welche Bedeutung die Armen für die katholische Kirche haben.					SB, S. 187
6	Ich kann die Rolle von Reichtum und Besitz im Mittelalter auf dem Land und in der Stadt analysieren.					SB, S. 188/189
7	Ich kann die Sicht auf die Armut im Mittelalter und in der Neuzeit erklären.					SB, S. 190/191
8	a) Ich kann die „christliche Pflicht zur Arbeit" erläutern. b) Ich kann das Konzept „Erziehung zur Arbeit" durch den absolutistischen Staat beschreiben.					SB, S. 190/191
9	Ich kann Ursachen und Erscheinungsformen der städtischen Armut im Mittelalter beschreiben.					SB, S. 192/193
10	Ich kann den Umgang der Reichen mit den Armen beschreiben und bewerten.					SB, S. 192/193
11	Ich kann eine historische Fotografie untersuchen.					SB, S. 194/195
12	a) Ich kann beschreiben, was man unter dem Begriff „soziale Frage" versteht. b) Ich kann die Ursachen dieser neuen Form von Armut im 19. Jahrhundert erläutern.					SB, S. 196
13	Ich kann die Antworten der Unternehmer auf die soziale Frage darstellen und bewerten.					SB, S. 196/197
14	Ich kann die Antworten der Kirchen auf die soziale Frage darstellen und bewerten.					SB, S. 198/199
15	Ich kann die Antworten der Arbeiterbewegung auf die soziale Frage darstellen und bewerten.					SB, S. 200/201
16	Ich kann Bismarcks Sozialgesetzgebung erläutern und bewerten.					SB, S. 202/203
17	Ich kann die Leitfrage diskutieren, ob die Hilfe bei individueller Armut eine Verantwortung der Allgemeinheit ist.					SB, S. 204/205

Autorin: Dr. Silke Möller

7 Wahlmodul: Juden, Christen und Muslime (Längsschnitt) SB S. 208–233

Sachinformationen zum Kapitelaufbau

Die drei großen monotheistischen Weltreligionen Judentum, Christentum und Islam blicken auf eine lange gemeinsame Geschichte zurück: Sie alle haben ihre Wurzeln im Nahen Osten, ihre wichtigsten heiligen Stätten befinden sich in Israel/Palästina und in Saudi-Arabien, ihre Schriften haben z. T. die gleichen Quellen. Die Nähe zueinander sowie das Konkurrieren um den „wahren" Glauben sorgten manchmal für ein Gegeneinander, manchmal für ein Nebeneinander und manchmal auch für ein Miteinander. Insbesondere wenn sich politische Interessen mit religiösen Motiven mischten, kam es zu kriegerischen Auseinandersetzungen. Ein wichtiges Beispiel dafür sind die Kreuzzüge. Eine Phase der Toleranz und Kooperation stellte dagegen das Kalifat von Córdoba im mittelalterlichen Spanien dar. Juden und Christen besaßen zwar nicht die gleichen Rechte wie Muslime, doch in Kunst, Wissenschaft und Handel gab es viel Austausch. Dies blieb auch mit der Zeit der christlichen Rückeroberung (Reconquista) im Prinzip der Fall. In der Frühen Neuzeit sorgten die Osmanen mit ihren Eroberungszügen auf dem Balkan und bis an die Grenzen des Heiligen Römischen Reichs für Konfrontation. Ängste vor den fremden, andersgläubigen Türken wurden von den europäischen Herrschern noch geschürt. Die Zeit der Reformation rückte dagegen die Andersartigkeit der Juden in den Focus. Luther schrieb „Von den Juden und ihren Lügen". Die Landesherren, die nun für Religionsfragen verantwortlich waren, agierten aber pragmatisch. Sie stellten schnell fest, dass sie die jüdische Bevölkerung für eine florierende Wirtschaft brauchten. Erst zu Beginn des 19. Jahrhunderts erfolgten mit dem Emanzipationsedikt von 1812 Schritte hin zur rechtlichen Gleichstellung der Juden. Dies war jedoch ein langer Prozess, der durch den wachsenden Antisemitismus immer stärker beeinträchtigt wurde.

Hinweis zum Unterrichtsverlauf

siehe Lehrplansynopse, S. 12

Kompetenzerwerb in Kapitel 7 (s. Schülerband S. 232)

Eine detaillierte Liste der zu erwerbenden Kompetenzen finden Sie hier in der Handreichung auf dem Selbsteinschätzungsbogen, S. 185.

Selbsteinschätzungsbogen für Schüler zum Kapitel 7

siehe Kopiervorlage 7.2, S. 185

Weiterführende Hinweise auf Forum-Begleitmaterialien (s. Einleitung, S. 7)

- Arbeitsheft 2, Kap. 2: Mittelalterliche Lebenswelten
- Arbeitsheft 2, Kap. 5: Reformationszeitalter
- Arbeitsheft 3, Kap. 3: Deutschland im 19. Jahrhundert
- Kompetenztraining, Kap. 11: Kulturelle Begegnungen und Konflikte im Mittelalter
- Kompetenztraining, Kap. 14: Das Zeitalter der Reformation
- Geschichte interaktiv I, Kap. 5: Das Mittelalter
- Foliensammlung Geschichte 1, Folie 28: Christen und Muslime
- Foliensammlung Geschichte 2, Folie 12: Leben im Kaiserreich
- Invitation to History Starter, Unit 2: Pilgrimages and Crusades

Literatur, Jugendbücher, Filme, Internethinweise für Lehrkräfte

Literatur
Georg Bossong, Das maurische Spanien. Geschichte und Kultur, 2. durchges. Aufl., München (C. H. Beck) 2010.
Marc R. Cohen, Unter Kreuz und Halbmond. Die Juden im Mittelalter, 2. Aufl., München (C. H. Beck) 2011.

Heinz Halm, Der Islam. Geschichte und Gegenwart, 10. Aufl., München (C. H. Beck) 2015.
Manfred Hutter, Die Weltreligionen, 5. Aufl., München (C. H. Beck) 2016.
Christopher Tyerman, Die Kreuzzüge. Eine kleine Einführung, Stuttgart (Reclam) 2009.
Jugendbücher
Lamya Kaddor, Islam. Geschichte, Glaube und Gesellschaft, Hildesheim (Gerstenberg) 2012.
Harald Parigger, Das Zeitalter der Kreuzzüge. Gottfried von Bouillon und die Schlacht um Jerusalem, Würzburg (Arena) 2010.
Gudrun Reinboth, Nenn mich noch einmal Jochanaan, Metz (Gaggenau) 2004.
Filme
FWU 4602802:   1, 2, 3 des Christentums
FWU 5511052:   Judentum
FWU 4602727:   Der Islam – Entstehung und Ausbreitung
FWU 4632695:   Die Kreuzzüge. Halbmond & Kreuz
Internethinweise für Lehrkräfte
http://www.planet-schule.de/wissenspool/weltreligionen/inhalt.html (Vorstellung der drei Weltreligionen Islam, Judentum und Christentum)
http://www.students.uni-marburg.de/~Schmeer/mauren.html (ausführlicher Artikel über den Islam und die Mauren in Spanien mit weiteren Links)
https://www.zdf.de/dokumentation/der-heilige-krieg/die-tuerken-vor-wien-104.html (Folge der ZDF-Reihe „Der Heilige Krieg" mit Unterrichtsmaterialien über die Belagerung von Wien 1529)
http://www.judentum-projekt.de/geschichte/neuzeit/luther (Projekt des Lessing-Gymnasiums in Döbeln mit von Schülern verfassten, informativen Artikeln zur jüdischen Geschichte und Kultur)

Auftaktseiten   S.208/209

S.208f.: Kriege im Namen des Glaubens: Kreuzzüge und Terroranschläge
Schon immer wurden zwischen den großen Weltreligionen Kriege und Konflikte ausgetragen. Meist wurden religiöse Motive angegeben, doch oft ging es vor allem um die Vorherrschaft in einer bestimmten Region oder um die Deutungshoheit über Fragen der Moral und des Rechts. Dies gilt für die Kreuzzüge im Mittelalter und die Türkeneinfälle in der Frühen Neuzeit ebenso wie für die Terroranschläge des sogenannten Islamischen Staates in der heutigen Zeit. Die abgebildete mittelalterliche Buchillustration zeigt, mit welcher Gewalt die Kreuzfahrer vorgingen. Sie schreckten nicht davor zurück, die Köpfe der ermordeten Gegner als Wurfgeschosse zu verwenden. Wut und Gewalt, Trauer und Gegengewalt drängen dabei die Tradition der Religionsfreiheit und der friedlichen Koexistenz von Religionen in den Hintergrund. Die Ängste vor Gewalt sind oft stärker als der Wunsch nach Versöhnung, obwohl die Menschen, die ihren Glauben friedlich leben wollen, sicher in der Mehrheit sind. Und die Gemeinsamkeiten der drei großen monotheistischen Weltreligionen Judentum, Christentum und Islam sind viel größer als die Unterschiede: ein Gott, eine Schrift, eine Verheißung. Darauf verweisen die Demonstranten von Paris im Januar 2015.

Orientierung im Kapitel   S.210/211

S.210, M1: Vertreter verschiedener Religionen beim gemeinsamen Gebet, 2011
In der Moschee am Flughafen Frankfurt am Main betet der Imam Selcuk Dogruer in Anwesenheit des katholischen Stadtdekans Johannes zu Eltz, des Kirchenpräsidenten der evangelischen Kirche in Hessen und Nassau, Volker Jung, sowie des Rabbiners der Jüdischen Gemeinde Frankfurt, Menachem Halevi Klein, das Friedensgebet im Gedenken an die Anschläge vom 11. September 2001 in den USA. Sie hatten zuvor schon in der jüdischen Synagoge und der evangelischen Kirche gebetet.

S.211, M2: Eurobarometer zur Aussage: „Ich glaube, dass es einen Gott gibt" siehe die Erläuterungen zu Aufgabe 3 b)

S.211, Aufgabe 1
In Deutschland ist die Religionsfreiheit im Grundgesetz Art. 4 verankert:
(1) Die Freiheit des Glaubens, des Gewissens und die Freiheit des religiösen und weltanschaulichen Bekenntnisses sind unverletzlich.
(2) Die ungestörte Religionsausübung wird gewährleistet.
Damit übernimmt der Staat die Aufgabe, diese Rechte für den Einzelnen zu schützen.

S. 211, Aufgabe 2

Gründe für Auseinandersetzungen zwischen den Religionen ergeben sich zum einen aus dem alltäglichen Leben. Es gibt Ängste vor „fremden Sitten und Gebräuchen", es gibt Neid, Sorge vor Benachteiligungen, Konkurrenzdenken usw., aber auch oft nur Unverständnis gegenüber dem anderen. Wenn die Religionen nicht den Dialog miteinander pflegen, leben sie nebeneinander her und die wenigen Berührungspunkte bergen dann Konfliktpotenzial. Zum anderen kann es zu Auseinandersetzungen kommen, wenn die Religionen und ihre Hauptvertreter für sich die Deutungsmacht über bestimmte Fragen beanspruchen und Ansichten der anderen nicht gelten lassen.

S. 211, Aufgabe 3 a)

Imam: Es gibt keine festen Vorschriften bezüglich der Kleidung, meist tragen sie aber Käppchen oder Turban sowie einen offenen oder geschlossenen Umhang.

Rabbiner: Auf dem Foto trägt der Rabbiner schwarze Kleidung und als Kopfbedeckung einen Hut. Hinzu kommen in der Synagoge Gebetsriemen, Kippa und ein Gebetsmantel mit Schaufäden.

katholischer Pfarrer: schwarzer Talar (Soutane), weiße Albe und farbige Stola (Schal)

evangelischer Pfarrer: schwarzer Talar mit weißem Kragen

b) Die Karte M2 zeigt ein differenziertes Bild von der Gläubigkeit in Europa. Tschechien und Litauen weisen die niedrigsten Raten mit Gläubigen auf (10 Prozent). Es folgen Schweden (30 Prozent) und dann Island, Großbritannien, Frankreich, die Niederlande, Dänemark, Norwegen, Lettland und Slowenien (40 Prozent). In Deutschland bezeichnen sich 50 Prozent der Bevölkerung als gläubig. Es ist damit in einer Gruppe mit der Schweiz, Belgien, Ungarn, Bulgarien und Litauen. Eine hohe Rate von Gläubigen (60 Prozent und mehr) haben einige südeuropäische Länder wie Spanien, Portugal, Italien und Griechenland, außerdem Irland, Österreich, die Slowakei, Polen und Kroatien. 90 Prozent Gläubige weisen nur das muslimische Land Türkei und das orthodoxe Rumänien auf.

Deutschland bewegt sich innerhalb Europas im Mittelfeld. Die Kirchen spielen hier keine dominierende gesellschaftliche Rolle, sind aber auch nicht bedeutungslos (Unterschied West/Ost). Es gibt viele verschiedene Religionen, die aber nicht miteinander konkurrieren und so ihre Gläubigen binden. Der Glaube an Gott ist in Deutschland immer noch verankert, aber bei vielen spielt er keine Rolle mehr im alltäglichen Leben und in ihrer Weltdeutung.

c) Der Zeitstrahl greift zwar wichtige Ereignisse für Judentum und Islam auf, setzt den Nullpunkt aber nach christlicher Tradition mit der Geburt Jesu. Muslime beginnen ihre Zeitrechnung mit dem Jahr der Auswanderung des Propheten Mohammed von Mekka nach Medina (622 n. Chr.). Die jüdische Zeitrechnung beginnt mit der Erschaffung der Welt (3761 v. Chr.). Dieses spiegelt sich auf jeden Fall in arabischen Schulbüchern wider, in israelischen Schulbüchern muss man wahrscheinlich unterscheiden. Hier gibt es für orthodoxe Juden eigene Bücher mit der jüdischen Zeitrechnung, während die „normalen" israelischen Schulbücher die „christlich-westliche" Zeitrechnung enthalten.

Drei Weltreligionen: das Christentum S. 212/213

S. 212, M1: Die Ausbreitung von Judentum, Christentum und Islam von 750 bis 1200

Die Karte zeigt, dass sich alle drei Religionen in Europa, Afrika und Asien ausdehnen. Das Christentum hat sein Zentrum um 750 in Frankreich, Italien, Großbritannien sowie in Teilen des Oströmischen Reichs. Es dehnt sich im Laufe der Jahrhunderte vor allem Richtung Norden und Osten aus und umfasst um 1200 große Teile Europas sowie das westliche Russland. Der Islam hat sein Zentrum um 632 auf der Arabischen Halbinsel, dem Lebensgebiet des Propheten Mohammed. Es dehnt sich nach Nordafrika, Südspanien, Türkei und weiter zum Kaspischen Meer aus. Auffällig am Judentum ist das Leben in Siedlungen mit hohen jüdischen Anteilen. Die meisten von ihnen sind fern vom Kernland Israel, sie liegen in der sogenannten Diaspora. Dafür sind sie über ganz Europa verteilt mit Schwerpunkten in Südspanien, Frankreich, Süditalien und der Ukraine. Hinzu kommen im Laufe der Jahrhunderte Nordafrika, Ägypten und Polen.

S. 213, M2: „Bergpredigt" im Matthäusevangelium des Neuen Testaments

In der Bergpredigt im Matthäusevangelium verkündet Jesus vor zahlreichen Anhängern seine wichtigsten Lehren, indem er die jüdische Tora neu interpretiert. Am Anfang der Bergpredigt stehen neun Seligpreisungen, die im vorliegenden Text alle aufgeführt sind.

S. 213, M3: Katholischer Gottesdienst siehe die Erläuterungen zu Aufgabe 4

S. 213, Aufgabe 1
1. Entstehungsgeschichte: Jesus von Nazareth interpretierte in Israel und Palästina als Wanderprediger das Judentum neu. Er erhob den Anspruch, den einzig wahren Gott und die einzig wahren Lehren zu vertreten. Er selbst war noch Jude, seine Anhänger nannten sich Christen. Trotz Verbot und Verfolgung durch die römischen Kaiser nahm die Anhängerzahl zu. Im Jahr 313 wurde das Verbot der christlichen Religion aufgehoben (Kaiser Konstantin I.) und 380 n. Chr. erfolgte die Erklärung zur römischen Staatsreligion (Kaiser Theodosius I.).
2. Schriften: Die Bibel, bestehend aus Altem und Neuem Testament. Das Alte Testament war eine Übernahme von den Juden, das Neue Testament trug Überlieferungen über das Wirken von Jesus und seinen Jüngern zusammen. Ursprungssprache ist Hebräisch, um 400 n. Chr. entsteht eine lateinische Version, Luther vollendet 1522 die deutsche Übersetzung.
3. Lebensformen, Riten und religiöse Praxis: Besondere Lebensform in „Orden", Mönche und Nonnen leben nach festen Regeln in einer Gemeinschaft/einem Kloster zusammen. Die Mehrheit der Christen lebt ihren Glauben individuell. Teil der Riten und Praxis sind Sakramente (Taufe, Abendmahl, Kommunion/Konfirmation etc.), religiöse Feiertage (Christi Himmelfahrt, Fronleichnam, Weihnachten, Ostern etc.) und der sonntägliche Gottesdienst.
4. Gotteshäuser und Gottesdienst: Kirchen als „heilige Gebäude", hier finden Gottesdienste und Gebete statt.

S. 213, Aufgabe 2
Um 750 beschränkt sich das Christentum vor allem auf Gebiete des früheren Römischen Reichs, in dem es seit dem Jahr 380 Staatsreligion war und es zu frühen Missionierungen gekommen war. Dazu gehören Großbritannien, Irland, Frankreich, Spanien, die Beneluxstaaten, Italien, die Schweiz, Österreich, große Teile von Deutschland sowie die Küstengebiete des Mittelmeers bis Griechenland, die Türkei, Georgien und Ägypten. In den folgenden Jahrhunderten gab es intensive Missionierungsbewegungen Richtung Osten (Polen, Russland, Balkan) sowie Richtung Norden (Skandinavien). Um 1200 war ganz Europa christlich mit Ausnahme von Südspanien und Litauen. Das christliche Gebiet reichte bis hinter Moskau. Im Oströmischen Reich konkurrierte es allerdings mit dem Islam, und in bestimmten Gebieten gab es eine starke jüdische Diaspora.

S. 213, Aufgabe 3 a)
Mit den neun Seligpreisungen in der Bergpredigt erstellt Jesus einen Werte- und Verhaltenskodex, indem er bestimmten Gruppen nach ihrem Tod eine Belohnung verspricht. So werden die negativen Erfahrungen von Leid, Unterdrückung und Verfolgung ebenso belohnt wie die positiven Tätigkeiten für Barmherzigkeit, Frieden und Gerechtigkeit.
Kernaussage ist, dass im Diesseits Leiden und Unterdrückung in der Gewissheit ertragen werden können und müssen, dass man als Christ auserwählt ist und im Himmel belohnt wird.
b) Für gläubige Christen ergibt sich daraus zum einen die Verpflichtung, sich für Leidende einzusetzen, den Frieden und die Gerechtigkeit zu unterstützen, sich für ihren Glauben einzusetzen, allerdings ohne Mittel der Gewalt, sowie ein moralisch einwandfreies Leben zu führen. Zum anderen bedeutet es die Hoffnung auf eine Erlösung nach dem Tod.

S. 213, Aufgabe 4
Teilnehmer: Gottesdienstbesucher sowie Bischof und fünf Priester
Gegenstände/Symbole: im Hintergrund Kruzifix (Leiden Christi) und Kerzen/Lampen (neues, ewiges Leben, Seele, Auferstehung), Altar, Hochaltar mit Muttergottesfigur und Kerzen/Lampen

Drei Weltreligionen: das Judentum   S. 214/215

S. 214, M1: Auszug aus der Tora siehe die Erläuterungen zu Aufgabe 2

S. 215, M2: Tora-Lesung in der Leipziger Synagoge
Mitglieder des Vorstandes der Jüdischen Gemeinde Leipzig lesen anlässlich des ersten Tages des Pessachfestes am 18. April 1992 aus der Tora. Das Pessachfest ist das wichtigste jüdische Fest im Jahr, es dauert eine Woche und erinnert an den Auszug aus Ägypten.

S. 215, Aufgabe 1
1. Entstehungsgeschichte: Das Judentum ist sowohl eine ethnische als auch eine religiöse Gemeinschaft. Als Begründer des jüdischen Volkes gilt Abraham, ein Nomade, der 1800 v. Chr. im heutigen Syrien, Jordanien und Palästina lebte. Er glaubte als Erster an „einen Gott". Von Moses aus der

ägyptischen Sklaverei befreit, entstand laut Überlieferung um 1000 v. Chr. ein „Königreich Israel" als erstes festes jüdisches Gemeinwesen. Ein zentrales Ereignis im Selbstverständnis der Juden war der Bau des ersten Tempels in Jerusalem 965 v. Chr. Nach dem Zerfall im 6. Jahrhundert kam die Zeit des Exils in Babylonien, 450 v. Chr. die Rückkehr ins Jordangebiet, das im 1. Jahrhundert n. Chr. unter direkte römische Herrschaft kam. Nach einem Aufstand wurden die Juden vertrieben und siedelten sich in der ganzen Welt in kleineren Gemeinschaften an.

2. Schriften: Die heilige Schrift der Juden ist die Tora („Weisung"), eine Sammlung von verschiedenen Texten. Ein wichtiger Teil sind die fünf Bücher Mose, die auch Bestandteil der Bibel (Altes Testament) sind. Zusammen mit den sogenannten Prophetenbüchern und anderen Schriften spricht man von der hebräischen Bibel (Tanach). Hinzu kommen von Rabbinern (Lehrmeister der Tora) verfasste Erläuterungen (u. a. „Talmud").

3. Lebensformen, Riten und religiöse Praxis: Feste Lebensformen, Rituale und religiöse Vorschriften, die auf die Tora zurückgeführt werden, spielen im Judentum eine wichtige Rolle. Das ganze Leben besteht für Juden aus festen Regeln und Ritualen. Im Lebenslauf hat die Bar/Bat Mizwa eine wichtige Funktion. Jugendliche werden so im Alter zwischen 12 und 13 Jahren für sich selbst verantwortlich. Im Jahreslauf orientiert man sich am jüdischen Kalender mit Festen, die an historische Ereignisse (Chanukka = Einweihung des Jüdischen Tempels in Jerusalem), Jahreszeiten (Rosch ha-Schana = Neujahr) oder religiöse Themen (Jom Kippur = Reue und Buße, Versöhnung mit Gott) erinnern. Hinzu kommen Reinheits- und Speisegebote (u. a. kein Schweinefleisch, keine Vermischung von Milch und Fleisch). Vor allem strenggläubige Juden achten in ihrem Alltag stark auf die Einhaltung der Regeln.

4. Gotteshäuser und Gottesdienst: Die Juden feiern Gottesdienste in der Synagoge, einem mit jüdischen Symbolen ausgestatteten Haus. In den gleichen Räumlichkeiten können auch andere Veranstaltungen der Gemeinde stattfinden. Es wird also nicht unterschieden zwischen rein „sakralen", geweihten Räumen (wie Kirchen) und normalen Gemeinschaftsräumen. Der Raum wird erst durch die symbolhaften Gegenstände zum Gottesdienstraum. Wichtiger Bestandteil des Gottesdienstes sind Toralesungen und Gebete. Es gibt Kleidervorschriften für den Gottesdienst (Kippa [Kopfbedeckung], Gebetsschal, Gebetsriemen).

S. 215, Aufgabe 2 a)

Die Zehn Gebote sind Basis der Gemeinschaft zwischen Gott und den Menschen. Die Menschen sollen Gott lieben und seine Regeln beachten. Die Regeln beziehen sich fast alle auf das Zusammenleben: Die Eltern ehren, nicht morden, nicht ehebrechen, nicht stehlen, nicht lügen, nicht Neid empfinden, all das soll ein friedliches und faires Miteinander gewährleisten. Einzige Ausnahme ist die Sabbat-Regel. Hiermit soll Gott gedacht werden.

b) Für die Juden ergibt sich aus den Regeln zunächst ein Moral- und Rechtekodex, der vergleichbar ist mit anderen Modellen wie der christlichen Moral, den Menschenrechten etc. Er ist quasi universal gültig. Die Sabbat-Regel wird von gläubigen Juden besonders streng ausgelegt. Am Sabbat (Samstag) darf dann nicht nur nicht gearbeitet werden, sondern auch nicht gekocht werden, nicht Auto gefahren werden etc.

S. 215, Aufgabe 3

VISUALISIERUNG 7.1		
	Rosch ha-Schana (Herbst)	Neujahrsfest, Erinnerung an den Beginn der Welt, Beginn von zehn Bußtagen
	Sukkot (Herbst)	Laubhüttenfest, Erinnerung an die Wanderung durch die Wüste und Rettung durch Gott, Bau einer Laubhütte und fröhliches Erntedank
	Simchat Tora	Ende und Neubeginn des Tora-Lesezyklus
	Chanukka (um Weihnachten herum)	Lichterfest, Chanukka-Leuchter mit acht (!) Kerzen, Dauer acht Tage
	Jom Kippur (Neujahr)	Tag des Sündenerlasses, tagsüber wird gefastet und nachts gefeiert
	Purim	Losfest; Erinnerung an die Rettung der Juden durch Ester und Mordechai, fröhlich und ausgelassen wie Karneval
	Pessach (etwa um Ostern)	Erinnerung an den Auszug aus Ägypten, Säuberung der Häuser und Küchen, ungesäuertes Brot, acht Tage lang
	Schawuot (etwa um Pfingsten, 50 Tage nach Pessach)	Erinnerung an die Übergabe der Zehn Gebote an Moses, Häuser und Synagogen werden mit Blumen und Zweigen geschmückt

S. 215, Aufgabe 4

Das Bild zeigt im Vordergrund drei Männer mit Kippa und Gebetsschal, die sich über eine Torarolle beugen und vermutlich daraus vorlesen. Der linke Mann weist mit einem Zeigestab (Jad) auf die Zeilen. Die Rolle liegt auf einem speziellen Lesepult (Bima). Die Rollen werden in einem Schrein aufbewahrt und nur zum Gottesdienst herausgenommen (nicht im Bild). Des Weiteren sieht man auf dem Pult eine Kerze, die Teil einer Menora, des siebenteiligen Leuchters, sein könnte. Außerdem ist hinter dem mittleren Mann Zubehör der Tora zu sehen, vermutlich Toramantel und zwei kleine Kronen (Rimonim). Abgetrennt durch ein verziertes Gitter sieht man die Mitglieder der Gemeinde, die zuhören.

Drei Weltreligionen: der Islam   S. 216/217

S. 216, M1: Expansion des Islamischen Reichs siehe die Erläuterungen zu Aufgabe 2

S. 216, M2: Die erste Sure des Koran siehe die Erläuterungen zu Aufgabe 3

S. 217, M3: Gottesdienst in einer Moschee siehe die Erläuterungen zu Aufgabe 5

S. 217, Aufgabe 1

1. Entstehungsgeschichte: Die Gründung des Islam geht auf den Propheten Mohammed zurück, dem im Jahre 610 über den Erzengel Gabriel offenbart wurde, dass er auserwählt sei, den Willen Allahs zu verkünden. Drei Jahre später begann er zu predigen. In seiner Heimatstadt Mekka stieß er auf Widerstand und wanderte deshalb 622 nach Medina aus („Hidschra"). Nach seinem Tod 632 begann die Expansion des Islam.

2. Schriften: Koran, enthält die Offenbarungen des Erzengels Gabriel in schriftlicher Form (114 Suren bestehend aus verschiedenen Versen); außerdem die „Sunna" (überlieferte Handlungsweisen Mohammeds). Beides zusammen bildet die Basis für die „Scharia" (islamische Gesetze und Vorschriften).

3. Lebensformen, Riten und religiöse Praxis: Die Glaubenspraxis des Islam beruht auf fünf Säulen: das tägliche Glaubensbekenntnis (Schahada), fünf tägliche Gebete zu festen Zeiten, orientiert am Sonnenlauf (Salat), Wohltätigkeit (Zakat), jährliches Fasten im Monat Ramadan (Saum), Pilgerfahrt nach Mekka zur Heiligen Moschee mit Kaaba (einmal im Leben).

4. Gottesdienst und Gotteshäuser: „Dienst an Gott" kann jeder Muslim durch seine Gebete überall leisten. Am Freitag treffen sich gläubige Muslime dann zum gemeinschaftlichen Gebet in der Moschee. Ähnlich den Synagogen ist die Moschee auch ein Ort sozialer Aktivitäten und der Vermittlung islamischer Lehren. Äußere Kennzeichen von Moscheen sind oft Kuppeln und ein Minarett (Turm für Muezzin, der fünfmal täglich zum Gebet ruft).

S. 217, Aufgabe 2

Keimzelle der Islamischen Welt ist die Region rund um Mekka und Medina auf der Arabischen Halbinsel, wo der Prophet Mohammed gelebt und gepredigt hat (bis 632). Unter seinem Nachfolger Abu Bakr (sein Schwiegervater) erfolgte innerhalb von zwei Jahren die Ausdehnung auf die gesamte Arabische Halbinsel bis fast nach Jerusalem (bis 634). Nach seinem Tod wurde ein weiterer Wegbegleiter Mohammeds, Omar, zum ersten Kalifen (= Nachfolger Mohammeds) ernannt und begründete damit das Kalifat. Mithilfe verschiedener Eroberungszüge dehnte er das Kalifat Richtung Ägypten, Syrien und Irak aus und vertrieb dabei Byzantiner und Perser. 638 erfolgte die Eroberung von Jerusalem. Mit den unterworfenen Völkern schloss Omar Verträge und baute staatliche Strukturen in dem neuen Reich auf. Bis 661 erfolgte unter Othman und Ali (vierter rechtgeleiteter Kalif) der Vorstoß bis Tripolis im Westen und bis nach Persien im Osten.

Im Jahre 661 übernahm die Dynastie der Omaijaden (Familienclan von der Arabischen Halbinsel, dem auch Mohammed angehört hatte) mit Hauptsitz in Damaskus das Kalifat und damit die Macht. Ihr Einflussbereich spannte sich von der nordafrikanischen Küstenregion über Ägypten und Jerusalem bis weit in das ehemalige Sassanidenreich der Perser. Im 8. Jahrhundert wurden die Omaijaden durch die Dynastie der Abbasiden abgelöst, deren Hauptsitz in Bagdad lag. Unter ihnen bildeten sich im Laufe der folgenden Jahrhunderte verschiedene regionale islamische Reiche aus. In Nordafrika herrschten vom 10. bis zum 12. Jahrhundert die Fatimiden mithilfe der Mamelucken, Militärsklaven aus Nordafrika, die aber auch eigene Expansionspläne verfolgten. In Persien und Afghanistan arbeiteten die türkischstämmigen Ghaznawiden an der Ausdehnung des Machtbereichs bis nach Indien (Sultanat Delhi). Im Norden dehnte im 11. Jahrhundert der Turkstamm der Seldschuken seine Macht nach Anatolien, Mittelasien, Syrien und Irak aus. Der Aufstieg der türkischen Osmanen erfolgte im

Webcode
FG647255-217

HRU-DVD
*Kartenanimation
„Ausbreitung des
Islam"*

HRU, S. 184, KV
*7.1 „Der Islam gehört
zu Deutschland" –
eine aktuelle Debatte*

14. Jahrhundert. Sie übernahmen die Macht von den Seldschuken und kamen im 16./17. Jahrhundert mit ihren Eroberungszügen bis vor Wien. Das Osmanische Reich existierte bis 1922.
Besonderheiten bilden Spanien und Sizilien. In Spanien nutzten arabische Berber aus Nordafrika (Mauren) den Niedergang des Weströmischen Reichs im 7. Jahrhundert für Eroberungen. Sie wurden 722 von den Goten gestoppt, beherrschten aber mehrere Jahrhunderte einen großen Teil Spaniens. Um 750 wurde das maurische Spanien unabhängig vom islamischen Weltreich, 929 erfolgte die Ernennung zum Kalifat von Córdoba. Im Zuge der sogenannten Reconquista wurde schrittweise bis 1492 (Einnahme von Granada) die christliche Rückeroberung Spaniens durchgeführt. Nach Sizilien unternahmen die Araber von Nordafrika aus verschiedene Eroberungszüge im 7. Jahrhundert. Vom 9. bis 11. Jahrhundert kam es zu einer arabischen Vorherrschaft in Sizilien.

S. 217, Aufgabe 3 a)
In der ersten Sure wird Allah als alleiniger Gott und Herrscher über die Welt gepriesen. Neben der Barmherzigkeit von Allah wird vor allem seine Rolle als Richter betont. Daraus ergibt sich, dass die Gläubigen zwar auf Allahs Gnade hoffen können, aber auch mit Strafe rechnen müssen, wenn sie sich nicht streng an die vorgegebenen Regeln und Gesetze halten.
b) Um den „geraden Weg" (Z. 8) zu beschreiten, müssen sich Muslime an die islamischen Gesetze der Scharia halten. In ihrem Alltag müssen sie außerdem die Glaubensvorschriften (Gebet, Fasten, Wohltätigkeit, Pilgerfahrt) einhalten.

S. 217, Aufgabe 4
Der Tagesablauf eines gläubigen Muslims wird durch die Gebetszeiten bestimmt. Vor Sonnenaufgang, am Mittag, am Nachmittag, nach Sonnenuntergang und in der Nacht muss er beten. Dabei wird normalerweise ein kleiner Gebetsteppich verwendet, der nach Mekka ausgerichtet ist. Es wird erwartet, dass er die Gebetszeiten auch an der Arbeitsstelle einhält, was jedoch zu vielfältigen Problemen führt (wo kann er beten, wie wird die Unterbrechung der Arbeitszeit gewertet, wie reagieren die Kollegen?). Hinzu kommen Essensvorschriften (kein Schweinefleisch), Kleidungsvorschriften (betrifft mehr die Frauen) und Hygienevorschriften.

S. 217, Aufgabe 5
Am rechten Bildrand sieht man den Imam, den Vorbeter. Er leitet das Gebet, indem er die Zeilen laut vorträgt und die dazugehörigen Bewegungen ausführt. Die Gemeindemitglieder folgen ihm. Die vorgetragenen Texte sind eine Mischung aus Gebeten, Koransuren, festgelegten Antwortformeln und dem Glaubensbekenntnis (Maschada). Meist ist der Imam ein Gelehrter, der sich durch seine Kleidung (Mantel und Turban/Kappe) von den anderen unterscheidet und oft einer Gemeinde zugeordnet ist. Vor dem Imam sitzen die männlichen Gemeindemitglieder auf großen Gebetsteppichen, z.T. in westlicher Kleidung, z.T. in islamischer Kleidung. In einer bestimmten Körperhaltung lauschen sie den Ausführungen des Imam. Im Hintergrund sieht man Teile einer Empore, auf der sich die Frauen und Kinder befinden könnten. Ansonsten ist der Raum mit Säulen, Lautsprechern, Teppichen statt Stühlen und wenig Wandschmuck (Koransuren in Kalligrafie) ausgestattet.

Die Kreuzzüge   S. 218/219

S. 218, M1: Buchmalerei zum Ersten Kreuzzug
Bei der französischen Buchmalerei aus der Zeit um 1260/70 handelt es sich um eine Illustration zum Chanson d'Antioche von Graindor de Douais. Zur Bildbeschreibung siehe die Erläuterungen zu Aufgabe 2.

S. 219, M2: Aufruf Papst Urbans II. zum Ersten Kreuzzug, 1095
Urban II. sprach im Rahmen des von ihm einberufenen Konzils von Clermont (Frankreich) zu Bischöfen und Adligen. Zuvor war er durch die Lande gereist, um „Werbung" für seine Idee zu machen. Neben dem Hilfegesuch des byzantinischen Kaisers hatte Urban vor allem seine eigene Macht im Sinne. Im Prinzipienstreit zwischen Papst und Kaiser um weltliche und geistlich Herrschaft (regnum und sacerdotium) erhoffte er sich ebenso eine Stärkung wie gegenüber dem Gegenpapst Clemens III. Trotz der Versprechungen waren die Reaktionen zunächst noch verhalten. Erst durch weiteres Reisen und Werben konnte Urban schließlich eine richtige Welle entfachen.

S. 219, M3: Wilhelm von Tyrus berichtet über die Eroberung Jerusalems 1099
Wilhelm von Tyrus (ca. 1130–1185) war in Jerusalem geboren worden, hatte in Europa studiert und kehrte 1165 in das Königreich Jerusalem zurück, wo er schließlich am Hof als Chronist und später als

Kanzler tätig war. Seine Chronik der Kreuzzüge begann er 1170. Als Kanzler standen ihm viele offizielle Quellen (Urkunden) zur Verfügung.

S. 219, M4: Ibn al-Atir berichtet über die Eroberung Jerusalems 1099
Ibn al-Atir (1160–1233) war der bedeutendste muslimische Historiker des Hochmittelalters. Gebürtig in der Türkei, lebte und arbeitete er vor allem in Mosul (heute Irak) am Hof der Zengiden. Er verarbeitete in seinen Werken viele alte historiografische Schriften und fügte sie zu einer Geschichte der islamischen Welt bis 1231 zusammen.

S. 219, Aufgabe 1 Fließdiagramm

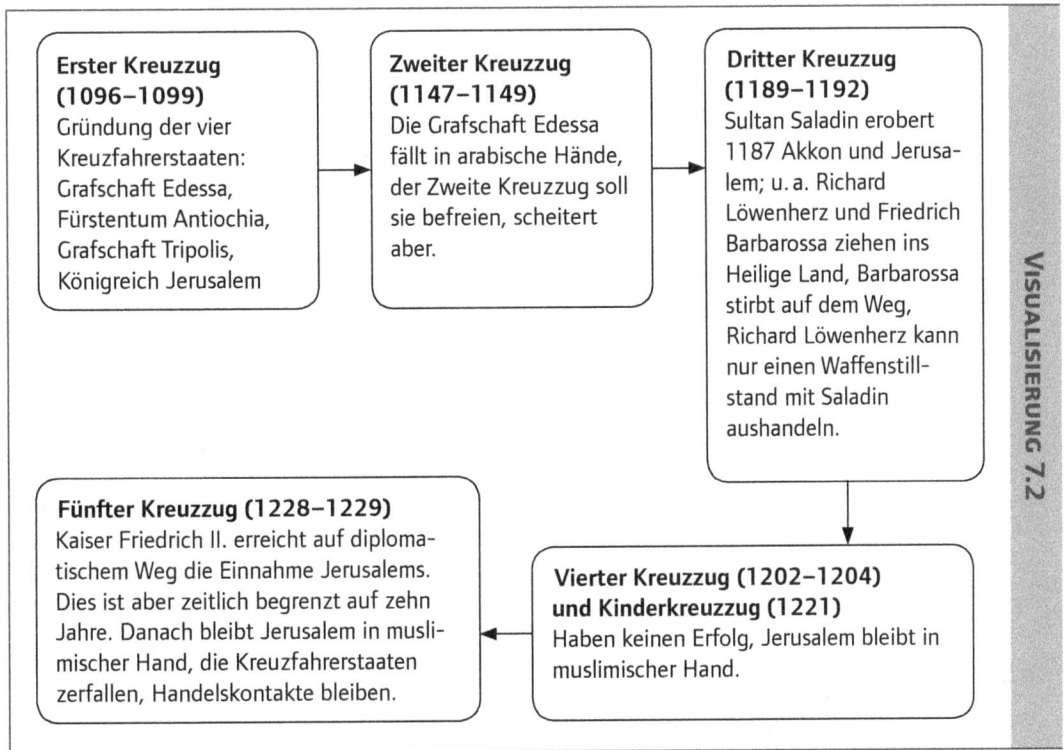

Erster Kreuzzug (1096–1099)
Gründung der vier Kreuzfahrerstaaten: Grafschaft Edessa, Fürstentum Antiochia, Grafschaft Tripolis, Königreich Jerusalem

Zweiter Kreuzzug (1147–1149)
Die Grafschaft Edessa fällt in arabische Hände, der Zweite Kreuzzug soll sie befreien, scheitert aber.

Dritter Kreuzzug (1189–1192)
Sultan Saladin erobert 1187 Akkon und Jerusalem; u. a. Richard Löwenherz und Friedrich Barbarossa ziehen ins Heilige Land, Barbarossa stirbt auf dem Weg, Richard Löwenherz kann nur einen Waffenstillstand mit Saladin aushandeln.

Fünfter Kreuzzug (1228–1229)
Kaiser Friedrich II. erreicht auf diplomatischem Weg die Einnahme Jerusalems. Dies ist aber zeitlich begrenzt auf zehn Jahre. Danach bleibt Jerusalem in muslimischer Hand, die Kreuzfahrerstaaten zerfallen, Handelskontakte bleiben.

Vierter Kreuzzug (1202–1204) und Kinderkreuzzug (1221)
Haben keinen Erfolg, Jerusalem bleibt in muslimischer Hand.

VISUALISIERUNG 7.2

S. 219, Aufgabe 2
Die erste Reihe zeigt wahrscheinlich die Segnung der Kreuzritter durch den Papst (Papst sitzend auf dem Thron mit segnenden Händen, Adlige als Gesegnete) sowie den Aufbruch der Kreuzritter (stehend z. T. in Rüstung mit Waffen, ein Kreuzritter auf dem Pferd). Die zweite Reihe zeigt das Kampfgeschehen zwischen Türken und Kreuzfahrern 1097 sowie den Auszug des Kreuzritters Gottfried von Bouillon aus Antiochia. Die untere Reihe illustriert die Belagerung von Antiochia 1098 durch den türkischen Anführer Kerboga von Mosul.
Um die Stadt Antiochia hatte es lange Kämpfe und Belagerungen gegeben. Erst siegten die Kreuzfahrer 1098 nach achtmonatiger Belagerung, dann belagerten die Muslime die Stadt. Am 28. Juni 1098 kam es vor den Toren der Stadt zur entscheidenden Schlacht, die Kreuzfahrer siegten und die Muslime flohen. Antiochia wurde zu einem der vier christlichen Fürstentümer.

S. 219, Aufgabe 3
• Eroberung fruchtbarer Ländereien für eine bessere Lebensperspektive
• Befreiung Jerusalems, dem Mittelpunkt der Erde
• Rache an den Muslimen, die die heiligen Städten der Christen entweiht hatten
• keine Bereicherung an den Schätzen (M3, Z. 6 ff.)
• Bereicherung an den Schätzen (M4, Z. 15 ff.)
• Mordlust

S. 219, Aufgabe 4 a)
M3: Die einheimische Bevölkerung flieht in die Halle des Tempels, das Kreuzfahrerheer verschafft sich mit Gewalt Zutritt, ermordet alle Anwesenden. Der Raub von Gold, Silber und Edelsteinen wird später rückgängig gemacht.
M4: Die Franken/Kreuzfahrer erobern Jerusalem von Norden und bleiben eine Woche. Sie morden in der ganzen Stadt. Eine kleine Gruppe sucht Schutz im Tempel (Davids Bethaus, Z. 7 f.) und leistet Widerstand, sie schließen einen Vertrag mit den Kreuzfahrern und erhalten freies Geleit nach Askalon. In der Al-Aqsa-Moschee morden die Kreuzfahrer im Gegensatz dazu 70000 Muslime. Aus dem muslimischen Felsendom werden Kunstschätze geraubt.
b)

VISUALISIERUNG 7.3		Wilhelm von Tyrus	Ibn al-Atir
	Umgang mit Jerusalemer Bevölkerung	Die Bevölkerung wird ermordet.	Die Einwohner werden ermordet. 70000 Muslime werden in der Moschee ermordet. Eine kleine jüdische Gruppe im Tempel wird geschont.
	Umgang mit Besitz und Reichtümern	Das von einem Einzelnen geraubte Gold etc. wird zurückgegeben.	Aus dem Felsendom werden Gold- und Silberleuchter sowie andere „unermessliche Beute" geraubt.
	Gründe für das Vorgehen	Rache und Sühne	

c) Ibn al-Atir betont vor allem die Ermordung der muslimischen Bevölkerung sowie Raub und Schändung ihrer heiligen Stätten. Die Juden sind laut seiner Aussage dank einer vertraglichen Regelung unversehrt davongekommen.
Wilhelm von Tyrus deutet die Ermordung der Bevölkerung als christliche Sühnemaßnahmen. Den Tatbestand des Raubes versucht er durch den Hinweis zu entkräften, die Schätze seien in den Tempel zurückgebracht worden.

S. 219, Aufgabe 5
Leitfrage: Juden, Christen und Muslime. Gegeneinander – Nebeneinander – Miteinander?
Das Beispiel der Kreuzzüge zeigt, dass der Einfluss von äußeren Machtfaktoren für das friedliche Zusammenleben schädlich ist. Vor den Kreuzzügen hatten die Religionen in Jerusalem und der Region insgesamt überwiegend friedlich zusammengelebt, da die muslimischen Herrscher die anderen Religionen tolerierten. Erst als die Seldschuken 1078 Jerusalem eroberten und die byzantinische Herrschaft in der Türkei bedrohten, kamen Gerüchte über Misshandlungen von Christen auf. Sowohl der byzantinische Kaiser Alexios als auch Papst Urban II. verfolgten bei der Propagierung der Kreuzzugsidee eigene Interessen. Auch die Kreuzritter selbst hatten anderes als den Schutz der Christen und der heiligen Stätten im Sinn. Sie strebten ebenfalls nach Macht und bereicherten sich.

Die Araber in Spanien – eine Zeit des Miteinanders? S. 220/221

S. 220, M1: Arabische Eroberungen und Kriege in Spanien siehe die Erläuterungen zu Aufgabe 1

S. 220, M2: Kommentar des Juristen al-Bāǧī über den Umgang mit Minderheiten siehe die Erläuterungen zu Aufgabe 4

Diff. Kopiervorlagen
8.2 Kontakt der Kulturen im mittelalterlichen Spanien – Córdoba

S. 221, M3: Kuppel der Moschee von Córdoba siehe die Erläuterungen zu Aufgabe 3

S. 221, M4: Lehrbuch des Abu al-Qasim
Die Abbildung zeigt medizinisch-chirurgische Geräte. Abu al-Qasim (936–1013) arbeitete als Arzt und Chirurg im maurischen Spanien.

S. 221, M5: Kuppel der Kirche innerhalb der Moschee von Córdoba siehe die Erläuterungen zu Aufgabe 3

S. 221, Aufgabe 1
Innerhalb von wenigen Jahren zogen die Araber beginnend mit der Schlacht um Jerez 711 ganz im Süden Spaniens fast durch das gesamte Land bis an die Grenzen des heutigen Frankreichs. Nur ein kleiner Landstrich im Norden rund um Oviedo und Navarra blieb christlich. Um 750 hatten die Araber ihre Herrschaft sogar bis jenseits der Pyrenäen ausgedehnt und auch in der Fläche stabilisiert. Das Kalifat von Córdoba umfasste nun fast ganz Spanien. Allerdings kam es im Laufe des 9. und 10. Jahrhunderts immer wieder zu christlichen Vorstößen. Um 900 waren die Grafschaften Léon, Kastilien und Galicien wieder zum großen Teil in christlicher Hand und schlossen sich 1072 zum Königreich Léon-Kastilien zusammen (endgültig 1230). Gleiches galt für Navarra, Aragón und die Grafschaft Barcelona. Bis 1088 konnten die christlichen Rückeroberer weitere militärische Erfolge verzeichnen. Vor allem das Königreich Kastilien konnte seine Grenzen Richtung Süden ausbauen. Vorausgegangen war der Zerfall des Kalifats von Córdoba in einzelne Taifenreiche 1031, was die muslimische Herrschaft in Spanien schwächte. Es kam zu wechselnden Allianzen, auch zwischen christlichen und muslimischen Herrschern.

S. 221, Aufgabe 2
Um die eroberte Bevölkerung für sich zu gewinnen, gewährten die muslimischen Herrscher Christen und Juden das Recht, ihre Religionen frei auszuüben. Allerdings mussten sie eine Kopfsteuer zahlen und erhielten den Sonderstatus eines „dhimi" (Schützling). Sie hatten dadurch weniger Rechte. Die wirtschaftliche und kulturelle Blüte des Landes brachte die Bevölkerung aber auf vielfältige Weise zusammen. Am Hof des Kalifen arbeiteten auch Christen und Juden. Arabisch war als Landessprache anerkannt und wurde von allen gesprochen. Sogar Übertritte zum Islam gab es.

S. 221, Aufgabe 3
M3 (maurischer Stil): geschwungene Ornamente, runde Formen, schwarz-weißer Stein, viel Gold, wenig natürliches Licht, kunstvolle Teppiche als Wandbehänge, runde Kuppel
M5 (romanischer Stil): runde Fensterbögen, lange, gerade Säulen, geometrische Formen, Rosetten, weiß-grauer Stein, weniger Gold, viel natürliches Licht, optisch nach oben strebende Kuppel

S. 221, Aufgabe 4
Der Jurist al-Bāǧī macht anhand eines kurzen traditionellen Dialogs nach dem Nießen deutlich, dass der christliche und jüdische Gott nicht identisch mit dem muslimischen Gott sind. Statt ihren Gott zu loben, sollten sie um Hilfe auf dem Weg zum richtigen Glauben bitten. Die gesunkene Toleranz der Araber zeigt sich in der Bemerkung, dass die „Sünde des Juden und Christen nicht vergessen sein wird, bis sie glauben" (Z. 7 ff.). Hier wird deutlich gemacht, dass es Ziel sein muss, die Christen und Juden zum „rechten" Glauben zu bekehren und nicht mehr ihren „fremden" Glauben zu tolerieren.

S. 221, Aufgabe 5
Das Kalifat von Córdoba zeigt, dass ein friedliches Miteinander der Religionen möglich ist, wenn die Herrscher religiöse Toleranz üben. Religion ist dann im Prinzip eine Privatsache, in allen anderen Bereichen wird eng zusammengearbeitet. Dann kann sogar eine gemeinsame Kultur mit einer Sprache, einer engen Kooperation in der Wissenschaft etc. entstehen.

Al-Andalus wird wieder christlich – eine Zeit des Gegeneinanders? S. 222/223

S. 222, M1: Muslimische Herrschaft auf der Iberischen Halbinsel siehe die Erläuterungen zu Aufgabe 1

S. 222, M2: Hermann von Carinthia (12. Jh.)
Die Abbildung zeigt den Übersetzer Hermann von Carinthia mit einem Astrolabium in der Hand, einer Scheibe, auf der das horizontale Koordinatensystem dargestellt ist und mit der der Sternenhimmel vermessen werden kann.

S. 223, M3: Alvaros von Córdoba über die Folgen muslimischer Herrschaft
Alvaros von Córdoba (800–861) war ein christlicher Wissenschaftler, Dichter und Theologe, der den Muslimen gegenüber kritisch eingestellt war, da sie die Christen in ihren Rechten beschränkten und verfolgten. Trotz der weitgehenden religiösen Toleranz betonte er vor allem die eigenen Einschränkungen.

S. 223, M4: Ein muslimischer Bewohner Kastiliens übersetzte den Koran ins Kastilische siehe die Erläuterungen zu Aufgabe 2

S. 223, M5: Vorwort aus dem 7. Teil der „Siete Partidas" (13. Jh.): „Über die Mauren" siehe die Erläuterungen zu Aufgabe 5

S. 223, Aufgabe 1

Im 12. Jahrhundert war Spanien in zwei gleich große Teile aufgeteilt. Der Süden war immer noch islamisch und gehörte als Provinz nun zum nordafrikanischen Reich der Almoraviden und Almohaden. Der christliche Norden des Landes war in vier Königreiche unterteilt: Portugal, Léon-Kastilien, Navarra und Aragón. Die meiste Macht besaß der König von Kastilien, der sich in der Nachfolge der Westgoten als König von ganz Spanien betrachtete. Er ersuchte auch im 12. Jahrhundert Papst Innozenz III., zu einem Kreuzzug in Spanien aufzurufen. Es kamen nicht nur viele Krieger aus Europa, sondern die spanischen Königreiche agierten ebenfalls gemeinsam. In der Schlacht von Las Navas de Tolosa siegten die Christen 1212 über die Almohaden, der Auftakt zu weiteren Verdrängungskämpfen. 1237 bildete sich das Sultanat Granada, der letzte muslimische Staat im Süden Spaniens. Erst als sich die beiden größten spanischen Königreiche Kastilien und Aragón formal zusammenschlossen, konnte im Jahr 1492 auch Granada eingenommen werden. Sie waren nun die bestimmende Macht in Spanien mit dem größten Territorium und der höchsten Legitimation.

S. 223, Aufgabe 2

M3: Alvaros von Córdoba (9. Jh.) beschreibt, dass die Christen als Minderheit immer stärker mit ihren Lehren an Einfluss verlieren. Sogar die Christen selbst kümmerten sich nicht mehr in erster Linie um ihre Schriften, sondern wendeten sich vermehrt der arabischen Kultur und Literatur zu, um die Sprache zu lernen. Man kann sagen, dass die „Mehrheitskultur" die „Minderheitskultur" trotz Toleranz zerstört.

M4: Der muslimische Bewohner stellt etwa 600 Jahre später fest, als die Muslime in Kastilien in der Minderheit waren, dass auch sie den Zugang zu ihren Schriften und ihrer Kultur verlieren. Allerdings lebten sie in einer Phase der Unterdrückung („Unterwerfung", Z. 2) und hatten wegen Zwangsarbeit und Tributzahlungen die materiellen Grundlagen (Geld und Schulen) für die Ausübung ihrer eigenen Kultur/Religion verloren.

S. 223, Aufgabe 3

- Zusammenarbeit der Könige von Léon-Kastilien, Aragón und Navarra
- Nach dem Aufruf von Papst Innozenz III. zum Kreuzzug unterstützten Kreuzritter die christlichen Herrscher.
- Es bildeten sich spanische Ritterorden, die sich nur der Reconquista widmeten.

S. 223, Aufgabe 4

- politische Stärke: König kann pragmatisch-toleranten Umgang mit Muslimen und Juden gegenüber der Kirche durchsetzen
- wirtschaftliche Stärke
- große christliche Bevölkerung macht das Land unabhängiger von muslimischen und jüdischen Arbeitskräften, diese können entsprechend stärker unterdrückt werden
- Expertenwissen von muslimisch-jüdischen Ärzten, Dichtern und Übersetzern erhöht Toleranz

S. 223, Aufgabe 5

Im Vorwort des Rechtsbuchs von Alfons X. von Kastilien zeigt sich eine abwertende Haltung der Christen gegenüber anderen Religionen. Juden werden als „blind" und Muslime als „dumm" bezeichnet. Nur der christliche Glaube sei „wahr".

S. 223, Aufgabe 6 a)

Die Übersetzerschule war ein Zeugnis für Toleranz, weil hier Juden und Christen eng zusammenarbeiteten. Ihre gemeinsame Sprache war die arabische Umgangssprache. Auch die Tatsache, dass sich die neuen christlichen Herrscher von Toledo überhaupt den gesammelten antiken und arabischen Schriften widmeten, ist ein Zeichen von Toleranz. Man hätte sie schließlich auch vernichten oder ignorieren können. Allerdings profitierten die christlichen Herrscher auch von dem Wissen, das aus der Übersetzerschule von Toledo kam. Die Motive für die praktische Toleranz waren also nicht nur ideell, sondern auch materiell bestimmt.

b) Vom 12. bis zum 15. Jahrhundert weist Spanien sowohl Phasen des friedlichen Zusammenlebens als auch der Auseinandersetzung, Unterdrückung und des Krieges zwischen den Religionen auf. Immer wieder kommt es zu Grenzkämpfen, aber auch zu Einigungen. Insgesamt überwiegen die Phasen der wirtschaftlichen und kulturellen Blüte, die vor allem auf den engen Austausch von Expertenwissen, Handel, Kunst und Kultur zurückzuführen sind. Es wird auch hier deutlich, dass das friedliche Zusammenleben vor allem von politischen Faktoren gestört wird. Das Ziel der Reconquista überdeckte die Bereiche des friedlichen Miteinanders. Um den militärischen Kampf gegen die Muslime zu rechtfertigen, mussten ihr Glaube und ihr Verhalten als feindlich und minderwertig gekennzeichnet werden.

Die Furcht vor den Osmanen – War sie berechtigt?   S. 224/225

S. 224, M1: Vordringen der Osmanen in Südwesteuropa siehe die Erläuterungen zu Aufgabe 1

S. 225, M2: Flugblatt „Türkischer Reiter mit aufgespießtem Kind", 16. Jh. siehe die Erläuterungen zu Aufgabe 2

S. 225, M3: Aufruf an die Bevölkerung im Türkenkrieg siehe die Erläuterungen zu Aufgabe 3

S. 225, M4: Konstantin von Ostrovica, „Über die Christen, die unter den Türken sind"
Konstantin von Ostrovica (um 1435–1481) war schon als Junge in Serbien von den Türken für den Militärdienst (Janitscharen) rekrutiert worden. Er kämpfte Mitte des 15. Jahrhundert in Serbien, dem Peloponnes und in Bosnien für die Türken. Schließlich wurde er von den Ungarn gefangen genommen und kehrte so in die christliche Welt zurück. Dort verfasste er seine „Memoiren eines Janitscharen".

S. 225, Aufgabe 1
Das osmanische Kerngebiet lag im asiatischen Teil der heutigen Türkei und war von Osman I. seit 1299 erobert und stabilisiert worden. Seine Nachfolger verdrängten das Byzantinische Reich komplett aus Kleinasien und eroberten im Nordwesten Rumelien und Bulgarien. Das Reichsgebiet verzehnfachte sich innerhalb von gut hundert Jahren. Doch erst 1453 wurde Konstantinopel/Istanbul eingenommen. Das lag u. a. daran, dass die osmanischen Sultane zuvor mit den byzantinischen Kaisern immer wieder paktiert, sich auf Tributzahlungen beschränkt hatten. Es folgten bis 1481 die endgültige Eroberung von Serbien (1389 bereits Sieg der Türken in der Schlacht auf dem Amselfeld), Bosnien, Albanien und Griechenland. Im Osten reichte das Herrschaftsgebiet bis in den heutigen Irak, Syrien, Ägypten und die gesamte nordafrikanische Mittelmeerküste entlang. Im 16. Jahrhundert rückten die Osmanen unter Süleyman II. immer weiter gen Nordwesten vor. Eine wichtige Station war die Schlacht von Mohács in Ungarn 1526. Anschließend rückten die osmanischen Truppen sogar gegen das christliche Europa vor. 1529 standen sie vor Wien, belagerten die Stadt jedoch erfolglos. Die Türken reichten mit ihrem Herrschaftsgebiet aber nun dauerhaft bis an das Heilige Römische Reich heran (deutsch: Kärnten, osmanisch: Kroatien/außerdem Grenze zu Ungarn). Hinzu kamen die Vasallenstaaten Walachei, Siebenbürgen und Moldau. Erst mit der Niederlage der Osmanen im Zuge der zweiten Belagerung Wiens (1699) und dem Frieden von Karlowitz war der Expansionsdrang der Osmanen gen Europa gestoppt.

S. 225, Aufgabe 2
• „Türkenleuten" und Gebete sollten die osmanische Bedrohung ständig präsent halten.
• Geschichten von der Grausamkeit der Türken schürten Ängste.
• Erfolge der Osmanen als Strafe für Sünden der Gläubigen
=> All diese Maßnahmen sollten die Bevölkerung mobilisieren.
• Eine „Reichstürkensteuer" wurde eingeführt, um Militäraktionen zu finanzieren.

S. 225, Aufgabe 3 a)
Der zeitgenössische Holzstich zeigt einen berittenen türkischen Soldaten mit einem gefangenen Bauernpaar und einem auf eine Lanze aufgespießten Kind. Das Kind wirkt so, als wäre es lebendig, bewegt Arme und Beine, was die Brutalität des Vorgangs noch erhöht. Der besorgte Blick der Bäuerin lässt vermuten, dass es sich um ihr Kind handelt. Der türkische Soldat reitet dagegen ohne jede Regung und mit kunstvoller Uniform und geschmücktem Pferd.
b) Die Bevölkerung musste durch das Bild den Eindruck bekommen, dass die Türken ohne jede menschliche Regung, brutale Schlächter und skrupellose Kämpfer sind. Es wurde so der tiefe Spalt zwischen der christlichen und der muslimischen Welt beschworen.

S. 225, Aufgabe 4 a)
Der Aufruf betont, dass praktisch keiner der türkischen Gefahr entkommt. Ein Teil der Bevölkerung wird ermordet, ein Teil gefangen genommen, der Besitz zerstört oder geraubt. Dabei machen sie nicht einmal vor Frauen, Alten und Kindern halt. Alle Männer sollen gegen die Türken in den Krieg ziehen.
b) Die erzeugten Ängste sollten die Bevölkerung im Kampf gegen die Türken mobilisieren. Zum einen sollte die „Türkensteuer" legitimiert werden, zum anderen Freiwillige für den Kampf rekrutiert werden.

S. 225, Aufgabe 5
Laut Konstantin von Ostrovica, lange Zeit selbst im Dienst des Sultans, achtet der türkische Sultan bei seinen Eroberungszügen insbesondere auf die arme Bevölkerung. Ihre Äcker sollen nicht verwüstet, ihre Tiere nicht geraubt werden. Es soll sichergestellt sein, dass ihre Existenzgrundlage erhalten bleibt und sie in Frieden leben können. Dabei macht der Sultan keinen Unterschied zwischen Christen und Heiden. Notfalls greift der Sultan sogar zu Disziplinierungsmaßnahmen gegenüber seinen eigenen Soldaten. Der Bericht steht im absoluten Widerspruch zu der geschürten Türkenangst in M2 und M3, ist aber sehr glaubhaft, da Konstantin von Ostrovica „Insiderwissen" hat.

S. 225, Aufgabe 6

	berechtigte Angst	unberechtigte Angst
VISUALISIERUNG 7.4	vor Eroberung von Territorien	vor Kriegsverbrechen (Mord an Kindern, Frauen und Alten, Raub, Verwüstungen)
	vor militärischer Überlegenheit der Türken	vor besonders grausamem Vorgehen der Türken
	vor Bildung von Vasallenstaaten	vor Unterdrückung von Kultur und Religion
	vor Zahlung einer Kopfsteuer	vor Islamisierung

S. 225, Aufgabe 7 individuelle Lösung

S. 225, Aufgabe 8 a) und b) Internetrecherche

Welche Folgen hatte die Reformation für die Juden? S. 226/227

S. 226, M1: Relief „Judensau" an der Stadtkirche in Wittenberg
Bei dem Relief handelt es sich um ein „Schmäh- und Spottbild" auf die Juden. Es hängt an der Wittenberger Stadtkirche St. Marien, in der auch Luther gepredigt hat. Die Inschrift „Schem-ha-Mphoras" ist die hebräisch-rabbinische, eigentlich unaussprechlich-geheime Bezeichnung für Gott und verweist auf den Titel von Luthers extrem diffamierender Schrift von 1543 „Vom Schem Hamphoras und vom Geschlecht der Christen", die einige Monate nach seiner Schrift „Von den Juden und ihren Lügen" erschien. 1988 wurde in den Boden vor dem Relief eine Platte von der Kirchengemeinde eingefügt, die auf die Folgen des Judenhasses hinweist.

S. 227, M2: Martin Luther, „Von den Juden und ihren Lügen", 1543 siehe die Erläuterungen zu Aufgabe 1

S. 227, M3: Urkunde der Wiener Hofkammer über die Wiederaufnahme von Juden, 1673 siehe die Erläuterungen zu Aufgabe 2 b)

S. 227, M4: Der kaiserliche Hofjude Samuel Oppenheimer (1635–1714) siehe die Erläuterungen zu Aufgabe 2 b)

S. 227, Aufgabe 1 a)
Luther rät, zunächst die Synagogen und Schulen zu zerstören. Das Ganze soll als Akt der Sühne für den jüdischen Verrat an Jesus und als Glaubensdemonstration präsentiert werden. Außerdem sollen die Wohnhäuser der Juden zerstört und den Rabbinern jede religiöse Aktivität untersagt werden. Schließlich fordert er, die Mobilität der Juden einzuschränken, indem man ihnen den Schutz und das Wegenutzungsrecht auf dem Land entzieht.

b) Luther war mit seiner antisemitischen Haltung durchaus „Kind seiner Zeit". Juden als „Verräter an Jesus", als Anhänger der „falschen" Religion zu betrachten, war sehr verbreitet. Doch seine geforderten Maßnahmen gegen die Juden sind sehr weitreichend und massiv. Der Kaiser und nach der Reformation die Landesfürsten verhielten sich hier anders. Sie duldeten und schützten die Juden, wenn sie von ihnen profitierten. Es scheint, als würde Luthers persönliche Enttäuschung darüber, die Juden nicht mit seinen Reformgedanken gewonnen zu haben, eine Rolle spielen.

S. 227, Aufgabe 2 a)
Die Fürsten wollten mithilfe der Juden ihre Macht und ihr Ansehen stärken. Zum einen erhofften sie sich von der Handelstätigkeit der Juden eine Ankurbelung der Wirtschaft und damit auch eine Erhöhung der Steuereinnahmen. Diese setzten sie bevorzugt für eine aufwendige Hofhaltung ein. Zum anderen waren sie auf die Juden als Kreditgeber angewiesen. Einige Fürsten ließen sich sogar von sogenannten Hofjuden beraten und ihre Geschäfte führen.
b) *M3:* Laut der Wiener Hofkammer sind es vor allem finanzielle Gründe, die 1673 für eine Rückkehr der Juden sprechen. Die Steuerlast sei für den einzelnen Bürger deutlich angestiegen, nachdem die Zahlungen der Juden weggefallen seien. Außerdem lasse auch die Zahlungsmoral zu wünschen übrig. Mit einer Rückkehr der Juden steige dagegen die Bevölkerungszahl wieder an und damit die Anzahl der Schultern, auf die die Kosten des Staates verteilt werden können. Es würden also vor allem die christlichen Einwohner von einer Rückkehr profitieren.
M4: Samuel Oppenheimer präsentiert sich auf dem kunstvollen Kupferstich als erfolgreicher Geschäftsmann. Im Bildvordergrund sind vor allem Waffen und Geldsäcke zu sehen. Diese verweisen auf Oppenheimers Tätigkeit als Bankier, Diplomat am kaiserlichen Hof und Waffenhändler. Er unterstützte u. a. den österreichischen Feldherrn Prinz Eugen in den Türkenkriegen. Bei der Vertreibung der Juden aus Wien 1670 erhielt Oppenheimer von Kaiser Leopold I. persönlich ein Bleiberecht zugestanden und durfte im Zentrum von Wien wohnen. Dafür fungierte er als sein wichtigster Kreditgeber. Als Oppenheimer 1703 starb und die Habsburger sich der Tilgung ihrer Schulden entzogen, löste das eine Wirtschaftskrise aus, da Oppenheimer die Kredite über Dritte finanziert hatte, die nun vor dem Ruin standen. Auch M4 zeigt also, dass die Fürsten in erster Linie finanzielle Gründe hatten, die Juden wieder aufzunehmen.

S. 227, Aufgabe 3
Zunächst einmal hat die Reformation die Situation der Juden verschlechtert. Dem Schutz des Kaisers entzogen, kam es in einigen Landesteilen zu Ausweisungen der Juden. Immer wieder wurden die Juden beschuldigt, Verbrechen wie Brunnenvergiftungen und Morde begangen zu haben. Auch Martin Luther selbst befeuerte die Verfolgung und den Ausschluss der Juden. Erst in den Folgejahren beruhigte sich die Lage, da viele Landesherren erkannt hatten, dass sie von den Juden und ihrer Wirtschafts- und Handelstätigkeit nur profitieren konnten. Einige holten sich sogar sogenannte Hofjuden als Wirtschaftsberater und Kreditgeber an ihren Hof.

Juden im 19. Jahrhundert – Gleichstellung oder Diskriminierung? S. 228/229

S. 228, M1: Edikt betreffend die bürgerlichen Verhältnisse im preußischen Staate, 1812 siehe die Erläuterungen zu Aufgabe 1

S. 229, M2: Beschwerdebrief über die Namensänderung Emil Schmuls, 1893
Schmul bzw. Schmuel ist die hebräische Form von Samuel. Er kann Vor- oder Nachname sein.
Rudolf Goetze verweist in seinem Beschwerdebrief auf die grundsätzliche Trennung zwischen deutsch-christlichem und jüdischem Namen. Indem er die besondere Rechtschaffenheit und Ehre seines Namens betont, wertet er die jüdische Tradition ab. Er unterstellt Emil Schmul Eigennutz und sogar eine Betrugsabsicht. Aus seiner Sicht kann es keine echte Assimilation der Juden geben.

S. 229, M3: Brief des Arztes und Politikers Johann Jacoby an Jakob Jacobson, 1832 siehe die Erläuterungen zu Aufgabe 4

S. 229, M4: Gemälde zu den Befreiungskriegen von Moritz Daniel Oppenheim, ca. 1833
Moritz Daniel Oppenheim (1800–1881) malte vor allem Porträts und Szenen des jüdischen Lebens. Er gilt als der erste bekannte jüdische Maler.
Das Bild zeigt eine bürgerliche jüdische Familie, die sich im Esszimmer um den Kriegsrückkehrer schart. Die männlichen Familienmitglieder tragen die Kippa, auf dem Tisch liegen vermutlich die Tora sowie

Brot und Wein. Ansonsten verweisen noch kleine hebräische Schrifttafeln an der Wand sowie ein Samowar in der Wandnische links auf den jüdischen Glauben der Bewohner. Es überwiegen aber die bürgerlichen Utensilien.

S. 229, Aufgabe 1
Für den Erhalt des Bürgerrechtes müssen die Juden zwei Bedingungen erfüllen: 1. Sie müssen bestimmte, vermutlich nicht jüdische Familiennamen führen. 2. Sie dürfen in geschäftlichen Zusammenhängen kein Hebräisch benutzen.

S. 229, Aufgabe 2 Bisherige Beschränkungen:
- Juden durften in Universitäten und Schulen nicht als Lehrer arbeiten.
- Sie durften nicht auf Gemeindeämtern arbeiten.
- Sie durften und dürfen keine Staatsämter innehaben.
- Sie besaßen keine Freizügigkeit, d. h. sie konnten ihren Wohnort nicht ohne Genehmigung wechseln.
- Sie durften nicht jedes Grundstück erwerben.
- Sie durften nur bestimmte Gewerbe betreiben.

S. 229, Aufgabe 3 a) und b) individuelle Lösungen

S. 229, Aufgabe 4 a)
Der Autor kritisiert in seinem Brief die vielfältige Diskriminierung von Juden im öffentlichen Leben und verweist auf die persönliche Kränkung und Einschränkung der Lebensfreude als Folge. Indem er die menschliche, emotionale Dimension der Diskriminierung hervorhebt, macht er die Ungerechtigkeit noch deutlicher. Juden sind Menschen und sie sollten in den „ungestörten Genuss der Menschen- und Bürgerrechte kommen" (Z. 13 f.).
b) Seine Kritik ist in rechtlicher Hinsicht nur z. T. berechtigt. Juden können nach dem Emanzipationsedikt von 1812 Ämter an der Universität und im Militär bekleiden sowie alle „erlaubten Gewerbe" betreiben, also auch Apotheker sein. Nur bei den Staatsämtern blieb die Beschränkung offiziell bestehen. Allerdings blieben die Juden in der Realität doch von vielen Ämtern und Bereichen ausgeschlossen. An den Universitäten sorgten die anderen Professoren in den Auswahlverfahren dafür, dass kein Jude einen Lehrstuhl erhielt. Auch die Offizierslaufbahn blieb oft durch interne Benachteiligungen und Schikanen versperrt.

Kompetenzen prüfen S. 232/233

HRU, S. 185, KV
7.2 Selbsteinschätzungsbogen für Schüler

HRU, S. 184, KV
7.1 „Der Islam gehört zu Deutschland" – eine aktuelle Debatte

S. 232, M1: Rede des ehemaligen Außenministers Westerwelle über Religionsfreiheit, 2010
Am 8. Juli 2010 wurde im Deutschen Bundestag ein Antrag der Regierungsparteien CDU/CSU und FDP mit dem Titel „Religionsfreiheit weltweit schützen" diskutiert, in dem es hauptsächlich um den Schutz der christlichen Minderheiten ging, was ein Jahr zuvor im Koalitionsvertrag vereinbart worden war. Ein Gegenantrag der Grünen lautete: „Das Menschenrecht auf Glaubens- und Religionsfreiheit stärken."
Guido Westerwelle war Vorsitzender der FDP und als Außenminister Teil der Regierung unter Angela Merkel. Er betonte in seiner Rede aber im Gegensatz zu CDU/CSU die universelle Geltung von Religionsfreiheit. Er beginnt zwar mit der Skizzierung der Verfolgung von Christen weltweit, schlägt dann aber den Bogen zu den Menschenrechten und zu den Religionen insgesamt.

S. 233, M2: Illustration aus dem „Willehalm" von Wolfram von Eschenbach, um 1270
Die Illustration stammt aus dem Fragment des Werkes „Willehalm" von Wolfram von Eschenbach. In dem Versepos geht es um den Kampf zwischen Heidenkönig Terramer und Wilhelm von Orange. Hauptperson ist der Ritter Willehalm, der sich u. a. in eine Muslimin verliebt und sie zum Christentum bekehrt. Obwohl es sich um ein explizit christliches Werk handelt, wird der Islam differenziert dargestellt.

S. 233, M3: Juden trinken an den Zitzen einer Sau, Holzschnitt, um 1470
Die ersten Darstellungen der sogenannten Judensau finden sich als Reliefs an und in Kirchen. Um 1270 entstehen die ersten Holzschnitte, die als Drucke mit antisemitischen Kommentaren Verbreitung finden.
Die vorliegende Abbildung verunglimpft die Juden in verschiedener Hinsicht. Zum einen ist das

Schwein ein unreines Tier für die Juden. Dann legen das Saugen an den Zitzen und andere Gesten eine intime Beziehung nahe (Sodomie). Schließlich verweist die Bildsymbolik auf die „Unvernunft" und Dummheit des Judentums, hier symbolisiert u. a. durch den verkehrt herum auf dem Rücken des Tieres sitzenden Mann sowie die Kombination von Eber (Hauer) und Sau (Zitzen).

S. 233, M4: Aus dem Vorwort der Charta des geplanten House of One
Das Projekt eines sakralen Hauses mehrerer Religionen wurde von der evangelischen Kirchengemeinde St. Petri – St. Marien, der Jüdischen Gemeinde Berlin und der muslimischen Dialoginitiative Forum Dialog e. V. angestoßen.

S. 233, Aufgabe 1 bis 7 siehe die Lösungshilfen auf S. 297 des Schülerbandes

Lösungen zu den Kopiervorlagen der Handreichung

KV 7.1, Aufgabe 1
Christian Wulff skizziert Deutschland als eine moderne, offene, von großen Unterschieden geprägte Gesellschaft. Teil dieser Unterschiede sind neben den Generationen, den materiellen Lebensumständen u. Ä. auch die Religionen und damit einhergehende kulturelle Unterschiede. Er argumentiert, dass eine freiheitliche Demokratie zwar einerseits von den Unterschieden lebt, aber andererseits auch eine gemeinsame Basis da sein muss, damit die Gesellschaft nicht von Ängsten bestimmt wird bzw. sogar auseinanderbricht. Die Basis sind für ihn gemeinsame Werte und damit verbunden ein starkes Wir-Gefühl. Damit das aber funktioniert, fordert Wulff eine breitere Definition des „Wir-Begriffes", der die Realität der deutschen Gesellschaft stärker widerspiegelt und alle Menschen in Deutschland anspricht. Nicht nur der Pass, das lange Leben in einem Land oder eine bestimmte Religion bestimmen die Zugehörigkeit zum Wir.
Religionen sind für Wulff also ein wichtiger Bestandteil der Gesellschaft, und ihre Werte fließen in den Gesamtwertekatalog mit ein. Das gilt jedoch für alle anerkannten Religionsgemeinschaften und nicht nur für bestimmte. Dennoch nimmt er gewisse Abstufungen vor. Für ihn gehören Christentum und Judentum „zweifelsfrei" zu Deutschland, aber er betont ausdrücklich, dass heute auch der Islam zu Deutschland gehört.

KV 7.1, Aufgabe 2 Internetrecherche

KV 7.1, Aufgabe 3

Gemeinsamkeiten	Unterschiede
Christentum/Judentum bilden die Basis für die Werte unserer Gesellschaft.	Für Wulff ist der Islam dazugekommen, weil viele Muslime in Deutschland leben und Teil der Gesellschaft sind.
Die Religionsfreiheit ist ein wichtiger Bestandteil der Gesellschaft und der Staat muss sie gewährleisten.	CSU: Alle müssen die „christliche Prägung unseres Landes" anerkennen.
Alle Religionen sollen im Dialog miteinander sein.	CSU: Politischer Islam als Synonym für radikalen Islam, der Dominanz beansprucht und den Grundwerten widerspricht, muss ausgeschlossen und bekämpft werden; „aufgeklärter, europäischer Islam", „Entwicklung wird begleitet", d. h. der Islam als Ganzes ist keine „abendländische" Religion und wird anders behandelt als Judentum und Christentum und andere Religionen. Wulff: „Aber der Islam gehört inzwischen zu Deutschland".
Deutschland als freiheitlich-demokratische Grundordnung, als „offene Gesellschaft"	CSU betont die Kontrollfunktion des Staates über Rechtsordnung, Gewaltmonopol, Bildung und Erzie-hung auch in der offenen Gesellschaft; Wulff betont die Vielfalt der Lebensentwürfe, die offene Gesellschaft lebt vom „Wir-Gefühl", von der gegenseitigen Toleranz, „Verschiedenheit muss ausgehalten werden". Kontrolle des Staates wird nicht er-wähnt.

VISUALISIERUNG 7.5

KV 7.1, Aufgabe 4 individuelle Lösung

Name:	Klasse:	Datum:

KV 7.1 „Der Islam gehört zu Deutschland" – eine aktuelle Debatte

M1 Ausschnitt aus der Rede des Bundespräsidenten Christian Wulff (CDU) zum 20. Jahrestag der deutschen Einheit, 2010:

[...] Unser Land ist offener geworden, der Welt zugewandter, vielfältiger – und unterschiedlicher. Alltag und Lebensentwürfe haben sich gewandelt. [...] Die Lebenswelten in unserem Land driften eher
5 auseinander: die von Alten und Jungen; von Spitzenverdienern und denen, die vom Existenzminimum leben; von Menschen mit und ohne sicherem Arbeitsverhältnis; von Volk und Volksvertretern; von Menschen unterschiedlicher Kulturen und Glaubens
10 bekenntnisse.
Manche Unterschiede lösen Ängste aus. Leugnen dürfen wir sie nicht. Trotzdem kann gar nicht oft genug gesagt werden: Ein freiheitliches Land wie unseres – es lebt von Vielfalt, es lebt von unterschiedlichen
15 Lebensentwürfen, es lebt von Aufgeschlossenheit für neue Ideen. Sonst kann es nicht bestehen. Zu viel Gleichheit erstickt die eigene Anstrengung und ist am Ende nur um den Preis der Unfreiheit zu haben. Unser Land muss Verschiedenheit aushalten. Es muss sie
20 sogar wollen. Aber zu große Unterschiede gefährden den Zusammenhalt. [...]
„Wir sind ein Volk!" Dieser Ruf der Freiheit muss heute eine Einladung sein an alle, die hier leben. Eine Einladung, die nicht gegründet ist auf Beliebigkeit,
25 sondern auf Werten, die unser Land stark gemacht haben. Mit einem so verstandenen „wir" wird Zusammenhalt gelingen – zwischen denen, die erst seit Kurzem hier leben, und denen, die schon so lange einheimisch sind, dass sie vergessen haben, dass
30 vielleicht auch ihre Vorfahren von auswärts kamen. [...] Zuallererst brauchen wir aber eine klare Haltung. Ein Verständnis von Deutschland, das Zugehörigkeit nicht auf einen Pass, eine Familiengeschichte oder einen Glauben verengt, sondern breiter angelegt ist. Das
35 Christentum gehört zweifelsfrei zu Deutschland. Das Judentum gehört zweifelsfrei zu Deutschland. Das ist unsere christlich-jüdische Geschichte. Aber der Islam gehört inzwischen auch zu Deutschland.

Zit. nach
http://www.bundespraesident.de/SharedDocs/Reden/DE/Christian-
Wulff/Reden/2010/10/20101003_Rede.html (Stand: 07.11.2016)

M2 Ausschnitt aus dem Grundsatzprogramm der CSU, Oktober 2016:

[...] Die christlich-jüdisch-abendländischen Werte sind Grundlage unseres Zusammenlebens und haben auch außerhalb des Glaubens Geltung: Die Würde des Menschen, seine Einzigartigkeit, die Selbstbestimmtheit
5 jeder Person und die Gleichberechtigung von Mann und Frau sind die Grundlagen unserer freiheitlichen demokratischen Grundordnung. Alle Menschen in unserem Land haben diese Werte zu kennen und zu achten. Klar ist deshalb auch: Der politische Islam
10 gehört nicht zu Deutschland. Wer unserer Werte- und Rechtsordnung nicht folgt, wer die christliche Prägung unseres Landes ablehnt, wer die Gleichberechtigung zwischen Mann und Frau nicht akzeptiert und wer unsere offene Gesellschaft umbauen will, der hat bei
15 uns keinen Platz. Der Islam muss sich in unsere Ordnung einfügen. Er kann keine kulturelle Dominanz beanspruchen. Wir begleiten die Entwicklung eines aufgeklärten, europäischen Islam, der sich auf unserer Wertebasis gründet.
20 [...] Die große Mehrheit der Menschen sucht Sinnstiftung und will Orientierung durch Religion. Der Staat hat die Glaubens- und Religionsfreiheit zu garantieren. Kirchen und anerkannte Religionsgemeinschaften sollen öffentlich wirken können. Umgekehrt
25 erwarten wir aber auch, dass die grundsätzliche Trennung zum Staat beachtet wird. Religiöse Überzeugungen können niemals die Rechtsordnung, das staatliche Gewaltmonopol oder den staatlichen Bildungs- und Erziehungsauftrag ersetzen. Religionen
30 sollen in Deutschland partnerschaftlich für die Wahrung unserer Werte und des gesellschaftlichen Zusammenhalts eintreten. Wir wollen dazu einen intensiven, stetigen Dialog zwischen und mit den Religionen.

Zit. nach http://csu-grundsatzprogramm.de/grundsatzprogramm-
gesamt/#leitkultur (Stand: 07.11.2016).

1 **a)** Erläutere das Gesellschaftsbild, das Christian Wulff von der Bundesrepublik zeichnet (M1).
   b) Erkläre den Stellenwert von Religionen in diesem Modell.

2 Recherchiere die Reaktionen auf Wulffs Satz: „Aber der Islam gehört inzwischen auch zu Deutschland."

3 Arbeite Gemeinsamkeiten und Unterschiede zwischen Wulffs Äußerungen (M1) und dem Grundsatzprogramm der CSU (M2) heraus.

4 Nimm selbst Stellung zu der Diskussion: „Gehört der Islam zu Deutschland?"

Autorin: Dr. Silke Möller

| Name: | Klasse: | Datum: |

KV 7.2 Wahlmodul: Juden, Christen und Muslime (Längsschnitt)

	Ich kann, weiß, verstehe …	sehr sicher	sicher	unsicher	sehr unsicher	Hilfen finde ich hier: (SB = Schülerbuch)
1	Ich kann das Zusammenleben von Juden, Christen und Muslimen in den Epochen Mittelalter, Frühe Neuzeit und 19. Jahrhundert anhand von Kriterien untersuchen.					SB, S. 210–231
2	Ich kann die Entstehung, die Expansion, die Schriften und die religiöse Praxis des Christentums erläutern.					SB, S. 212/213
3	Ich kann die drei Weltreligionen Judentum, Christentum und Islam anhand von Kriterien darstellen und vergleichen.					SB, S. 212–217
4	Ich kann die Entstehungsgeschichte, die Schriften und die religiöse Praxis des Judentums erklären.					SB, S. 214/215
5	Ich kann erklären, wann die jüdischen Feste gefeiert werden.					SB, S. 215
6	Ich kann die Entstehung, die Expansion, die Schriften und die religiöse Praxis des Islam erklären.					SB, S. 216/217
7	Ich kann den Tagesablauf eines Muslims beschreiben.					SB, S. 217
8	Ich kann den Verlauf der Kreuzzüge in Form eines Fließdiagramms oder eines Zeitstrahls darstellen.					SB, S. 218
9	Ich kann die Konflikte und den Kulturaustausch zwischen Christen und Muslimen während der Kreuzzüge beschreiben.					SB, S. 218/219
10	Ich kann die Motive für die Teilnahme an einem Kreuzzug erläutern.					SB, S. 219
11	Ich kann das Zusammenleben der Religionen in Spanien im Mittelalter erläutern.					SB, S. 220–223
12	a) Ich kann das Vordringen der Osmanen nach Europa beschreiben.					SB, S. 224
	b) Ich kann erläutern, mit welchen Mitteln die Europäer die Osmanen bekämpfen wollten.					
13	Ich kann beurteilen, ob die Furcht vor den Osmanen in der Frühen Neuzeit berechtigt war.					SB, S. 224/225
14	Ich kann die Folgen der Reformation für die Juden erklären.					SB, S. 226/227
15	Ich kann die gesellschaftliche Stellung der Juden im 19. Jahrhundert darstellen.					SB, S. 228/229

Autorin: Dr. Silke Möller

8 Wahlmodul: Expansion und Kolonialismus (Längsschnitt) SB S. 234–261

Sachinformationen zum Kapitelaufbau

Im Verlauf des 15. Jahrhunderts wetteiferten die beiden Königreiche Spanien und Portugal um die Entdeckung eines Seewegs nach Asien, dessen Reichtümer seit dem Bericht Marco Polos die Begierde der Europäer geweckt hatten. Und während die portugiesischen Entdecker gen Osten, entlang der Küsten Afrikas segelten, stach der genuesische Seefahrer Christoph Kolumbus 1492 in See, um die Westroute nach Indien zu erforschen. Am vermeintlichen Ziel seiner Reise angekommen, nahm er das Land für die spanische Krone in Besitz, nicht ahnend, dass er Amerika entdeckt hatte. Für die einheimische Bevölkerung hatte die Eroberung des amerikanischen Kontinents weitreichende Folgen, deren Auswirkungen auch heute noch spürbar sind.

Zu Beginn der 1880er-Jahre begannen die europäischen Mächte, ihre Kolonialgebiete auszudehnen und sich auf Kosten anderer Länder und Völker einen umfangreichen Herrschaftsbereich einzuverleiben. Neben wirtschaftlichen Interessen ging es nun vor allem um politische Interessen – aus Kolonialismus wurde Imperialismus. Dabei nutzten die Industriestaaten ihre wirtschaftliche, technische und militärische Überlegenheit. Ohnehin hielten sie sich anderen Völkern gegenüber für überlegen.

Unter Kaiser Wilhelm II. (1888–1918) begann auch das Deutsche Reich eine offensive Kolonialpolitik zu betreiben, um gegenüber den anderen europäischen Mächten eine gleichberechtigte Weltmachtstellung zu erlangen. Dazu gehörten der Ausbau der Flotte und der Erwerb von Kolonien. In Südwestafrika kam es infolge von Landenteignung zum Konflikt mit den Eingeborenenstämmen Nama und Herero. Die militärisch überlegenen deutschen Truppen trieben die Gegner in die Sandwüste, wo die Menschen zu Tausenden verdursteten. Dies wird inzwischen von vielen Historikern als Genozid bezeichnet.

Auch China geriet im Wettlauf um die „Aufteilung der Welt" ins Visier der Industrienationen. Als Reaktion auf die aggressive Politik der imperialistischen Mächte und die Schwäche des chinesischen Kaiserhauses bildete sich in China eine breite Widerstandsbewegung. Der sogenannte „Boxeraufstand" und der folgende Diktatfrieden führten letztendlich 1911 zum Sturz der Monarchie in China.

Hinweis zum Unterrichtsverlauf

siehe Lehrplansynopse, S. 12

Kompetenzerwerb in Kapitel 8 (s. Schülerband S. 260)

Eine detaillierte Liste der zu erwerbenden Kompetenzen finden Sie hier in der Handreichung auf dem Selbsteinschätzungsbogen, S. 203.

Selbsteinschätzungsbogen für Schüler zum Kapitel 8

siehe Kopiervorlage 8.2, S. 203

Weiterführende Hinweise auf Forum-Begleitmaterialien (s. Einleitung, S. 7)

- Arbeitsheft 2, Kap. 4: Neues Denken – Neue Welt
- Arbeitsheft 3, Kap. 5: Imperialismus und Erster Weltkrieg
- Kompetenztraining, Kap. 13: Entdeckungen und Eroberungen
- Kompetenztraining, Kap. 19: Imperialismus und Erster Weltkrieg
- Geschichte interaktiv I, Kap. 6: Die Frühe Neuzeit
- Geschichte interaktiv II, Kap. 5: Imperialismus und Erster Weltkrieg
- Foliensammlung Geschichte 1, Folie 31: Entdeckungen und Überseehandel
- Invitation to History: Starter, Unit 4: The Age of Discovery
- Invitation to History: Volume 1, Unit 8: Europe in the age of imperialism

Literatur, Jugendbücher, Filme, Internethinweise für Lehrkräfte

Literatur
Robert Aldrich, Ein Platz an der Sonne. Die Geschichte der Kolonialreiche, Stuttgart (Theiss) 2008.
Deutsches Historisches Museum (Hg.), Deutscher Kolonialismus: Fragmente seiner Geschichte und Gegenwart, Darmstadt (Theiss) 2016.
Ray Howgego, Das Buch der Entdeckungen, Darmstadt (Primus) 2010.
Wolfgang Reinhard, Die Unterwerfung der Welt. Globalgeschichte der europäischen Expansion 1415–2015, München (C. H. Beck) 2016.

Jugendbücher
Elizabeth Baquedano, Azteken, Inka & Maya, München (Dorling Kindersley) 2011.
Rupert Matthews, Große Entdecker, München (Dorling Kindersley) 2011.

Filme
WBF K-1561:   Spaniens Griff nach der Weltherrschaft. Zu den Anfängen des Kolonialismus
FWU 5500342:   Entdeckungsreisen europäischer Seefahrer
FWU 4601082:   Deutscher Kolonialismus in Afrika
WBF D-2089:   Zu den Anfängen des Imperialismus – Afrika als Spielball der Kolonialmächte

Internethinweise für Lehrkräfte
http://www.lai.fu-berlin.de/e-learning/projekte/caminos/kulturkontakt_kolonialzeit (Projekt der Freien Universität Berlin zur Geschichte Lateinamerikas in der Kolonialzeit mit Hintergrundinformationen, Bildern und Lexikon)
http://www.ub.bildarchiv-dkg.uni-frankfurt.de (Bildbestand der Deutschen Kolonialgesellschaft in der Universitätsbibliothek Frankfurt am Main)

Auftaktseiten   S. 234/235

S. 234 f.: „Die Ankunft der Spanier unter Cortés in Veracruz", Wandgemälde Diego Riveras
Diego Rivera (1886–1957) gehört zu den bekanntesten mexikanischen Muralisten. Für den Palacio Nacional in Mexiko-Stadt, welcher auf den Trümmern des zerstörten Palastes des Aztekenherrschers Moctezuma II. errichtet wurde, fertigte Rivera mehrere Wandgemälde an, auf denen er die mexikanische Geschichte von der vorspanischen Zeit über die spanische Eroberung bis zur Zeit der Unhängigkeit Mexikos darstellte.
Die Darstellungen im Bildhintergrund zeigen die Ausbeutung der Indios durch die spanischen Eroberer. Bäume werden gefällt und abtransportiert, der Boden wird gepflügt, ein Felsen mithilfe von Spitzhacken abgetragen. Die Indios werden von den Spaniern mit Peitschen und Stöcken zur Arbeit angetrieben, auch ein Geistlicher ist anwesend. Wer sich weigert, dem droht offenbar der Tod, wie der Baum mit den Gehenkten zeigt. Im Bildvordergrund schließt Cortés ein Geschäft ab, Münzen wechseln den Besitzer, ein Notar hält den Handel in einem Buch schriftlich fest. In der linken Bildecke brandmarken zwei mit Helmen und Brustpanzern bekleidete Eroberer gerade einen Indio, der mit auf dem Rücken gefesselten Händen auf dem Boden kniet. Die Szene in der linken oberen Bildecke zeigt die Unterwerfung, möglicherweise auch die Christianisierung der Einheimischen. Ein Geistlicher mit einer Bibel wird von zwei Indios flankiert, von denen einer ein Kreuz in den Händen hält und den Kopf demütig gesenkt hat. Mit gesenktem Kopf kniet auch der Indio vor ihnen auf dem Boden, vor sich eine Schale mit Goldgefäßen und Schmuck.

Orientierung im Kapitel   S. 236/237

S. 236, M1: Die Kolonialmächte der Welt um 1914
Die Karte zeigt die Kolonialmächte und ihren jeweiligen Kolonialbesitz um 1914. Dabei fällt das unterschiedliche Ausmaß der Kolonialisierung auf den außereuropäischen Kontinenten auf: Afrika ist nahezu vollständig unter den Kolonialmächten aufgeteilt, Südamerika fast gar nicht (mehr). Größte Kolonialmacht war Großbritannien, das Besitzungen auf allen Kontinenten unterhielt. Auch die französischen Kolonien lagen weit gestreut über mehrere Erdteile. Deutschland war nach Großbritannien und Frankreich drittgrößte Kolonialmacht. Außer den USA waren es in erster Linie europäische Staaten, die Gebiete in Afrika, Mittel- und Südamerika sowie Asien und Ozeanien annektierten. Auffallend ist, dass die alten Kolonialmächte Spanien und Portugal über nur noch wenig Kolonialbesitz verfügen.

S. 237, M2: Folterung von Indianern durch die spanischen Konquistadoren
Der Kupferstecher Theodor de Bry (1528–1598) hat mit seiner Serie „Americae", die insgesamt dreizehn reich illustrierte Bände umfasste, das Bild der „Neuen Welt" nachhaltig geprägt.

Auf dem vorliegenden Kupferstich ist dargestellt, wie die spanischen Konquistadoren Indios foltern, um von ihnen Informationen zu erhalten, wo sie ihre Goldschätze (Sage von El Dorado) versteckt halten. Das oberste Ziel der Konquistadoren war die Suche nach Gold und anderen Reichtümern. Dabei gingen sie meistens rücksichtslos und brutal gegenüber der indigenen Bevölkerung vor.

S. 237, M3: Französische Karikatur von J. Laurian
Nach der Besetzung Ägyptens im Jahr 1882 hatte Großbritannien Teile Ostafrikas unter seine Herrschaft genommen (Britisch-Ostafrika 1885, Uganda 1890), um eine durchgehende Landbrücke vom Kap (Kapkolonie 1806) bis nach Kairo zu schaffen. Frankreich hingegen wollte von seinen Besitzungen in Zentralafrika eine Verbindung zum Golf von Aden herstellen. Da beide Kolonialmächte ein Interesse daran hatten, den Sudan in Besitz zu nehmen, kann es im September 1898 zur britisch-französischen Konfrontation bei Faschoda.
Die Karikatur zeigt eine überdimensionierte, knöchrige Hand, die der Klaue eines Raubvogels gleicht; sie umschließt eine Weltkugel, auf welcher der afrikanische Kontinent erkennbar ist; in der linken oberen Ecke sind das Wappen und der Leitspruch des englischen Hosenbandordens dargestellt. Die Hand/Klaue steht für die britische Regierung und deren Kolonialpolitik. Die britische Kolonialpolitik wird als besitzergreifend angeprangert.

S. 237, Aufgabe 1
Europäische Expansion meint die schrittweise Ausweitung der politischen und wirtschaftlichen Herrschaft europäischer Staaten in Asien, Afrika, Amerika und Australien seit dem 15. Jahrhundert, als Portugiesen und Spanier Entdeckungsfahrten nach Afrika und Amerika unternahmen und dort erste Kolonien gründeten, bis zum Imperialismus im 19. und 20. Jahrhundert.
Folgen der europäischen Expansion waren:
• Auswanderung europäischer Kolonisten
• Sklavenhandel
• Verbreitung des Christentums durch Missionare
• Einführung europäischer Kultur und Krankheiten in den Kolonien
• weltweite Wirtschaftsbeziehungen (Globalisierung)

S. 237, Aufgabe 2 siehe die Erläuterungen zu M1

S. 237, Aufgabe 3 a) siehe die Erläuterungen zu M2
b) siehe die Erläuterungen zu M3

Ursachen der Expansion   S. 238/239

HRU-DVD
Kartenanimation
„Kolonialismus und
Imperialismus bis
1914"

Diff. Kopiervorlagen
9.2 Die großen Ent-
deckungsfahrten des
15./16. Jahrhunderts

S. 238, M1: Die „Santa Maria", Holzschnitt
Karavellen waren seit dem 7. Jahrhundert im Mittelmeerraum verbreitet, die Portugiesen und Spanier brachen mit Karavellen zu ihren Entdeckungsfahrten auf. Es handelt sich um kleine (ca. 20 bis 25 m lang), wendige Schiffe mit wenig Tiefgang.

S. 239, M2: Die Entdeckungsfahrten der Europäer im 15. und 16. Jahrhundert
Bereits lange vor Kolumbus waren Wikinger an den Küsten des amerikanischen Kontinents gelandet, aber auch Afrika und Asien waren für die europäischen Seefahrer des 15. und 16. Jahrhunderts kein Neuland mehr. Den Antrieb für die Fahrten bildete in erster Linie Gold, das als Zahlungsmittel eine wichtige Rolle im Außenhandel spielte. Ziel der Reisen war dabei neben Afrika und den Gold- und Silberländern Catai (China) und Zipangu (Japan) vor allem Indien. Als die Seidenstraße durch die Ausdehnung des osmanischen Machtbereichs Mitte des 15. Jahrhunderts für die europäischen Kaufleute als Handelsroute blockiert war, starteten Portugiesen und Spanier Unternehmungen zur Suche eines Seewegs nach Indien. Französische und niederländische Seefahrer brachen im 16. Jahrhundert zu Erkundungsfahrten an die Küsten Nordamerikas sowie Nordskandinaviens und Russlands auf (Erforschung eines Nordwegs nach Asien).

S. 239, M3: Messinstrumente
Zur Bestimmung der Position eines Sterns entwickelten bereits griechische Gelehrte ein Instrument, das Astrolabium genannt wurde. Durch das Aufkommen präziserer Geräte verlor das Astrolabium seit dem 16. Jahrhundert zunehmend an Bedeutung. Die Verwendung eines Nocturnums wurde erstmals 1295 von dem Spanier Raimondo Lullo erläutert. Nachrichten über eine astronomische Breitenbestimmung mithilfe eines Seequadranten liegen aus dem Jahr 1462 vor. Bereits 1433 verwendete der

italienische Kartograf Paolo Toscanelli einen Jakobsstab zur Beobachtung von Kometen, fast 100 Jahre zuvor (1342) hatte der jüdische Gelehrte Levi ben Gerson das Instrument beschrieben.

S. 239, M4: Positionsbestimmungen auf See
In seinem 1533 in deutscher Sprache veröffentlichten „Instrument Buch" beschrieb der Mathematiker, Astronom und Kartograf Peter Apian (1495–1552) astronomische und geodätische Geräte und erläuterte deren praktische Verwendung. Apian, der selbst einen Höhenquadranten konstruiert hatte, legte den Erläuterungen Abbildungen bei, die – ausgeschnitten und auf ein Holzbrett geklebt – als Vorlagen für den Nachbau der beschriebenen Instrumente dienen sollten.

S. 239, Aufgabe 1 Ursachen der Expansion:
1. das „neue Denken" um 1500
• heliozentrisches Weltbild
• Wiederentdeckung antiker Erkenntnisse
• Wandel des Menschenbildes
2. technische Neuerungen
• Seehandbücher mit exakten Karten
• Schiffstyp Karavelle, die eine Überquerung der Ozeane ermöglichte
• neue Messinstrumente (z. B. Kompass)
3. Suche nach neuen Märkten
• steigende Nachfrage nach Gewürzen und Luxuswaren aus Asien
• Konkurrenz durch arabische Kaufleute (Indischer Ozean) und das Osmanische Reich (Seidenstraße) bedingt die Suche nach einer Westroute nach Asien
• vermehrte Nachfrage nach Edelmetallen und Sklaven in Europa
• neue Einnahmequellen
4. religiöse Motive (Kreuzzugsidee)

S. 239, Aufgabe 2 a)
Markantestes Merkmal der Karavellen sind die drei Masten, an denen Dreieck- bzw. Vierecksegel gehisst wurden. Die unterschiedliche Form der Segel ermöglichte es, die Windkraft gut auszunutzen (Vierecksegel) und auch gegen den Wind zu segeln (Dreiecksegel).
b) Die Abbildung zeigt fünf Personen, die verschiedene Instrumente präsentieren, deren gemeinsames Grundprinzip im Messen von Winkeln liegt. Während die Person im Hintergrund einen Turm mithilfe eines Jakobsstabes vermisst, führt der Mann am rechten Bildrand die Funktionsweise eines Nocturnums vor. In der Mitte, hinter einem Dodekaeder bzw. einem Ikosaeder stehend, arbeiten zwei Männer mit verschiedenen Quadranten. Ganz links benutzt ein Mann seine gespreizten Finger zur Messung des Winkels zwischen Polarstern und einem Stern des Großen Bären, um auf diese Weise die Nachtzeit zu bestimmen.

Notizen

S. 239, Aufgabe 3

VISUALISIERUNG 8.1

Seefahrer	Zeit	Ausgangs-punkt	Weg/Zielpunkt
Bartolomeu Díaz (um 1450–1500)	1486	Portugal	entlang der westafrikanischen Küste bis zum Kap der Guten Hoffnung
Christoph Kolumbus (1451–1506)	1492	Spanien	Kanarische Inseln, weiter zur Bahamasinsel Guanahaní, nach Kuba und Haiti
	1493–1496	Spanien	Hispaniola, Jamaika
	1498–1500	Spanien	Trinidad, Venezuela
	1502–1504	Spanien	entlang der mittelamerikanischen Küste nach Panama
Vasco da Gama (1469–1524)	1497–1498	Portugal	um das Kap der Guten Hoffnung, entlang der Küste Ostafrikas nach Kalikut an der vorderindischen Westküste
Amerigo Vespucci (1451–1512)	1501–1502	Spanien	entlang der südamerikanischen Küste (etwa bis zum 50. Breitengrad)
Fernando Magellan (1480–1521)	1519–1521	Spanien	entlang der südamerikanischen Küste bis Feuerland, weiter zu den Marianen und zur Philippineninsel Matan die Mannschaft der „Victoria" segelte 1522 von den Philippinen um das Kap der Guten Hoffnung zurück nach Spanien (erste Weltumsegelung)

Kolumbus – Entdecker oder Eroberer?   S. 240/241

Webcode
FG647255-241

HRU-DVD
Film „Kolumbus entdeckt Amerika"

Diff. Kopiervorlagen
9.1 Kolumbus entdeckt Amerika: Ein Eintrag aus seinem Bordbuch

S. 240, M1: Kolumbus' Landung in Amerika 1492
Nach seiner Rückkehr in den Hafen von Palos schickte Kolumbus seine Aufzeichnungen nach Barcelona, um seine Auftraggeber über seine Entdeckung zu informieren und ihnen gegenüber Rechenschaft abzulegen. Veröffentlicht wurde das Bordtagebuch erst spät und dann auch nur in Auszügen. Sowohl Fernando Colón, einer der Söhne des Seefahrers, als auch Bartolomé de Las Casas hatten in ihren Werken „Vida del Almirante" (erschienen 1571) und „Historia de las Indias" (erschienen 1825) Passagen aus dem Bordbuch zitiert bzw. Zusammenfassungen eingefügt.

S. 241, M2: „Die Landung des Kolumbus 1492", Kupferstich von Theodor de Bry
Der vorliegende Kupferstich illustriert den Bericht des Mailänders Girolamo Benzoni, der im vierten Band der Amerika-Reihe des Verlegers Theodor de Bry abgedruckt wurde. Die Schilderungen Benzonis (1519–1570), der selbst an Erkundungsfahrten teilgenommen und insgesamt 14 Jahre auf dem amerikanischen Kontinent verbracht hatte, wurden erstmals 1565 unter dem Titel „Historia del Mondo Nuovo" veröffentlicht. In dem später in mehrere Sprachen übersetzten Werk übte Benzoni auch Kritik an der Kolonialpolitik der spanischen Krone.

S. 241, M3: Bischof Bartolomé de Las Casas über Kolumbus
Der Bischof schreibt Kolumbus folgende Eigenschaften zu:
• einnehmend
• genießt augenscheinlich hohen Stand und großes Ansehen
• guter Katholik von großer Frömmigkeit
• starker Charakter
• kühn, dazu geneigt, außergewöhnliche Taten zu vollbringen und sich an hervorragenden Werken zu beteiligen
• treu und ergeben gegenüber den Königen

S. 241, M4: Der Indianer Jack D. Forbes über Kolumbus, 1992
Der Indianer Jack D. Forbes schreibt Kolumbus folgende Eigenschaften zu:
- brutal und machthungrig: entvölkert eine Insel und unterwirft die Einwohner weder aus ökonomischem Zwang noch aus Gegenwehr
- mitleidslos: ihm war klar, dass die versklavten Amerikaner in großer Zahl sterben würden
- unzurechnungsfähig und geisteskrank
- ein Mörder und Kannibale, der die Mitmenschen benutzte und missbrauchte

S. 241, Aufgabe 1 *Voraussetzungen:*
- Wissen um die Kugelgestalt der Erde
- neueste technische Erfindungen der Seefahrt
- finanzielle Unterstützung durch das spanische Königshaus
Motive:
- Westfahrt über den Atlantik nach Indien
- Inbesitznahme des Landes für die spanische Krone

S. 241, Aufgabe 2 a)
Die erste Begegnung zwischen Europäern und Einheimischen verlief Kolumbus zufolge friedlich: Um die Freundschaft der Indios zu gewinnen und diese zur Annahme des Christentums zu bewegen, verteilten die Spanier Geschenke. Ein Vorhaben, das Erfolg hatte: Glasperlen und Münzen fanden laut Kolumbus großen Anklang bei den Indios, denen Waffen unbekannt waren.
b) Im Bildvordergrund überreichen die Bewohner Guanahanís dem in herrschaftlicher Pose und prachtvoller Uniform dargestellten Kolumbus Goldgefäße und kostbaren Schmuck als Willkommensgeschenk. In der mittleren Bildebene sind drei Spanier beim Aufstellen eines großen Holzkreuzes zu sehen, was Teil des offiziellen Landnahmeaktes war, der im Einklang mit der damaligen Rechtsauffassung durchgeführt wurde. Die Szenen im Hintergrund stellen die Ankunft der spanischen Flotte und die Landung einer Gruppe von Soldaten dar, bei deren Anblick die nackten Indios fliehen.

S. 241, Aufgabe 3 Recherche-Aufgabe

S. 241, Aufgabe 4 individuelle Lösung

S. 241, Aufgabe 5 Diskussion

Eroberung der „Neuen Welt"   S. 242/243

S. 242, M1: Spanische Eroberungen in Mittel- und Südamerika
Hernán Cortés (1485–1547): Unter Führung von Cortés zogen spanische Truppen 1519 in der Hauptstadt des Aztekenreichs, Tenochtitlán, ein.
Pedro de Valdivia (1497–1553): Valdivia wurde 1540 von Pizarro mit der Eroberung Chiles betraut. Am 12. Februar 1541 gründete er die heutige Hauptstadt Santiago.
Vasco Núñez de Balboa (1475–1519): Der Spanier erreichte am 25. September 1513 eine Bucht des Golfes von Panama und konnte so als erster Europäer von Amerika aus einen Blick auf den Pazifik werfen.
Francisco de Orellana (1511–1546): Auf der Suche nach dem sagenhaften Goldland Eldorado fuhr Orellana als erster Europäer etwa 6000 km auf dem Amazonas entlang bis zu dessen Einmündung in den Atlantik.
Francisco Pizarro (1476/78–1541): Pizarro, der sich 1513 der Expedition von Balboa angeschlossen hatte, eroberte am 15. November 1533 mit seinen Begleitern die Hauptstadt des Inka-Reichs, Cuzco.
Diego de Almagro el Viejo (1479–1538): Der Spanier brach 1535 von Cuzco aus zur Eroberung Chiles auf.

S. 243, M2: Kämpfe zwischen Spaniern, Tlaxcalteken und Azteken
1519 landete eine spanische Expeditionsarmee unter dem Kommando von Hernán Cortés an der mexikanischen Golfküste. Während der Eroberung Mexikos verbündete Cortés sich mit den von den Azteken unterdrückten Stämmen, insbesondere mit den Tlaxcalteken:
- Die Spanier konnten infolgedessen ihre Vorräte auffüllen und das Land ohne weitere kriegerische Auseinandersetzungen durchqueren.

- Die Tlaxcalteken erhielten Privilegien gegenüber den anderen indigenen Völkern, z. B. die Erlaubnis zum Tragen von Waffen, zum Reiten von Pferden, zum Führen von Adelstiteln sowie zu einer weitgehend autonomen Verwaltung ihrer Siedlungen.

Bei der Eroberung der aztekischen Hauptstadt Tenochtitlán durch die Spanier bildeten die Tlaxcalteken, die sich mit der Kriegstechnik der Azteken hervorragend auskannten, den Hauptteil der Angriffsstreitmacht.

S. 243, M3: Eroberung eines indianischen Dorfes durch Konquistadoren
Die Spanier versuchten während des gesamten Feldzuges, die Einheimischen mit Gewalt zum christlichen Glauben zu drängen und ihnen alle Schätze abzupressen, die sie erblickten. Sie gingen dabei auch gegen die Zivilbevölkerung äußerst brutal und grausam vor.

S. 243, M4: Eine aztekische Chronik über das Verhalten der Spanier in Tenochtitlán
Der Azteken-Herrscher Motecuhzoma II. lud die Spanier in die Hauptstadt Tenochtitlán ein – eine große und prächtige Lagunenstadt mit rechteckigem Grundriss auf einer Fläche von ca. 1000 ha mit Tempelpyramiden, Palästen, Aquädukten, Brücken, großen Plätzen und knapp 250 000 Einwohnern. Als Motecuhzoma den Spaniern die Reichtümer im großen Schatzhaus zeigte, plünderten die Spanier die Schatzkammer und nahmen alles Gold, Edelsteine und Juwelen an sich, zerstörten dabei die wertvollen Kostbarkeiten und legten Feuer. Zwei Jahre später (1521) wurde Tenochtitlán dann von einer Armee aus Spaniern und indianischen Kriegern angegriffen und belagert. Trotz erbitterten Widerstands fiel Tenochtitlán. Die Stadt wurde vier Tage lang geplündert und völlig zerstört, ihre Einwohner zu Tausenden getötet. An gleicher Stelle wurde später das heutige Mexico-Stadt errichtet.

S. 243, Aufgabe 1 a) siehe die Erläuterungen zu M1
b) USA, Kuba, Jamaika, Dominikanische Republik, Haiti, Puerto Rico, Mexiko, Belize, Guatemala, El Salvador, Honduras, Nicaragua, Costa Rica, Panama, Venezuela, Kolumbien, Ecuador, Peru, Bolivien, Chile, Argentinien

S. 243, Aufgabe 2 Gründe für die Überlegenheit der Europäer:
- technische und taktische Überlegenheit
- bessere Bewaffnung
- brutale Kriegsführung
- Schwächung der Einheimischen durch eingeschleppte Krankheiten und Seuchen wie Pocken, Masern und Typhus
- Annahme der Azteken, es handle sich bei den Europäern um Götter (gegebenenfalls nur eine Legende)

Schaubild: individuelle Lösung

S. 243, Aufgabe 3 individuelle Lösung

S. 243, Aufgabe 4 a) siehe die Erläuterungen zu M4
b) siehe die Erläuterungen zu M3

Wähle aus: Wem gehört die „Neue Welt"?   S. 244/245

S. 244, M1: Die Teilung der Welt um 1500
Der Vertrag von Alcáçovas-Toledo beendete 1479 den Kastilischen Erbfolgekrieg (1474–1479). Der erste Teil des Vertrags betraf die Abgrenzung der Interessensphären Portugals und Kastiliens in Westafrika und im östlichen Atlantik:
- Kastiliens Anspruch auf die Kanarischen Inseln wurde anerkannt.
- Portugal erhielt das Recht auf alle Inseln sowie das Monopol der Seefahrt und des Handels südlich der Kanarischen Inseln.

S. 244, M2: Der Vertrag von Tordesillas, 1494
Das am 7. Juni 1494 unter Vermittlung von Papst Alexander VI. geschlossene Abkommen zwischen Portugal und Spanien beinhaltet die vertragliche Abgrenzung der überseeischen Besitzungen und sollte eine bewaffnete Konfrontation zwischen den beiden Mächten verhindern.
Die Trennlinie verlief – von Pol zu Pol – 370 Meilen westwärts der Kapverdischen Inseln. Amerika fiel mit Ausnahme Brasiliens an Spanien, und Portugal sicherte sich Brasilien, Afrika und Asien mit Ausnahme der Philippinen.

S. 245, M3: Vertrag zwischen dem spanischen Königshaus und Kolumbus, 1492
Die Kapitulation von Santa Fé, die am 17. April 1492 zwischen Christoph Kolumbus und dem spanischen Königspaar Isabella I. von Kastilien und Ferdinand II. von Aragón unterzeichnet wurde, ist ein Vertrag, in dem Kolumbus seine Forderungen hinsichtlich des Projekts seiner „Indienfahrt" durchsetzte:
- Kolumbus wird in den erblichen Adelsstand eines Vizeadmirals des Ozeans erhoben und zum Vizekönig über die von ihm entdeckten Gebiete ernannt.
- Kolumbus erhält zehn Prozent Gewinnbeteiligung an Gold und anderen wertvollen Metallen, die er zu finden hofft.

Der Vertrag gilt als einer der politisch bedeutsamsten, die je zwischen einem Privatmann und einem Herrscher abgeschlossen wurden. Im Jahre 2009 wurde der Vertrag von der UNESCO zum Weltdokumentenerbe erklärt.

S. 245, M4: Vorlesung des spanischen Theologieprofessors Franciscus de Vitoria, 1532
Der spanische Theologieprofessor kritisierte 1532 den Anspruch der spanischen Könige, „Herr der Welt" zu sein. Deshalb sei es auch Unrecht, Länder von Eingeborenen in Besitz nehmen und deren Reichtümer zu beschlagnahmen. Denn diese Länder hätten schon ihre Eigentümer, die in keiner Weise verpflichtet seien, jemand anderen als Oberherrn anzuerkennen.

S. 245, M5: Edikt des Papstes Alexander VI., 1493
In der päpstlichen Bulle „Inter caetera divinae" vom 4. Mai 1493 legte Papst Alexander VI. die Trennungslinie zwischen dem spanischen und dem portugiesischen Machtbereich fest. Sie verlief ca. 480 km westlich der Azoren in Nord-Süd-Richtung von Pol zu Pol durch den Atlantischen Ozean. Alle Territorien, die westlich dieser Linie lagen, wurden Spanien zugesprochen, alle Gebiete östlich davon Portugal.

S. 245, M6: Vorlesung von Franciscus de Vitoria, 1532
Franciscus de Vitoria sprach dem Papst das Recht ab, weltlichen Fürsten Herrschaft und staatliche Gewalt in der „Neuen Welt" zu verleihen. Der Papst habe keine Gewalt über die eingeborenen Ungläubigen der „Neuen Welt" – keine geistliche Gewalt und keine weltliche. Er sei weder berechtigt, gegen die Eingeborenen Krieg zu führen, noch sich ihren Besitz anzueignen.

S. 244, Aufgabe 1 (Material A) siehe die Erläuterungen zu M1 und M2; individuelle Lösung

S. 244, Aufgabe für alle individuelle Lösung

S. 245, Aufgabe 1 (Material B) siehe die Erläuterungen zu M3 und M4

S. 245, Aufgabe 2 (Material B) individuelle Lösung

S. 245, Aufgabe 1 (Material C) siehe die Erläuterungen zu M5 und M6; individuelle Lösung

Kolonialismus: Beispiel Spanien   S. 246/247

S. 246, M1: Aufbau der spanischen, kolonialen Verwaltung siehe die Erläuterungen zu Aufgabe 1

S. 247, M2: Aus der Schrift „Historia de las Indias", ca. 1525
Der aus einer spanischen Kaufmannsfamilie stammende Bartolomé de Las Casas (1474–1566) kam 1502 nach Hispaniola und war als Soldat u. a. an der Eroberung Kubas beteiligt. Bekannt wurde er durch seine detaillierten Aufzeichnungen aus den spanischen Kolonien in Amerika und seinen Einsatz für die Rechte der Indios, weshalb man ihn auch „Apostel der Indianer" nannte.
Bartolomé de Las Casas, der 1522 in den Dominikanerorden eingetreten war, wurde ein entschiedener Gegner des Encomienda-Systems. Einen – wenn auch nur kurzfristigen – Erfolg konnte er mit der Verabschiedung der „Neuen Gesetze" verbuchen. Die am 20. November 1542 von Kaiser Karl V. erlassenen Gesetze sahen u. a. die stufenweise Abschaffung des Encomienda-Systems vor. Künftig sollten keine neuen Encomiendas mehr vergeben werden, bestehende Besitzungen sollten nach dem Tod des Encomenderos an die Krone zurückfallen und nicht mehr an die Nachkommen vererbt werden können. Drei Jahre später strich Karl V. die die Encomiendas betreffenden Anordnungen; Las Casas kehrte 1547 endgültig nach Spanien zurück.

S. 247, M3: Umgang mit der einheimischen Bevölkerung, Kupferstich, 1595
Der Kupferstecher und Verleger Theodor de Bry (1528–1598), der seine niederländische Heimat um 1570 aus Glaubensgründen verlassen musste, ließ sich nach Aufenthalten in Straßburg und England 1589 in Frankfurt am Main nieder. Gemeinsam mit seinen Söhnen illustrierte de Bry etwa 40 Reiseberichte aus der „Neuen Welt", die er ab 1590 in mehreren Bänden („Reisen in das westliche und östliche Indien") veröffentlichte. In seinen Bildern, die das europäische Amerika-Bild über lange Zeit hinweg prägten, betonte der Lutheraner de Bry die Grausamkeit, mit der die katholischen Eroberer gegen die einheimische Bevölkerung vorgingen.

S. 247, Aufgabe 1
1524 wurde der Indienrat (Consejo de Indias) aus dem Kronrat ausgegliedert und als eigene Behörde mit umfassenden Befugnissen gegründet. Seine Mitglieder wurden ausnahmslos von der Krone berufen. Die gesamte Kolonialverwaltung lag in den Händen des Indienrates. Er war mit legislativen und exekutiven Funktionen ausgestattet und in den Kolonien zugleich das oberste Berufungsgericht. Seine Befugnisse reichten von der Organisation von Besiedlungsprogrammen über die Schaffung von Vizekönigreichen bis zur Überwachung der Zensur.
Der Rat hatte keinen eigenen festen Sitz, sondern trat wöchentlich immer dort zusammen, wo sich der spanische König aufhielt. Er berichtete dem Monarchen über seine Tätigkeit und gab Empfehlungen, die dann vom König gebilligt oder verworfen wurden.

S. 247, Aufgabe 2
Das Encomienda-System beinhaltete, dass die spanische Krone Land an spanische Siedler verteilte – inklusive der darauf lebenden Indios, über deren Arbeitskraft der Encomendero dann frei verfügen konnte. Zwar waren die Encomenderos dazu angehalten, die eingeborene Bevölkerung zu beschützen und zum Christentum zu bekehren, doch in der Realität war das Encomienda-System eine Form von Sklaverei zugunsten der Plantagen- und Minenbesitzer.

S. 247, Aufgabe 3 a) siehe die Erläuterungen zu M2
b) siehe die Erläuterungen zu M3

Kolonialismus und Sklavenhandel   S. 248/249

S. 248, M1: Das Silberbergwerk von Potosí im heutigen Bolivien
Der Silberabbau in Potosí lag schon kurze Zeit nach Entdeckung der Minen in den Händen europäischer Bergwerksunternehmer, die gegen Abgabe eines Teils des Ertrages an das spanische Königshaus eine Abbaukonzession erworben hatten. Neben freiwilligen Arbeitskräften wurden jährlich Tausende Indios zur Zwangsarbeit in den Minen verpflichtet. Die Arbeit war anstrengend und gefährlich und forderte zahlreiche Todesopfer.

S. 249, M2: Sklavenimporte aus Afrika nach Amerika 1501–1700
Die Tabelle stellt die Sklavenimporte von Afrika nach Amerika zwischen 1501 und 1700 dar. Die Sklavenimporte vervierfachten sich schon innerhalb der ersten 25 Jahre, zwischen 1501 und 1625 steigerten sie sich um das 13-Fache. Nach 1625 war der Höhepunkt überschritten und die Zahlen sanken wieder.
Die Verlustzahlen lagen fast durchgängig bei ca. 30 Prozent, erst Mitte des 17. Jahrhunderts sanken sie auf um die 20 Prozent.

S. 249, M3: Bevölkerung in Mittel- und Südamerika 1570–1825
Die Tabelle nennt die Bevölkerungszahlen in Mittel- und Südamerika von 1570 bis 1825, unterteilt in Weiße, Mischlinge, Indios und Afrikaner.
Die weiße Bevölkerung verdreißigfachte sich in diesem Zeitraum. Die Anzahl der Mischlinge stieg auf das 24-Fache an, die Zahl der Indianer ging um über 1,5 Millionen zurück.
Um 1825 leben jeweils etwa vier Millionen Weiße und Afrikaner in Mittel- und Südamerika sowie über sechs Millionen Mischlinge und rund acht Millionen Indianer.

S. 249, M4: Der Dreieckshandel zwischen Europa, Afrika und Amerika
Der transatlantische Handel des 17. und 18. Jahrhunderts lag fest in den Händen der europäischen Kolonialmächte. Sie legten fest, was importiert und in den Ländern Afrikas und Amerikas in Plantagenwirtschaft angebaut wurde, und nur auf ihren Schiffen durften Fertigwaren in die „Neue Welt" und auf den „Schwarzen Kontinent" gebracht und im Gegenzug dafür Sklaven, Rohstoffe und „Ko-

lonialwaren" nach Amerika und Europa verschifft werden. Neben dem Dreieckshandel existierte zwischen einzelnen Ländern bzw. Kontinenten auch ein Direkthandel. So wurden beispielsweise Zucker und Melasse von den Karibischen Inseln im Tausch gegen Getreide und andere Agrarprodukte nach Nordamerika gebracht. Mit Rum und Tabak beladene Schiffe hingegen steuerten von der brasilianischen Küste aus Westafrika an, um dort Sklaven für die Zucker- und Tabakplantagen an Bord zu nehmen.

S. 249, Aufgabe 1
Die Europäer holten Sklaven aus Afrika nach Amerika, weil die Schwarzafrikaner als kräftiger und widerstandsfähiger galten als die Indios. Der Dreieckshandel begünstigte dies.
Wie Waren wurden die Sklaven möglichst gewinnbringend transportiert. Bei den Sklavenschiffen waren Zwischendecks in den Schiffsrumpf eingezogen, um möglichst viele Personen unterbringen zu können. Oft transportierten die Schiffe mehrere Hundert Sklaven, die auf engen Pritschen angekettet waren. Viele von ihnen überlebten die Überfahrt und die unhygienischen Zustände nicht.

S. 249, Aufgabe 2 individuelle Lösung

S. 249, Aufgabe 3 siehe die Erläuterungen zu M1

S. 249, Aufgabe 4 a) siehe die Erläuterungen zu M2
b) siehe die Erläuterungen zu M3

S. 249, Aufgabe 5
Die „African World Repatriation Truth Commission" fordert von westlichen und arabischen Staaten Reparationszahlungen für Unrecht und Schäden, die durch Sklavenhandel und Sklaverei verursacht wurden. Dabei verweisen sie auf die Diskussion um die Entschädigung von NS-Zwangsarbeitern. Man geht davon aus, dass im Laufe von ca. 500 Jahren um die zehn Millionen Afrikaner nach Arabien und Indien sowie etwa zwölf Millionen nach Amerika und auf Karibikinseln verschleppt wurden. Diskussion: individuelle Lösung.

Vom Kolonialismus zum Imperialismus   S. 250/251

S. 250, M1: Europäische Kolonien und antikoloniale Aufstände in Afrika vor 1914
Die Karte soll den Mitte der 1880er-Jahre einsetzenden europäischen „Wettlauf um Afrika" verdeutlichen, aber auch auf die Gewaltsamkeit der Eroberung – durch die Eintragung der zahlreichen (aber immer wieder erfolglosen) Widerstandsaktionen der Einheimischen – hinweisen. Afrika ist nahezu vollständig unter den Kolonialmächten aufgeteilt. Dabei dürfen die Schülerinnen und Schüler allerdings wiederum nicht der Suggestion der Karte erliegen, Afrika sei mit einem Schlag kolonisiert worden. Die vermerkten Jahreszahlen der formellen Angliederungen an die jeweiligen Mutterländer umfassen die gesamte hier behandelte Epoche.

Webcode
FG647255-251

HRU-DVD
*Kartenanimation
„Kolonialismus und
Imperialismus bis
1914"*

S. 251, M2: Karikatur „So kolonisiert der ..."
Die Karikatur aus der satirischen Zeitschrift „Simplicissimus" kritisiert die Kolonialpolitik mittels nationaler Stereotypen:
• Der ordentliche Deutsche bringt sogar den wilden Tieren (16 nummerierte Giraffen im Gleichschritt) militärischen Drill bei.
• Der gierige Engländer versteht es, in scheinheiliger bigotter Frömmigkeit (Priester mit Gebetbuch) mit brutaler Gewalt Profit aus den Kolonien herauszupressen.
• Der lüsterne Franzose vergeht sich an den Frauen der Einheimischen.
• Der rücksichtslose und brutale Belgier vergisst jede Moral und wird zum Kannibalen.
Thomas Theodor (eigtl. David) Heine (1867–1948), der auch das „Wappentier" des „Simplicissimus" – die Bulldogge – entwarf, wechselte 1896 von der Zeitschrift „Fliegende Blätter" zum Münchner „Simplicissimus". Als Zeichner und Redaktionsmitglied prägte er Gestaltung und Inhalt des Blattes wesentlich mit.

S. 251, Aufgabe 1 individuelle Lösung

S. 251, Aufgabe 2 siehe die Erläuterungen zu M1

S. 251, Aufgabe 3 a) bis d) siehe die Erläuterungen zu M2

Imperialismus und Rassismus   S. 252/253

S. 252, M1: „Frankreich wird Marokko Kultur, Wohlstand und Frieden bringen können"
Die Titelseite des „Petit Journal" zeigt die übergroße Figur der Marianne, die Personifikation Frankreichs. Als Lichtgestalt mit Füllhorn, aus dem Goldmünzen herabfallen, bringt sie der marokkanischen Bevölkerung Wohlstand und Kultur (Person rechts unten mit Buch). Unterwürfig blicken die im Vergleich zu Marianne viel kleiner dargestellten Einheimischen zur Nationalfigur auf und berühren voller Ehrfurcht ihren Umhang. Im Hintergrund des Farbdrucks ist ein Kolonialbeamter zu sehen, der einem salutierenden Einheimischen Anweisungen erteilt.
Zeitlicher Hintergrund der Darstellung ist die zweite Marokko-Krise von 1911, nach deren Ende Marokko zum französischen Einflussgebiet wurde.

S. 252, M2: Karikatur von Gino DeFinetti, 1904
Die Karikatur „Das Kolonial Gespenst" nimmt den Rassismus aufs Korn. Der Afrikaner ist als riesenhafter aggressiver „Untermensch" und „Wilder" dargestellt, der mit seinem Knüppel bedrohlich über den Schiffen der Europäer lauert.

S. 253, M3: Der Kolonialpolitiker Cecil Rhodes (1853–1902), 1877
Der britische Unternehmer Cecil Rhodes, Mitbegründer der Minengesellschaft „De Beers", die zum größten Diamantenproduzenten der Welt aufstieg, gehörte zu den prominentesten und einflussreichsten Befürwortern der britischen Expansionspolitik. Auf Betreiben von Rhodes, seit 1881 Mitglied des Parlaments der Kapkolonie, gelang es Großbritannien 1885, Betschuanaland, das heutige Botswana, unter seine Kontrolle zu bringen. Fünf Jahre später annektierte die von Rhodes gegründete British South Africa Company mit königlicher Legitimation das Gebiet des heutigen Simbabwe. Das nach dem britischen Unternehmer Rhodesien genannte Gebiet wurde britischen Farmern aus der Kapkolonie zugewiesen, deren Präsident Rhodes von 1890 bis 1896 war.
Rhodes rechtfertigt den Imperialismus damit, dass die Englisch sprechende Rasse von Gott zu seinem auserwählten Werkzeug geformt sei. Je mehr Teile der Welt sie beherrsche, umso besser sei dies für die Menschheit.

S. 253, M4: Der französische Außenminister Gabriel Hanotaux (1853–1944), 1902
Der Historiker und Diplomat Gabriel Hanotaux wurde am 30. Mai 1894 in das Amt des Außenministers Frankreichs berufen. Er bekleidete dieses Amt bis November 1895 und dann erneut von April 1896 bis Juni 1898. Hanotaux, der 1898 Kolonialminister Frankreichs wurde, hatte maßgeblichen Anteil am Aufbau des französischen Kolonialreichs.
Hanotaux rechtfertigt den Imperialismus damit, dass Frankreich den eroberten Ländern Zivilisation und Kultur bringe.

S. 253, M5: Der afro-karibische Schriftsteller Aimé Césaire (1913–2008), 1950
Aimé Fernand David Césaire war ein afro-karibisch-französischer Schriftsteller und Politiker. Das von ihm mitentwickelte Konzept der Négritude ist eine literarisch-philosophische politische Strömung, die für eine kulturelle Selbstbehauptung aller Menschen Afrikas und ihrer afrikanischen Herkunft eintritt.
Césaire prangert an, dass im Zuge von Kolonialismus und Imperialismus im Namen des Fortschritts Tausende Menschen geopfert und Kulturen ausgelöscht worden seien.

S. 253, Aufgabe 1

Diff.
Kopiervorlagen
14.2 Die „Prin
zipien der Zivilisati
on" verbreiten?
Triebkräfte imperia
listischer Politik

VISUALISIERUNG 8.2

Sendungsbewusstsein	Nationalismus	Sozialdarwinismus
• Die europäische Kultur besitzt einen höheren Wert als die Kultur anderer Völker. • Die fremden Völker sollen im eigenen Interesse missioniert und zivilisiert werden.	• Stärkung der eigenen Nation und Sicherung von Einflusssphären im Wettlauf um die „Aufteilung der Welt"	• Einteilung der Menschen in sogenannte höhere und niedere „Rassen" • Überzeugung, dass im „Kampf um das Dasein" nur mächtige und reiche Nationen eine Chance zum Überleben haben

S. 253, Aufgabe 2 siehe die Erläuterungen zu M3 bis M5

S. 253, Aufgabe 3 a) siehe die Erläuterungen zu M1
b) siehe die Erläuterungen zu M2

S. 253, Aufgabe 4 Diskussion: individuelle Lösung

Imperialismus: Beispiel Deutschland   S. 254/255

S. 254, M1: Gefangen genommene Herero, bewacht von einem Soldaten der Schutztruppe
Im Januar 1904 – die deutsche Schutztruppe befand sich zu dieser Zeit im Süden des Landes, um dort einen lokalen Aufstand niederzuschlagen – griffen Kampfverbände der Herero Farmen und Ortschaften an und töteten 123 weiße Siedler und Soldaten. Nach weiteren kleineren Vorstößen kam es am 11. August 1904 zur Schlacht am Waterberg, die mit einem Sieg der deutschen Schutztruppe endete.

HRU, S. 201, KV
*8.1 „(K)Ein Platz an der Sonne"? –
Die deutsche Kolonialpolitik*

S. 255, M2: Karikatur „Pardon wird nicht gegeben"
Die Karikatur bezieht sich auf den Herero-Aufstand 1904/05 in Deutsch-Südwestafrika. In der Folge verübten die deutschen Truppen ein Massaker an den Herero, die in die Omaheke-Wüste getrieben wurden und dort zu Tausenden verdursteten.
Der wehrlose Afrikaner wird von zwei Soldaten mit dem Bajonett erstochen, während im Hintergrund ein Priester tatenlos zusieht.
Das Zitat „Pardon wird nicht gegeben" stammt aus der sogenannten „Hunnenrede", die Kaiser Wilhelm II. am 27. Juli 1900 in Bremerhaven anlässlich der Verabschiedung des deutschen Ostasiatischen Expeditionskorps zur Niederschlagung des „Boxeraufstandes" in China gehalten hatte.

S. 255, M3: Der Sprecher des Auswärtigen Amtes zur Haltung der Bundesregierung, 2015
Die Bundesregierung bekennt sich aufgrund des Kolonialkriegs des Deutschen Reichs in Südwestafrika ausdrücklich zu einer besonderen historischen Verantwortung Deutschlands gegenüber Namibia und seinen Bürgern und ganz besonders gegenüber den Herero, den Nama, den San und Damara. Mitte 2015 veranlasste SPD-Außenminister Frank-Walter Steinmeier die Anerkennung des Völkermords als offizielle Linie der deutschen Politik: Der Vernichtungskrieg in Namibia von 1904 bis 1908 sei ein Kriegsverbrechen und Völkermord gewesen.
2016 hat die Bundesregierung die Massaker deutscher Truppen im heutigen Namibia erstmals in einem offiziellen Dokument als Völkermord eingestuft. Rechtliche Folgen hat das bisher allerdings nicht, denn es wird argumentiert, allein aus der Verwendung des Völkermordbegriffs entstünden noch keine Rechtsfolgen für Deutschland.

S. 255, M4: Bericht des deutschen Generalstabs über den Aufstand der Herero, 1906
Der deutsche Generalstab rühmt die „rücksichtslose Energie der deutschen Führung bei der Verfolgung des geschlagenen Feindes" und stellt es als eine Heldentat dar, den Feind wie „ein halb zu Tode gehetztes Wild" zu jagen, bis er halb verdurstet und entkräftet „ein Opfer der Natur seines eigenen Landes wurde". Die Wüste habe das von den Deutschen begonnene Werk dann vollendet, nämlich die Vernichtung des Hererovolkes.

S. 255, Aufgabe 1
- Bismarck: Ablehnung des Erwerbs von Kolonien, um die Stabilität des Kaiserreichs nicht durch Konflikte mit anderen europäischen Großmächten zu gefährden
- Ziel Kaiser Wilhelms II.: gleichberechtigte Weltmachtstellung = Ausbau der Flotte und der Erwerb von Kolonien
- deutsche Industrie: Einfuhr von billigen Rohstoffen und Schaffung neuer Absatzmärkte
- Kolonien als Siedlungsgebiete für deutsche Auswanderer
- „Platz an der Sonne"

S. 255, Aufgabe 2 *Ursache:*
- Der Bremer Kaufmann Adolf Lüderitz erwarb 1883 im heutigen Namibia mit betrügerischen Verträgen Land von den Einheimischen.
- Das Deutsche Reich erklärte das Land auf Lüderitz' Antrag 1884 zum Schutzgebiet „Deutsch-Südwestafrika".
- gewaltsame Rekrutierung der einheimischen Herero und Nama u. a. für die Plantagenwirtschaft

- Einschränkung des Lebensraums der Herero durch Zurückdrängung in ungünstige Gebiete und Landenteignung

Verlauf:
- Im Januar 1904 töteten die Herero über 100 deutsche Siedler und besetzten ihr altes Stammesgebiet.
- Schlacht am Waterberg (August 1904), die die militärisch überlegenen deutschen Truppen für sich entscheiden konnten
- Abdrängen der fliehenden Herero in die wasserlose Omaheke-Wüste, wo sie zu Tausenden verdursteten

Ergebnis:
- Rund zwei Drittel der etwa 80 000 Hereros verloren ihr Leben.

S. 255, Aufgabe 3 a) siehe die Erläuterungen zu M1
b) siehe die Erläuterungen zu M2

S. 255, Aufgabe 4 siehe die Erläuterungen zu M3 und M4

S. 255, Aufgabe 5 Diskussion

Imperialismus: Beispiel China   S. 256/257

S. 256, M1: Karikatur „Der Kuchen der Könige und Kaiser"
Die Karikatur kommentiert die imperialistischen Interessen der Großmächte in China: China ist als großer Kuchen dargestellt, von dem sich die imperialistischen Nationen ein möglichst großes Stück abschneiden wollen: Königin Viktoria (Großbritannien), Kaiser Wilhelm II. (Deutschland), Zar Nikolaus II. (Russland), dahinter die allegorische Figur der französischen Marianne und ganz rechts ein auf japanische Art gekleideter und frisierter Mann.
In der hinteren Bildmitte muss ein Chinese, gekleidet in der Tracht eines Beamten der Qing-Zeit mit dem typischen langen Zopf, dem Treiben hilflos zusehen.
Hintergrund sind die „ungleichen Verträge" seit Mitte des 19. Jahrhunderts, z. B.:
- 1. Opiumkrieg (1839–1842) und Vertrag von Nanking: England erzwang die Legalisierung des Opiumhandels, die Öffnung von fünf Häfen für den freien Handel und erwarb Hongkong.
- Der Vertrag von Hunangpu (1844) beseitigte auch im Verhältnis zu Frankreich die bislang üblichen Handelsbeschränkungen.
- 1895 musste China Taiwan an Japan abtreten, auch Korea gerät unter die japanische Herrschaft.
- 1897 erfolgte die Besetzung der Kiautschou-Bucht und die dortige Errichtung eines deutschen Pachtgebietes.
- Russland erzwang 1898 die Verpachtung des eisfreien Hafens Port Arthur.

Diese Politik führte zum „Boxeraufstand", in dessen Folge eine alliierte Truppe aus den USA, Frankreich, Russland, England, Österreich-Ungarn und Japan Peking angriff und die Stadt plünderte. Die verspätet eintreffenden deutschen Truppen beteiligten sich dann intensiv an den blutigen „Strafexpeditionen".

S. 256, M2: Aus dem Vertrag von Nanking vom 29. August 1842
Im 1. Opiumkrieg (1839–1842) besiegten die militärtechnisch überlegenen Briten die chinesischen Truppen. Der Vertrag von Nanking gilt als der erste „ungleiche Vertrag", den China mit einer ausländischen Großmacht abschließen musste:
- Abtretung Hongkongs für alle Zeiten als Kronkolonie an Großbritannien
- Zahlung einer Kriegsentschädigung
- Öffnung von fünf Häfen für den internationalen Handel
- Zusatzvertrag: Englische Händler erhalten besonders günstige Handelsbedingungen und konsularische Rechte in den Handelshäfen Chinas. Zudem muss China sich für die christliche Missionierung öffnen.

S. 257, M3: Chinesisches Propagandabild von 1891
Durch die „ungleichen Verträge" sicherten sich die imperialistischen Mächte auch das Recht zur christlichen Missionierung in China. Zahlreiche Missionsgesellschaften wurden aufgebaut und begannen ihre seelsorgerische und karitative Arbeit. Gleichzeitig schadete die Verbindung mit dem Imperialismus dem Ansehen des Christentums und es kam zu blutigen Auseinandersetzungen, vor allem während des „Boxeraufstands".

S. 257, M4: Rede Kaiser Wilhelms II. vom 27. Juli 1900
Bei der Verabschiedung des deutschen Expeditionskorps in Bremerhaven, das zur Niederschlagung des „Boxeraufstands" in China eingeschifft wurde, hielt Kaiser Wilhelm II. seine sogenannte „Hunnenrede".
Interpretiert wurde die Rede so, dass Wilhelm II. die deutschen Truppen zu einem rücksichtslosen Rachefeldzug in China aufforderte. Zwar fühlte Wilhelm II. sich infolge der Ermordung des deutschen Gesandten in China, Clemens August Freiherr von Ketteler, am 20. Juni 1900 dazu berechtigt; gemäß der Haager Konvention von 1899, die auch Deutschland unterzeichnet hatte, verstieß er damit allerdings gegen internationales Recht. Das Abkommen ächtete die Aufforderung, im Krieg kein Pardon zu geben, ausdrücklich.

S. 257, M5: Europäer lassen sich mit hingerichteten „Boxern" fotografieren
Nach der Niederschlagung des „Boxeraufstands" wurde die weitere Bekämpfung der Aufständischen im Landesinneren von chinesischen Verbänden übernommen. Die alliierten Truppen begannen, „Strafexpeditionen" durchzuführen und so den letzten Widerstand zu brechen. Zahlreiche „Boxer" wurden hingerichtet, Dörfer geplündert und niedergebrannt. Das Ziel war, die Chinesen von einer zukünftigen Erhebung gegen die Ausländer abzuschrecken.

S. 257, Aufgabe 1 siehe die Erläuterungen zu M1

S. 257, Aufgabe 2
In der zweiten Hälfte des 18. Jahrhunderts war China kein Absatzmarkt für europäische Produkte. Die in Europa gefragten chinesischen Waren wie Seide, Tee und Porzellan mussten in Silber bezahlt werden. Im 19. Jahrhundert kam es in China infolge des Bevölkerungsanstiegs und Naturkatastrophen zu schweren Hungerkrisen und Aufständen. Diese Phase der Schwäche versuchten England und Frankreich bzw. Japan zu nutzen. Nach militärischen Auseinandersetzungen zwangen sie China zu „ungleichen Verträgen" (z. B. 1842 Vertrag von Nanking), die das Land wirtschaftlich und politisch abhängig machten. Seit 1900 verfolgte auch Deutschland imperialistische Pläne in China. Um Konflikte untereinander zu vermeiden, einigten sich die imperialistischen Mächte auf Initiative der USA auf das Prinzip des ungehinderten Handels in den jeweiligen kolonialen Einflusszonen. Nach dem „Boxeraufstand" 1900 besetzten Großbritannien, Frankreich, Deutschland, Russland, Japan, die USA, Italien und Österreich-Ungarn Peking, es kam zu einem demütigenden Diktatfrieden: China musste hohe Reparationen zahlen und ausländische Militärstützpunkte dulden.

S. 257, Aufgabe 3 a) siehe die Erläuterungen zu M3 und M5
b) siehe die Erläuterungen zu M4

Kompetenzen prüfen   S. 260/261

S. 260, M1: Der uruguayische Journalist und Schriftsteller Eduardo Galeano
1971 erschien Galeanos Hauptwerk „Die offenen Adern Lateinamerikas", das sich mit der Geschichte Südamerikas seit seiner Entdeckung und der Unterentwicklung Lateinamerikas beschäftigt. Bedingung für den Aufstieg Europas ist laut Galeano (1940–2015) die Plünderung Lateinamerikas gewesen.
Galeano betont, dass im Zuge des spanischen und portugiesischen Kolonialismus in Amerika die Verbreitung des christlichen Glaubens mit der unrechtmäßigen Inbesitznahme und Plünderung des Reichtums der Eingeborenen einherging. Motivation der Europäer seien vor allem Habgier und die Aussicht auf unermessliche Kriegsbeute gewesen. Die europäischen Seeleute wurden aus Abgaben der eingeborenen Bevölkerung oder erbeutetem Gold bezahlt. Diese Ausbeutung habe erst dadurch ein Ende gefunden, dass die Eingeborenen infolge der furchtbaren Arbeit völlig aufgerieben wurden, massenweise Selbstmord begingen und sogar ihre Kinder töteten, damit diese diesem Schicksal entgingen.

S. 260, M2: Der deutsch-chilenische Journalist und Historiker Ernst Samhaber
Ernst Samhaber (1901–1974) meint, die weltgeschichtliche Bedeutung der spanischen Eroberung Amerikas sei vor allem darin zu sehen, dass die scheinbar so mächtigen Reiche der Azteken und Inka bereits beim ersten Ansturm zusammenbrachen sowie in der folgenden gründlichen Umgestaltung des Kontinents. Die Spanier hätten einen sehr viel besser organisierten und fortschrittlicheren Staat (Verwaltung, technischer Fortschritt, wirtschaftliche Entwicklung, Missionierung) aufgebaut, als die zerschlagenen Reiche es gewesen waren. Die Konquistadoren seien dabei gegenüber den Eingebo-

HRU, S. 203, KV
8.2 Selbsteinschätzungsbogen für Schüler

renen Amerikas auch nicht härter vorgegangen als die Adligen in Europa gegenüber ihren Bauern oder als die Osmanen, Mongolen oder Türken in Mittelasien und in Indien. Die schlimmsten Opfer hätten die eingeschleppten Krankheiten gefordert. Durch die Missionierung hätten die Eingeborenen den Schutz der katholischen Kirche gewonnen. Und trotz „Reibungen und Streitigkeiten" hätten sich Krone und Kirche letztendlich durchgesetzt.

S. 261, M3: Werbepostkarte der Zentrumspartei zur Reichstagswahl 1912
Die Postkarte zeigt den deutschen Kaiser, der im Begriff steht, sich seinen Teil vom kolonialen Kuchen abzuschneiden. Er wird dabei von dem Sozialdemokraten und späteren Mitbegründer des Spartakusbundes, Karl Liebknecht, und dem Gewerkschaftsführer und späteren Vorsitzenden der USPD, Georg Ledebour (rechts), zurückgehalten. Während sich die anderen Nationen schon begierig ihr Stück vom Kuchen herausschneiden, d. h. Kolonien erwerben, werde Deutschland – so die Botschaft – durch die kolonialkritische Politik der SPD an seinem guten Recht gehindert und erleide dadurch einen machtpolitischen Nachteil gegenüber anderen Nationen.

S. 261, Aufgabe 1 bis 8: siehe die Lösungshilfen auf S. 298 des Schülerbandes

Lösungen zu den Kopiervorlagen der Handreichung

KV 8.1, Aufgabe 1
2. Ein älterer Mann sitzt in einem gepolsterten Sessel. In der rechten Hand hält er eine lange Tabakpfeife, auf deren Kopf das Wort „Pax" steht, mit der linken Hand blättert er in einem großen Buch mit dem Titel „Sociale Reform". Die Rauchwolken aus der Pfeife verdecken z.T. eine Erdkugel, die den unteren Bildteil einnimmt. Aus einer Öffnung der Erdkugel, neben der die Worte „Merw" und „Asien" stehen, schaut ein bärtiger Mann hervor und lüftet seine Mütze. Das Gebiet links neben dem Pfeifenkopf wird als „Ägypten" bezeichnet, die kleine Fahne ganz links trägt die Aufschrift „Angra Pequena". Um die Erdkugel herum sind vier Personen dargestellt, eine fünfte Person scheint sich hinter der Erdkugel zu befinden, von ihr ist nur ein Bein zu sehen (rechts). Der schnurbärtige Mann links trägt eine Uniform, die Person rechts von ihm eine gestreifte Hose und ein Matrosenhemd. Auf der Jacke des kleinen, Pfeife rauchenden Mannes steht „Mynheer". Die Person ganz rechts ist in ein langes Gewand gekleidet.
3. E. Spott
4. veröffentlicht am 13. Juli 1884 in der Zeitschrift „Kladderadatsch"
5. siehe Bildunterschrift
6. Bismarcks Haltung zur Kolonialpolitik
7. Bei dem Pfeife rauchenden Mann im Sessel handelt es sich um Bismarck, das Buch spielt auf die staatlichen Sozialversicherungsgesetze an, die 1883/84 verabschiedet wurden (Kranken- und Unfallversicherung). Die Personen unten stellen Vertreter verschiedener Kolonialmächte dar: Der Franzose hat die Arme besitzergreifend auf den afrikanischen Kontinent gelegt, mit der zur Faust geballten rechten Hand scheint er dem Engländer zu drohen (Streit um Ägypten). Dieser hält sich mit den Händen im Nahen Osten und Indien (seit 1858 britische Kronkolonie) fest. Der Holländer versucht, Ostindien zu erreichen, der Japaner ganz rechts scheint Interesse am nahe gelegenen China zu haben. Der Mann, dessen Oberkörper aus der Erdkugel ragt, steht für Russland, das 1883 das im heutigen Turkmenistan gelegene Merw in Besitz genommen hatte. Die Bucht von Angra Pequena, die Lüderitzbucht im heutigen Namibia, hatte der Bremer Kaufmann Adolph Lüderitz 1883 von den Nama erworben.
8. die Expansion verschiedener Großmächte nach Afrika und Asien
10. Kritisiert wird, dass Bismarck in den 1880er-Jahren zu sehr mit innenpolitischen Problemen und den staatlichen Sozialgesetzen beschäftigt war und daher die Bedeutung von Kolonialbesitz für das Deutsche Reich verkannte; erst 1884/85 wurden die Erwerbungen deutscher Kaufleute und Unternehmer unter Schutzherrschaft gestellt.

KV 8.1, Aufgabe 2
Die Besetzung Kiautschous im November 1897 markierte den Kurswechsel in der Außenpolitik, die nun auf eine Weltmachtstellung Deutschlands abzielte. Erreicht werden sollte dieses Ziel durch den forcierten Ausbau der Kriegsflotte sowie durch den Erwerb überseeischer Kolonien. Siehe auch die Erläuterungen zu S. 255, Aufgabe 1.

Name: Klasse: Datum:

KV 8.1 „(K)Ein Platz an der Sonne"? – Die deutsche Kolonialpolitik

M1 „Die Südsee ist das Mittelmeer der Zukunft". Karikatur aus der satirischen Zeitschrift „Kladderadatsch",
1884. Der Untertitel lautet: „Mir kann es ganz recht sein, wenn die anderen dort unten Beschäftigung finden. Man
hat dann endlich Ruhe hier oben." Auf der kleinen Fahne links steht „Angra Pequena", der Pfeifenkopf trägt die
Aufschrift „Pax".

M2 Staatssekretär Bernhard von Bülow, 1897:
Die Zeiten, wo der Deutsche dem einen seiner Nachbarn die Erde überließ, dem anderen das Meer und
sich selbst den Himmel reservierte …, diese Zeiten sind
vorüber. Wir betrachten es als eine unserer vornehms-
5 ten Aufgaben, gerade in Ostasien die Interessen unserer Schifffahrt, unseres Handels und unserer Industrie
zu fördern und zu pflegen … Wir müssen verlangen,
dass der deutsche Missionar und der deutsche Unternehmer, die deutschen Waren, die deutsche Flagge
10 und das deutsche Schiff in China geradeso geachtet
werden wie diejenigen anderer Mächte. Wir sind endlich gern bereit, in Ostasien den Interessen anderer
Großmächte Rechnung zu tragen, in der sicheren Vo-
raussicht, dass unsere eigenen Interessen gleichfalls
die ihnen gebührende Würdigung finden. Mit einem
Worte: Wir wollen niemand in den Schatten stellen,   15
aber wir verlangen auch unseren Platz an der Sonne.
Zit. nach Johannes Penzler (Hg.), Fürst Bülows Reden
nebst urkundlichen Beiträgen zu seiner Politik, Bd. 1, Berlin
(Verlag Georg Reimer) 1907, S. 6–8.

1   Untersuche die Karikatur M1 mithilfe der Arbeitsschritte „Eine Karikatur untersuchen" auf der folgenden Seite.

2   Erarbeite mithilfe von M2 die Gründe, warum Deutschland unter Wilhelm II. Weltpolitik betrieb. Beziehe den
    Darstellungstext auf S. 254 deines Schulbuches in deine Überlegungen mit ein.

Autorin: Andrea Welk
Bildrechteinhaber: akg-images

Name:	Klasse:	Datum:

Arbeitsschritte „Eine Karikatur untersuchen"

Ersten Eindruck festhalten	
1. Wie wirkt die Karikatur auf dich?	

Einzelheiten beschreiben	
2. Welche Personen, Gegenstände und anderen Details lassen sich erkennen? Achte auf den Gesichtsausdruck, die Körperhaltung. Beziehe die Bildunterschrift mit ein.	

Zusätzliche Informationen heranziehen	
3. Wer ist der Zeichner?	
4. Wann und wo ist die Karikatur entstanden?	
5. Gibt es einen Titel?	
6. Welches Thema hat die Karikatur?	

Bildaussage erkennen	
7. Welche Bedeutung haben die Personen und Gegenstände?	
8. Auf welches Ereignis bezieht sich die Karikatur?	

Aussage der Karikatur formulieren	
9. Was ist die Botschaft?	
10. Was wird kritisiert?	
11. Welche Wirkung könnte die Karikatur haben?	

Autorin: Andrea Welk
Bildrechteinhaber: akg-images

Name:	Klasse:	Datum:

KV 8.2　Wahlmodul: Expansion und Kolonialismus (Längsschnitt)

	Ich kann, weiß, verstehe …	sehr sicher	sicher	unsicher	sehr unsicher	Hilfen finde ich hier: (SB = Schülerbuch)
1	Ich kann erklären, welche Erfindungen und Entdeckungen die Eroberung der „Neuen Welt" erst möglich machten.					SB, S. 238/239
2	Ich kann Gründe für die europäische Expansion nennen.					SB, S. 238/239
3	Ich kann Voraussetzungen und Motive für die „Entdeckung" Amerikas durch Kolumbus nennen.					SB, S. 240/241
4	Ich kann Stellung nehmen zu der Frage: „War Kolumbus ein Entdecker oder ein Eroberer?"					SB, S. 240/241
5	Ich kann erklären, wie es den Europäern gelang, die Reiche der Azteken und Inka zu erobern.					SB, S. 242/243
6	Ich kann erklären, wie Spanien und Portugal ihren Rechtsanspruch auf die „Neue Welt" vertraglich absicherten.					SB, S. 244/245
7	Ich kann den Rechtsanspruch der Europäer auf die „Neue Welt" bewerten.					SB, S. 244/245
8	Ich kann den frühneuzeitlichen Kolonialismus am Beispiel Spaniens beschreiben.					SB, S. 246/247
9	Ich kann den Zusammenhang zwischen Kolonialismus und Sklavenhandel erläutern.					SB, S. 248/249
10	Ich kann den Dreieckshandel zwischen Europa, Afrika und Amerika in einem Schaubild darstellen.					SB, S. 249
11	Ich kann den Begriff „Imperialismus" mithilfe eines Schaubildes erklären.					SB, S. 250
12	Ich kann Kennzeichen und Legitimation des Imperialismus erklären.					SB, S. 250–255
13	Ich kann Ursache, Verlauf und Ergebnis des Herero-Aufstandes beschreiben.					SB, S. 254/255
14	Ich kann die imperialistische Politik am Beispiel Chinas beschreiben.					SB, S. 256/257
15	Ich kann den frühneuzeitlichen Kolonialismus und den Imperialismus anhand von Untersuchungsfragen vergleichen und beurteilen.					SB, S. 260/261

Autorin: Angela Lucke

9 Wahlmodul: Weltbilder (Längsschnitt) SB S. 262–279

Sachinformationen zum Kapitelaufbau

Möchte man das Weltbild einer Gesellschaft oder eines Menschen in einer ausgewählten Epoche beschreiben, so steht man vor einer äußerst komplexen Aufgabe, denn es setzt sich aus zahlreichen Komponenten zusammen. Diese lassen sich in folgende Bereiche gliedern:
- den Kenntnisstand in den Disziplinen Biologie, Physik, Chemie, Geografie, Astronomie und Mathematik
- die Wertvorstellungen, die von der Religion, der Mentalität, der soziokulturellen Tradition, neuen Ideen und Theorien zu Staats- und Gesellschaftsformen sowie dem Wirtschaftssystem geprägt sind
- die Erfahrungen, die der Einzelne in seinem Leben macht, sowie die gemeinschaftlichen Erfahrungen wie Hungersnöte, Kriege oder politische und wirtschaftliche Umstürze

Im vorliegenden Wahlmodul setzen sich die Schülerinnen und Schüler mit den vorherrschenden Weltbildern des Mittelalters, der Frühen Neuzeit und des 19. Jahrhunderts auseinander. Dabei untersuchen sie schwerpunktmäßig für das Mittelalter die Dominanz des christlichen Weltbildes, für die Frühe Neuzeit den Wechsel vom geozentrischen zum heliozentrischen Weltbild und den Einfluss der großen Entdecker sowie für das 19. Jahrhundert die Weltanschauungen Liberalismus und Sozialismus.

Hinweis zum Unterrichtsverlauf

siehe Lehrplansynopse, S. 13

Kompetenzerwerb in Kapitel 9 (s. Schülerband S. 278)

Eine detaillierte Liste der zu erwerbenden Kompetenzen finden Sie hier in der Handreichung auf dem Selbsteinschätzungsbogen, S. 218.

Selbsteinschätzungsbogen für Schüler zum Kapitel 9

siehe Kopiervorlage 9.2, S. 218

Weiterführende Hinweise auf Forum-Begleitmaterialien (s. Einleitung, S. 7)

- Arbeitsheft 2, Kap. 4: Neues Denken – Neue Welt
- Kompetenztraining, Kap. 10: Weltvorstellungen im Mittelalter
- Kompetenztraining, Kap. 13: Entdeckungen und Eroberungen
- Kompetenztraining, Kap. 17: Deutschland im 19. Jahrhundert
- Geschichte interaktiv I, Kap. 6: Die Frühe Neuzeit
- Foliensammlung Geschichte 1, Folie 29: Weltbilder in Mittelalter und Neuzeit
- Foliensammlung Geschichte 1, Folie 31: Entdeckungen und Überseehandel
- Foliensammlung Geschichte 2, Folie 7: Der Kampf der alten mit der neuen Zeit
- Invitation to History, Starter, Unit 3: A New Age of Art and Learning
- Invitation to History, Starter, Unit 4: The Age of Discovery
- Invitation to History, Volume 1, Unit 4: Germany and the rise of new political movements

Literatur, Jugendbücher, Filme, Internethinweise für Lehrkräfte

Literatur
Aaron J. Gurjewitsch, Das Weltbild des mittelalterlichen Menschen, 5. unveränd. Aufl., München (C. H. Beck) 1997.
Karl Lanius, Weltbilder. Eine Menschheitsgeschichte, Leipzig (Faber & Faber) 2005.
Folker Reichert, Das Bild der Welt im Mittelalter, Darmstadt (Wissenschaftliche Buchgesellschaft) 2013.

Jugendbücher
Karin Finan, Große Entdecker. Ihre Reisen und Abenteuer, Nürnberg (Tessloff) 2015.
Luca Novelli, Galilei und der erste Krieg der Sterne, Würzburg (Arena) 2005.
Hermann Schreiber, Marco Polo, München (cbj) 2010.

Filme
FWU 4611013:   Weltbilder im Wandel
WBF K-6720/6721:   Marco Polo – Kaufmann und Entdecker, Teil I und II
WBF B-1548/1549:   Die Entdeckung Amerikas I und II
Internethinweise für Lehrkräfte
http://www.bpb.de/apuz/212819/weltbilder („Weltbilder", Heft 41–42/2015 der Reihe „Aus Politik und Zeitgeschichte")
http://www.uni-lueneburg.de/hyperimage/EbsKart/start.html (interaktive Darstellung der Ebstorfer Weltkarte)

Auftaktseiten   S. 262/263

S. 262 f.: Der deutsche Astronaut Alexander Gerst fotografiert sich selbst im All
Vom 29. Mai bis zum 10. November 2014 lebte und arbeitete Alexander Gerst auf der Internationalen Raumstation ISS. Der deutsche Geophysiker und Vulkanologe gehört seit 2009 dem ESA-Astronautenkorps an. Das Selfie entstand während eines Außenbordeinsatzes.

S. 262: Holzstich von Camille Flammarion
Der Holzstich mit dem Untertitel „Ein Missionar des Mittelalters erzählt, dass er den Punkt gefunden hat, wo der Himmel und die Erde sich berühren ...", stammt aus dem 1888 erschienenen Werk „L' atmosphère: météorologie populaire" des französischen Astronomen Camille Flammarion (1842 bis 1925). Flammarion ließ diesen Holzstich mit der mittelalterlichen Vorstellung, wonach der Himmel einer Kuppel gleiche und die Atmosphäre z. B. beim Besteigen hoher Berge durchstoßen werden könne, zur Illustration anfertigen. Der dazugehörige Text legt nahe, dass er sich damit über die Naivität der Menschen im Mittelalter mokierte.

S. 263, Aufgabe
Der vorliegende Holzstich – im Original mit einer Umrahmung versehen – zeigt die Erde als Scheibe, über der sich der mit Sternen übersäte Himmel in Form einer Halbkugel wölbt. Am linken Bildrand kniet eine Gestalt, die mit dem Kopf und der rechten Hand den Himmel durchstoßen hat und nun die Welt von außen betrachten kann.

Orientierung im Kapitel   S. 264/265

S. 264, M1: Titelseite eines Kinderbuches siehe die Erläuterungen zu Aufgabe 2 a) und b)

S. 264, M2: Symbol auf der Flagge der Vereinten Nationen
Die Flagge bzw. das Emblem der Vereinten Nationen zeigt mit den Umrissen der Kontinente den Interessenbereich der Organisation. Die Olivenzweige symbolisieren die Hauptaufgaben der Vereinten Nationen: Sicherheit und Frieden.

S. 265, M3: Weltzeituhr
Der Alexanderplatz in seiner heutigen Gestalt entstand zwischen 1966 und 1970 und bildete das Zentrum Ostberlins. Die Weltzeituhr und der Brunnen der Völkerfreundschaft waren seine symbolträchtigen Anziehungspunkte.

S. 265, Aufgabe 1 individuelle Lösung

S. 265, Aufgabe 2 a)
Die Bildinhalte müssten sich an der jeweiligen Zielgruppe orientieren. Das Titelbild M1 richtet sich an Dreijährige, die außer ihrem Zuhause, der Kindertagesstätte, ihrem direkten Umfeld und einigen Ausflügen in die Umgebung sowie Familienurlaubszielen noch nichts von der Welt gesehen haben. Schulkinder haben schon einen weiteren Horizont. Ihr Weltbild wird nicht nur durch ihre direkte Umgebung geprägt. Sie sehen im Fernsehen und im Internet Bilder von fremden Ländern und Kulturen, lernen in der Schule Kinder aus anderen Kulturkreisen kennen. Das Weltbild auf einer Seite abzubilden, wird mit zunehmendem Alter der Zielgruppe schwieriger. Die konkreten Inhalte für ein Titelbild eines Buches auszuwählen, welches das Weltbild der Schülerinnen und Schüler spiegelt, ist individuell zu lösen.

b)

	M1	M2	M3
Alter	2 bis 4 Jahre	14 bis 99 Jahre	bis 99 Jahre
politisches Interesse	keines	internationale Politik und globale Wirtschaft, Sicherheit und Frieden	bis 1989: Verbreitung des Sozialismus bzw. Kommunismus seit 1990: Orientierung nach Westen
soziales Interesse	Familie	Völkerverständigung, Wohlstand für alle, Gerechtigkeit, Chancengleichheit	bis 1989: Arbeiter- und Bauernstaat seit 1990: Gerechtigkeit, Chancengleichheit, Weltoffenheit
Herkunft	alle Kinder	vor allem gebildete Bürger aus den Industrieländern	bis 1989: DDR-Bürger, Bürger des Ostblocks seit 1990: alle Bürger und Besucher Berlins

VISUALISIERUNG 9.1

S. 265, Aufgabe 3 Diskussion

Christlicher Glaube im Mittelalter · S. 266/267

HRU, S. 216, KV
9.1 Weltbilder im Vergleich: früher und heute

S. 266, M1: „Totentanz", Wandmalerei

Das Bildprogramm der spätmittelalterlichen Totentänze, die anfangs als Fresken auf Kirchenwänden, Kirchhofmauern oder Beinhäusern angebracht waren, ist beinahe identisch: Jeweils eine noch lebende Person, die als Vertreter eines Standes oder eines Lebensalters angesehen werden kann, und ein halb verwester Leichnam bilden ein Tanzpaar. Die Einzelszenen werden durch erläuternde Verse ergänzt. Der Tod ist ein „Gleichmacher", er verschont keinen Stand. Weltliche Herrscher und Adlige, hohe und niedere Geistliche, Männer, Frauen, Kinder, Alt und Jung, Reich und Arm – alle müssen der unnachgiebigen Aufforderung zum Tanz Folge leisten, selbst wenn sie sich dagegen sträuben. Der Reigen, eigentlich als lebhaft gesprungener Tanz Lebensfreude ausstrahlend, wird im Totentanz (frz. „dance macabre") pervertiert.

Der Totentanz in Berlins Marienkirche gehört zu den berühmtesten Werken dieser Gattung. Wer das Fresko wann erschaffen hat, ist nicht bekannt. Es gibt allerdings Vermutungen, die das Entstehungsjahr zwischen 1470 und 1485 datieren und als Künstler einen Franziskanermönch nahelegen. Das vermutlich in der Reformationszeit mit Kalk übertünchte und erst 1861 wieder entdeckte und freigelegte Fresko ist 22 m lang und 2 m hoch. Es besteht aus 28 Szenenbildern und einem Schriftband. Angeführt wird der Totentanz von einem predigenden Franziskaner, in den einzelnen Szenen bittet der Tod Vertreter geistiger und weltlicher Stände zum Tanz. Das Zentrum und gleichsam den Höhepunkt des Reigens bildet Jesus am Kreuz, der den Menschen durch sein Opfer die Hoffnung auf Erlösung schenkt.

Diff. Kopiervorlagen
6.6 Merkmale mittelalterlicher Karten am Beispiel der Ebstorfer Weltkarte

S. 267, M2: Mittelalterliches Weltbild

Das Weltbild der Menschen des europäischen Mittelalters gründete auf dem Alten Testament der Bibel. Die Welt sei demzufolge eine Schöpfung Gottes und in drei Teile – Himmelsgewölbe, Erdscheibe, unterirdische Welt – geteilt. Die Weltkarte aus der Londoner Psalterhandschrift spiegelt dieses christliche Weltbild wider: Im oberen Bereich des Blattes ist der von zwei Engeln flankierte, segnende Christus zu sehen. Den größten Teil des Blattes nimmt die scheibenförmige Darstellung der Erde ein, während unten zwei drachenähnliche Wesen abgebildet sind. Dass es sich um ein religiöses Weltbild handelt, zeigen auch die Eintragungen auf der Karte: Das Paradies ist im oberen Teil der Karte angesiedelt, namentlich gekennzeichnet sind neben Bethlehem und Jerusalem, dem Geburts- bzw. Sterbeort Christi, nur die Städte Rom, das Zentrum der lateinischen Christenheit, und Konstantinopel, der Sitz der Ostkirche. Darüber hinaus kann man auf der Karte (Dm. 9 cm) das „Weltmeer" erkennen, das die Erde umschließt. Das Mittelmeer und die beiden Flüsse (Don und Nil) teilen das Festland in die drei Kontinente Asien (oben), Afrika (unten rechts) und Europa (unten links). Bei dem Bogen im linken oberen Viertel handelt es sich um die Darstellung des Kaukasus, unbekannte Völker sind am rechten Kartenrand als Fabelwesen dargestellt.

S. 267, M3: TO-Schema einer Weltkarte
Isidor von Sevilla, der als bedeutender Kirchenlehrer gilt, wurde 599/600 zum Bischof von Sevilla erhoben. Auf Wunsch des Westgotenkönigs Sisebut unternahm Isidor den Versuch, das gesamte weltliche und religiöse Wissen der damaligen Zeit schriftlich niederzulegen. Um das Jahr 630 waren die Arbeiten an der 20-bändigen „Etymologiae" abgeschlossen, die neben medizinischen Themen u. a. auch die Bereiche Recht, Naturkunde und Technik abdeckte. 1472 erschien das Werk, das über viele Jahrhunderte hinweg als Standard-Nachschlagewerk galt, erstmals in gedruckter Form.
Die abgebildete Weltkarte stammt aus der 1472 in der Augsburger Werkstatt Günther Zainers gedruckten Ausgabe der „Etymologiae". Sie zeigt die Erde als O-förmige Scheibe, die vom Weltenozean umflossen wird. Die drei Kontinente Asien, Afrika und Europa sind durch das T-förmige Mittelmeer geteilt, dessen Querbalken durch die Flüsse Don und Nil gleichsam verlängert wird. Der Nil teilt somit Afrika von Asien ab. Die drei Kontinente sind den Söhnen Noahs zugeordnet (Sem = Asien, Jafeth = Europa und Cham = Afrika), die als Stammväter der dort wohnenden Völker angesehen wurden. Außerdem sind die vier Himmelsrichtungen eingetragen als Oriens, Occidens, Sepantrie und Meridies. Die Karte ist nach Osten ausgerichtet.

S. 267, M4: Der Historiker Folker Reichert über die Londoner Psalterkarte siehe die Erläuterungen zu M2

S. 267, Aufgabe 1
Beispiele für die Rolle des Glaubens im Alltag der Menschen finden sich im Darstellungstext auf S. 266:
- Z. 7–9: Die Herrschaft des Königs ist von Gott und der Kirche legitimiert.
- Z. 10–14: Der Stand und die Aufgaben eines Menschen sind von Gott festgelegt, soziale Unterschiede müssen daher hingenommen werden.
- Z. 15–18: Gott bestimmt über Krankheit und Tod eines Menschen, daher gilt ein gottgefälliges Leben (regelmäßiges Beten und der Besuch der Gottesdienste) als Voraussetzung für ein langes und gesundes Leben.

S. 267, Aufgabe 2 Der Glaube bestimmte die Sicht auf die Welt folgendermaßen:
- Das Leben und die Erde sind Teil der göttlichen Schöpfung.
- Es gibt ein „Oben" und ein „Unten". „Oben" ist der Himmel, wo Gott, Jesus und die Engel sind, „Unten" ist die Hölle, wo der Teufel und seine Gehilfen lauern.
- Die Menschen teilen sich in gute Christen auf der einen und von Gott abgewandte Sünder auf der anderen Seite. Erstere kommen nach dem Jüngsten Gericht in den Himmel, Letztere in die Hölle.

S. 267, Aufgabe 3 a)
Die Weltkarte im Gebetsbuch folgt zwar dem TO-Schema, allerdings dominieren in der Gestaltung die zentralen Elemente des christlichen Glaubens: Jesus mit den beiden Engeln und das irdische Paradies als das „Gute", die Drachen als Symbole des „Bösen". Jesus hält eine Miniaturausgabe der Schöpfung Gottes – die Erde – in der Hand.
b) Mit dieser Darstellung bezweckte der Zeichner, das christliche Weltbild und den Status Gottes zu festigen. Jesus, der Sohn Gottes, ist der Mittelpunkt des Bildes. Er hält die Welt buchstäblich in seinen Händen und ist der Herr über Gut und Böse, über Leben und Tod. Der Garten Eden als Sehnsuchtsort der gläubigen Christen mit seinen Flüssen dominiert die Karte. Die Flüsse erscheinen wie Lebensadern der Erde. Solche Darstellungen dienten auch dazu, den zahlreichen Analphabeten den Inhalt der christlichen Glaubenslehre zu vermitteln.

S. 267, Aufgabe 4 siehe die Erläuterungen zu M1

S. 267, Aufgabe 5 Recherche-Aufgabe

Europas Perspektiven um 1500	S. 268/269

S. 268, M1: Giotto, „Thronende Maria mit Kind"
Das Fresko „Madonna di San Giorgio alla Costa" aus dem Jahr 1295 von Giotto di Bondone (um 1266–1337) zeigt eine sogenannte thronende Madonna. Die Stilmittel, die Giotto hier einsetzte, waren typisch für die romanische Malerei:
- keine Perspektive
- halbkreisförmige Fensterrahmen, wie man sie auch in der Architektur dieser Zeit findet

HRU, S. 216, KV
9.1 Weltbilder im Vergleich: früher und heute

- Größe und Relation der Figuren und Gegenstände entsprechen nicht der Realität, sondern ihrer symbolischen Bedeutung
- keine charakteristischen Gesichtszüge, keine Mimik
- Figuren und Gegenstände sind deutlich vom Hintergrund getrennt

Eigentlich ist Giotto als Begründer der zunehmend naturnahen Darstellung in der Frührenaissance berühmt. Bei dem vorliegenden Fresko handelt es sich daher um ein frühes und weitestgehend unbekanntes Werk des Malers.

S. 268, M2: Fra Filippo Lippi, „Madonna mit Kind und zwei Engeln"

Filippo Lippi wurde 1406 in Florenz geboren. Als junger Mann trat er dem Orden der Karmeliter in Florenz bei und wurde damit zu Fra Filippo (Fra: ital. Ordensbruder). Später verließ er das Kloster und eröffnete eine Werkstatt in Florenz, in der u. a. Sandro Botticelli ausgebildet wurde. 1469 starb Fra Filippo Lippi während seiner letzten Auftragsarbeit im Dom von Spoleto. Sein Gemälde „Madonna mit Kind und zwei Engeln" aus dem Jahr 1465 zeigt typische Merkmale der Renaissancemalerei:

- Dreidimensionalität, vor allem an der Landschaft im Hintergrund erkennbar
- feiner Malstil, zarte Linienführung
- lebendige Darstellung der Figuren: realistische Körperhaltung, individuelle Blickrichtung und charakteristische Mimik
- dekorative, elegante Gestaltung der Figuren (Frisur, Schmuck, Kleidung)

S. 269, M3: Heliozentrisches Weltbild

Alain Manesson Mallet wurde 1630 in Paris geboren und starb dort 1706. Er war Ingenieur und Kartograf, diente zunächst in der portugiesischen Armee und trat später in den Dienst Ludwigs XIV. An seinem fünfbändigen Werk „Description de l'Univers" – veröffentlicht 1683 – schrieb er angeblich zehn Jahre. 1684 erschien es auf Deutsch und später auf Italienisch. Die enthaltenen Stiche hat Mallet selbst angefertigt.

S. 269, Aufgabe 1 a)

Merkmale	M1	M2
Perspektive	ohne Perspektive	Zentralperspektive
Malstil	grobe Linien, klar umrissene Farbflächen	feine Linien, Transparenzen
Darstellung der Figuren	starre Körperhaltung und Mimik	lebendige Körperhaltung und Mimik
Figurenkonstellation	Position, Gestik und Mimik der Figuren sind festgelegt, Figuren sind dem Betrachter zugewandt	Position der Figuren ist individuell, Gestik, Mimik und Körperhaltung wirken natürlich, Figuren wenden sich einander zu (Ausnahme: ein Engel blickt zum Betrachter)
Hintergrund	Rahmen mit Engeln	Landschaft mit räumlicher Tiefe, die natürlich wirkt
Symbole	auffälliger Heiligenschein bei allen Figuren, charakteristische Handhaltung bei Jesus	dezenter Heiligenschein bei Maria, betende Hände bei Maria
Aussage/Zweck des Bildes	Idealisierte Darstellung: Beide Bilder sind Ikonen zur Verehrung der Mutter Gottes Maria und Gottes Sohn Jesus.	

VISUALISIERUNG 9.2

b) Die unterschiedlichen Darstellungen von Maria mit Jesus zeigen den Wechsel von der mittelalterlichen zur neuzeitlichen Betrachtungsweise: Im Mittelalter stand der göttliche Charakter der beiden Figuren im Vordergrund. Deshalb wurden sie nicht im Rahmen einer weltlichen Umgebung gezeigt, sondern in einem künstlichen Raum – gleichsam den Menschen entrückt. In der Renaissance wurden sie als Menschen gezeigt. Zwar waren sie besondere, heilige Figuren, aber sie wurden in einer scheinbar natürlichen Umgebung, mit Charakterzügen und in einer Mutter-Kind-Beziehung präsentiert. Das

Weltbild näherte sich der Wahrnehmung der Menschen an. Eine Maria, wie sie Giotto malte, hat niemals ein Mensch gesehen. Eine Mutter mit ihrem Kind, wie sie Fra Filippo Lippi malte, könnte tatsächlich auf einem Stuhl vor einem Fenster mit Blick in die Landschaft gesessen haben. Das Weltbild der Menschen orientierte sich in der Renaissance demnach immer weniger an dem Bild, das die Kirche stets propagiert hatte, sondern zunehmend an der Realität.

S. 269, Aufgabe 2 a)
Reformation: Die Menschen sollten selbst lesen und sehen können, was sie glauben sollen. Deshalb übersetzte Luther die Bibel ins Deutsche, damit sich jeder selbst ein Bild davon machen konnte.
b) *Humanismus:* individuelle Lösung
c) *Renaissance:* Die Erkenntnis, dass sich die Erde und alle anderen Planeten um die Sonne drehen (heliozentrisches Weltbild) und nicht um die Erde (geozentrisches Weltbild), stellte die Glaubenslehre der katholischen Kirche infrage. Zwar übernahmen die Naturwissenschaften noch nicht die Deutungshoheit über das Weltbild der Menschen, aber ein erster Schritt in diese Richtung war getan.

S. 269, Aufgabe 3 a)
Beim geozentrischen Weltbild ist die Erde der Mittelpunkt des Universums: Die anderen Himmelskörper kreisen um sie. Beim heliozentrischen Weltbild ist die Sonne der Mittelpunkt des Universums: Die Planeten kreisen um sie, der Mond kreist um die Erde und mit ihr um die Sonne.
b) Die christliche Glaubenslehre stellt die Erde als Schöpfung Gottes in den Mittelpunkt. Dieser Darstellung entsprach das geozentrische Weltbild. Die Erkenntnis, dass die Erde gemeinsam mit allen anderen Planeten um die Sonne kreist, stellt die These von der Erde als Gottes Schöpfung und dem Menschen als deren Krönung infrage. Das heliozentrische Weltbild gefährdete somit die Deutungshoheit der Kirche über gut und böse, richtig und falsch.

Wandel durch Reisen, Handel und Seefahrt   S. 270/271

S. 270, M1: Heinrich der Seefahrer beim Seekartenlesen
Unter der Leitung des Prinzen Heinrich (1394–1460), dem vierten Sohn des portugiesischen Königs Johann I., entstand in der Stadt Sagres ein Zentrum für Schiffsbau, Navigation und Kartografie. Von hier aus steuerte er, der allerdings nie selbst auf große Fahrt ging, die Exkursionen seiner Kapitäne. Sie entwickelten dazu einen neuen hochseetüchtigen Schiffstyp, die „Karavelle", und nutzten Navigationshilfen wie den Kompass, den Jakobsstab und astronomische Tabellen. Mit Logbüchern dokumentierten die Kapitäne ihre Fahrten und erstellten Stück für Stück eine genaue Karte der Westküste Afrikas bis zum Kap der Guten Hoffnung. Mit dieser Karte fand schließlich Vasco de Gama 1497 den Weg bis nach Indien.

S. 271, M2: Die Journalistin Anna Fischhaber über die Seidenstraße
Die Seidenstraße gilt als älteste Handelsroute der Welt. Um das Jahr 100 v. Chr. sollen die ersten Kamelkarawanen von Chinas alter Hauptstadt, dem heutigen Xi'an, in Richtung Mittelmeer aufgebrochen sein – im Gepäck Seide, Jade und Gewürze. Die Reise war gefährlich und beschwerlich. Sie führte durch Wüsten und über schneebedeckte Gebirge und dauerte insgesamt etwa drei bis vier Jahre. Die Händler bereisten daher nur Teilstrecken und tauschten ihre Waren an Handelsplätzen mit anderen Händlern. Ausgetauscht und weitergegeben wurden jedoch nicht nur Güter und Rohstoffe, sondern auch Ideen, Wissen und Religionen. Der Buddhismus kam auf diese Weise ebenso nach China wie verschiedene Kulturpflanzen (z. B. Pfirsiche, Mandeln). Die Pest wiederum fand ihren Weg von Asien nach Europa.

S. 271, M3: Zeichnung des Portugiesen Diogo Homem
Der portugiesische Kartograf Diogo Homem lebte von 1521 bis 1576. Er zeichnete zahlreiche Karten – vor allem vom Mittelmeerraum. Siehe auch die Erläuterungen zu Aufgabe 2.

S. 271, Aufgabe 1
Bildbeschreibung: Zehn Männer stehen um einen Holztisch herum, drei stützen sich mit den Händen auf die Tischplatte. Neun Männer tragen offensichtlich landestypische Kleidung in verschiedenen Farben und passenden Hüten ohne Krempe. Nur der Mann in der Bildmitte trägt einen schwarzen Mantel und einen Hut mit breiter Krempe. Bei ihm handelt es sich wohl um Prinz Heinrich. Die konzentrierten Blicke der neun Männer sind auf die Karte gerichtet, die der schwarz gekleidete Mann in der Hand hält. Auf dem Tisch liegt noch eine zweite Karte, auf diese blickt der zehnte Mann und misst

Diff. Kopiervorlagen
9.2 Die großen Entdeckungsfahrten des 15./16. Jahrhunderts

darauf etwas mit einem Zirkel ab. Am Rand der Tischplatte kann man einige Gläser und eine Karaffe erkennen, im Hintergrund sieht man Segelboote.
Bildelemente, die auf eine moderne Welterkenntnis schließen lassen: Karten mit Linien und Windrose, Zirkel

S. 271, Aufgabe 2

	Gemeinsamkeiten	Unterschiede
VISUALISIERUNG 9.3	*gestaltende Elemente* • M2, S. 269: Sonne mit Gesicht, Wolken, Sterne • M3, S. 271: Fahnen, Siegel, Wappen oder Embleme, Tiere (Löwe, Elefant), Segelschiff	*Motiv* • M2, S. 269: Universum, Sonnensystem • M3, S. 271: Teil der Westküste Afrikas
	Beschriftungen der Kartenelemente • M2, S. 269: z. B. „Orbe de la terre", „Orbe des étoiles fixes" • M3, S. 271: z. B. „Bonalpes", „Aethiopia inferior"	*Maßstab* • M2, S. 169: kein realistischer Maßstab • M3, S. 271: keine Maßangabe, aber offensichtlich wurde sich bemüht, eine maßstabsgetreue Abbildung zu geben
		Zweck der Karte, Zielgruppe • M2, S. 269: bildliche Darstellung des heliozentrischen Weltbildes für alle Menschen • M3, S. 271: genaue Karte zur Orientierung für Seefahrer

S. 271, Aufgabe 3 a)
Verlauf der Seidenstraße: China – Sandwüste – Pamir-Gebirge – Mittelmeer
Waren: Seide, Jade, Keramik, Gewürze, Gold, Glas
Transportmittel: Kamele
b) Das Weltbild veränderte sich, da man fremde Regionen, Landschaften, Menschen, Kulturen, Waren, Religionen und nicht zuletzt Krankheiten kennenlernte.

S. 271, Aufgabe 4
Diskussion: Argumente für die These wären beispielsweise, dass die Erfahrungen und Geschichten der Händler und Seefahrer auf die Menschen lebendig und damit glaubhaft wirkten. Dagegen war eine Karte der Erde oder des Universums für die breite Bevölkerung zu abstrakt und damit schwer zu begreifen. Somit liegt es nahe, dass die Reiseberichte der Seefahrer und Kaufleute ein neues Weltbild effektiver transportierten als die Karten der Wissenschaftler.

> ### Liberalismus: Freiheit als Modell für die staatliche Ordnung – Wandel des Weltbildes?
> **S. 272/273**

HRU, S. 216, KV
9.1 Weltbilder im Vergleich: früher und heute

S. 272, M1: Politische Gruppierungen 1848
Infolge der Menschenrechtserklärung in Nordamerika, der Revolution in Frankreich und der Industrialisierung mit dem damit einhergehenden sozialen Wandel kam es 1848 in Frankreich, Österreich und Deutschland zu Revolutionen, in denen Liberale gegen Monarchisten und Konservative kämpften. Auslöser war die Februarrevolution in Frankreich, wo zahlreiche Bürger gegen die korrupte Regierung und das ungerechte Wahlsystem protestierten und König Louis Philippe schließlich zur Abdankung zwangen. Die Nachricht löste in Österreich und in vielen deutschen Fürstentümern ebenfalls revolutionäre Aufstände aus. In Österreich musste Reichskanzler Metternich nach London ins Exil gehen und der Kaiser in die Provinz nach Innsbruck fliehen. Auch in anderen Teilen des Vielvölkerstaates kam es zu Aufständen gegen die Herrschaft der Österreicher: Beispielsweise mussten in Mailand die österreichischen Truppen abziehen, in Venedig wurde die Republik ausgerufen und in Ungarn forderte die Nationalbewegung die Unabhängigkeit. In Berlin musste nach Straßenkämpfen der preußische König Friedrich Wilhelm IV. liberale Zugeständnisse machen. Manche Herrscher, wie die Könige von Sachsen und Württemberg, entschieden sich für eine andere Strategie: Um ihre Herrschaft zu sichern, gaben sie in Teilen den liberalen Forderungen nach und richteten die sogenannten Märzministerien ein.
Die Forderung der Liberalen nach nationaler Einheit sollte eine Nationalversammlung umsetzen, deren Abgeordnete im Mai desselben Jahres gewählt wurden und in der Paulskirche in Frankfurt am

Main tagten. Die Abgeordneten beschlossen am 28. März 1849 die Reichsverfassung und wählten den preußischen König Friedrich Wilhelm IV. zum Kaiser der Deutschen. Die Ablehnung der Wahl durch Friedrich Wilhelm stellte den Anfang vom Ende der Revolution dar. Die Nationalversammlung löste sich teilweise auf, und der Rest – das Rumpfparlament in Stuttgart – wurde schließlich von Truppen des württembergischen Königs auseinandergetrieben.

S. 273, M2: Karl Friedrich Schinkel, „Mittelalterliche Stadt am Fluss"
Karl Friedrich Schinkel gilt bis heute als „Baumeister Preußens", der das Gesicht Berlins mit seinen Entwürfen für die Neue Wache, das Schauspielhaus, das Alte Museum und die Bauakademie entscheidend prägte. Dass er daneben auch ein begabter Maler war, der es mit seinem Zeitgenossen Caspar David Friedrich aufnehmen konnte, tritt dabei in den Hintergrund.
Das Bild „Mittelalterliche Stadt an einem Fluss" bildet zusammen mit dem seit 1945 verschollenen Gemälde „Griechische Stadt am Meer" (ebenfalls 1815) ein Bildpaar. Schinkel malte die beiden Stadtansichten unter dem Eindruck der gewonnenen Befreiungskriege gegen Napoleon. Die deutschen Künstler der Romantik versuchten mit ihren Werken, dem Wunsch nach Freiheit und nach nationaler Einheit Ausdruck zu verleihen. Sie suchten und fanden Verbindendes im Leitbild der griechischen Antike und im Mittelalter. So schuf Schinkel die zwei Gemälde, die keine realen Landschaften und Gebäude zeigen, sondern Symbole für diese beiden verbindenden Elemente sein sollen. Die abgebildete gotische Kathedrale erinnert an den damals noch unvollendeten Kölner Dom; der dargestellte festliche Einzug eines Herrschers mit seinem Gefolge soll vermutlich an die Heimkehr des siegreichen preußischen Königs Friedrich Wilhelm III. 1814 erinnern.

S. 273, M3: Paul Achatius Pfizer über den Liberalismus
Paul Pfizer lebte von 1801 bis 1867 hauptsächlich in Stuttgart. Sein Studium der Rechtswissenschaften absolvierte er in Tübingen, wo er der Burschenschaft „Alte Germania Tübingen" beitrat. Bis 1831 war er Justizassessor am Gerichtshof in Tübingen. Nach der Veröffentlichung seiner Schrift „Briefwechsel zweier Deutschen", in der er die Einheit der deutschen Staaten unter der Führung Preußens forderte, wurde er aus dem Staatsdienst entlassen und war seitdem als Schriftsteller und Anwalt tätig. 1832 nahm er an Protesten der Abgeordneten teil, die die Einberufung des Landtages forderten. 1848 war er Abgeordneter der Nationalversammlung in Frankfurt am Main.

S. 273, Aufgabe 1 a) Ziele des Liberalismus:
- Bildung und Aufklärung für alle
- vernünftige und zeitgemäße Umsetzung der Menschenrechtserklärungen
- Das Gemeinwohl soll über den Interessen eines einzelnen Herrschers stehen.
- Alle Menschen sollen im gleichen Maße frei sein.

b) individuelle Lösung

c)

	Aufklärung	Liberalismus
Grundlage	Immanuel Kant: „Habe Mut, dich deines eigenen Verstandes zu bedienen!"	Menschenrechtserklärungen
Voraussetzung	selbst denkender, gebildeter, kritischer, vernünftiger Mensch	
Ziele	• Ausweg aus der Unwissenheit und persönliche Selbstbestimmung für jeden Menschen • politische Ziele: Gesellschaftsvertrag, Volkssouveränität	• Freiheit und Selbstbestimmung für jeden Menschen • politische Ziele: Verfassung, Wahlrecht für alle, Volkssouveränität
Vertreter	Adlige, gebildete Bürger der Oberschicht	Bürger, Studenten, Intellektuelle
Gegner	absolutistische Monarchen	Monarchen, Monarchisten und Konservative

VISUALISIERUNG 9.4

S. 273, Aufgabe 2

<table>
<tr><td rowspan="8" style="writing-mode: vertical-lr">VISUALISIERUNG 9.5</td><th>Bildelemente und Gestaltungsmerkmale</th><th>Aussage über Weltanschauung Schinkels</th></tr>
<tr><td>alles überragender, aber unfertiger Dom</td><td>• gotischer Dom als Symbol einer mittelalterlichen Gesellschaftsordnung
• Die hoch aufragenden Türme des Domes scheinen bis zum Himmel zu reichen.
• Das Ziel, der Himmel, ist jedoch noch nicht erreicht, da der zweite Turm noch nicht fertig ist.</td></tr>
<tr><td>weiße Fahne</td><td>Symbol für den Sieg über Napoleon und den Frieden in Europa</td></tr>
<tr><td>festlicher Einzug des Herrschers</td><td>Alle Menschen bejubeln den Herrscher, Sieger und Befreier, gemeint ist hier vermutlich der preußische König Friedrich Wilhelm III.</td></tr>
<tr><td>Größenverhältnis Dom – Menschen: Der Dom überragt die Menschen, die Burganlage und die Stadt.</td><td>Der Dom mit der weißen Fahne steht für die Ziele der Romantiker: eine klare mittelalterliche Ordnung, die den Werten der christlichen Kirche verpflichtet ist, in der jeder seinen festen Platz hat und Frieden herrscht. Diese idealisierte Vorstellung der mittelalterlichen Gesellschaft diente den Romantikern als Vorbild. Der Dom ist demnach das Symbol für die Harmonie zwischen geistlicher und weltlicher Macht, Natur und Mensch, Himmel und Erde.</td></tr>
<tr><td>wilde Natur, Bäume</td><td>Die Natur war der Sehnsuchtsort der Romantiker. Hierhin zogen sie sich sprichwörtlich zurück, um in ihren Sehnsüchten, Träumen und Gedanken zu schwelgen. Als Ursprung allen Lebens wurde sie fast schon religiös verehrt.</td></tr>
<tr><td>Regenbogen vor Gewitterhimmel</td><td>Der Regenbogen entsteht aus dem Zusammenwirken von Regen und Sonne. Nach einem Gewitter (Französische Revolution und Befreiungskriege) kommt die Sonne wieder heraus (Wärme und Licht) und es entsteht ein Regenbogen (Glück und Wohlstand).</td></tr>
<tr><td>Verteilung von Licht und Schatten: Der Dom, die ihn umgebende Natur, der Regenbogen und der Menschenzug erstrahlen in hellem Licht, die übrigen Bildelemente (Burganlage und Stadt) liegen im Schatten.</td><td>Schinkel als Romantiker macht mit der Verteilung des Lichts deutlich, welche Hoffnungen und Wünsche er mit dem Sieg über Napoleon verbindet: das gemeinsame Streben aller Menschen nach einem höheren Ziel, nämlich einer natürlichen und harmonischen Ordnung der Verhältnisse zwischen Natur und Mensch, Herrscher und Untertanen, geistlicher und weltlicher Macht, Himmel und Erde. Dieses Ideal sahen die Romantiker im Mittelalter gegeben und bezogen sich deshalb in ihrer Motivwahl (gotischer Dom, siegreicher Herrscher, unberührte Natur mit Regenbogen) darauf.</td></tr>
</table>

S. 273, Aufgabe 3 a)

Im christlichen Weltbild bestimmt Gott, wie das Leben auf der Erde ist: Natur und Gesellschaft müssen daher seinen Gesetzen bedingungslos folgen. Die Menschen haben keinen Einfluss auf das Leben. Das liberale Weltbild stellt dagegen den einzelnen, freien, selbstbestimmten Menschen in den Mittelpunkt. Das Gemeinwohl ist das Ziel, dem alles andere untergeordnet ist.

b) Konservative und Monarchisten kämpfen für den Erhalt des Gottesgnadentums als Legitimation für ihre Vorrangstellung und Macht. Liberale wollen dieses Herrschaftssystem aufbrechen bzw. ersetzen durch die Herrschaft des Volkes.

Sozialismus: die Idee von der Gleichheit aller   S. 274/275

S. 274, M1: Stufenmodell des marxistischen Geschichtsbildes

Für Karl Marx vollzog sich die Geschichte in einem linearen Prozess, der durch die dargestellten Entwicklungsstufen charakterisiert ist. Geschichte wird bei Marx in gesellschaftliche Epochen eingeteilt, von denen sich jede durch spezifische Klassenkämpfe auszeichnet. Die sich antagonistisch gegenüberstehenden Klassen sind in den Stufen bezeichnet. Der Aufruhr der unterdrückten Klasse in Revolutionen, aber auch technische Neuerungen gelten für Marx als Triebkraft für die historische Entwicklung. Durch die Industrialisierung sah Marx den materiellen Gegensatz zwischen besitzender Klasse (Bourgeoisie) und besitzloser Klasse (Proletariat) als so gravierend an, dass er überzeugt davon war, dass nur eine Revolution des Proletariats diese Unterschiede beseitigen könne, die in einer kommunistischen, klassenlosen Gesellschaft münden musste.

S. 275, M2: Karikatur „Ein altes Märchen im neuen Gewande"

„Der Wahre Jakob" war eine oppositionelle, sozialdemokratisch ausgerichtete Satirezeitschrift, die sich den Kampf gegen die Monarchie, insbesondere den Kampf gegen die Politik Bismarcks, auf die Fahnen geschrieben hatte. Sie wurde 1879 in Hamburg gegründet, musste jedoch nach zehn Ausgaben wieder eingestellt werden. Seit 1884 erschien sie in Stuttgart und war kommerziell bald sehr erfolgreich, denn die Aufmachung und der Stil der Zeichnungen waren einfach und kostensparend gehalten. Zur Karikatur siehe die Erläuterungen zu Aufgabe 3 a).

S. 275, M3: „Opium für das Volk"

Das Zitat von Karl Marx „Die Religion … ist das Opium des Volkes" ist bei Religionskritikern zum geflügelten Wort geworden. Dabei hat der Satz heute für viele eine andere Konnotation, weil Opium hauptsächlich als Rauschmittel bekannt ist und nicht mehr – wie zu Marx' und Heines Zeiten – als Mittel zur Linderung von Schmerzen.

S. 275, Aufgabe 1

Die Hoffnung der Bauern, mit einer Befreiung aus der Feudalherrschaft werde sich ihre Situation verbessern, erfüllte sich nicht. Die meisten verfügten nicht über die notwendigen Mittel, um sich Land zu kaufen und eine eigene Existenz zu gründen. Sie waren gezwungen, in die Stadt zu ziehen, wo sie als schlecht bezahlte Arbeiter von neuen „Herren", den Fabrikbesitzern, abhängig waren. So trat der Wunsch nach sozialer Gleichheit für sie in den Vordergrund. Marx und Engels entwickelten in ihrem „Kommunistischen Manifest" das Stufenmodell einer Revolution, die am Ende zu einer klassenlosen Gesellschaft führen sollte.

S. 275, Aufgabe 2

Marx und Engels richteten sich mit ihrer Idee einer klassenlosen Gesellschaft, in der das Kapital allen gemeinsam gehörte, an Arbeiter in der ganzen Welt. Diese schlossen sich zu Gewerkschaften und Parteien zusammen, um ihre Interessen besser vertreten zu können. Die Arbeiterbewegung war geboren und fand in den Ideen von Marx und Engels ihre theoretischen Grundlagen.

S. 275, Aufgabe 3 a)

Die dreigeteilte Karikatur kann mithilfe der Arbeitsschritte auf S. 117 des Schülerbandes untersucht werden:
1. individuelle Lösung
2. *oberes Bild:*
- Bildunterschrift: „Tischlein deck' dich"
- Personen auf rechter Tischseite: Ein dicker Mann im Frack sitzt breitbeinig auf einem gepolsterten Sessel, hat eine Serviette umgebunden und löffelt eine Suppe.
- Personen auf linker Tischseite: Mehrere Personen (Frauen und Männer, Alt und Jung, alle schlank, mit Schürzen) tragen Essen zum Tisch.
- Gegenstände: Tisch mit weißer Tischdecke, Geschirr, im Hintergrund ein Schrank mit einer Bismarck-Büste, Leuchter und Blumenbouquet

mittleres Bild:
- Bildunterschrift: „Eselein streck dich"
- Person: dicker Mann in Frack
- Tier: Esel mit Schriftzug „Kapitalistische Produktion" auf dem Rücken; aus dem Hinterteil des Esels fallen Goldmünzen in einen Sack, den der dicke Mann bereithält; der Esel blickt erschrocken, ängstlich, vielleicht auch wütend

unteres Bild:
- Bildunterschrift: „Knüppel aus dem Sack!"
- Personen: dicker Mann im Frack mit gebückter Haltung, der schreit; Mädchen und Junge in einfacher Kleidung, lachend, den Hut freudig schwenkend, klatschend
- Gegenstände: drei Knüppel mit der Aufschrift „Sozialismus", ein leerer Sack liegt auf dem Boden zwischen dem Mann und den Kindern
3. keine Angaben vorhanden
4. 1900, Ort unbekannt
5. „Ein altes Märchen im neuen Gewande"
6. die Ausbeutung der Arbeiter durch die Fabrikbesitzer bzw. Kapitalisten
7. dicker Mann im Frack: er vertritt die Industriebesitzer, alle anderen Personen und Tiere stehen für die ausgebeuteten Arbeiter; Tafel mit Essen und Goldesel symbolisieren das luxuriöse Leben, das sich die Fabrikbesitzer auf Kosten der Arbeiter leisten; die „Sozialismus-Knüppel" verprügeln den dicken Mann und besiegen/vertreiben ihn schließlich
8. Die Karikatur bezieht sich auf die Kritik der Arbeiter und ihrer Vordenker Engels und Marx an den sozialen Missständen.
9. Die Botschaft könnte lauten: „Wir, die Arbeiter, werden euch miese Ausbeuter eines Tages besiegen, indem wir eine sozialistische Revolution machen."
10. der Reichtum und die Gier der Fabrikbesitzer
11. Die Arbeiter werden aufgewiegelt und wehren sich gegen die Unterdrückung durch die Fabrikbesitzer.

b) Beschreibung des Stufenmodells siehe die Erläuterungen zu M1

S. 275, Aufgabe 4 individuelle Lösung, Diskussion

Kompetenzen prüfen	S. 278/279

HRU, S. 218, KV
9.2 Selbsteinschätzungsbogen für Schüler

Diff. Kopiervorlagen
6.6 Merkmale mittelalterlicher Karten am Beispiel der Ebstorfer Weltkarte

S. 278, M1: Ausschnitte aus der Ebstorfer Weltkarte
Die Ebstorfer Weltkarte, deren Original während des Zweiten Weltkrieges verbrannte, wurde auf 30 zusammengenähte Pergamentblätter gemalt und mit 1224 Legenden versehen. Als Urheber wird der englische Kleriker Gervasius von Tilbury vermutet (um 1152 bis nach 1220), der möglicherweise identisch ist mit dem Probst Gervasius von Ebstorf.
Die Erde wird als Leib Christi dargestellt, der mit seinen Händen den Erdkreis festhält. Das Haupt und die Füße Christi sind im Osten (oben) und Westen zu sehen, Sizilien erscheint als Herz. Im Zentrum des Erdkreises, der durch das T-förmige Mittelmeer in die Kontinente Asia (oben), Europa (links) und Africa (rechts) geteilt wird, befindet sich das zwölftorige Jerusalem, aus dem sich der auferstandene Christus erhebt. Als weitere bedeutende Stadt ist Rom eingezeichnet. Außerdem sind einige große Flüsse wie Euphrat und Tigris, Jordan, Rhein und Nil abgebildet, wenn auch nicht in ihrem geografisch korrekten Verlauf. Daneben befinden sich auch Darstellungen historischer Ereignisse und weitere Motive aus der christlichen Überlieferung auf der Weltkarte.
Die drei Kartenausschnitte zeigen das Paradies, den Turm zu Babel und die Arche Noah.

S. 278, M2: Der Jugendbuch-Autor Manfred Mai über die Renaissance siehe die Lösungshilfen zu S. 279, Aufgabe 2 auf S. 299 des Schülerbandes

S. 278, M3: Der Dichter Georg Herwegh über seine Weltanschauung siehe die Lösungshilfen zu S. 279, Aufgabe 5 auf S. 299 des Schülerbandes

S. 279, M4: Werbeplakat einer französischen Handelsgesellschaft siehe die Lösungshilfen zu S. 279, Aufgabe 4 a) auf S. 299 des Schülerbandes

S. 279, Aufgabe 1 bis 8 siehe die Lösungshilfen auf S. 298/299 des Schülerbandes

Lösungen zu den Kopiervorlagen der Handreichung

KV 9.1, Aufgabe 1

	Weltbild		
	Mittelalter Londoner Psalter (SB: S. 267, M2)	**Renaissance** A. Manesson Mallet (SB: S. 269, M2)	**19. Jahrhundert** Werbeplakat (SB: S. 279, M4)
Glaube	Kirche als zentrale Instanz für die Erklärung der Welt und des Lebens	Das Weltbild der Kirche wird infrage gestellt.	Der christliche Glaube verliert weiter an Bedeutung.
Wissen	keine Bedeutung	nimmt an Bedeutung zu, auch wenn die Erkenntnisse der Wissenschaftler noch nicht in der breiten Bevölkerung bekannt sind	Industrialisierung, Mobilisierung (Eisenbahn) und wissenschaftliche Erkenntnisse haben zunehmend entscheidende Bedeutung.
Theorie	Die christliche Glaubenslehre und die Vertreter der Kirche geben das Weltbild vor.	Die Thesen der Aufklärung, Reformation und Renaissance machen der Kirche Konkurrenz bzw. übernehmen zunehmend die Deutungshoheit über das Weltbild der Menschen.	Industrialisierung, Technisierung, Liberalismus und Sozialismus stellen die Rechte, Fähigkeiten und technischen Möglichkeiten des Menschen in den Mittelpunkt.
Erfahrung	sehr beschränkt, da die normalen Menschen kaum Bildung besaßen und nicht reisten	wie im Mittelalter, allerdings erkunden einige wenige Menschen die Erde (Entdecker wie Kolumbus)	Der Horizont des Einzelnen wird größer, die Erfahrungen reichhaltiger, Bildung führt zur kritischen Auseinandersetzung mit alten vermeintlichen Gewissheiten bezüglich Religion und sozialer Ordnung.

VISUALISIERUNG 9.6

KV 9.1, Aufgabe 2 a) bis c) individuelle Lösungen

Name: Klasse: Datum:

KV 9.1 Weltbilder im Vergleich: früher und heute

	Weltbild		
	Mittelalter Londoner Psalter (siehe S. 267, M2)	**Renaissance** A. Manesson Mallet (siehe S. 269, M2)	**19. Jahrhundert** Werbeplakat (siehe S. 279, M4)
Glaube			
Wissen			
Theorie			
Erfahrung			

1 a) Beschreibe den Einfluss der folgenden Faktoren auf das jeweilige Weltbild:
- Inwiefern beeinflusste der christliche **Glaube** bzw. die Kirche das Weltbild?
- Inwiefern bestimmte das **Wissen** der Menschen über die Gestalt der Erde ihr Weltbild?
- Wie beeinflussten **Theorien** bzw. Ideen von Herrschern, Geistlichen, Intellektuellen oder anderen Vorbildern das Weltbild?
- Inwieweit beeinflusste die persönliche **Erfahrung** der Menschen ihr Weltbild?

Trage deine Ergebnisse in Stichworten in die Tabelle ein.

Autorin: Dagmar Scheich

Name:	Klasse:	Datum:

b) Skizziere auf die freie Fläche oben dein eigenes Weltbild. Berücksichtige dabei, ob und wenn ja, inwieweit die Faktoren Glaube, Wissen, Theorie und persönliche Erfahrung dein Weltbild beeinflussen.

2　Gruppenarbeit:
a) Vergleicht eure Weltbilder miteinander und mit den historischen Weltbildern, die ihr kennengelernt habt: Nennt Gemeinsamkeiten und Unterschiede.
b) Diskutiert, inwiefern das jeweilige Weltbild auf
- das Leben des einzelnen Menschen,
- die Gesellschaft und
- die gesamte Menschheit Einfluss hat.

Autorin: Dagmar Scheich

Name: Klasse: Datum:

KV 9.2   Wahlmodul: Weltbilder (Längsschnitt)

Ich kann, weiß, verstehe …	sehr sicher	sicher	unsicher	sehr unsicher	Hilfen finde ich hier: (SB = Schülerbuch)
1 Ich kann erläutern, wie im Mittelalter der Glauben das Leben bestimmte.					SB, S. 266
2 Ich kann die Merkmale einer mittelalterlichen TO-Karte erläutern.					SB, S. 266/267
3 Ich kann das mittelalterliche und das frühneuzeitliche Weltbild vergleichen.					SB, S. 266–269
4 Ich kann „Glauben und Wissen" und „Theorie und Erfahrung" als bestimmende Bedingungen für die Herausbildung von Weltbildern erläutern.					SB, S. 266–275
5 Ich kann die neuen Perspektiven um 1500 (Humanismus, Renaissance, Reformation) beschreiben.					SB, S. 268/269
6 a) Ich kann den Unterschied zwischen geozentrischem und heliozentrischem Weltbild erklären. b) Ich kann begründen, warum die Kirche das heliozentrische Weltbild zunächst ablehnte.					SB, S. 269
7 Ich kann erläutern, wie sich das mittelalterliche Weltbild durch die Berichte der Fernhändler veränderte.					SB, S. 270/271
8 Ich kann den Verlauf und den Warenaustausch der Seidenstraße beschreiben.					SB, S. 271
9 Ich kann die Unterschiede zwischen den politischen Gruppierungen des 19. Jahrhunderts erklären.					SB, S. 272
10 Ich kann den Begriff „Liberalismus" erklären.					SB, S. 272/273
11 Ich kann die Unterschiede zwischen dem Weltbild des Liberalismus und dem christlich geprägten Weltbild erklären.					SB, S. 272/273
12 Ich kann den Unterschied zwischen Sozialismus und Kommunismus erklären.					SB, S. 274/275
13 Ich kann begründen, warum die Ideen von Marx und Engels immer mehr Anhänger gewannen.					SB, S. 274/275

Cornelsen   Autorin: Dagmar Scheich

Zusatzaufgaben   SB S. 280–291

Kapitel 1: Epochenüberblick: Mittelalter

zu S. 18/19: M1: Lebensmittel für eine Pfalz
Reisewege und beabsichtigte Aufenthaltsdauer des königlichen Trosses mussten im Hinblick auf die Verpflegung von Menschen und Tieren lange im Voraus geplant und bekannt gegeben werden. Man versuchte, die Lasten gleichmäßig zu verteilen. So wurde z. B. die Anzahl der Tage, an denen die Reichsklöster die Königsgastung zu leisten hatten, begrenzt; an den Winterpfalzen, die durch die lange Aufenthaltsdauer ohnehin wirtschaftlich stark beansprucht wurden, fanden keine Hoftage statt, die die Bewirtung weiterer Gäste erforderlich gemacht hätten.

zu S. 18/19: Aufgabe 1
Die Vorräte der Ingelheimer Pfalz an Fleisch und Getränken hätten bei einem Gefolge von 1000 Personen exakt zehn Tage gereicht, das Getreide für 25 Tage.

zu S. 30/31: M2: Beim Pflügen
Die Buchmalerei zeigt im Vordergrund einen „Beetpflug" mit Rädern, der beim Umbruch von Stoppelfeldern zum Einsatz kam sowie bei der Vorbereitung des Saatbetts. Beim Pflügen schneidet der Sterz die Erde senkrecht ein, bevor die Pflugschar sie horizontal ablöst. Anschließend wurde die Scholle durch das Streichbrett gewendet, jedoch nur einseitig. Dies begünstigte die Herausbildung langer, schmaler Flurstreifen, an deren Schmalseiten das Pfluggespann nur eine kurze Leerfahrt hatte, wenn es gewendet werden musste. Der Räderpflug pflügt ungefähr doppelt so tief wie der Hakenpflug und benötigt dafür etwa die doppelte Zugkraft.

zu S. 30/31: Aufgabe 1
Die Buchmalerei zeigt, dass im Mittelalter die meisten Arbeiten mit einfachen Werkzeugen und Geräten von Hand erledigt wurden. Die beiden Männer im Hintergrund links scheinen mithilfe von Spaten und Hacke Pflanzlöcher (für Weinstöcke?) anzulegen. Auch das Aussäen der Saat und das Zerkleinern der Scholle erfolgte von Hand bzw. mit langen Stöcken. Für das Ziehen schwerer Geräte wurden jedoch auch Tiere, in diesem Fall Ochsen, eingesetzt.

zu S. 30/31: Aufgabe 2
Säen: per Hand; Anlegen von Pflanzlöchern: Spaten, Hacke; Pflügen: von Ochsen gezogener Beetpflug

zu S. 30/31: Aufgabe 3
Im 20. Jahrhundert ersetzten Traktoren die Zugkraft von Pferden oder Ochsen. Aber nicht nur bei der Vorbereitung der Ackerfläche, sondern auch bei der Ernte der Feldfrüchte kommen heute Maschinen zum Einsatz, die mehrere Arbeitsschritte zusammenfassen. Haben die Bauern im Mittelalter das Getreide noch mit Sicheln geschnitten, die Halme zu Garben gebunden, diese dann zum Trocknen aufgestellt und später zur Scheune gefahren, wo das Getreide gedroschen wurde, erledigt ein moderner Mähdrescher alle diese Aufgaben innerhalb kurzer Zeit.

Kapitel 2: Epochenüberblick: Frühe Neuzeit

zu S. 48/49: Aufgabe 1
Ziel der an der Antike geformten Bildung war es, die Schüler zu eigenverantwortlichen Individuen zu erziehen. Die Beschäftigung mit der griechischen und lateinischen Literatur, den Werken antiker Gelehrter und der Philosophie sollte eine Entfaltung der Persönlichkeit und eine individuelle Lebensgestaltung ermöglichen.

zu S. 52/53: M1: Flugblatt „Im Höllenrachen"
Der Holzschnitt stellt eine Satire auf die katholische Geistlichkeit und deren (angebliche) Lasterhaftigkeit dar. Zu sehen ist ein Teufel, der – halb Mensch, halb Vogel – auf einem mit vielen Siegeln versehenen Ablassbrief sitzt, den linken Fuß in einem Weihwasserkessel badend und in den Händen eine Krücke sowie eine Almosenbüchse haltend. Aus dem Rücken des Ungeheuers wächst ein Baum, auf dem ein Paukenkonzert gegeben wird. In einem am Baum befestigten Kessel wird die Mahlzeit für die Geistlichen zubereitet, die im Maul des Teufels tafeln. Ein weiterer Geistlicher sowie der mit

Petrusschlüssel und Ablassbrief ausgestattete Papst nähern sich – begleitet von Teufeln – der Szene aus der Luft.

zu S. 52/53: Aufgabe 1
Die drastische Darstellung der katholischen Kirche als Teufelswesen sollte der Bevölkerung vor Augen führen, dass die Kirche mit dem Ablasshandel teuflische Absichten verfolgte.

zu S. 68/69: Aufgabe 1
Die Regierungsform des Absolutismus, die unter Ludwig XIV. ihren Höhepunkt erlebte, zeichnet sich durch die Zusammenfassung aller Staatsgewalten in der Person des Herrschers aus. Lediglich vor Gott musste sich der König, der sich auf das Gottesgnadentum berief, verantworten. Die Stände wurden politisch weitgehend entmachtet und der Adel aus seiner geburtsrechtlichen Teilhabe an der Regierung verdrängt. Im Heiligen Römischen Reich Deutscher Nation ist die entgegengesetzte Entwicklung zu beobachten. Hier büßte der Kaiser erheblich an Macht ein, während die Fürsten politisch selbstständig wurden.

Kapitel 3: Fächerverbindendes Modul: Migrationen (Längsschnitt)

zu S. 78/79: M2: Der polnische Historiker Marian Biskup, 2000
Marian Biskup (1922–2012) war ein polnischer Historiker. Einer seiner Forschungsschwerpunkte war der Deutsche Orden.

zu S. 78/79: M3: Der deutsche Historiker Bruno Schumacher, 1959
Der Lehrer und Historiker Bruno Schumacher (1879–1957) stammte aus einer ostpreußischen Familie und war u. a. bis 1944 Schulleiter des Collegium Fridericianum in Königsberg. Er widmete sich intensiv der ostpreußischen Geschichte und hielt 1931 anlässlich der 700-Jahrfeier Preußens auf der Ordensburg Marienburg die Festrede.

zu S. 78/79: Aufgabe 1
Die beiden Positionen können mithilfe der Arbeitsschritte „Darstellungen untersuchen" (siehe Schülerbuch S. 135) analysiert und verglichen werden. Die gegensätzlichen Urteile über den Deutschen Orden sind wohl ursächlich auf die Biografien der beiden Autoren zurückzuführen.

zu S. 78/79: Aufgabe 2
Hauptaussage Marian Biskup (M2): negative Bewertung des Deutschen Ordensstaates. Das Urteil ist teilweise richtig. Einheimische bewerteten die Zuwanderung zunächst positiv (neue Techniken für die Landwirtschaft, Landesausbau), später allerdings negativ (Gründung des eigenen Ordensstaates).
Hauptaussage Bruno Schumacher (M3): Der Deutsche Orden hat die Prussen nicht „ausgerottet", sondern „kultiviert". Das Urteil ist teilweise richtig. Zwar führten die Siedler neue Geräte und Techniken ein, förderten den Landesausbau, aber die Gründung des Ordensstaates führte zu Konflikten mit der einheimischen Bevölkerung.

zu S. 86/87: M1: Zeitgenössisches Gedicht
Das Gedicht betont zum einen die nationale und kulturelle Vielfalt der Einwanderer in den USA. Zum anderen wird die Parallele zu der Völkerwanderung auf dem europäischen Kontinent vom 4. bis 6. Jahrhundert gezogen. Und besonders wichtig in dem Gedicht: Alle leben friedlich miteinander in dem neuen Land.

zu S. 86/87: Aufgabe 1 individuelle Lösung

zu S. 86/87: Aufgabe 2
Den historischen Hintergrund bildet die Migration nach Amerika. Europäer, aber auch Chinesen suchten im 19. Jahrhundert in den USA nach einer neuen Perspektive. In den Ballungsräumen wie New York, Philadelphia oder Chicago lebten die Kulturen z. T. in eigenen Vierteln (Chinatown, Little Italy, Germantown, Little Germany), z. T. aber auch eng beieinander. So konnten sie wichtige Bestandteile ihrer kulturellen Identität bewahren, bildeten aber über die Jahrzehnte auch ein gemeinsames Selbstverständnis aus, das von der Aufbruchsstimmung, dem sozialen Aufstieg durch harte Arbeit etc. gekennzeichnet war. Die USA waren „das Land der unbegrenzten Möglichkeiten" oder das „Wunderland" (Z. 2).

zu S. 86/87: Aufgabe 3
mögliche Überschriften: „Völkerwanderung nach Amerika", „Wunderland", „Land der tausend Farben"

zu S. 92/93: M2: Feiertag für Migration? siehe die Erläuterungen zu Aufgabe 1

zu S. 92/93: Aufgabe 1 Wesentliche Aussagen des Kommentars:
- „Gastarbeiter", die dauerhaft bleiben, wurden von den Deutschen als Problem angesehen (Z. 17 bis 19).
- Migranten gehören zu Deutschland (Z. 20–26).
- Forderung des Autors: Feiertag oder Gedenktag der Migration als sichtbare Anerkennung für die ökonomische und kulturellen Leistung der Migranten einführen (Z. 20–22, 34–36)

zu S. 92/93: Aufgabe 2 Diskussion

zu S. 94/95: M1: Abtreibung oder Ausweisung?
Renate Heusch-Lahl (geb. 1968 in Bonn) ist Politologin. Sie war Pressesprecherin im Sozialministerium von Mecklenburg-Vorpommern (1991–1992), leitete bis 2000 das Presseamt der Hansestadt Rostock und ist seitdem freiberuflich im Bereich Public Relations, Moderation, Mediation und Coaching tätig. Siehe die Erläuterungen zu Aufgabe 1.

zu S. 94/95: Aufgabe 1
Die DDR-Behörden unterbanden den Kontakt zwischen Deutschen und Vietnamesen, da eine dauerhafte Ansiedlung der Vertragsarbeiter nicht vorgesehen war, ihr Aufenthalt sollte nur vier Jahre dauern und allein der Arbeit und Qualifizierung dienen.
Sie unterbanden den Kontakt zwischen Deutschen und Vietnamesen, indem sie
- die Vertragsarbeiter bespitzelten,
- im Falle einer Schwangerschaft mit der erzwungenen Rückkehr ins Heimatland drohten,
- keine Ehen zwischen Deutschen und Vietnamesen genehmigten.

Kapitel 4: Epochenvertiefung: Politische Revolutionen (ca. 1750–1900)

zu S. 108/109: M2: Antwortbrief von John Adams an seine Frau Abigail Adams, 1776
John Adams (1735–1826) gehörte für Massachusetts dem zweiten Kontinentalkongress an, dessen Delegierte am 4. Juli 1776 die Unabhängigkeitserklärung der Kolonien vom Königreich Großbritannien unterzeichneten. Im Anschluss war Adams erster Vizepräsident sowie zweiter Präsident (1797 bis 1801) der USA. Im abgedruckten Brief antwortet er seiner Frau abschlägig und mit Spott. Er stellt ihre Forderung in eine Reihe mit dem vorgeblichen Aufbegehren anderer Gruppen und bekundet dazu lediglich, dass er und seine Mitstreiter ihre privilegierte Position im Hinblick auf ihre politische Macht nicht aufgeben werden. Eine Begründung gibt er nicht.

zu S. 108/109: Aufgabe 1 siehe die Erläuterungen zu M2

zu S. 108/109: Aufgabe 2 individuelle Lösung

zu S. 110/111: M1: Der Historiker Johannes Unger über den preußischen König Friedrich II.
Die Biografie über Friedrich II. von Johannes Unger (geb. 1964) erschien im Jahr 2012, in welchem der 300. Geburtstag des Preußenkönigs gefeiert wurde. Die Textstelle vermittelt eine sehr positive Sicht auf das Wirken und die Leistungen Friedrichs II. Sie eignet sich als Kontrast zu der deutlich kritischeren Perspektive, die Bruno Preisendörfer in seinem Artikel entwirft (Schülerband, S. 148, M1). Preisendörfer macht deutlich, dass eine eindimensional glorifizierende Deutung des Lebenswerks Friedrich II. unangemessen wäre.

zu S. 110/111: Aufgabe 1
1. Überwiegen im Urteil der Nachwelt die positiven oder die negativen Aspekte der Politik Friedrichs II.?
6. Der Autor stellt im hier ausgewählten Ausschnitt Friedrich II. als „Ausnahmeerscheinung" dar.
7. Er würdigt seine Verdienste auf verschiedenen Feldern, den Künsten, der Wissenschaft, dem Recht, der Toleranz und dem Militär.
8. Die Position des Autors ist eindeutig positiv. Allerdings liegt hier nur ein sehr kleiner, stark mithilfe von Kürzungen umgeformter Ausschnitt eines Buches vor.

9. Die Argumentationsstruktur ist nachvollziehbar, insofern der Autor seinem Urteil mehrere Argumente folgen lässt.
10. Der Autor verweist u. a. auf die Religionspolitik und die mit militärischen Mitteln erfolgreiche Außenpolitik Friedrichs II. (vgl. Schülerband S. 111, M4)

zu S. 114/115: M2: Flugschrift „Was ist der dritte Stand?"
Der französische Geistliche Sieyès war ein Anhänger der Aufklärung und wurde – trotz seiner Zugehörigkeit zum Klerus – als Vertreter des dritten Standes in die Versammlung der Generalstände gewählt. Bereits vor deren Zusammentreten hatte er mit seiner Flugschrift „Was ist der dritte Stand?" vom Januar 1789 für Furore gesorgt. In dieser epochemachenden Schrift erklärte er den dritten Stand zum eigentlichen Ausdruck der Nation und setzte somit dessen Interessen mit den Interessen Frankreichs gleich.

zu S. 114/115: Aufgabe 1
Weil der dritte Stand „alles" sei und dieses Alles gefesselt und unterdrückt werde, könne dieses Alles, die Nation, weder blühen noch frei sein. Deshalb dürfe der dritte Stand nicht länger gefesselt und unterdrückt werden. Was Sieyès 1789 fordert, ist das Ende der Beherrschung der Mehrheit durch eine sie lähmende Minderheit, die Überwindung der alten Ordnung, eine Revolution.

zu S. 114/115: Aufgabe 2
Sieyès war ein Kenner der Aufklärungsphilosophie. Dies ist auch an seinem berühmten Flugblatt gut erkennbar, denn dessen gedankliche Grundlage ist die Ablehnung der als „naturgegeben" angesehenen Ständegesellschaft im Ancien Régime (vgl. Schülerband, S. 104 f.). Sieyès glaubte daran, dass nicht die oberen Stände inklusive ihres Königs für die Nation von Bedeutung seien, sondern, im Gegenteil, der dritte Stand allein.

zu S. 118/119: M1: Mosaik zur Erinnerung an den Sturm auf die Bastille
Das Foto zeigt einen Ausschnitt eines aus Kacheln gefertigten Wandbildes in der Pariser Metrostation „Bastille". Der Künstler hat in seinem Werk wichtige historische Geschehnisse und Symbole der Französischen Revolution dargestellt:
• im Bildvordergrund: die personifizierte Freiheit
• rechts: Sturm auf die Bastille

zu S. 118/119: Aufgabe 1 a) individuelle Lösung
b)
• Die Französische Revolution ist ein geschichtliches Ereignis von außergewöhnlicher Bedeutung. Zum einen wurden der Absolutismus und der Ständestaat durch eine Erhebung des unterdrückten dritten Standes beseitigt (im Bild symbolisiert durch den Sturm auf die Bastille). Dieser Vorgang hat unzählige Menschen begeistert und Hoffnungen in anderen Ländern geweckt.
• Zum anderen wurden die Menschen- und Bürgerrechte erklärt, die bis heute weltweit Vorbildcharakter haben (im Bild als Zitat das Ölgemälde von Jean-Jacques Le Barbier).
• Die Französische Revolution ist aber zugleich ein Lehrstück darüber, dass das Beseitigen einer als unrechtmäßig empfundenen Ordnung nicht automatisch zu einer neuen und besseren Ordnung führt. Der Streit um den richtigen Kurs der Revolution führte zunächst zwar zur Ausrufung der Republik, dann aber auch in die Schreckensherrschaft. Am Ende dieses Prozesses stand zunächst ein Diktator: Napoleon, der Europa mit Kriegen überzog, denen Hunderttausende Menschen zum Opfer fielen.

zu S. 132/133: M2: Karikatur zum 100-jährigen Jubiläum der Völkerschlacht
Nachdem Napoleon bei Leipzig (1813) und Waterloo (1815) endgültig besiegt worden war, schlossen sich Preußen, Russland und Österreich zur „Heiligen Allianz" zusammen und leiteten, entgegen den in den Bevölkerungen vorherrschenden nationalen und liberalen Hoffnungen, eine restriktive Restaurationspolitik ein, die das Gottesgnadentum dauerhaft sichern sollte. Durch die territorialen Zugewinne (z. B. Teilung Polens) waren die Bevölkerungen der Siegermächte noch stärker ethnisch heterogen, was im beginnenden nationalen Zeitalter ein zusätzliches Spannungspotenzial in sich barg. In den Revolutionsjahren 1831/32 und 1848/49 versuchten die Bevölkerungen Preußens, Russlands und Österreichs jeweils erfolglos, gegen die Monarchien mobil zu machen. Die Karikatur versinnbildlicht den Beginn der nationalen Emanzipation, indem sie die betenden und bittenden Monarchen ins Zentrum stellt. Das Wilhelminische Reich charakterisierte am Vorabend des Ersten Weltkriegs ein aggressiver Nationalismus, weshalb die Karikatur die Einheit der deutschen Nation glorifizieren sollte,

obwohl das Deutsche Reich selbst eine Monarchie war und Minderheiten, wie z. B. Juden, diskriminierte.

zu S. 132/133: Aufgabe 1
2. drei kniende Männer in Uniformen, haben die Hände gefaltet und den Blick zum Himmel gerichtet; zu ihren Füßen liegt ein toter Mann; im Hintergrund ist ein brennendes Haus/Dorf zu sehen
3. Der Künstler ist unbekannt.
4. Die Karikatur entstand 1913 anlässlich des 100-jährigen Jubiläums der Völkerschlacht bei Leipzig.
5. „Gegen Napoleon hast du uns geholfen, o Herre Gott, nun helfe uns gegen unsere Völker!"
6. Vereinigung Preußens, Österreichs und Russlands zur „Heiligen Allianz" gegen liberale und nationale Bestrebungen
7. Dargestellt sind die Monarchen Preußens, Russlands und Österreich auf dem Leipziger Schlachtfeld.
8. auf die Restaurationsphase und die nationalen Unruhen nach dem Wiener Kongress
9. 1913 war die nationale Einigung unter einem deutschen Kaiser bereits vollzogen. Den Wilhelminismus kennzeichnete ein aggressiver Nationalismus, der die nationale Einheit propagandistisch glorifizierte.
10. der Partikularismus der alten Mächte
11. Nationalstolz: Karikatur glorifiziert das Deutschtum und die nationale Stärke

zu S. 132/133: Aufgabe 2 individuelle Lösung

Kapitel 5: Epochenvertiefung: Technisch-industrielle Revolution (ca. 1750–1900)

zu S. 156/157: M1: Christopher Bayly über die Entwicklung Chinas im 19. Jahrhundert
Im 19. Jahrhundert setzte der Niedergang Chinas ein, das einst das größte und technologisch am weitesten entwickelte Reich gewesen war. Die Gründe für diesen Wandel liegen einerseits in der Verarmung weiter Teile der Bevölkerung (aufgrund der Bevölkerungsexplosion) und einem Verfall der Verwaltung. Andererseits musste China nach der Niederlage im Opiumkrieg den europäischen Mächten sowie den USA und Russland weitreichende Handelsrechte einräumen (u. a. Einrichtung von Vertragshäfen).

zu S. 156/157: Aufgabe 1 siehe die Erläuterungen zu M1

zu S. 158/159: M2: Statistik siehe die Erläuterungen zu Aufgabe 1

zu S. 158/159: Aufgabe 1
1. Statistik, die die Beschäftigtenanteile im gewerblichen Sektor der deutschen Wirtschaft 1800 bis 1913 (in Prozent) auflistet.
2. Die Zahlen wurden 1996 von dem Wirtschaftshistoriker Toni Pierenkemper (geb. 1944) präsentiert, er beruft sich auf wissenschaftliche Veröffentlichungen aus den Jahren 1973, 1982, 1987.
3. Historiker und Laien, die sich für die Wirtschaftsgeschichte des 19. Jahrhunderts interessieren.
4. Das Zahlenmaterial wird als Tabelle präsentiert.
5. Aufgeführt sind Zeitangaben (Jahreszahlen), die Bereiche Verlag, Handwerk und Industrie und beidem zugeordnet Prozentangaben, keine absoluten Zahlen.
7. Folgende Entwicklung lässt sich ablesen:
- Von 1800 bis 1850 stagnierte die Entwicklung des vorindustriellen Verlagswesens, das Handwerk zeigte leichte Verluste und die Werte der Industrie konnten sich mehr als verdoppeln.
- Zwischen 1850 und 1873 ging die Verlagsproduktion geringfügig zurück, während der industrielle Bereich sich nochmals verdoppelte.
- Von 1873 bis 1913 verlor das Verlagswesen fast alle industrialisierten Produktionszweige und wurde durch die industrielle Produktion verdrängt. Das Handwerk verlor zwar ebenfalls, konnte seinen Anteil aber stabilisieren.
- Insgesamt nahm der Anteil der Beschäftigten im Verlagswesen dramatisch ab; der Anteil der Beschäftigten im Handwerk nahm leicht ab; der Anteil der in Industriebetrieben Beschäftigten nahm dramatisch zu.
- Fazit: Innerhalb des industriellen/gewerblichen Bereiches nimmt die Bedeutung der Industrie in dem Maße zu, wie die des Verlagswesens abnimmt, während das Handwerk an Gewicht verliert,

aber eine starke Position behält.

8. Kernaussage: Die Betriebsform des Verlags spielte zu Beginn des 19. Jahrhunderts eine starke Rolle, verlor aber gegen Ende des Jahrhunderts rasch an Bedeutung, während sich das Handwerk durchaus behaupten konnte. Von dieser Gesamtentwicklung profitierte die Industrie.

Kapitel 6: Fächerverbindendes Modul: Armut und Reichtum (Längsschnitt)

zu S. 184/185: Aufgabe 1
In der mittelalterlichen Stadt waren zum einen die Menschen arm, die sich nicht selbst mithilfe ihrer Arbeitskraft ernähren konnten und auch keine Familien hatten, die sie unterstützten. Dazu gehörten alte Menschen, alleinstehende Frauen, Kranke und Personen ohne Ausbildung. Hinzu kamen Landbewohner, die in ihrer Not in die Stadt zogen, um dort als Tagelöhner oder Dienstboten zu arbeiten. Zum anderen gab es die Gruppe der Bettler, die mit dem Wachstum der Städte ebenfalls vermehrt dorthin zogen. Von Armut bedroht waren zudem angestellte Handwerker und Tagelöhner. Sie konnten keine Rücklagen für Phasen der Arbeitslosigkeit oder Krankheit bilden.

zu S. 184/185: M1: Papst Franziskus an die neuen Botschafter beim Heiligen Stuhl
Der argentinische Kardinal Jorge Mario Bergoglio (*1936) wurde im März 2013 zum Papst gewählt und stellte sich mit seiner Namenswahl in die Tradition des heiligen Franziskus, Gründer des Bettelordens der Franziskaner und Verfechter des christlichen Armutsideals.

zu S. 184/185: Aufgabe 2
Papst Franziskus verweist darauf, dass die Mehrheit der Weltbevölkerung kein kontinuierliches Einkommen hat, mit dem sie ihren Lebensunterhalt bestreiten kann. Die Menschen müssen täglich um ihr Auskommen kämpfen. Dies hat zur Folge, dass sie in unzureichenden Unterkünften leben, ständig Angst vor Hunger, Krankheit und Gewalt haben müssen.

zu S. 184/185: Aufgabe 3
Begründung nach Franziskus: Geld hat die „Macht über uns selbst und unsere Gesellschaft" (Z. 10 f.)
- Das individuelle Streben nach Geld und Besitz überdeckt den Blick auf die Gesamtgesellschaft und insbesondere auf die „Verlierer", die „Hilfsbedürftigen". Statt sozialer Verantwortung regiert Egoismus und das Recht des (Leistungs-)Stärkeren.
- Unser globales kapitalistisches Wirtschaftssystem basiert auf Geld. Es muss materielle Anreize für Leistung geben, sonst gibt es keinen Fortschritt.
- Geld kann und wird auch für soziale Absicherung und Wohltätigkeit eingesetzt.

zu S. 202/203: M2: Aus der Debatte zum Mindestlohn 2013
Andrea Nahles (*1970) ist Mitglied der SPD und seit 2013 Bundesministerin für Arbeit und Soziales. Sie hat den Gesetzentwurf für den Mindestlohn in ihrem Ministerium ausarbeiten lassen. Andrea Nahles wird dem linken Flügel der SPD zugerechnet.
Patrick Döring (*1973) ist Mitglied der FDP und hatte von 2012 bis 2013 das Amt des Generalsekretärs seiner Partei inne. Er ist Diplomökonom und arbeitete u. a. für ein Versicherungsunternehmen.

zu S. 202/203: Aufgabe 1
Andrea Nahles plädiert für einen Mindestlohn, damit Menschen bestimmter Berufe von ihrem Lohn leben können, d. h. Miete, Essen, Kleidung und soziale Aktivitäten wie Sportvereine bezahlen können. Der Staat muss sich ihrer Meinung nach einmischen, damit dem Wettbewerb da Grenzen gesetzt werden, wo Lohndumping betrieben wird.
Patrick Döring argumentiert gegen den Mindestlohn. Er lehnt eine Einmischung des Staates in Fragen der Lohnfindung ab, da dies Sache der Wirtschaft sei. Bei einem freien Markt könnten Unternehmer am besten agieren und so mehr und sichere Arbeitsplätze schaffen. Ein Mindestlohn belaste die Unternehmen und koste so Arbeitsplätze. Döring lehnt jede staatliche Einmischung ab. Stellungnahme: individuelle Lösung

Kapitel 7: Wahlmodul: Juden, Christen und Muslime (Längsschnitt)

zu S. 218/219: M1: Der Aufruf zum Kreuzzug

Der Aufruf zum Kreuzzug erfolgte am 27. November 1095 während des Konzils in Clermont-Ferrand, als Urban auf eine große Zuhörerschaft setzen konnte. Hohe Geistliche aus Italien, Spanien und Frankreich waren anwesend. So fand Urbans Aufruf zunächst in den romanischen Ländern Gehör, wo er großes Ansehen genoss. Die militärische Unterstützung der Ostkirche war das vordergründige Motiv, den Kreuzzug zu predigen. Des Weiteren verband Urban damit sowohl die Idee einer christlichen Rückeroberung islamisch besetzter Gebiete als auch die Hoffnung auf eine im Geist der Buße zu vollziehende Einigung der Christenheit.

zu S. 218/219: Aufgabe 1

Volk der Franken	Volk der islamisch-türkischen Seldschuken
von Gott auserwählt	gottloses Volk
ausgezeichneter Waffenruhm, hoher Mut, mannhafter Entschluss	zielloses Gemüt, Mord, Raub, Brand
Helden	Kriminelle
Befreier	Unterdrücker
natürliche Herren über Jerusalem	fremdes Volk

Der Papst möchte die Befreiung Jerusalems und Konstantinopels von muslimischen Völkern und die Beherrschung durch christliche Völker durchsetzen. Dafür braucht er schlagkräftige Truppen, die für ihn die Arbeit machen. Um das Ziel zu erreichen, schmeichelt er zunächst den Franken. Sie seien von Gott auserwählt und besonders mutige Helden. Er verspricht ihnen sogar „ewiges Leben" (Z. 23 f.) und das „fruchtbarste aller Länder" (Z. 33 f.). Letztlich will er damit seinen Machtanspruch in der Welt manifestieren. Die Franken sind dabei nur Mittel zum Zweck.

zu S. 224/225: Aufgabe 1 a) und b) Internetrecherche, individuelle Lösung

zu S. 228/229: M1: Antrag auf Namensänderung durch Wolff Itzig, um 1900

„Itzig" ist die jüdische Bezeichnung für Isaak (Sohn Abrahams im Alten Testament). Darüber hinaus ist es vor allem ein antisemitisches Schimpfwort für die jüdische Bevölkerung gewesen. In der zweiten Hälfte des 19. Jahrhunderts gab es in der Literatur und in der Karikatur einen „Itzig-Typus", der den unmoralischen und gewissenlosen Juden verkörperte.

zu S. 228/229: M2: Antrag auf Namensänderung durch Heinrich Cohn, um 1900

Cohn ist ein sehr bekannter und verbreiteter jüdischer Familienname.

zu S. 228/229: Aufgabe 1

Wolff Itzig möchte seinen Namen ändern, damit sein Sohn eine Arbeit bekommt. Alle bisherigen Versuche sind gescheitert. Als Grund verweist er auf die Anstößigkeit seines Nachnamens, der tatsächlich von Antisemiten zur Herabsetzung der Juden benutzt wird. Bei Hermann Cohn ist die Lage etwas anders. Sein Name hat keine „anstößige" Bedeutung, sondern macht lediglich deutlich, dass der Namensträger Jude ist. Allerdings wird in dem Brief deutlich, dass für Juden besondere Heiratsregeln gelten. Um eine Katholikin heiraten zu dürfen, müssen die Verwandten einwilligen. In diesem Fall machen die Verwandten aber die Namensänderung zur Voraussetzung für die Heirat. Beide Fälle zeigen, dass schon ein jüdischer Name Diskriminierung nach sich zieht. Dies ist ein Problem insbesondere für assimilierte Juden, die sich nicht auf jüdische Kreise beschränken wollen.

zu S. 228/229: Aufgabe 2 individuelle Lösung

Kapitel 8: Wahlmodul: Expansion und Kolonialismus (Längsschnitt)

zu S. 240/241: M3: Rekonstruktionszeichnung der Weltkarte von Paolo Toscanelli

Der italienische Gelehrte Toscanelli ging – entgegen der damaligen allgemeinen Auffassung – davon aus, dass die Erde eine Kugel sei. Europa und Asien würden zusammen etwa zwei Drittel der Erdkugel einnehmen, die übrige Fläche wurde nach Ansicht Toscanellis von Meeren bedeckt. Ausgehend von diesen Berechnungen kam Toscanelli zu der Überzeugung, dass Asien auf der Westroute schneller zu erreichen sei als auf dem bisher von portugiesischen Seefahrern eingeschlagenen Kurs in östlicher Richtung.

zu S. 240/241: Aufgabe 1

Der Karte Toscanellis zufolge schienen die Goldländer Zippangu (Japan) und Catai (China) in beinahe greifbarer Nähe zu sein. Zahlreiche Inseln, wie das imaginäre Antilia, boten sich den Seefahrern als Zwischenstation auf ihrem Weg an. Allerdings hatte sich der italienische Gelehrte bei seinen Berechnungen geirrt: Laut Toscanelli müssen beispielsweise etwa 3000 Seemeilen zurückgelegt werden, um von den Kanarischen Inseln nach Japan zu gelangen, tatsächlich beträgt die Distanz jedoch fast das Vierfache.

zu S. 242/243: M1: Die „Indianerfrage"

1550 berief Kaiser Karl V. eine Kommission aus Juristen und Theologen ein, die über die Frage nach der „richtigen" Vorgehensweise bei der Christianisierung der Indios entscheiden sollte. Vorgetragen und vertreten wurden die unterschiedlichen Standpunkte – einerseits eine friedliche Christianisierung (M2B) und auf der anderen Seite eine Verbreitung des Evangeliums notfalls auch mit kriegerischen Mitteln (M2A) – von dem Dominikaner Bartolomé de Las Casas (1474–1566) und dem Hofchronisten Juan Ginés de Sepúlveda (1490–1573).

zu S. 242/243: Aufgabe 1

Sepúlveda vertritt die Auffassung, dass die „Barbaren" unterworfen und zur christlichen Religion gezwungen werden müssen. Las Casas geht dagegen von der Gleichheit der Menschen im Christentum aus, zu dessen Anerkennung und Ausübung niemand gezwungen werden dürfe. Einst selbst an der Conquista beteiligt und Besitzer einer Encomienda, bemühte er sich seit 1514 um eine Reform der spanischen Eroberungspolitik. Das Ergebnis seines Kampfes waren die 1542 verabschiedeten „Neuen Gesetze", deren Erfolg jedoch nur von kurzer Dauer war.

zu S. 242/243: Aufgabe 2 individuelle Lösung

zu S. 254/255: Aufgabe 1 Recherche-Aufgabe

zu S. 256/257: M2: „Schutzmann der Welt"

Mit kritischem Unterton wird in der Karikatur die „Politik des großen Knüppels" von US-Präsident Theodore Roosevelt (1858–1919; von 1901 bis 1909 26. Präsident der USA) sowie die seit der Jahrhundertwende übernommene Rolle der USA als Weltpolizist aufs Korn genommen. Roosevelt – hier als „Schutzmann der Welt" dargestellt, einen Schlagstock mit der Aufschrift „Neue Diplomatie" schwingend und mit einem „Schiedsspruch" unter dem linken Arm – vertrat eine expansionistische Außenpolitik. 1902/03 intervenierten die USA im Venezuela-Konflikt, und 1903 unterstützte der Präsident eine Revolution für die Unabhängigkeit in Panama, um dann unter günstigen Bedingungen die Panamakanalzone für die USA zu sichern. Im Zusatz zur Monroe-Doktrin (1904) beanspruchte er für die USA die „Polizeigewalt" über Lateinamerika. Er wich vom amerikanischen Prinzip der Nichteinmischung in Europa ab und vermittelte im Russisch-Japanischen Krieg 1905 den Frieden von Portsmouth.

zu S. 256/257: Aufgabe 1

Der Aufbau des US-amerikanischen Kolonialreichs basierte auf der Idee des Wirtschaftsliberalismus. Vor allem durch Verträge suchten die Amerikaner eine Tür zum Inneren Chinas zu öffnen, ihre Handelspolitik wird daher auch als „Politik der offenen Tür" bezeichnet. Zum Schutz der neuen Märkte in Ostasien (Japan und China), der Karibik und in Mittelamerika sollten entlang der Hauptverkehrswege Marinestützpunkte – keine Kolonien – errichtet werden. Der Aufbau einer starken Kriegsflotte war daher ein wichtiger Bestandteil der imperialistischen Politik der USA.

Kapitel 9: Wahlmodul: Weltbilder (Längsschnitt)

zu S. 266/267: M1: Die Erschaffung der Welt nach christlicher Vorstellung
Lucas Cranach der Ältere (um 1472–1553) stand seit 1505 als Hofmaler in den Diensten Friedrichs III. von Sachsen und seiner Nachfolger. 1512 erwarb Cranach zwei Häuser in Wittenberg und richtete sich eine Werkstatt ein, in der er bis zu neun Gesellen beschäftigte. Lucas Cranach verband eine enge Freundschaft mit Martin Luther, dessen Trauzeuge er war.
Seine Illustrationen zur Genesis sind noch von christlichen Vorstellungen und dem mittelalterlichen Weltbild bestimmt. Die Erde wird als Schöpfung Gottes dargestellt.

zu S. 266/267: Aufgabe 1
- Die Erde mit dem Garten Eden, Adam und Eva und zahlreichen Tieren bildet den Mittelpunkt des Universums.
- Die Sonne kreist um die Erde.
- Die Erde wird vom Himmelsgewölbe (Vögel, Wolken, Sterne) und vom Himmelsozean (äußerer Kreis) umschlossen.
- Gott segnet die Schöpfung.

zu S. 266/267: Aufgabe 2
Begründung: Es handelt sich um ein geozentrisches Weltbild, da die Erde als der Mittelpunkt des Universums und viel größer als die Sonne, links oben, dargestellt ist. Gott als Schöpfer der Erde wacht von oben über sie.

zu S. 268/269: M2: Diskussion zwischen berühmten italienischen Humanisten
Der Humanismus ist eine Bildungsbewegung, die im 14. Jahrhundert in Oberitalien entstand. Dort, in Stadtstaaten wie Florenz oder Mailand, hatte die politische Entwicklung zur Herausbildung einer reichen und selbstbewussten städtischen Elite geführt. Selbstbewusstsein bestimmte auch das neue Bild vom Menschen, der als ein Lebewesen mit Verstand, Gefühlen und Willen in den Mittelpunkt gerückt wurde.

zu S. 268/269: M3: Schulunterricht um 1500
Bildung war im Mittelalter eine Angelegenheit der Kirche. Seit der Mitte des 13. Jahrhunderts entstanden in den neu gegründeten Städten jedoch Schulen, in denen Grundkenntnisse im Lesen, Schreiben und Rechnen vermittelt wurden. Der Unterricht in den städtischen Schulen, der anfänglich noch in lateinischer Sprache abgehalten wurde, war streng. Neben körperlichen Strafen gab es auch Bestrafungen anderer Art wie das Aufsetzen einer Eselsmaske.

zu S. 268/269: Aufgabe 1 a)
Der Lehrer auf dem Holzschnitt M3 sitzt hinter einem hohen Pult. Mit strengem Blick liest er aus dem vor ihm liegenden Buch vor, in seiner linken Hand hält er ein Reisigbündel. Die Schüler sitzen auf Bänken und lauschen den Worten des Lehrers bzw. lesen mit. Im Hintergrund wird ein Schüler, der vermutlich den Unterricht gestört hat, durch das Aufsetzen einer Eselsmaske bestraft, in anderen Fällen drohten offenbar Schläge mit der Rute. Diskussionen über das im Unterricht Gelernte finden hier nicht statt, ganz anders hingegen die Gelehrten auf dem Holzschnitt M2. Sie sitzen gemeinsam um einen großen Tisch, auf dem ein Buch liegt. Angeregt scheinen sich die Männer über das Gelesene zu unterhalten.
b) individuelle Lösung

zu S. 270/271: M4: Die Erde nach Toscanelli und wie sie wirklich ist siehe die Erläuterungen zu S. 240/241: M3 und Aufgabe 1

zu S. 270/271: Aufgabe 1
Kolumbus ging von der Existenz dreier Kontinente aus: Europa, Afrika und Asien. Während über den europäischen Kontinent gute Kenntnisse vorlagen, war (Süd-)Afrika noch relativ wenig erforscht, die Umrisse des afrikanischen Kontinents sind daher in Toscanellis Karte stark verzerrt dargestellt. Ungefähr in dem Bereich, in dem sich der amerikanische Doppelkontinent befindet, vermutete Toscanelli das aus einer Vielzahl von Inseln und den beiden Gold- und Silberländern Catai und Cipangu bestehende Asien.

Zur Auswahl und zum Einsatz der audiovisuellen Materialien

Übersicht über die Kopiervorlagen (KV) und Zusatzmaterialien (ZM) zu den audiovisuellen Materialien (AV)

KV/ZM	Seite	Titel
KV AV 1	234	Kopiervorlage zum Film „Christianisierung im Mittelalter"
KV AV 2	235	Kopiervorlage zum Film „Die mittelalterlichen Stände"
KV AV 3	236	Kopiervorlage zum Film „Leben auf der Burg"
KV AV 4	237	Kopiervorlage zum Film „Die Schule von Athen"
KV AV 5	238	Kopiervorlage zum Film „Das Bauernkriegspanorama"
KV AV 6	239	Kopiervorlage zum Film „König Ludwig XIV."
ZM AV 7	240	Transkript des Sprechertextes zur Kartenanimation „Die Ostkolonisation im Mittelalter"
KV AV 8	241	Kopiervorlage zum Hördokument „La Marseillaise"
KV AV 9	242	Kopiervorlage zum Film „Gründerzeit und soziale Frage"
KV AV 10	243	Kopiervorlage zum Film „Das Eisenwalzwerk"
ZM AV 11	244	Transkript des Sprechertextes zur Kartenanimation „Ausbreitung des Islam"
KV AV 12	245	Kopiervorlage zum Film „Kolumbus entdeckt Amerika"
ZM AV 13	246	Transkript des Sprechertextes zur Kartenanimation „Kolonialismus und Imperialismus bis 1914"

AV	Thema/ Material	Materialart	Länge (min)	Bezug zum Schülerband	HRU-Kommentar/ Zusatz-materialien
AV 1	Christianisierung im Mittelalter	Film	2:36	Kap. 1: Epochenüberblick: Mittelalter (Wie verbreitete sich das Christentum in Mitteleuropa?, S. 16 f.)	S. 18 f.
AV 2	Die mittelalterlichen Stände	Film	4:50	Kap. 1: Epochenüberblick: Mittelalter (Die Ständegesellschaft – eine gottgewollte Ungleichheit?, S. 28 f.)	S. 25 f.
AV 3	Leben auf der Burg	Film	4:03	Kap. 1: Epochenüberblick: Mittelalter (Mittelalterliche Lebenswelten: die Burg, S. 32 f.)	S. 27 f.
AV 4	Die Schule von Athen	Film	5:33	Kap. 2: Epochenüberblick: Frühe Neuzeit (Weshalb lesen Gelehrte um 1500 antike Quellen?, S. 48 f.)	S. 43
AV 5	Das Bauernkriegspanorama	Film	7:36	Kap. 2: Epochenüberblick: Frühe Neuzeit (Warum scheiterte der Aufstand der Bauern?, S. 60 f.)	S. 49 f.
AV 6	König Ludwig XIV.	Film	6:19	Kap. 2: Epochenüberblick: Frühe Neuzeit (Wie regierte der französische König Ludwig XIV.?, S. 68 f.)	S. 54 f.
AV 7	Die Ostkolonisation im Mittelalter	Kartenanimation	6:49	Kap. 3: Fächerverbindendes Modul: Migrationen (Längsschnitt) (Ostsiedlung und Binnenkolonisation, S. 78 f.)	S. 66 ff.

AV 8	La Marseillaise	Hördokument (französisch)	1:00	Kap. 4: Epochenvertiefung: Politische Revolutionen (ca. 1750–1900) (Die Schreckensherrschaft – Kann Terror die Ideen der Revolution retten?, S. 126 f.)	S. 101 ff.
AV 9	Gründerzeit und soziale Frage	Film	2:31	Kap. 5: Epochenvertiefung: Technisch-industrielle Revolution (ca. 1750–1900) („Nachzügler" Deutschland, S. 158 f.)	S. 129 f.
AV 10	Das Eisenwalzwerk	Film	5:02	Kap. 5: Epochenvertiefung: Technisch-industrielle Revolution (ca. 1750–1900) (Im Takt der Maschine – Arbeit in der Fabrik, S. 168 f.)	S. 135 f.
AV 11	Ausbreitung des Islam	Kartenanimation	3:09	Kap. 7: Wahlmodul: Juden, Christen, Muslime (Längsschnitt) (Drei Weltreligionen: Islam, S. 216 f.)	S. 173 f.
AV 12	Kolumbus entdeckt Amerika	Film	5:42	Kap. 8: Wahlmodul: Expansion und Kolonialismus (Längsschnitt) (Kolumbus – Entdecker oder Eroberer?, S. 240 f.)	S. 190 f.
AV 13	Kolonialismus und Imperialismus bis 1914	Kartenanimation	09:25	Kap. 8: Wahlmodul: Expansion und Kolonialismus (Längsschnitt) („Ursachen der Expansion", S. 238 f., und „Vom Kolonialismus zum Imperialismus", S. 250 f.)	S. 188 ff. und 195

Kommentar zu AV 1: Film „Christianisierung im Mittelalter"

Thematischer Bezug und Einsatz im Unterricht: Der Film lässt sich in das Kapitel 1 „Epochenüberblick: Mittelalter" einordnen. Er kann während der Bearbeitung der Themeneinheit „Wie verbreitete sich das Christentum in Mitteleuropa?" gezeigt werden und eignet sich zur vertiefenden Aneignung des Sachtextes „Missionare verbreiten den christliche Glauben" (Schülerband, S. 16).

Hintergrund und Inhalt des Films: Der kurze Film thematisiert die Ausbreitung des Christentums im frühen Mittelalter. Er zeigt, wie Missionare den christlichen Glauben unter den Völkern verbreiten, die sich in Europa und in den Gebieten des untergegangenen Römischen Reichs angesiedelt hatten. Der Film stellt ausgewählte Aspekte der Christianisierung in szenischer Rekonstruktion dar und transportiert den historischen Gegenstand auf visueller und anregender Ebene.

Zum Einsatz im Unterricht: Es bietet sich an, den Film nach der Rezeption des Sachtextes „Missionare verbreiten den christliche Glauben" (Schülerband, S. 16) zu zeigen. Wichtige inhaltliche Fakten können mithilfe der Kopiervorlage AV 1 im Anschluss an den Film wiederholt werden. Nachfolgend kann ein Unterrichtsgespräch durchgeführt werden. Die übergreifende Fragestellung lautet hier: Inwiefern prägte die christliche Religion die abendländische Kultur? Entsprechende Beispiele benennt der Film.

HRU, S. 234,
KV AV 1
Film „Christianisierung im Mittelalter"

Kommentar zu AV 2: Film „Die mittelalterlichen Stände"

Thematischer Bezug: Der Film stellt eine Ergänzung zum Kapitel 1 „Epochenüberblick: Mittelalter" dar. Er kann im Rahmen der Themeneinheit „Die Ständegesellschaft – eine gottgewollte Ungleichheit?" (Schülerband, S. 28 f.) gezeigt werden.

Inhalt des Films: Die Bildpräsentation befasst sich mit der mittelalterlichen Ständeordnung. Es werden drei Bilder vorgestellt, wobei der Fokus auf dem Holzschnitt „Die drei Stände" von Johannes Lichtenberger aus dem Jahr 1488 liegt. Der Film benennt die drei im Bild dargestellten sozialen Gruppen der mittelalterlichen Gesellschaft (geistliche Herrscher, weltliche Herrscher, Bauern) und thematisiert ihre gesellschaftlichen Aufgaben. Er beschreibt zudem die Ständeordnung als ein – nach mittelalterlicher Auffassung – von Gott gegebenes Gesellschaftsgefüge.

HRU, S. 235,
KV AV 2
Film „Die mittelalterlichen Stände"

HRU, S. 236,
KV AV 3
Film „Leben auf der Burg"

Kommentar zu AV 3: Film „Leben auf der Burg"

Thematischer Bezug: Der Film stellt exemplarisch den Aufbau einer mittelalterlichen Burg vor und beschreibt die Nutzung der verschiedenen Gebäudeteile. Damit ist er thematisch in das Kapitel 1 „Epochenüberblick: Mittelalter" (Themeneinheit „Mittalterliche Lebenswelten: die Burg", Schülerband, S. 32 f.) einzuordnen.

Inhalt des Films: Anhand einer Zeichnung vermittelt der Film Kenntnisse zum Aufbau einer mittelalterlichen Burg. Dabei werden die einzelnen Bauelemente visuell hervorgehoben und in ihrer Funktions- und Nutzungsweise erläutert. Durch die Schilderung der Nutzung des Gebäudekomplexes durch seine Bewohnerinnen und Bewohner skizziert der Film auch Elemente des Alltagslebens auf einer Burg.

Lösung Kreuzworträtsel (KV AV 3): 1. VORBURG; 2. SCHIESSSCHARTEN; 3. ZINNENKRANZ; 4. KERNBURG; 5. PECHNASEN; 6. WASSERGRABEN; 7. ZUGBRÜCKE; 8. BURGTOR; 9. RINGMAUER; 10. KAPELLE

HRU, S. 237,
KV AV 4
Film „Die Schule von Athen"

Kommentar zu AV 4: Film „Die Schule von Athen"

Thematischer Bezug: Der Film behandelt das Gemälde „Die Schule von Athen" des italienischen Malers Raffael. Er lässt sich in das Kapitel 2 „Epochenüberblick: Frühe Neuzeit" („Weshalb lesen Gelehrte um 1500 antike Quellen?", Schülerband, S. 48 f.) einordnen.

Hintergrund und Inhalt des Films: Das Gemälde stellt Gelehrte der griechischen Antike und der Neuzeit dar. Ein grundlegendes Element des Gemäldes ist die Doppeldeutigkeit, mit der Raffael arbeitet. So verkörpern einzelne Personen sowohl bekannte Größen der Antike als auch Gelehrte aus der Renaissance. Das Fresko Raffaels bringt durch diese Mehrdeutigkeit zum Ausdruck, dass der Aberglaube des Mittelalters vom Verstand und der wissenschaftlichen Erkenntnis abgelöst wurde. Die Gelehrten der Neuzeit bauten auf das antike Wissen auf und entwickelten es weiter. Mit der Renaissance hielt eine neue Geisteshaltung Einzug, mit der auch ein Wandel des Menschenbildes einherging.

Zum Einsatz im Unterricht: Der Film eignet sich zur Ergänzung der Themeneinheit „Weshalb lesen Gelehrte um 1500 antike Quellen?" (Schülerband, S. 48 f.). Er stimmt die Schüler auf das Thema „Frühe Neuzeit" ein. Im Unterrichtsgespräch können mithilfe von Film und Kopiervorlage AV 4 die Grundbegriffe „Renaissance" und „Humanismus" gefestigt werden.

HRU, S. 238,
KV AV 5
Film „Das Bauernkriegspanorama"

Kommentar zu AV 5: Film „Das Bauernkriegspanorama"

Thematischer Bezug und Inhalt des Films: Der Film kann in Kapitel 2 „Epochenüberblick: Frühe Neuzeit" und hier in der Themeneinheit „Warum scheiterte der Aufstand der Bauern?" (Schülerband, S. 60 f.) eingesetzt werden. Der Film erläutert anhand des Bildes des Malers und Kunstprofessors Werner Tübke die Auseinandersetzung zwischen Bauern und Fürsten. Der zweite Teil des Films geht auf die sich im Bild befindlichen Vertreter der Renaissance ein, wie z. B. Thomas Müntzer, Martin Luther und Jakob Fugger. Das Medium vermittelt somit Kenntnisse über die Zeit des 15./16. Jahrhunderts auf einer anregend motivierenden Ebene.

HRU, S. 239,
KV AV 6
Film „König Ludwig XIV."

Kommentar zu AV 6: Film „König Ludwig XIV."

Thematischer Bezug und Einsatz im Unterricht: Der Film behandelt das Porträt Ludwigs XIV. von Hyacinthe Rigaud, welches das Selbstverständnis König Ludwigs XIV. widerspiegelt. Die Schüler können anhand des Bildes die Kerngedanken absolutistischer Herrschaft erfassen. Der Film eignet sich daher als Einstieg in die Themeneinheit „Wie regierte der französische König Ludwig XIV.?" (Schülerband, S. 68 f., Kap. 2 „Epochenüberblick: Frühe Neuzeit").

Hintergrund und Inhalt des Films: Das Gemälde stammt aus dem Jahr 1701 und gilt als Symbol der absolutistischen Herrschaftsform. Es prägte die Typologie der Herrscherporträts bis ins ausgehende 19. Jahrhundert.

Das Gemälde zeigt den „Sonnenkönig" im prächtigen Krönungsornat. Eine Vielzahl von Symbolen verdeutlicht die Allmacht und Erhabenheit des Königs: Auf dem blauen und himmlischen Farbgrund des Mantels leuchten die stilisierten goldenen Lilien des Hauses Bourbon. Auf der Innenseite des Mantels kommt zudem der weiße Pelz des Hermelins zum Vorschein. Er symbolisiert Reichtum und absolute Reinheit. Der Mantel ist auf der rechten Seite hochgeschlagen, sodass das prunkvolle und mit Edelsteinen besetzte „Schwert Karls des Großen" zu sehen ist. Das Schwert steht sinnbildlich für die Legitimation des französischen Königtums. Die Ordenskette des „Ordre du Saint-Esprit" symbolisiert geistige Integrität und den hohen Status des Königs. Krone und Justizhand – als Zeichen höchster richterlicher Gewalt liegen auf einem Kissen mit Lilienmuster. Ludwig XIV. nimmt auf dem Bild eine mit Bedacht gewählte Pose ein. Das Podest sowie die roten Schuhe mit hohen Absätzen lassen den König größer bzw. alles überragend erscheinen. Mit der rechten Hand stützt sich der König auf das Kriegszepter mit der „fleur de lys", welches als der eigentliche Herrschaftsstab galt und die königliche Autorität verkörpert. Auf der linken Seite des Bildes befindet sich – ebenfalls als Zeichen der Macht – eine Marmorsäule, deren Postament Justitia als die Allegorie der Gerechtigkeit zeigt. Im Hintergrund steht der Thron, dessen prächtiger Stoffbezug das Lilienmotiv aufgreift. Ludwig wird umrahmt von einem rot-goldenen Baldachin. Die Komposition bettet den König ein und verleiht ihm einen überaus würdevollen Auftritt.

Kommentar zu AV 7: Kartenanimation „Die Ostkolonisation im Mittelalter"

Thematischer Bezug und Einsatz im Unterricht: Die Kartenanimation kann in Kapitel 3 „Fächerverbindendes Modul: Migrationen (Längsschnitt)" und hier speziell in der Themeneinheit „Ostsiedlung und Binnenkolonisation" (Schülerband, S. 78 f.) eingesetzt werden. Die Kartenanimation vertieft den Darstellungstext in mehrfacher Hinsicht, etwa um die religiösen Motive der Kolonisation und die Entwicklung des slawischen Raumes. Die Kartenanimation gewährt einen anderen Zugang zu den Informationen, die in der Karte zur deutschen Ostsiedlung auf S. 78 des Schülerbandes dargestellt werden. Die sukzessive Darbietung der Siedlungsbewegungen entlastet die Interpretation der Karte im Schülerband. Es empfiehlt sich, die animierte Karte anzusehen und sodann eine Darstellung der deutschen Ostsiedlung mithilfe der Karte im Schülerband zu üben.

HRU, S. 240, ZM AV 7
Sprechertext zur Kartenanimation „Die Ostkolonisation im Mittelalter"

Kommentar zu AV 8: Hördokument „La Marseillaise"

Thematischer Bezug: Die „Marseillaise" kann im Rahmen der Erarbeitung von Kapitel 4 „Epochenvertiefung: Politische Revolutionen (ca. 1750–1900)" eingesetzt werden.

Hintergrund und Inhalt des Hördokuments: Die „Marseillaise" wurde aus Anlass der Kriegserklärung an Österreich von dem französischen Komponisten und Offizier Rouget de Lisle (1760–1836) in der Nacht vom 25./26. April 1792 als „Chant de guerre pour l'armée du Rhin" komponiert. Die Bezeichnung „Marseillaise" erhielt das Stück in Anlehnung an die republikanischen Truppen aus der südfranzösischen Stadt Marseille, die das Lied bei ihrem Einmarsch in Paris sangen. Als Revolutionslied wurde die „Marseillaise" auch in anderen Ländern von Freiheits- und Arbeiterbewegungen rezipiert (z. B. während der „Mainzer Republik" 1793 oder der russischen Februarrevolution 1917). Der Text der ersten Strophe lässt deutlich den Anlass seiner Entstehung erkennen. Er nimmt Bezug auf die Kriegserklärung des revolutionären Frankreichs an die absolutistischen Monarchien Österreichs und Preußens und ruft mit martialischen Metaphern alle Bürger zum Kampf auf („Levée en masse"). Die Nationalhymne bzw. ihr Text und ihr Rhythmus reflektieren die Stimmung des französischen Volkes gegen Preußen und Österreich. Sie bringt die Stärkung des Nationalgefühls der Franzosen durch den Kampf gegen die äußeren Feinde zum Ausdruck. Das Lied spiegelt die Bereitschaft der Franzosen wider, die Revolution gegen die Bedrohung durch die Heere der absolutistischen Staaten unter allen Umständen zu verteidigen.

Die „Marseillaise" ist mit Unterbrechungen seit 1795 französische Nationalhymne. Nationalhymnen zeichnen sich dadurch aus, dass Sprache und Musik, Text und Melodie eine Einheit bilden. Ein besonderes Gewicht liegt zumeist auf dem musikalisch-rhythmischen Element: Es prägt sich ein und hat einen hohen Wiedererkennungswert. Es erzeugt jene Stimmungen und Emotionen, von denen das patriotische Ritual der Nationalhymne lebt. Die Nationalhymne wird in feierlichen Momenten zelebriert, so z. B. bei Staatsbesuchen, Sportveranstaltungen und nationalen Gedenktagen. Solche symbolischen Akte dienen dazu, Gemeinschaft, Zusammengehörigkeit, Gefühle des Stolzes, aber auch der Opferbereitschaft zu wecken. Die „Marseillaise" hat das Ziel aufzurütteln, für ein bestimmtes Ziel einzustehen und sich von Fremdheit abzugrenzen. Ihre Grundstimmung ist kämpferisch-aufbegehrend.

Zum Einsatz im Unterricht: Die „Marseillaise" kann im Rahmen der Themeneinheit „Die Schreckensherrschaft – Kann Terror die Ideen der Revolution retten?" (Schülerband, S. 126 f.) eingesetzt werden. Mit dem Hördokument wird den Schülerinnen und Schülern ein musikalischer Zugang zum historischen Gegenstand eröffnet. Die Schüler können die Hauptaussage der Hymne erfassen, indem sie sich mit seinem Text sowie der Melodie und dem Rhythmus auseinandersetzen. Kopiervorlage AV 8 bietet hierfür entsprechende Anregungen. Die Nationalhymne verbindet historische Inhalte und praktische Lebenswelt der Schüler. Sie kennen das Lied aus ihrem (medialen) Alltag. Ein Unterrichtsgespräch über die Rolle von Nationalhymnen in der Gegenwart bietet sich daher an.

HRU, S. 241, KV AV 8
Hördokument „La Marseillaise"

Kommentar zu AV 9: Film: „Gründerzeit und soziale Frage"

Thematischer Bezug und Einsatz im Unterricht: Der Film kann im Rahmen des Kapitels 5 „Epochenvertiefung: Technisch-industrielle Revolution (ca. 1750–1900)" eingesetzt und in der Themeneinheit „,Nachzügler' Deutschland" (Schülerband, S. 158 f.) gezeigt werden. Er sensibilisiert die Schüler für die Themenfelder der Industrialisierung, indem er Schwerpunkte wie die Gründung von Fabriken, den Flotten- und Eisenbahnbau sowie Wohnungsnot und soziale Frage aufgreift.

HRU, S. 242, KV AV 9
Film „Gründerzeit und soziale Frage"

Hintergrund und Inhalt des Films: Die Gründerzeit bezeichnet eine wirtschaftsgeschichtliche Phase im Mitteleuropa des 19. Jahrhunderts. Konkret geht es um die ersten Jahre nach der Reichsgründung 1871, in denen Unternehmensgründer nach kurzer Zeit reich werden konnten. Entscheidend zum Wirtschaftsaufschwung beigetragen hatte der Eisenbahnbau. Er kurbelte die Eisen- und Stahlproduktion an und sorgte dafür, dass Unternehmer riesige Wirtschaftsimperien errichten konnten. Die negative Seite der Industrialisierung spiegelte sich in Wohnungsnot und Pauperismus der neu entstandenen sozialen Schicht der Arbeiter wider. Der Film behandelt – ausgehend vom Wirtschaftsboom nach der Gründung des Deutschen Reichs 1870/71 – die Spaltung der Gesellschaft in Industrielle und Arbeiter und geht dabei auf die negativen Folgen der Industrialisierung ein.

O	A	N	G	E	P	Ü	S	T	O	M	M	R	Ü	S	T	Z	A
R	V	R	A	G	U	N	G	A	D	U	F	R	A	S	T	O	P
A	I	L	G	R	U	E	N	D	E	R	Z	E	I	T	S	U	P
P	L	N	I	C	H	P	O	L	T	U	R	P	E	A	N	T	L
J	L	D	E	C	L	U	M	L	O	C	S	A	L	H	I	Z	O
H	A	T	M	N	I	A	N	G	P	A	T	R	I	L	P	B	M
I	N	D	U	S	T	R	I	E	D	Y	N	A	S	T	I	E	N
S	T	U	F	H	E	I	A	S	T	O	R	T	N	Z	U	F	K
I	N	D	U	S	T	R	I	A	L	I	S	I	E	R	U	N	G
Z	V	A	G	H	O	P	T	T	R	U	S	O	P	T	A	K	R
A	N	G	I	W	O	H	N	U	N	G	S	N	O	T	N	O	E
N	T	Z	U	F	A	C	H	U	M	I	G	E	I	S	O	H	W
N	O	P	P	A	F	A	B	R	I	K	E	N	A	G	O	L	S
O	P	T	A	S	C	H	L	A	F	B	U	R	S	C	H	E	B

HRU, S. 243,
KV AV 10

Film „Das Eisenwalzwerk"

Kommentar zu AV 10: Film „Das Eisenwalzwerk"

Thematischer Bezug und Einsatz im Unterricht: Der Film kann in Kapitel 5 „Epochenvertiefung: Technisch-industrielle Revolution (ca. 1750–1900)" und hier speziell in der Themeneinheit „Im Takt der Maschine – Arbeit in der Fabrik" (Schülerband, S. 168 f.) eingesetzt werden. Der Film geht auf zahlreiche Details des Gemäldes ein, wodurch ein vertieftes Verständnis der technischen Verfahren und der Produktionsbedingungen in einer Fabrik möglich wird. Deutlich wird zudem, dass das Bild auf genauen Recherchen Adolph von Menzels basiert und deshalb als Quelle für die Arbeitsbedingungen in einer Fabrik verstanden werden kann. Es bietet sich ferner ein Vergleich mit den Produktionsbedingungen der vorindustriellen Zeit an (Schülerband, S. 30 f., M1 und M3 sowie S. 280, M1).

HRU, S. 244,
ZM AV 11

Sprechertext zur Kartenanimation „Ausbreitung des Islam"

Kommentar zu AV 11: Kartenanimation „Ausbreitung des Islam"

Thematischer Bezug: Die Kartenanimation dokumentiert die Ausbreitung des Islam im 7. und 8. Jahrhundert. Sie kann im Ganzen oder ausschnittsweise im Rahmen des Kapitels 7 „Wahlmodul: Juden, Christen, Muslime (Längsschnitt)" (Themeneinheit „Drei Weltreligionen: Islam", Schülerband, S. 216 f.) gezeigt werden. Es bietet sich an, das Medium ergänzend zum Darstellungstext „Die Entstehungsgeschichte des Islam" (Schülerband, S. 216) einzusetzen.

HRU, S. 245,
KV AV 12

Film „Kolumbus entdeckt Amerika"

Kommentar zu AV 12: Film „Kolumbus entdeckt Amerika"

Thematischer Bezug und Einsatz im Unterricht: Der Film behandelt die Entdeckungsfahrten von Christoph Kolumbus und lässt sich in Kapitel 8 „Wahlmodul: Expansion und Kolonialismus (Längsschnitt)" einordnen und kann im Rahmen der Themeneinheit „Kolumbus – Entdecker oder Eroberer?" (Schülerband, S. 240 f.) gezeigt werden. Es bietet sich an, die Unterrichtsstunden mit dem Bild von Theodor de Bry (Schülerband, S. 241, M2) zu beginnen. Die Schüler können das Bild beschreiben und erste Vermutungen zur Begegnung von Europäern und amerikanischen Ureinwohnern äußern. Anschließend kommt der Film zum Einsatz. Kaum ein anderes Thema regt die Fantasie junger Menschen so sehr an wie Abenteuer, Unbekanntes und Fremdes. Die Fahrt des Kolumbus steht exemplarisch für ein solches Abenteuer. Das Medium trägt neben der Vermittlung von Wissen zur Motivation der Schüler für das Thema bei.

Inhalt des Films: Der Film ist in zwei Teile gegliedert. Während der erste Teil des Films die Vorbereitungen der Reise, Auftraggeber und die Überfahrt behandelt, präsentiert der zweite Teil den Kupferstich von Theodor de Bry zur Landung Kolumbus' in Amerika.

Didaktisch-methodischer Hinweis: Nach der Rezeption der Bildpräsentation kann eine Wiederholung mithilfe der Kopiervorlage und/oder im Rahmen eines Unterrichtsgespräches erfolgen. Dabei können anhand der Ankunft der Europäer in Amerika exemplarisch folgende Probleme skizziert werden, die in der Geschichte von grundlegender Bedeutung sind:
- Extreme Kulturgefälle zwischen unterschiedlichen Völkern können Ausbeutung, Versklavung sowie Ausrottung des Schwächeren zur Folge haben.
- Das Streben nach Macht und wirtschaftlichem Gewinn ist häufig mit religiösen und ideellen Triebkräften verbunden.
- Was soll als Maßstab für geschichtliche Leistung gelten? Sollten statt Eroberungen nicht vielmehr Menschlichkeit und Akzeptanz gegenüber anderen Kulturen gewürdigt werden?

Der Kupferstich von de Bry verdeutlicht eindrucksvoll die Rollenverteilung in „Entdecker" und „Unterlegene". Er bietet somit die Möglichkeit, sich in die Lage der Ureinwohner hineinzuversetzen und Vorurteile gegen Fremdes und vermeintlich Primitives abzubauen.

Kommentar zu AV 13: Kartenanimation „Kolonialismus und Imperialismus bis 1914"

HRU, S. 246,
ZM AV 13
Sprechertext zur Kartenanimation „Kolonialismus und Imperialismus bis 1914"

Thematische Bezüge: Die Kartenanimation kann im Ganzen oder ausschnittsweise im Rahmen des Kapitels 8 „Wahlmodul: Expansion und Kolonialismus (Längsschnitt)" (Themeneinheiten „Ursachen der Expansion", Schülerband, S. 238 f., und „Vom Kolonialismus zum Imperialismus", Schülerband, S. 250 f.) gezeigt werden.

Einsatz im Unterricht: Die Kartenanimation gliedert sich in vier Teile:
- „Kolonialismus – die Anfänge unter den Seefahrernationen Portugal und Spanien"
- „Europäischer Kolonialbesitz bis 1650"
- „Die Entwicklung der europäischen Kolonialreiche bis 1763"
- „Die Entwicklung der europäischen Kolonialreiche bis 1830" und „Aufteilung der Welt im Zeitalter des Imperialismus bis 1914"

Die Teile können grundsätzlich getrennt voneinander oder – um einen Überblick vom Kolonialismus europäischer Staaten zu vermitteln – als Gesamtwerk eingesetzt werden. Für das Kapitel 8 bietet sich vor allem die Rezeption des ersten und des letzten Teils an.

Die Schülerinnen und Schüler sollten sich während der Kartenanimation Notizen zur Motivation der Kolonialmächte sowie zum Verlauf der Kolonialisierung machen. Eine Wiederholung kann im Anschluss mithilfe der Karten auf S. 236 und 239 erfolgen. Auch kann von Lehrerseite ein Fragebogen vorbereitet werden, der ausgefüllt werden soll, um die Sachkompetenz zu überprüfen. Eine zeitsparende Variante der Wiederholung wäre es, die Schüler die eingeblendeten Jahreszahlen mitschreiben und später mit Ereignissen füllen oder die (stumme) Animation versprachlichen zu lassen.

Name:	Klasse:	Datum:

KV AV 1 Kopiervorlage zum Film „Christianisierung im Mittelalter"

1 Setze die richtigen Wörter aus der Wortliste in den Lückentext M1 ein und streiche sie anschließend durch.

> **Tragealtare** **Lesen** **Zeichen** **Latein** **gute** **Waffengewalt** **Missionare**
>
> **Armen** **Prediger** **Christianisierung** **gearbeitet** **Schwache**

M1 Die Ausbreitung des christlichen Glaubens

Der christliche Glaube wurde von den Jüngern in die Welt getragen, die von Jesus von Nazareth (um 4 v. Chr. bis 31. n. Chr.) dazu beauftragt worden waren. Bereits im Römischen Reich gründeten sich christliche Gemeinden. In den folgenden Jahrhunderten verbreiteten _____ den christlichen Glauben unter den Völkern, die sich in Europa und in den Gebieten des untergegangenen Römischen Reichs angesiedelt hatten. Eine Möglichkeit bestand darin, den christlichen Glauben durch Kriege und _____ zu verbreiten. Es gab jedoch auch Missionare, also Mönche und _____, die die Menschen auf friedlichem Wege vom christlichen Glauben überzeugen wollten. Sie entwickelten _____ mit Bildern aus der Bibel. Mit diesen erklärten sie den Menschen den christlichen Glauben. Die Missionare sprachen nicht mehr _____, sondern die Sprachen der Länder, die sie bereisten. Sie versuchten die Menschen auch durch _____ Taten vom christlichen Glauben zu überzeugen. So gehörte die Speisung der _____ zur täglichen Aufgabe der Missionare. Arm und Reich konnten ohne Unterschied an den Tischen der Christen Platz nehmen. Die Missionare handelten im Sinne der Nächstenliebe. Sie verziehen Sündern und setzten sich selbstlos für Arme und _____ ein.

Die _____ also die Ausbreitung des Christentums, änderte das Alltagsleben der Menschen: Am Sonntag wurde nicht mehr _____, er gehörte fortan dem Gottesdienst. In Klosterschulen wurde _____ und Schreiben unterrichtet. Auch ließen sich die Menschen taufen. Die Taufe gilt noch heute als _____ für den Eintritt ins Christentum.

Verfassertext

Autorin: Marlen Gröschke

Name: Klasse: Datum:

KV AV 2 Kopiervorlage zum Film „Die mittelalterlichen Stände"

M1 Die drei Stände, Holzschnitt von Johannes Lichtenberger, 1488. Die Beschriftung lautet: Tu supplex ora – Du bete demütig! Tu protege – Du beschütze! Tuque labora – Und du arbeite!

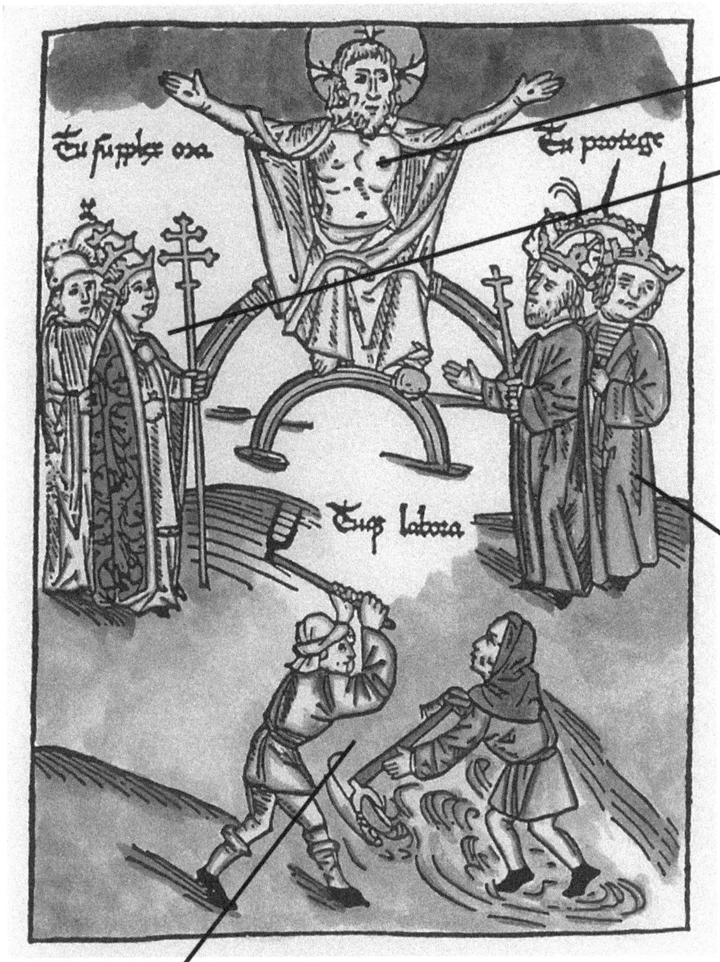

a) Christus

c) ______________________

____

____

d) ______________________

____

____

b) ______________________

____

____

1 Nenne die Stände, die im Bild dargestellt sind, und schreibe ihre Aufgaben in die vorgesehenen Zeilen.
2 Zähle für b, c und d Vertreter der Stände auf.
3 Erkläre, inwiefern der Glaube das Leben der Menschen im Mittelalter beeinflusste. Nutze die Informationen aus dem Film „Die mittelalterlichen Stände".

____

____

____

____

Cornelsen
Autorin: Marlen Gröschke
Bildrechteinhaber: akg-images

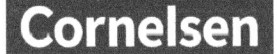

Name: Klasse: Datum:

KV AV 3 **Kopiervorlage zum Film „Leben auf der Burg"**

1. So nennt man den ersten Sicherungsring, der vor der eigentlichen Burg liegt.
2. Durch diese schmalen Öffnungen konnte man die Umgebung beobachten oder schießen, ohne allzu leicht gesehen zu werden.
3. So nennt man die mit Schießscharten versehene Mauer, die häufig den Bergfried krönte.
4. So nennt man den inneren Teil der Burganlage, der hinter der Vorburg lag.

5. Diese Öffnungen nutzte man, um siedende Flüssigkeiten auf Angreifer zu schütten.
6. Darüber gelangte man nur bei heruntergelassener Zugbrücke.
7. Zum Schutz wurde sie hochgezogen.
8. So nennt man den Eingang zur Burg.
9. Sie umschloss die Burg rundherum.
10. Hier beteten die Burgbewohner.

1 Löse das Kreuzworträtsel (ß = ss).
2 Beschreibe, wie die folgenden Gebäude der mittelalterlichen Burg genutzt wurden:
  • Bergfried
  • Palas
  • Kemenate
  • Zeughaus

Autorin: Caterina Zwilling

Name: Klasse: Datum:

KV AV 4 Kopiervorlage zum Film „Die Schule von Athen"

M1 Die Schule von Athen, 1508–1511, Ausschnitt aus dem Wandgemälde im Vatikan von Raffael

1   Benenne die im Gemälde dargestellten berühmten Personen.

1	
2	
3	
4	

5	
6	
7	
8	

2   Einige Personen auf dem Gemälde verkörpern sowohl antike Gelehrte als auch Künstler und Wissenschaftler der Frühen Neuzeit. Erläutere diese Doppeldeutigkeit.

_____

_____

3   Erkläre deinem Nachbarn den Begriff Humanismus. Nutze hierfür die Informationen aus dem Film sowie dein Schulbuch (S. 115).

_____

4   Erläutere, warum das Gemälde den Titel „Die Schule von Athen" trägt. Beziehe den Entstehungsort sowie die Entstehungszeit des Bildes in deine Überlegungen mit ein.

_____

_____

Cornelsen   Autorin: Marlen Gröschke
Bildrechteinhaber: akg-images

Name: Klasse: Datum:

KV AV 5 Kopiervorlage zum Film „Das Bauernkriegspanorama"

M1 Frühbürgerliche Revolution in Deutschland, Ausschnitt aus einem Panoramagemälde von Werner Tübke, fertiggestellt 1987

1 Der Maler Werner Tübke hat das Panoramabild 1987 fertiggestellt. Es zeigt aber den Bauernkrieg, der in einer ganz anderen Zeit stattgefunden hat. Wähle die richtige Zeit aus und kreise sie ein.

1492	1524/25	1789	1848/49

2 Schau dir das Bild an und wähle dir eine Person oder einen Gegenstand aus. Beschreibe deinem Nachbarn die Person oder den Gegenstand genauer. Verfahre so wie bei dem Spiel „Ich sehe was, was du nicht siehst". Hat dein Partner dein Beispiel erraten, ist er an der Reihe.

3 In der Präsentation wurden dir wichtige Personen vorgestellt, die auf dem Bild gezeigt werden.
Ordne den Personen den richtigen Beruf zu: *Kaiser   Maler   Kaufmann   Astronom   Seefahrer   Pfarrer Reformator   Künstler*

Thomas Müntzer		Lukas Cranach d. Ä.	
Christoph Kolumbus		Nikolaus Kopernikus	
Albrecht Dürer		Karl V.	
Martin Luther		Jakob Fugger	

4 Du bist Reporter bei einer Zeitung und hast die Aufgabe, einen Artikel über den Aufstand der Bauern gegen die Fürsten zu schreiben. Dabei solltest du so vorgehen:
Notiere alle Informationen über den Aufstand, an die du dich aus der Präsentation erinnerst. Überlege dabei, wie die Schlacht für die Bauern ausging und welche Gründe es hierfür gab.
Schreibe den Artikel und stelle ihn anschließend deinen Mitschülern vor.

Autorin: Marlen Gröschke
Bildrechteinhaber: akg-images/Bildarchiv Steffens/© VG Bild-Kunst, Bonn 2016

Name:	Klasse:	Datum:

KV AV 6 Kopiervorlage zum Film „König Ludwig XIV."

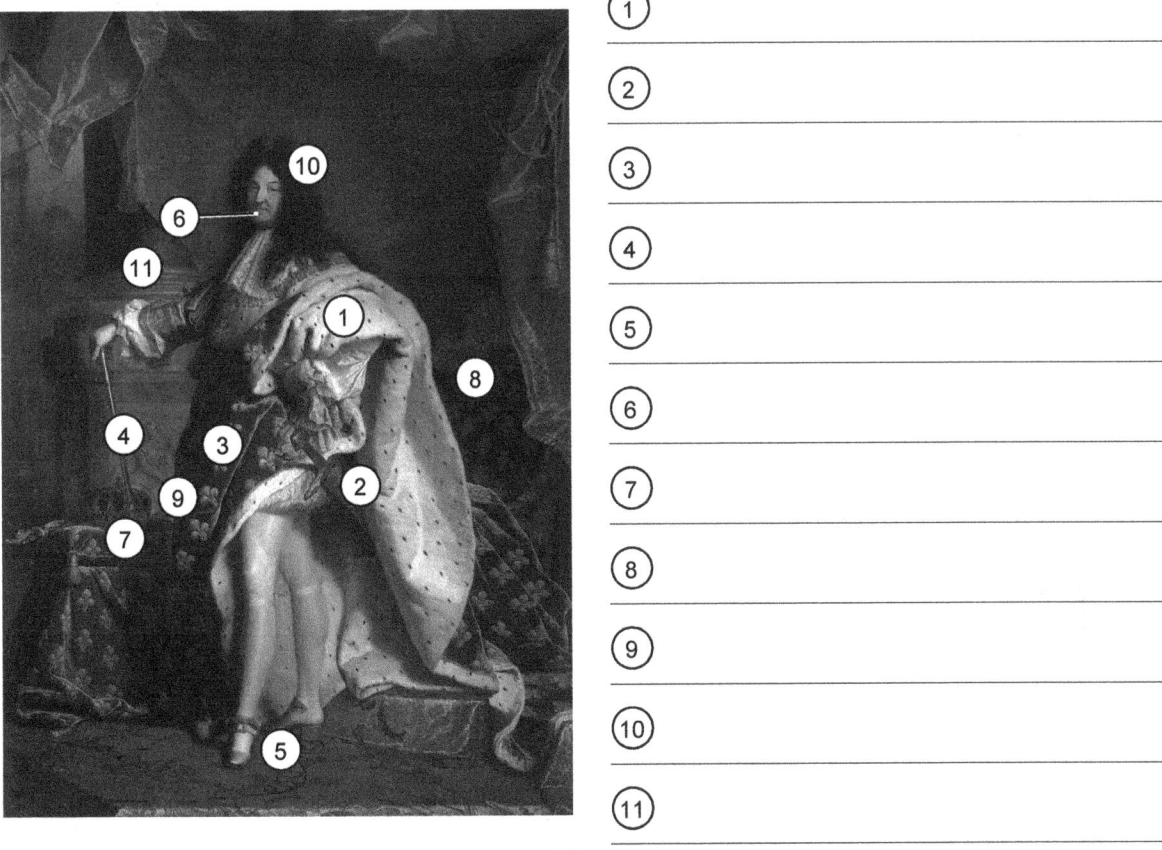

1 _____

2 _____

3 _____

4 _____

5 _____

6 _____

7 _____

8 _____

9 _____

10 _____

11 _____

M1 Ludwig XIV., Gemälde von Hyacinthe Rigaud, 1701

1 Im Bild verdeutlichen Symbole die absolute, uneingeschränkte Herrschaft Ludwigs XIV. Ordne die folgenden Elemente dem Bild zu: Mantel mit Hermelinfutter • Schwert Karls des Großen • königliche Lilien • Zepter Schuhe mit roten, hohen Absätzen • ernster Blick/„Amtsmiene" • Thron • Königskrone • Darstellung der Justitia • Perücke • mächtige Säule

2 Beschreibe die Körperhaltung sowie die Kleidung des Königs und erläutere die Wirkung.

_____

_____

_____

3 Wähle vier Adjektive aus, die zu Ludwig XIV. passen, und begründe diese mit Elementen aus dem Bild.

_____

_____

4 Ludwig XIV. ließ das Gemälde in dem Format 2,80 × 1,90 m von einem der berühmtesten Maler Frankreichs anfertigen. Formuliere den königlichen Auftrag an den Maler.

_____

_____

_____

Autorin: Marlen Gröschke
Bildrechteinhaber: bpk/RMN – Grand Palais/Angèle Dequir

Name: Klasse: Datum:

ZM AV 7 Transkript des Sprechertextes zur Kartenanimation „Die Ostkolonisation im Mittelalter"

Seit dem frühen 8. Jahrhundert wanderten Stämme aus dem deutschen Reichsgebiet in den Osten Europas. Dort lebten vorwiegend heidnische Slawenstämme wie die Obodriten, Sorben, Tschechen oder Slowaken (in
5 der Karte in grüner Schrift gekennzeichnet). Wir werfen hier einen Blick auf die deutsche Siedlungsbewegung vom 7. bis zum 15. Jahrhundert. Überall dort, wo die Karte hellbraune Flächen zeigt, haben Archäologen Siedlungsspuren der Slawenstämme gefunden. Die
10 leeren Flächen bezeichnen siedlungsfreie Gebiete wie beispielsweise Wälder, Sümpfe oder Gebirge.
Bis etwa zum Jahr 800 zog sich die Siedlungsgrenze der fränkischen Germanenstämme im Nordosten entlang der Elbe von Lübeck bis Erfurt. Im Süden war
15 das Gebiet von Bamberg über Passau bis etwa zum heutigen Linz von Germanen bevölkert. Sehr langsam zogen die Thüringer, Bayern und Franken nach Osten. Sie besiedelten zwischen dem 9. und dem 11. Jahrhundert vorwiegend die Region um Bamberg
20 und Bayreuth. Auch nördlich der Donau und am Auslauf der Alpen ließen sich Bayern bei den Karantanen zwischen Linz, Klagenfurt und um das heutige Wien nieder. Um die Jahrtausendwende bildeten sich aus den Völkern und Stämmen souveräne
25 Reiche. Mit schwarzen Grenzlinien sind die Gebiete von Ungarn, Polen und den baltischen Staaten gekennzeichnet. Viele slawische Herrscher boten den Bauern Anreize zur Ansiedlung.
Der europäische Siedlungsprozess hatte neben
30 anderen auch religiöse Motive: die Mission der slawischen Volksstämme. Für die Christianisierung der Slawen waren neue Standorte der Kirche in Osteuropa erforderlich. Die Zeit der Bistumsgründungen begann. Vom Missionsbistum Magdeburg aus, das der deutsche
35 Kaiser Otto der Große 968 gegründet hatte, wurden Geistliche in den Osten Europas geschickt. In der Folge entstanden zahlreiche Erzbistümer und Bistümer in Polen und Ungarn. In Skandinavien wurde das Erzbistum Lund gegründet. Das 1143 neu gegründete
40 Lübeck stieg zum Zentrum der deutschen Ostkolonisation auf.
Im 12. Jahrhundert ließen sich allmählich Siedler aus Flandern und Holland, Franken, Sachsen, Bayern und Thüringen im Osten nieder. Ihr Siedlungsgebiet ist in
45 der Karte durch die orangen Flächen markiert. Die westlichen Siedler verbreiteten neue Formen der Ackernutzung wie die Dreifelderwirtschaft. Das deutsche Stadtrecht verbreitete sich, allen voran das Magdeburger Recht. Die Städte mit Magdeburger
50 Recht sind mit einem roten Punkt gekennzeichnet. Mit den deutschen Stadtrechten kamen im 13. Jahrhundert auch die deutschen Händler und Bauern. Die Zeit der Städtegründungen im slawischen Raum begann. Die gesamte Ostseeregion von Lübeck bis Pommern wurde
55 von deutschen Kolonisten und den Rittern des Deutschen Ordens besiedelt. Von Brandenburg über Schlesien entlang der Oder bis nach Böhmen (hellorange/beige) wurden neue Gebiete erschlossen.

Städte wie Kulm, Königsberg und Memel wurden als Siedlungen des Deutschen Ordens gegründet. Krakau 60 und Oppeln bekamen Magdeburger Stadtrechte. In Ungarn, in der Karte grün markiert, wurde zwischen 1250 und 1300 die sogenannte Sezession als bäuerliche Besitzeinheit eingeführt. Ebenfalls zwischen 1250 und 1300 übernahmen altslawische Bauern die 65 bäuerlichen Besitzrechte der deutschen Kolonisten. In Westpreußen im Norden, im Sorbenland, im heutigen Tschechien und in der Krain wurden deutsche Rechtsformen eingeführt. In der Karte sind diese Gebiete hellblau markiert. 70
Im 14. Jahrhundert rückte die Reichsgrenze weiter nach Osten. Pommern, Schlesien, Böhmen und Mähren gehörten inzwischen zum Heiligen Römischen Reich. Mitte des 14. Jahrhunderts rückte die deutsche Siedlungsbewegung in die Regionen Pommern und 75 Preußen vor. Im Süden ließen sich deutsche Bauern an der Grenze zwischen Polen und Ungarn nieder. Sie gründeten beispielsweise das polnische Landshut. Mit der Gründung des Königsreichs Polen wurde auch die bäuerliche Bevölkerung Polens neu organisiert. Die 80 Einführung des Magdeburger Stadtrechts in vielen polnischen Städten lockte deutsche Bauern herbei. Ein wirtschaftlicher Aufschwung war die Folge. Städte wie Warschau und Lemberg wurden wichtige Zentren deutscher Bauern und Händler in Polen. Als Polen 85 nach 1385 gemeinsam mit Litauen regiert wurde, nahmen auch dort deutsche Siedlungs- und Wirtschaftsformen ihren Einzug. Den Städten Wilna, Kowno und Grodno wurde das Magdeburger Stadtrecht verliehen. In die Ukraine, südlich von Polen, in der 90 Karte grün dargestellt, wanderten seit dem 15. Jahrhundert keine Deutschen mehr ein. Hier dominierten Polen, Rumänen und Walachen. Nach ihnen wurde das in der Bergregion der Karpaten gültige Walachische Recht benannt, das sich auch an 95 deutschen Rechtsformen orientierte.
Die dunkelbraunen Flächen, die nun eingeblendet werden, zeigen Gebiete, die am Ende des 15. Jahr- hunderts noch zu großen Teilen von der ursprünglichen Bevölkerung bewohnt wurden. Zwischen Schwerin und 100 Brandenburg und zwischen Frankfurt und Bautzen haben beispielsweise die Sorben ihre Traditionen und Lebensweisen trotz deutscher Besiedelung bis heute beibehalten.
Die grau umrandeten Gebiete zeigen die Grenzen des 105 deutschen Sprachgebietes um 1500: Sprachinseln bilden beispielsweise Preußen, die slowakische Zips und das ungarische Siebenbürgen. Im Verlauf des Mittelalters vermischte sich die slawische mit der deutschen Bevölkerung. Religiöse, politische und 110 wirtschaftliche Interessen hatten die Deutschen weit nach Osten geführt. Zu Beginn des Mittelalters lebten ungefähr zwei Millionen Deutsche im Osten Europas. Um 1500 waren es etwa 15 Millionen.

Cornelsen Verlag GmbH

Cornelsen

Name: Klasse: Datum:

KV AV 8 Kopiervorlage zum Hördokument „La Marseillaise"

M1 Aus der „Marseillaise" von Rouget de Lisle

Allons enfants de la Patrie,
Le jour de gloire est arrivé!
Contre nous de la tyrannie,
L'étendard sanglant est levé, (bis)
5 Entendez-vous dans les campagnes
Mugir ces féroces soldats?
Ils viennent jusque dans vos bras
Egorger vos fils et vos compagnes!

Refrain:
10 Aux armes, citoyens,
Formez vos bataillons,
Marchons, marchons!
Qu'un sang impur
Abreuve nos sillons!

M2 Wortgetreue Übersetzung der „Marseillaise"

Auf, Kinder des Vaterlandes,
Der Tag des Ruhms ist da.
Gegen uns hat die Tyrannei[1]
Ihre blutigen Standarten[2] erhoben. (zweimal)
Hört ihr im Gelände   5
Die wilden Soldaten brüllen?
Sie kommen, um in euren Armen
Eure Söhne und Frauen zu töten!

Refrain:
Zu den Waffen, Bürger!   10
Stellt eure Bataillone auf,
Wir wollen marschieren,
Unreines Blut soll unsere
Äcker tränken.

Aus: Die Französische Revolution. Ein Lesebuch mit zeitgenössischen
Berichten und Dokumenten, hg., übers. und komm. von Chris E.
Paschold/Albert Gier, Stuttgart (Reclam) 1989, S. 210.

[1] hier: Alleinherrschaft, Schreckensherrschaft
[2] Fahne

M3

Die Marseillaise gilt als bekanntestes Lied der Französischen Revolution und wurde 1879 offiziell als Nationalhymne Frankreichs erklärt. Geschrieben und komponiert wurde das Lied in der Nacht vom 25. zum 5 26. April 1972 von dem Aristokraten Claude-Joseph Rouget de Lisle in Straßburg. Damit wurde die Marseillaise fünf Tage, nachdem die französische Nationalversammlung Österreich und Preußen den Krieg erklärte, verfasst. Seinen heutigen Namen verdankt das Lied den Kriegsfreiwilligen aus Marseille[3], 10 die es als „Marseillaise" im Juli 1792 beim Einzug in Paris sangen.

Verfassertext

[3] Stadt in Südfrankreich

1 Höre dir die „Marseillaise" an und beschreibe die Grundstimmung des Liedes mit vier Adjektiven.

_____

2 Lies die deutsche Übersetzung der „Marseillaise" und unterstreiche wichtige Wörter. Beschreibe anschließend die Wirkung des Textes.

3 Überlege, in welcher politischen Situation das Lied verfasst wurde. Nutze hierfür M3 sowie den Darstellungstext auf S. 206 deines Schulbuches.

_____

_____

_____

4 Formuliere die Hauptaussage des Liedes.

_____

_____

_____

5 Nenne Anlässe, bei denen du Nationalhymnen wie die „Marseillaise" bereits gehört hast. Erkläre, warum Nationalhymnen deiner Meinung nach noch heute gespielt werden.

Autorin: Marlen Gröschke

Name:	Klasse:	Datum:

KV AV 9　Kopiervorlage zum Film „Gründerzeit und soziale Frage"

M1 Buchstabensalat

O	A	N	G	E	P	Ü	S	T	O	M	M	R	Ü	S	T	Z	A
R	V	R	A	G	U	N	G	A	D	U	F	R	A	S	T	O	P
A	I	L	G	R	U	E	N	D	E	R	Z	E	I	T	S	U	P
P	L	N	I	C	H	P	O	L	T	U	R	P	E	A	N	T	L
J	L	D	E	C	L	U	M	L	O	C	S	A	L	H	I	Z	O
H	A	T	M	N	I	A	N	G	P	A	T	R	I	L	P	B	M
I	N	D	U	S	T	R	I	E	D	Y	N	A	S	T	I	E	N
S	T	U	F	H	E	I	A	S	T	O	R	T	N	Z	U	F	K
I	N	D	U	S	T	R	I	A	L	I	S	I	E	R	U	N	G
Z	V	A	G	H	O	P	T	T	R	U	S	O	P	T	A	K	R
A	N	G	I	W	O	H	N	U	N	G	S	N	O	T	N	O	E
N	T	Z	U	F	A	C	H	U	M	I	G	E	I	S	O	H	W
N	O	P	P	A	F	A	B	R	I	K	E	N	A	G	O	L	S
O	P	T	A	S	C	H	L	A	F	B	U	R	S	C	H	E	B

Begriffe:

_____

_____

_____

_____

1　Im Buchstabensalat M1 haben sich zehn Begriffe versteckt. Finde sie und schreibe sie in die dafür vorgesehenen Zeilen.

M2 Begriffserklärungen

1.	
2.	
3.	
4.	
5.	

2　Erkläre fünf der Begriffe kurz. Nutze hierfür die Informationen aus dem Film „Gründerzeit und soziale Frage".

Autorin: Marlen Gröschke

Name:	Klasse:	Datum:

KV AV 10 Kopiervorlage zum Film „Das Eisenwalzwerk"

M1 Eisenwalzwerk, Gemälde von Adolph von Menzel, 1872–1875

1 Das Gemälde zeigt ein Eisenwalzwerk, in dem Eisenbahnschienen hergestellt werden. Beschreibe die einzelnen Stationen und stelle ihnen anhand der Abbildungen auf S. 30 und 280 deines Schulbuches bäuerliche Tätigkeiten der vorindustriellen Zeit gegenüber.

Eisenwalzwerk	Bäuerliche Tätigkeiten
① – _____	– _____
_____	_____
② – _____	– _____
_____	_____
③ – _____	– _____
_____	_____
④ – _____	– _____
⑤ – _____	– _____

2 Fabrikarbeiter oder Bauer – stellt die Veränderung der Arbeitsprozesse auch eine Verbesserung für die Arbeiter dar? Diskutiert in Partnerarbeit oder Kleingruppen.

Autor: John Palatini
Bildrechteinhaber: akg-images

243

Name: Klasse: Datum:

ZM AV 11 Transkript des Sprechertextes zur Kartenanimation „Ausbreitung des Islam"

Der Islam ist eine der fünf großen Weltreligionen. Seine Entstehung und Verbreitung geht auf Mohammed zurück, den ersten Propheten und Begründer der islamischen Religion.

5 Er schuf neben der islamischen Glaubenslehre auch eine politische Weltmacht. Die Karte zeigt die Ausbreitung des Islam in der Welt im 7. und 8. Jahrhundert.

Anfang des 7. Jahrhunderts wurden Europa und Asien
10 von zwei Machtpolen beherrscht: vom Oströmischen Reich, in der Karte rot umrandet, und vom Perserreich, hier grün eingefasst.

Das Reich der Franken, auf der Karte lila markiert, und das Byzantinische Reich, nun als gelbe Fläche
15 dargestellt, waren von der christlichen Religion bestimmt.

In der Stadt Mekka, die auf dem Gebiet des heutigen Saudi-Arabien liegt, predigte Mohammed etwa seit dem Jahr 612 die Botschaft der islamischen Religion. 622
20 musste er aber auswandern, weil seine Lehren in Mekka nicht akzeptiert wurden. Er zog nach Medina und stieg dort zum religiösen und politischen Führer auf.

Innerhalb von nur zehn Jahren eroberten Mohammed
25 und seine Anhänger fast die gesamte Arabische Halbinsel für den Islam. 632 starb der Prophet in Medina. Seine Nachfolger, die Kalifen, setzten sein Missionswerk fort.

Keine Religion hatte sich so schnell verbreitet wie der
30 Islam. In den folgenden fünfzig Jahren eroberten die islamisch-arabischen Heere Nordafrika und den Nahen Osten. Das Perserreich wurde 642 erobert und gehörte fortan zum islamischen Kalifenreich.

Die Expansion des islamischen Herrschaftsgebietes kam um 661 erstmals ins Stocken. 35

Ein Bürgerkrieg um die rechte Nachfolge des Propheten führte zur Ermordung Alis, des Cousins und Schwiegersohnes von Mohammed. Die Omaijaden-Dynastie übernahm die Herrschaft des islamischen Großreichs. 40

Die Omaijaden eroberten in der Folge den gesamten nordafrikanischen Raum. Sie rückten bis auf die Iberische Halbinsel vor, wo sie die Westgoten verdrängten.

Östlich des Iran stießen die Muslime bis zum Fluss 45 Indus, der Grenze zu Indien, vor.

Die Versuche der arabischen Muslime, das Byzantinische Reich zu erobern, scheiterten: Byzanz konnte sich 718 und 740 erfolgreich verteidigen.

Ebenso blieben die islamischen Expansionsversuche in 50 den Norden Europas ohne Erfolg. 732 besiegten fränkische Heere die Muslime in der Schlacht bei Poitiers und stoppten die Ausbreitung des Kalifenreichs.

Die Weltmacht Islam hatte im 7. und 8. Jahrhundert 55 große militärische Erfolge erzielt. Seit der Gründung durch Mohammed hatte sich der Islam von einer Glaubensrichtung zu einem islamischen Weltreich entwickelt. Erst 100 Jahre nach Mohammeds Tod kam die arabisch-islamische Expansion im Westen am 60 Frankenreich und im Osten an den Grenzen Chinas zum Stehen.

Cornelsen Verlag GmbH

Cornelsen

Name: Klasse: Datum:

KV AV 12   Kopiervorlage zum Film „Kolumbus entdeckt Amerika"

M1 Die Landung des Kolumbus, 1492, Kupferstich von Theodor de Bry, 1594

M2 Notizen

1   Beschreibe genau, wie die Inselbewohner und Europäer in M1 dargestellt sind. Notiere dir wichtige Inhalte in M2.

2   Stelle dir vor, du wärst einer der Inselbewohner. Beschreibe die im Bild dargestellten Ereignisse aus deiner Sicht. Was erwartest du von den Europäern?

3   Warum hat das spanische Königspaar die riskante Entdeckungsfahrt unterstützt? Notiere die Gründe in M2.

4   Überlege, welche Einstellung der Künstler Theodor de Bry zur Landung von Kolumbus in Amerika hatte.

Autorin: Marlen Gröschke
Bildrechteinhaber: akg images

Name: Klasse: Datum:

ZM AV 13 Transkript der Sprechertexte zur Kartenanimation „Kolonialismus und Imperialismus bis 1914"

Seit dem 15. Jahrhundert erkundeten die Europäer die Welt. Allen voran suchten Spanien und Portugal neue Wege für den Orienthandel. Sie hatten die modernsten Flotten ihrer Zeit. Damit wurden die Portugiesen und Spanier zu den Pionieren des europäischen Kolonialismus. Wir werfen hier einen Blick auf die Entwicklung der europäischen Kolonialreiche vom 16. Jahrhundert bis zum Beginn des Ersten Weltkrieges 1914.

Kolonialismus: Die Anfänge unter den Seefahrerstaaten Portugal und Spanien

Am Ende des 15. Jahrhunderts beschränkte sich der europäische Kolonialismus auf Europa: Dänemark-
5 Norwegen, in der Karte grün dargestellt, hatte auf den Expeditionen im Nordmeer Island und Teile Grönlands entdeckt und besetzt.
Russland, in der Karte dunkelgrün markiert, weitete seine Staatsgrenzen aus, indem es angrenzende Ge-
10 biete Sibiriens eroberte.
Ein wichtiger Importweg für Waren und Luxusgüter aus Asien nach Europa war die sogenannte Seidenstraße. Nach Europa konnten orientalische Luxusgüter nur über arabische Zwischenhändler gelangen. Um dieses
15 Monopol zu brechen, suchten die großen Seefahrernationen Spanien und Portugal neue Seewege nach Indien. Die spanischen Entdeckungsfahrten werden in der Karte orange, die portugiesischen grün dargestellt.
Als Erste machten sich die Portugiesen auf den Weg
20 und umschifften die afrikanische Küste. Dort gründeten sie erste Kolonien.
Spanische Seefahrer hingegen glaubten an einen direkten Seeweg nach Indien durch eine Fahrt nach Westen. Der unter spanischer Flotte fahrende Chris-
25 toph Kolumbus landete 1492 auf seiner ersten Westfahrt in Amerika.
In dieser Zeit kontrollierten die Seefahrerstaaten Portugal und Spanien den Welthandel. Um die rivalisierenden Länder zu beschwichtigen, wurde 1494 der Vertrag
30 von Tordesillas abgeschlossen: Eine von Pol zu Pol durch den Atlantik verlaufende Linie, 370 Seemeilen westlich der Kapverden, teile die Welt in zwei Hälften. Spanien durfte fortan alle Gebiete westlich dieser Linie in Besitz nehmen, Portugal alle östlich davon.
35 Der Portugiese Vasco da Gama umschiffte 1497 erstmals Afrika und erreichte 1498 Indien. Amerigo Vespucci erforschte 1499 die Nordküste Brasiliens. Bis 1542 erforschten und kolonialisierten portugiesische Seefahrer den südostasiatischen Raum. Hier errichtete
40 Portugal ein riesiges Handelsimperium. An den Küsten Südamerikas wurden zahlreiche portugiesische Kolonien errichtet. Diese markieren auf der Karte die grünen Flächen.
Die Spanier setzten unterdessen ihre Entdeckungsfahr-
45 ten in die Karibik und nach Mittelamerika fort. Sie nahmen die entdeckten Landstriche in ihren Besitz. Dazu gehörten die in der Karte orange dargestellten Gebiete in Mittel- und Südamerika mit den Karibischen Inseln sowie die Philippinen im Osten der Weltkarte. Spanien
50 entwickelte sich zur ersten Weltmacht.

Bis 1542 dehnte Spanien seinen Besitz in Südamerika aus und errichtete die Vizekönigreiche Neu-Spanien, Neu-Granada und Peru.

Europäischer Kolonialbesitz bis 1650
Zu Beginn des 17. Jahrhunderts gelang es anderen 55 europäischen Staaten, die spanische Dominanz zu brechen und eigene Kolonialreiche zu errichten.
Die englische Flotte hatte seit 1497 Nordamerika, Kanada und den skandinavischen Raum erforscht. England errichtete bis 1650 Kolonien in Nordamerika und 60 Kanada.
Französischer Kolonialbesitz lag in Nordamerika. Französisch-Guayana kam 1664 hinzu.
Eine vergleichbar wichtige Rolle bei der Erforschung neuer Kontinente spielten die Niederlande: Sie ent- 65 deckten 1642 Australien. Später dehnten sie ihre Herrschaft auf Niederländisch-Guayana in Südamerika, Kapland in Südafrika, Ceylon und den Großteil der südostasiatischen Inseln aus.
Innerhalb Europas war das Osmanische Reich seit dem 70 15. Jahrhundert zu einem Großreich aufgestiegen. Die osmanischen Territorien sind dunkelgrün markiert. Seine Grenzen reichten von Wien bis nach Ägypten.

Die Entwicklung der europäischen Kolonialreiche bis 1763
75 Im Verlauf des 18. Jahrhunderts änderten sich die Besitzverteilungen der Kolonialmächte: Russland und China hatten riesige Großreiche gebildet und kontrollierten weitgehend den Handel Ostasiens. Die erweiterten Gebiete werden in der Karte grün und gelb gestreift 80 dargestellt.
Zu Beginn des 18. Jahrhunderts zerfiel das nordindische Mogul-Reich, in der Karte braun markiert, und Großbritannien errichtete Kolonien in Indien, die in der Karte rosa markiert sind. 85
An der Ostküste Nordamerikas gewannen die Briten die Oberhand. Sie übernahmen bis 1763 den französischen, spanischen und niederländischen Besitz. Bis 1776 kontrollierten sie alle in der Karte rötlich markierten und gestreiften Regionen in Nordamerika und Ka- 90 nada.
In Südamerika dehnte Portugal seine Herrschaft aus und errichtete 1760 das Vizekönigreich Brasilien.

Die Entwicklung der europäischen Kolonialreiche bis 1830
95 Das 19. Jahrhundert galt als das Zeitalter der europäischen Expansion und des Imperialismus. Es begann ein Wettlauf der Großmächte um die Territorien und Bodenschätze außerhalb Europas.
Werfen wir zunächst einen Blick auf Nordamerika. Die 100 Unabhängigkeit der Vereinigten Staaten von Amerika hatte den kolonialen Einfluss Englands in den USA zurückgedrängt. Die Briten kontrollierten nun die rosa dargestellten Gebiete in Kanada. Das rosa-blau gestreifte Oregongebiet blieb bis 1846 umstritten. 105

Cornelsen

Name:	Klasse:	Datum:

Alaska wurde 1821 von Russland besetzt. Es ist in der Karte grün dargestellt. Russische Stützpunkte blieben hier bis 1867 bestehen.

110 Die Spanier und Portugiesen zogen sich bis 1830 aus den meisten Kolonien Südamerikas zurück. Die selbstständigen Republiken sind jeweils in den Landesfarben umkreist. Hier bildeten sich in vielen Fällen Militärdiktaturen.

Indien und Australien wurden britisch. Damit war Groß-115 britannien auf dem Weg zur größten Kolonialmacht der Welt.

Aufteilung der Welt im Zeitalter des Imperialismus bis 1914

Bis 1914 geriet ein Großteil der Welt unter direkte oder 120 indirekte Abhängigkeit von europäischen Großmächten. Die alten Kolonialmächte England, Frankreich und Portugal gewannen zahlreiche Gebiete hinzu. Auch neue Interessenten sicherten sich außereuropäische Kolonien.

125 **Zunächst zur britischen Kolonialmacht:**

In Asien waren Indien, Burma, der Süden des heutigen Thailand sowie der Norden von Borneo britisch besetzt. Persien war teilweise britisches und russisches Protektorat. Ägypten, der Sudan, Uganda, Kenia, Sambia, 130 Simbabwe, Botswana und Britisch-Südafrika waren bis 1914 ebenfalls britische Kronkolonien. Australien wurde 1901 ein Bundesstaat des britischen Empire. Frankreich beherrschte sämtliche Territorien Westafrikas sowie Madagaskar und Indochina. Zu Portugal gehör-135 ten ab 1883 Angola und Ostafrika.

Deutschland hatte sich seit 1885 politischen und wirtschaftlichen Einfluss auf folgende Länder gesichert: Südwestafrika, Togo, Kamerun, Ostafrika, Neuguinea, die Marshallinseln und Samoa waren deutsch besetzt. Italien hielt Libyen, Eritrea und Somalialand besetzt. 140 Äthiopien, in der Karte braun umrandet, konnte sich dem italienischen Eroberungsversuch widersetzen. Der Kongo war seit 1881 belgisches Protektorat.

Japan, in der Karte braun dargestellt, kontrollierte seit 1905 Nord- und seit 1910 Südkorea. 145

Bis 1914 waren die Grenzen der Kolonialmächte rund um den Globus gesteckt. Die einstigen Routen der Seefahrer wurden zu festen Schifffahrtslinien des Welthandels. Der Aufteilung der Welt in Kolonialgebiete 150 folgten europäische Interessenkonflikte in Afrika und Asien. Diese Konflikte waren auch Auslöser für den Ersten Weltkrieg, der 1914 begann.

Cornelsen Verlag GmbH

Verzeichnis der Bildquellen und audiovisuellen Materialien

Bildquellen

Titelbild: © ullstein bild – Knigge
KV 1.1, M1: bpk
KV 1.3, M1: akg-images
KV 2.1, M1: akg-images
KV 4.1, M1: ullstein bild – Roger-Viollet
KV 4.4, M1: bpk
KV 5.2, M1: INTERFOTO/IFPAD
KV 6.2, M1: bpk/Heinrich Lichte
KV 8.1, M1: akg-images
KV AV 2, M1: akg-images
KV AV 4, M1: akg-images
KV AV 5, M1: akg-images/Bildarchiv Steffens/© VG Bild-Kunst, Bonn, 2016
KV AV 6, M1: bpk/RMN – Grand Palais/Angèle Dequir
KV AV 10, M1: akg-images
KV AV 12, M1: akg-images

Audiovisuelle Materialien

Film „Christianisierung im Mittelalter": ZDF Enterprises
Film „Die mittelalterlichen Stände": Ständebild – akg-images; Adlige beim Bankett – akg-images; Bauern bei der Arbeit – Scala/The Pierpont Morgan Library, New York
Film „Leben auf der Burg": mittelalterliche Burg – Klaus Becker, Oberursel/Cornelsen Verlag GmbH; Burg Falkenstein – picture-alliance/ZB
Film „Die Schule von Athen": Die Schule von Athen – akg-images
Film „Das Bauernkriegspanorama": Bauernkriegspanorama – akg-images/Bildarchiv Steffens/© VG Bild-Kunst, Bonn, 2016
Film „König Ludwig XIV.": Gemälde von Hyacinthe Rigaud – picture-alliance/akg-images/Joseph Martin; Karikatur von William M. Thackeray – Interfoto/Sammlung Rauch
Kartenanimation „Die Ostkolonisation im Mittelalter": Cornelsen Verlag GmbH
Hördokument „La Marseillaise": LE CHANT DU MONDE CDM Helikon Harmonia Mundi GmbH
Film „Gründerzeit und soziale Frage": ZDF Enterprises
Film „Das Eisenwalzwerk": Eisenwalzwerk – akg-images
Kartenanimation „Ausbreitung des Islam": Cornelsen Verlag GmbH
Film „Kolumbus entdeckt Amerika": Christoph Kolumbus – akg-images; Die erste Fahrt des Kolumbus – Dr. Volkhard Binder, Berlin/Cornelsen Verlag GmbH; Ferdinand von Aragón – akg-images/Erich Lessing; Isabella von Kastilien – akg-images/Erich Lessing; Modell der Santa Maria – DK Images/© Dorling Kindersley ltd. courtesy of the National Maritime Museum; Querschnitt Santa Maria – Hans Wunderlich, Berlin/Cornelsen Verlag GmbH; Landung des Kolumbus auf Guanahaní – akg-images; Die vier Reisen des Kolumbus – Dr. Volkhard Binder, Berlin/Cornelsen Verlag GmbH
Kartenanimation „Kolonialismus und Imperialismus bis 1914": Cornelsen Verlag GmbH